Annales

Sujets & corrigés

Culture+

2021

W0239759

SES Term

Sandrine Benasé-Rebeyrol
Delphine de Chouly
Fabien Gennetier
Catherine Jammet
Fanny Le Gonidec
Fabienne Lepage
Étienne Scharr

Nathan

MODE D'EMPLOI

Ces Annales ABC du Bac ont été conçues pour vous aider à réviser efficacement et progressivement l'épreuve finale de Sciences économiques et sociales en Terminale.

RÉUSSIR LE NOUVEAU BAC

Toutes les infos sur le **nouveau Bac** et la **description des épreuves**.

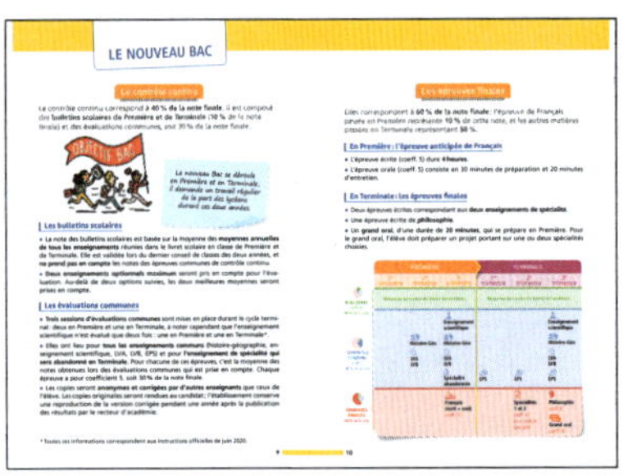

L'épreuve finale d'histoire-géographie, géopolitique et sciences politiques en Terminale.

S'ORGANISER POUR BIEN RÉVISER

La **méthode** pour traiter le sujet de **l'épreuve finale**, avec des conseils pour réussir **étape par étape**.

Tous les types d'**exercices expliqués**, de la dissertation à l'épreuve composée.

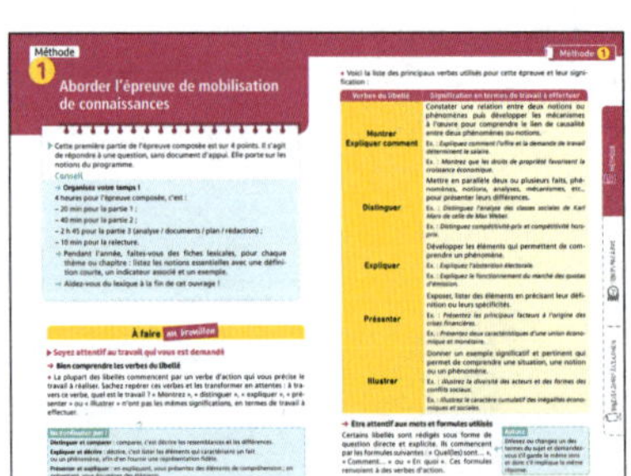

Toutes les étapes de l'épreuve expliquées, de la **feuille de brouillon** à la **rédaction sur la copie**.

RÉVISER ET PROGRESSER

Chaque **thème du programme** est traité de **manière progressive** pour **réviser son cours**, se tester et se préparer avec des **sujets guidés**.

Faire le point

Rappels de cours, schémas bilans et **connaissances indispensables.**

Contrôler ses connaissances

Contrôle des connaissances avec quiz et exercices variés.

Sujets guidés

Des **sujets expliqués** avec une démarche pas à pas.

Méthode par étapes pour acquérir les bons réflexes.

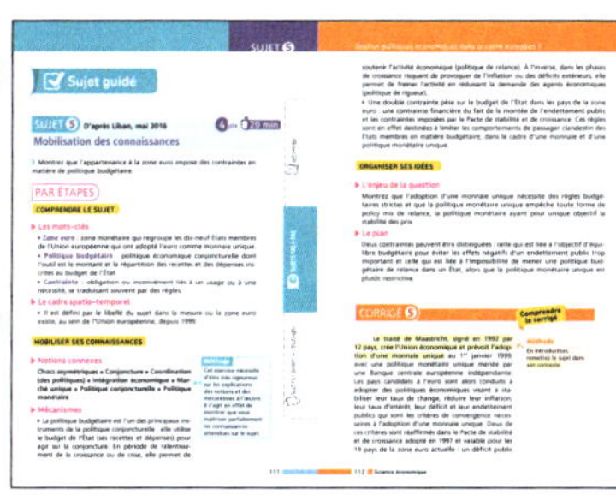

Corrigé commenté avec les conseils et astuces des correcteurs.

S'ENTRAÎNER POUR LE JOUR J

Des **sujets complets corrigés** conformes à l'épreuve finale.

Des sujets avec minutage pour mieux se préparer.

Dans les corrigés, des astuces pour gagner des points et éviter les pièges dans votre copie.

live!

COMMENT FAIRE ? C'EST FACILE !

1. Téléchargez gratuitement l'application Nathan live disponible dans tous les stores (App store, Google Play).
2. Dès que vous voyez un picto, scannez la page.
3. Découvrez les ressources !

Direction éditoriale : Raphaëlle Mourey
Coordination éditoriale : Julie Langlais, Sophie Zeegers
Édition : Marion Gautier, Patricia Kingué Édémé
Conception graphique intérieur : Élise Launay
Couverture : Jean-Marc Denglos
Schémas : Carl Voyer, Nord Compo
Iconographies : Juliette Barjon
Compositeur : Nord Compo
Fabrication : Laurence Monaï, Noëlle Lagoute

Le Cahier Culture + a été réalisé en collaboration avec la revue *Topo*.
Directeur de la publication : Sylvain Ricard
Rédactrice en chef : Laurence Fredet
Coordination éditoriale : Julie Langlais, Sophie Zeegers, Maria Tasso

SOMMAIRE

à revoir réussi

Sociologie et science politique

Regards croisés

Cahier Culture +

Sujets comme à l'examen

à revoir / réussi

à revoir réussi

SUJET COMPLET 4

SUJET COMPLET 5

GRAND ORAL CAHIER SPÉCIAL

Mémento

LE NOUVEAU BAC

Le contrôle continu

Le contrôle continu correspond à **40 % de la note finale**. Il est composé des **bulletins scolaires de Première et de Terminale (10 %** de la note finale) et des évaluations communes, soit 30 % de la note finale.

Le nouveau Bac se déroule en Première et en Terminale, il demande un travail régulier de la part des lycéens durant ces deux années.

Les bulletins scolaires

- La note des bulletins scolaires est basée sur la moyenne des **moyennes annuelles de tous les enseignements** réunies dans le livret scolaire en classe de Première et de Terminale. Elle est validée lors du dernier conseil de classes des deux années, et **ne prend pas en compte** les notes des épreuves communes de contrôle continu.
- **Deux enseignements optionnels maximum** seront pris en compte pour l'évaluation. Au-delà de deux options suivies, les deux meilleures moyennes seront prises en compte.

Les évaluations communes

- **Trois sessions d'évaluations communes** sont mises en place durant le cycle terminal : deux en Première et une en Terminale, à noter cependant que l'enseignement scientifique n'est évalué que deux fois : une en Première et une en Terminale*.
- Elles ont lieu pour **tous les enseignements communs** (histoire-géographie, enseignement scientifique, LVA, LVB, EPS) et pour **l'enseignement de spécialité qui sera abandonné en Terminale**. Pour chacune de ces épreuves, c'est la moyenne des notes obtenues lors des évaluations communes qui est prise en compte. Chaque épreuve a pour coefficient 5, soit 30 % de la note finale.
- Les copies seront **anonymes et corrigées par d'autres enseignants** que ceux de l'élève. Les copies originales seront rendues au candidat ; l'établissement conserve une reproduction de la version corrigée pendant une année après la publication des résultats par le recteur d'académie.

* Toutes ces informations correspondent aux instructions officielles de juin 2020.

Les épreuves finales

Elles correspondent à **60 % de la note finale** : l'épreuve de Français passée en Première représente **10 %** de cette note, et les autres matières passées en Terminale représentent **50 %**.

En Première : l'épreuve anticipée de Français

- L'épreuve écrite (coeff. 5) dure **4 heures**.
- L'épreuve orale (coeff. 5) consiste en 30 minutes de préparation et 20 minutes d'entretien.

En Terminale : les épreuves finales

- Deux épreuves écrites correspondant aux **deux enseignements de spécialité**.
- Une épreuve écrite de **philosophie**.
- Un **grand oral**, d'une durée de **20 minutes**, qui se prépare en Première. Pour le grand oral, l'élève doit préparer un projet portant sur une ou deux spécialités choisies.

	PREMIÈRE			TERMINALE		
	1er trimestre	2e trimestre	3e trimestre	1er trimestre	2e trimestre	3e trimestre
BULLETINS coeff. 10 10 % de la note	Moyenne des notes de toutes les matières.			Moyenne des notes de toutes les matières.		
CONTRÔLE CONTINU coeff. 5 30 % de la note		Histoire-Géo LVA LVB	Enseignement scientifique Histoire-Géo LVA LVB Spécialité abandonnée	EPS	EPS	Enseignement scientifique Histoire-Géo LVA LVB EPS
ÉPREUVES FINALES 60 % de la note			Français (écrit + oral) coeff. 10		Spécialités 1 et 2 coeff. 16 pour chaque spécialité	Philosophie coeff. 8 Grand oral coeff. 10

LE PROGRAMME

L'enseignement de spécialité des Sciences économiques et sociales en Terminale

En quoi consiste cet enseignement ?

En poursuivant la spécialité SES en Terminale, vous approfondirez l'étude des faits économiques et sociaux, l'argumentation théorique, la modélisation, l'investigation empirique, l'utilisation d'indicateurs et de méthodes quantitatives et qualitatives.

À savoir

La spécialité SES : 4 h par semaine en Première et 6 h par semaine en Terminale. Un enseignement évalué au printemps de l'année de Terminale.

Quels sont les objectifs du programme ?

L'enseignement et le programme de SES du cycle terminal vous offrent :

- une formation intellectuelle par la maîtrise des concepts, méthodes et problématiques propres aux sciences économiques, sociales et politiques ;
- une préparation aux études supérieures par les compétences travaillées et acquises en SES ;
- une formation civique pour participer aux débats publics face aux enjeux contemporains.

Quelles sont les compétences transversales à développer ?

En fin de Première	• Mobilisation des connaissances • Résolution chiffrée et graphique d'exercices simples • Collecte et traitement de l'information • Analyse et mobilisation des données • Analyse er mobilisation de documents de natures diverses • Construction d'une argumentation ou d'un raisonnement rigoureux • Maîtrise de l'expression écrite et orale
En fin de Terminale	• Construction d'une problématique • Construction d'une dissertation

Quel est le contenu à acquérir ?

Vous étudierez sept thèmes disciplinaires (science économique, science sociale et politique) afin de maîtriser les objets, démarches, méthodes, problématiques, concepts et mécanismes propres à chaque discipline, avant d'aborder un thème qui croise les regards. Les thèmes du programme alternent selon les années.

	Années impaires (à partir de la session 2021)	Années paires (à partir de la session 2022)
Science économique	**1.** Quels sont les sources et les défis de la croissance économique ?	**1.** Quels sont les sources et les défis de la croissance économique ?
	2. Quels sont les fondements du commerce international et de l'internationalisation de la production ?	**2.** Quels sont les fondements du commerce international et de l'internationalisation de la production ?
	3. Comment lutter contre le chômage ?	**4.** Comment expliquer les crises financières et réguler le système financier ? **5.** Quelles politiques économiques dans le cadre européen ?
Sociologie et science politique	**6.** Comment est structurée la société française actuelle ?	**6.** Comment est structurée la société française actuelle ?
	7. Quelle est l'action de l'École sur les destins individuels et sur l'évolution de la société ? **8.** Quels sont les caractéristiques contemporaines et les facteurs de la mobilité sociale ?	**9.** Quelles sont les mutations du travail et de l'emploi ?
	10. Comment expliquer l'engagement politique dans les sociétés démocratiques ?	**10.** Comment expliquer l'engagement politique dans les sociétés démocratiques ?
Regards croisés	**12.** Quelle action publique pour l'environnement ?	**11.** Quelles inégalités sont compatibles avec les différentes conceptions de la justice sociale ?

Quels sont les savoir-faire à maîtriser ?

Calcul, lecture, interprétation	• Proportion, pourcentage de répartition (y compris leur utilisation pour transformer une table de mobilité en tables de destinée et de recrutement) • Taux de variation, taux de variation cumulé, coefficient multiplicateur, indice simple • Moyenne arithmétique simple et pondérée
Lecture et interprétation	• Indice synthétique • Médiane, écart et rapport inter-quantile • Coefficient de Gini • Corrélation et causalité • Taux de variation moyen • Valeur nominale, valeur réelle (taux d'intérêt nominal et réel) • Tableau à double-entrée • Représentations graphiques : diagrammes de répartition, représentation de séries chronologiques, courbe de Lorenz • Représentation graphique de fonctions simples (offre, demande, coût) et interprétation de leurs pentes et de leurs déplacements

L'ÉPREUVE EN BREF

L'épreuve écrite

Quel est le programme de l'épreuve ?

Vous serez évalué sur une partie du programme de Terminale, mais les notions de Première doivent être connues et mobilisables.

Quelle est la nature de l'épreuve ?

Vous avez le choix entre deux types de sujets (une dissertation et une épreuve composée) dont les questions portent, au total, sur quatre thèmes du programme.

Durée : 4h
Coefficient : 16
Notation : 20 pts

Dissertation s'appuyant sur un dossier documentaire

• Comment se présente le sujet ?

Il comporte un libellé qui vous invite à poser et à traiter, de façon organisée et argumentée, un problème exigeant une analyse économique, sociologique ou politique. Il est accompagné de trois ou quatre documents factuels de nature différente : documents statistiques (graphiques, tableaux, cartes, schémas, radars) et textes (chronologies, extraits d'entretien, récits de vie, comptes rendus d'enquêtes).

• Quels sont les critères d'évaluation de la copie ?

La dissertation est notée sur 20. L'évaluation porte sur :

- une mobilisation de vos connaissances et des données tirées des documents ;
- une problématique que vous devez élaborer ;
- une réponse argumentée et organisée dans un plan cohérent et équilibré ;
- une expression écrite claire et une présentation soignée.

Épreuve composée

• Comment se présente le sujet ?

Il comporte trois parties portant sur des thèmes et des champs différents :

- **Partie 1.** Mobilisation des connaissances : une question précise portant sur une notion ou un mécanisme.
- **Partie 2.** Étude d'un document : deux questions portant sur un document.
- **Partie 3.** Raisonnement s'appuyant sur un dossier documentaire : un libellé et un dossier documentaire, comportant deux ou trois documents différents.

- **Quels sont les critères d'évaluation de la copie ?**

Chaque exercice a ses critères d'évaluation et son barème :

- **Partie 1** (4 points) : la mobilisation et la restitution de vos connaissances.
- **Partie 2** (6 points) : la mobilisation de vos connaissances et de vos savoir-faire pour collecter et de traiter l'information (calculs, lecture et interprétation des données), par une démarche méthodologique rigoureuse.
- **Partie 3** (10 points) : la mobilisation de vos connaissances et des informations figurant dans les documents, la réponse au sujet à travers un raisonnement comprenant une introduction, un développement et une conclusion.

La clarté de l'expression écrite et le soin apporté à la copie sont également pris en compte.

Le grand oral

À la fin de la Terminale, vous passez un grand oral en lien avec vos spécialités. Cette épreuve (coefficient 10) fait partie des épreuves finales du baccalauréat.

Quels sont les objectifs du grand oral ?

- Prendre la parole en public de façon claire et convaincante.
- Utiliser vos connaissances autour d'une argumentation, en montrant en quoi elles sont essentielles pour la poursuite de vos études, voire pour votre projet professionnel.

Comment se déroule l'épreuve ?

Durée : 20 min + 20 min de préparation
Coefficient : 10
Notation : 20 pts

- Vous présentez deux questions que vous avez préparées pendant l'année. Ces sujets portent sur l'une ou sur vos deux spécialités. Le jury, composé de deux professeurs, choisit une question. Vous avez ensuite 20 minutes de préparation. Vous pouvez créer un support à donner au jury (une carte, un graphique, un schéma, etc.) qui ne sera pas évalué.
- L'épreuve se déroule en trois temps.
  - **Temps 1.** Votre exposé (5 minutes) se fait debout et sans note : expliquez le choix de cette question puis répondez-y de façon argumentée et organisée.
  - **Temps 2.** Vous échangez avec le jury (10 minutes) pour préciser ou approfondir certains points. C'est à ce moment que vous mettez en valeur vos connaissances liées à vos spécialités.
  - **Temps 3.** Vous échangez avec le jury sur votre projet d'orientation (5 minutes). Vous expliquez le lien entre la question traitée et vos projets d'études ou professionnels. Vous précisez les étapes qui vous ont permis d'élaborer votre projet (rencontres, engagements, stages, mobilité internationale, intérêt pour les enseignements et les spécialités, etc.).

Quels sont les critères d'évaluation ?

Votre prestation est notée sur 20. Le jury porte une attention particulière au contenu (vos connaissances, votre capacité à argumenter et à relier les savoirs, votre esprit critique) et à la forme (votre expression, la clarté de vos propos, votre force de conviction). Il est également attentif à votre écoute, votre réflexion personnelle et votre motivation. Cinq qualités seront ainsi évaluées : vos qualités orales, votre prise de parole en continu, vos connaissances, la qualité de votre interaction avec le jury et la construction de votre argumentation.

Description de l'épreuve orale du second groupe

Qui est concerné par cette épreuve ?

Si, à l'issue des épreuves du premier groupe (épreuves anticipées de Français, épreuves finales de spécialité, de Philosophie et Grand Oral), vous avez obtenu plus de 8/20 et moins de 10/20, vous présentez les épreuves orales du second groupe (« oraux de rattrapage »).

Sur quoi porte cette épreuve ?

Elle porte sur le même programme que l'épreuve écrite.

Comment se déroule l'épreuve ?

Votre jury, un professeur de la spécialité SES vous propose deux sujets au choix, portant sur des champs différents du programme. Après votre temps de préparation, vous exposez vos réponses au jury et répondez à ses questions.

Durée : 20 min
+ 30 min **de préparation**
Notation : 20 pts

Comment se présente le sujet ?

- Une question principale (10 points) basée sur deux documents courts et de nature différente.
- Trois questions simples (10 points). Les deux premières (6 points) portent sur la connaissance des notions de base. La troisième (4 points) porte sur la maîtrise des outils et savoir-faire, sur l'un des documents.

Méthode pour le **BAC**

Méthode

1

Aborder l'épreuve de mobilisation de connaissances

▶ Cette première partie de l'épreuve composée est sur 4 points. Il s'agit de répondre à une question, sans document d'appui. Elle porte sur les notions du programme.

Conseil

→ **Organisez votre temps !**

4 heures pour l'épreuve composée, c'est :

– 20 min pour la partie 1 ;

– 40 min pour la partie 2 ;

– 2 h 45 pour la partie 3 (analyse / documents / plan / rédaction) ;

– 10 min pour la relecture.

→ Pendant l'année, faites-vous des fiches lexicales, pour chaque thème ou chapitre : listez les notions essentielles avec une définition courte, un indicateur associé et un exemple.

→ Aidez-vous du lexique à la fin de cet ouvrage !

À faire au brouillon

▶ Soyez attentif au travail qui vous est demandé

→ Bien comprendre les verbes du libellé

• La plupart des libellés commencent par un verbe d'action qui vous précise le travail à réaliser. Sachez repérer ces verbes et les transformer en attentes : à travers ce verbe, quel est le travail ? « Montrez », « distinguer », « expliquer », « présenter » ou « illustrer » n'ont pas les mêmes significations, en termes de travail à effectuer.

Ne confondez pas !

Distinguer et comparer : comparer, c'est décrire les ressemblances **et** les différences.

Expliquer et décrire : décrire, c'est lister les éléments qui caractérisent un fait ou un phénomène, afin d'en fournir une représentation fidèle.

Présenter et expliquer : en expliquant, vous présentez des éléments de compréhension ; en présentant, vous énumérez des éléments.

• Voici la liste des principaux verbes utilisés pour cette épreuve et leur signification :

Verbes du libellé	Signification en termes de travail à effectuer
Montrer **Expliquer comment**	Constater une relation entre deux notions ou phénomènes puis développer les mécanismes à l'œuvre pour comprendre le lien de causalité entre deux phénomènes ou notions. Ex. : *Expliquez comment l'offre et la demande de travail déterminent le salaire.* Ex. : *Montrez que les droits de propriété favorisent la croissance économique.*
Distinguer	Mettre en parallèle deux ou plusieurs faits, phénomènes, notions, analyses, mécanismes, etc., pour présenter leurs différences. Ex. : *Distinguez l'analyse des classes sociales de Karl Marx de celle de Max Weber.* Ex. : *Distinguez compétitivité-prix et compétitivité hors-prix.*
Expliquer	Développer les éléments qui permettent de comprendre un phénomène. Ex. : *Expliquez l'abstention électorale.* Ex. : *Expliquez le fonctionnement du marché des quotas d'émission.*
Présenter	Exposer, lister des éléments en précisant leur définition ou leurs spécificités. Ex. : *Présentez les principaux facteurs à l'origine des crises financières.* Ex. : *Présentez deux caractéristiques d'une union économique et monétaire.*
Illustrer	Donner un exemple significatif et pertinent qui permet de comprendre une situation, une notion ou un phénomène. Ex. : *Illustrez la diversité des acteurs et des formes des conflits sociaux.* Ex. : *Illustrez le caractère cumulatif des inégalités économiques et sociales.*

→ Être attentif aux mots et formules utilisés

Certains libellés sont rédigés sous forme de question directe et explicite. Ils commencent par les formules suivantes : « Quel(les) sont… », « Comment… » ou « En quoi ». Ces formules renvoient à des verbes d'action.

Astuce

Enlevez ou changez un des termes du sujet et demandez-vous s'il garde le même sens et donc s'il implique la même réponse.

Formules du libellé	Signification en termes de travail à effectuer
Quel(les) sont…	**Présenter** Ex. : *Quels sont les avantages du commerce international pour les consommateurs ?* Ex. : *Quelles sont les caractéristiques de la stratification sociale selon Max Weber ?*
Comment… En quoi…	**Montrer / Expliquer comment** Ex. : *Comment les services collectifs peuvent-ils contribuer à la justice sociale ?* Ex. : *En quoi l'approche en termes d'IDH complète-t-elle celle en termes de PIB ?*

Exemple :

En quoi* / *Comment *l'approche en termes d'IDH complète-t-elle celle en termes de PIB ?*

Montrez que* / *Expliquez comment *l'approche en termes d'IDH complète celle en termes de PIB ?*

→ Quatre consignes pour le même travail demandé : développer les éléments qui permettent de comprendre que la dimension économique prise en compte par le PIB n'est qu'une des trois dimensions prises en compte par l'IDH.

Présentez* / *Quelles sont *les approches en termes d'IDH et en termes de PIB ?*

→ Deux consignes pour le même travail demandé : listez les éléments contenus dans chacune des deux approches, prises séparément.

Distinguez *l'approche en termes d'IDH et celle en termes de PIB.*

→ Insistez sur les différences entre les deux approches : les dimensions de la santé et de l'éducation prises en compte par l'IDH.

Illustrez *le fait que l'approche en termes d'IDH complète celle en termes de PIB.*

→ Trouvez des exemples de pays qui sont classés à des rangs très différents selon le critère de l'IDH ou le critère du PIB, montrant ainsi qu'ils sont différents dans les dimensions économiques, sanitaires et éducatives.

▶ Faites le tour de la question

- Lire attentivement la question. La recopier au brouillon peut vous éviter un hors-sujet ou un contresens.

Conseil

Prenez le temps de la réflexion, pour ne pas oublier certains éléments essentiels à la réponse attendue.

- Repérez les termes et les notions-clés.
- Associez ces notions au thème ou au chapitre auquel elles se rattachent. Cela vous permet de mieux saisir les enjeux de la question et vous évite de vous éparpiller dans votre réponse.
- Associez ces notions à des notions connexes et, éventuellement, des analyses théoriques que vous aurez besoin de mobiliser.

Exemple d'un travail au brouillon

1 Question à relier au thème 1 : quels sont les sources et les défis de la croissance?

2 Notion-clé
Augmentation des quantités produites pour une nation, d'une année sur l'autre

Présenter
Lister les conditions

À quelles **conditions** la **croissance** est-elle **soutenable** ?

4 Notions connexes
Capitaux : physique et technologique, naturel, humain, social, institutionnel. Spécificité du capital naturel : un **bien commun** (exclusif et non rival).

3 Notion-clé
Capacité à préserver les ressources de façon à permettre aux générations présentes et futures de subvenir à leurs besoins.

6 Termes
Analyse théorique qui vous amène à la réponse : les conditions sont liées à la question de la substituabilité du capital naturel.

5 Analyse théorique
Le débat sur la question de la **substituabilité des capitaux** : **soutenabilité forte ou faible** ?

▶ Focus sur les notions-clés et connexes à expliciter

Croissance – Croissance soutenable – Capitaux – Substituabilité – Bien commun – Soutenabilité forte / faible

- Toutes les autres notions ou analyses qui vous viendraient à l'esprit seraient hors-sujet.
- Ce travail au brouillon vous permet d'identifier l'essentiel et doit vous amener à ne pas passer à côté d'un élément jugé incontournable.

Par exemple, ici, mobiliser vos connaissances sur le débat entre soutenabilité forte et soutenabilité faible ne paraissait pas évident à la première lecture de la question. C'est le travail d'analyse de la question, autour des notions-clés et de leur définition qui vous a amené, pas à pas, à arriver à cette analyse.

Astuce
Si votre esprit est encombré par une idée, une notion ou une analyse alors qu'elle vous paraît être hors-sujet : notez-la sur votre schéma au brouillon et barrez-la, pour vous en débarrasser !

À rédiger *sur sa copie*

▶ Rédaction de la réponse sur la copie

Une fois cette liste d'éléments incontournables établie, concentrez-vous sur ces éléments et définissez-les ou expliquez les mécanismes de manière précise et rigoureuse. Pensez aussi à organiser votre réponse, de manière à montrer la logique de votre raisonnement : l'analyse de la question telle qu'elle a été faite au brouillon peut vous y aider.

Conseil

Ne cherchez pas à en dire plus ! En « déballant » vos connaissances, vous risquez le hors-sujet. Rédigez une réponse précise et rigoureuse mais strictement délimitée par la question.

Exemple de réponse possible

Nous vous présentons ici un exemple de réponse rédigée. Nous avons surligné les notions-clés issues du travail d'analyse au brouillon pour vous montrer comment ce travail est réinvesti dans la réponse. Bien évidemment, ne mettez aucun de ces signes (encadré, sur- ou soulignage, couleur, etc.) sur votre copie.

La croissance économique, considérée comme l'augmentation des quantités produites pour une nation, d'une année sur l'autre, nécessite la mobilisation de plusieurs types de capitaux : le capital physique et technologique, le capital naturel, le capital humain et le capital social et institutionnel. Une croissance soutenable est donc celle qui ne détériorerait pas ce stock de capitaux ni pour les générations présentes, ni pour les générations futures. Cela renvoie à la question de la substituabilité des capitaux. Si certains de ces capitaux (physique, humain, social et institutionnel) s'accumulent, le capital naturel, quant à lui, se dégrade. Cela est dû aux spécificités de ce capital naturel : en tant que bien commun, exclusif et non rival, il implique un risque de surexploitation, d'autant plus qu'il est constitué de ressources non renouvelables (énergies fossiles, minerais). Par conséquent, la soutenabilité de la croissance ne peut être réalisée qu'à la condition de considérer que le capital naturel peut être remplacé par les autres formes de capitaux qui viennent compenser sa dégradation (soutenabilité faible). La croissance est donc soutenable si une génération transmet un stock identique de capitaux à la génération future, quelle que soit la composition de ce stock. Si, au contraire, on considère que les différentes formes de capitaux ne sont pas substituables (soutenabilité forte), rien ne peut remplacer le capital naturel. Par conséquent, la soutenabilité de la croissance ne peut être réalisée qu'à la condition de changer notre modèle de croissance, voire viser une croissance zéro ou une décroissance.

Insérez les définitions de façon fluide.

Utilisez des exemples : votre réponse sera valorisée.

Par des conjonctions ou des formules, montrez l'enchaînement de vos idées

Ce que l'on attend dans votre copie

Critères d'évaluation	Explication
Compréhension de la consigne.	Effectuer le travail demandé.
Compréhension, maîtrise de la ou des notion(s).	Repérer les notions-clés, les définir.
Mobilisation pertinente du cours (mécanismes, références théoriques, illustrations).	Utiliser vos connaissances personnelles pour répondre à la question.
Réponse organisée.	Rédiger de façon cohérente, avec un fil conducteur.

Méthode

2 Aborder l'épreuve d'étude d'un document

▶ Cette deuxième partie de l'épreuve composée est sur 6 points. Il s'agit de deux questions portant sur un document statistique. Elle porte sur les notions du programme.

Conseil

Au-delà de cette épreuve spécifique, l'analyse de documents est centrale en SES. Entraînez-vous régulièrement à les manipuler. Cela vous servira dans chaque type d'épreuve.

À faire au brouillon

▶ Soyez attentif au travail qui vous est demandé

1. Répondre à la première question

Tous les libellés demandent de préciser une ou quelques données. Il s'agit donc ici d'évaluer vos savoir-faire : lecture et interprétation de données. En général, les données que l'on vous demande de traiter sont celles qui paraissent les plus pertinentes pour répondre à la deuxième question.

Pour lire et interpréter les données correctement :

• Repérez la nature ou le type de document : graphique, tableau (à une entrée ou à double entrée), cartes.

• Repérez la source : l'auteur de l'ouvrage ou de l'article et la date de publication.

• Repérez le thème ou sujet : de quoi parle le document ? Quel est son titre ?

• Repérez le cadrage spatial et temporel des données.

• Repérez le champ : quelle est la population concernée ?

• Repérez les indicateurs utilisés, les variables et les unités des données (% de répartition, % d'évolution, milliers, millions ou milliards, tonnes, euros, habitants…).

À savoir

Maîtriser les différents types de graphiques : courbe, nuage de points, diagramme circulaire, diagramme en bâtons, histogramme, graphique en aires empilées, graphique en radar ou en « toile d'araignée », graphique à bulles, graphique figuratif, graphique combiné.

À savoir

Maîtriser le vocabulaire statistique : population, unité, échantillon, variable ou caractère quantitatif ou qualitatif, effectif, fréquence.

2. Répondre à la deuxième question

La plupart des libellés commencent par un verbe d'action qui vous précise le travail à réaliser. Repérez ces verbes et transformez-les en attentes : à travers ce verbe, quel est le travail demandé ?

Voici la liste des principaux verbes utilisés pour cette épreuve et leur signification :

Verbes du libellé	Signification en termes de travail à effectuer
Identifier **Mettre en évidence** **Préciser**	Repérer, lister et nommer certains éléments. Ex. : *Identifiez les sources de la croissance économique selon les pays sur la période 1985-2010.* Ex. : *Mettez en évidence les contributions à la croissance du PIB en volume en 2014.* Ex. : *Précisez les principales caractéristiques de la croissance française.*
Décrire **Caractériser**	Lister les éléments permettant de présenter les particularités d'un phénomène. Ex. : *Décrivez les évolutions des taux d'emploi entre 1982 et 2012.* Ex. : *Caractérisez les inégalités face à la pauvreté.*
Comparer	Mettre en parallèle deux phénomènes, pour préciser leurs ressemblances et leurs différences, voire leur lien de causalité. Ex. : *Comparez la proportion de bacheliers selon la génération et selon le milieu social en 2015.* Ex. : *Comparez l'évolution du PIB mondial avec celle des exportations mondiales.*

▶ Maîtriser quelques savoir-faire

Cette partie de l'épreuve permet de vérifier que vous maîtrisez certains savoir-faire applicables aux données quantitatives et aux représentations graphiques, afin de les exploiter.

Ces savoir-faire sont essentiellement :

- **Lire des données.**

→ *Lire un tableau statistique*

Repérez les unités de mesure, les intitulés des lignes et des colonnes. La lecture d'une donnée se fait en croisant, pour une donnée quelconque, la ligne et colonne correspondante.

Exemple : un tableau à double entrée

Répartition (en %) des chômeurs selon le sexe et l'âge en France, en 2017

Unité
Sujet : quoi ?
Espace : où ?
Temps : quand ?
Total en ligne
Variable 1 : l'âge

	15-24 ans	25-49 ans	plus de 50 ans	Total
Hommes	24	55	21	100
Femmes	20	60	20	100

Insee, Enquête Emploi, 2017.

Variable 2 : le sexe
6 données
Source : qui ?

Lecture : les données sont des pourcentages de répartition. Repérez le total (100) dans la dernière colonne. La lecture se fait alors en ligne : sur 100 chômeurs, 55 % ont entre 25 et 49 ans. Une lecture en colonne vous permet de comparer les taux de chômage selon le sexe, pour une même tranche d'âge : dans la tranche d'âge des 25-49 ans, le taux de chômage des femmes est supérieur à celui des hommes, de 5 points de pourcentage.

À savoir
Le point de pourcentage est l'unité utilisée pour la différence arithmétique entre deux pourcentages qui ne sont pas calculés sur le même ensemble de référence.

→ *Lire un graphique*

– Il existe différents types de graphiques qui présentent chacun des spécificités.

– Les **diagrammes en bâtons**, les **histogrammes** (par exemple, une pyramide des âges) et les **graphiques en aires empilées** permettent de représenter des répartitions. Les surfaces sont proportionnelles aux pourcentages. Ils permettent de juxtaposer plusieurs répartitions pour des dates ou des catégories différentes.

Exemples :

Part de bacheliers en % selon l'âge et le milieu social en France en 2015

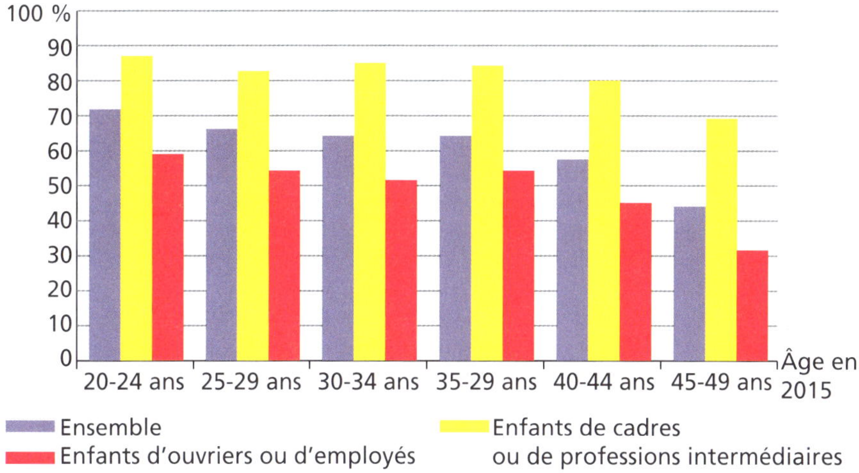

Source : Ministère de l'Enseignement supérieur, 2017.

Ce graphique croise trois variables : l'âge en 2015 (générations), le milieu social et le fait d'être bachelier.
Lecture : la part des bacheliers a augmenté, génération après génération (de 45 % à 70 %), cependant l'écart, même s'il s'est réduit reste important selon leur origine sociale : 25 points d'écart entre les enfants d'employés ou d'ouvriers et les enfants de cadres ou de professions intermédiaires.

Répartition de l'emploi par catégorie socioprofessionnelle de 1962 à 2007

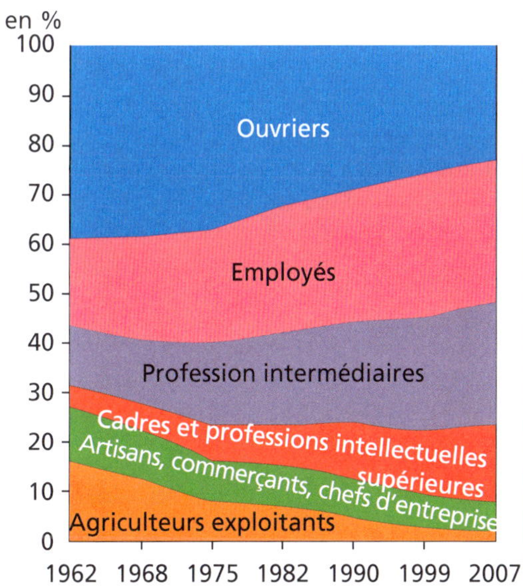

Lecture : ce graphique en aires empilées représente l'évolution d'une répartition, ici, l'évolution de la part de chaque CSP entre 1962 et 2007. Les valeurs de la première aire (les agriculteurs) peuvent se lire directement sur l'axe des abscisses (16 % d'agriculteurs en 1962 à 3 % en 2007). La lecture des autres aires suppose de faire la différence entre les valeurs extrêmes de l'aire lues sur l'axe. Par exemple, la part des cadres était de 4 % (31 %-27 %) en 1962, elle est de 15 % (25 %-10 %) en 2007.

Champ : actifs ayant un emploi, France métropolitaine.

Source : Insee, Recensements de la population.

– Les **courbes** et les **nuages de points** permettent de visualiser le lien entre deux ou plusieurs variables situées sur l'axe des abscisses et l'axe des ordonnées. Lorsque l'axe des ordonnées représente le temps, il s'agit d'une série chronologique. Ces graphiques sont donc utiles pour mettre en évidence une tendance, une différence de niveaux atteints ou un lien entre deux variables. Les informations pertinentes se lisent à l'intersection de deux données à lire sur chaque axe.

À savoir

Une **corrélation** est une relation statistique entre deux variables : elle est positive si les deux variables évoluent dans le même sens, négative si elles évoluent en sens inverse. Il y a **causalité** seulement si ce lien est un lien de cause à effet.

Exemples :

Taux de croissance du PIB en volume et de la productivité horaire du travail (en %) en France.

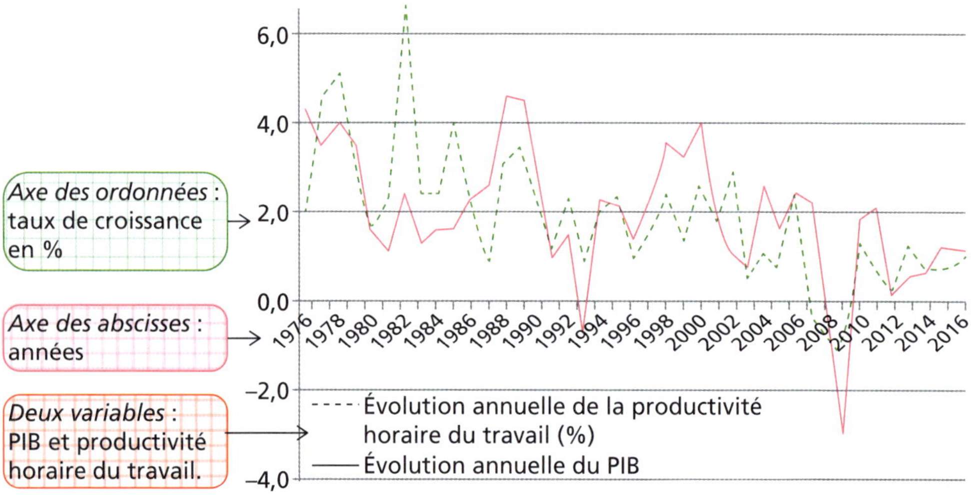

Source : D'après données OCDE, 2017.

Lecture : en 1982, le taux de croissance de la productivité horaire du travail (plus de 6 %) était trois fois supérieur à celui du PIB (plus de 2 %).

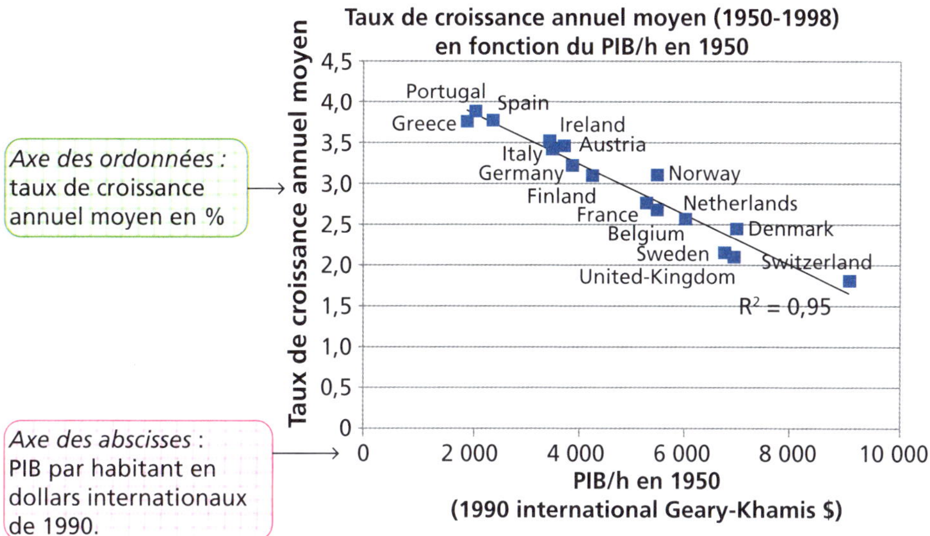

Source : Jean Gadrey, alternatives-economiques.fr 26/06/2014

Lecture : plus le PIB/h était faible en 1950, plus la croissance moyenne entre 1950 et 1998 a été forte. Les écarts sont importants : le taux de croissance annuel moyen est deux fois plus élevé pour les pays qui étaient les plus pauvres en 1950 (Portugal et Grèce : 4 %) que pour le pays le plus riche en 1950 (Suisse : 2 %).

– Les **graphiques en radar** ou **en « toile d'araignée »** permettent de visualiser plusieurs variables quelle que soit leur unité (entre quatre et une dizaine), en mettant en évidence des déséquilibres ou des différences. Ils sont utiles pour faire des comparaisons entre périodes, entre pays ou entre situation réalisée et situation idéale. Plusieurs axes gradués partent d'un point central et les indicateurs forment un polygone dont les sommets se situent sur les axes.

Exemple : le carré magique de Nicolas Kaldor, pour la France (2018)

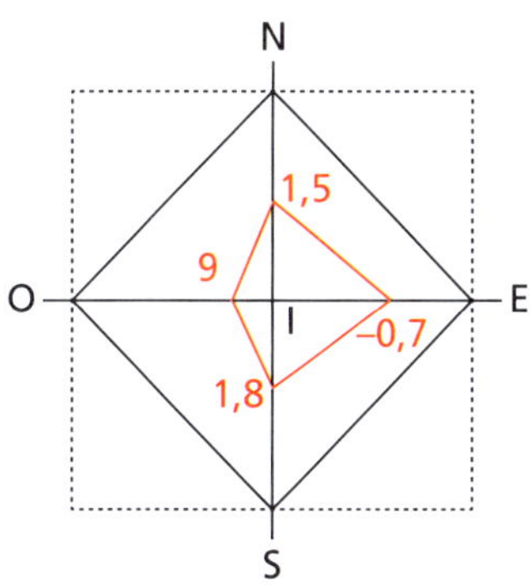

Lecture : c'est la représentation graphique des quatre grands objectifs de la politique économique : un taux de croissance et d'inflation faibles, un taux de chômage élevé et un solde extérieur nul. Il fait état de la situation conjoncturelle de la France en 2018, en montrant les écarts avec la situation idéale (le carré) : notamment, sa mauvaise performance en matière d'emploi.

Légende et échelles
IN : Taux de croissance du PIB en % (0 à 3)
IE : Solde de la balance courante en % du PIB (–2 à 0)
SI : Taux d'inflation en % (0 à 3)
OI : Taux de chômage en % (0 à 12)

– Les **graphiques à bulles** sont des nuages de points auxquels est ajoutée une dimension, représentée par la surface du point qui devient un disque. Un disque est donc défini par sa place par rapport aux axes et par sa surface.

Exemple :

Dommages liés aux événements extrêmes dans les pays du G20 (1990-2014).

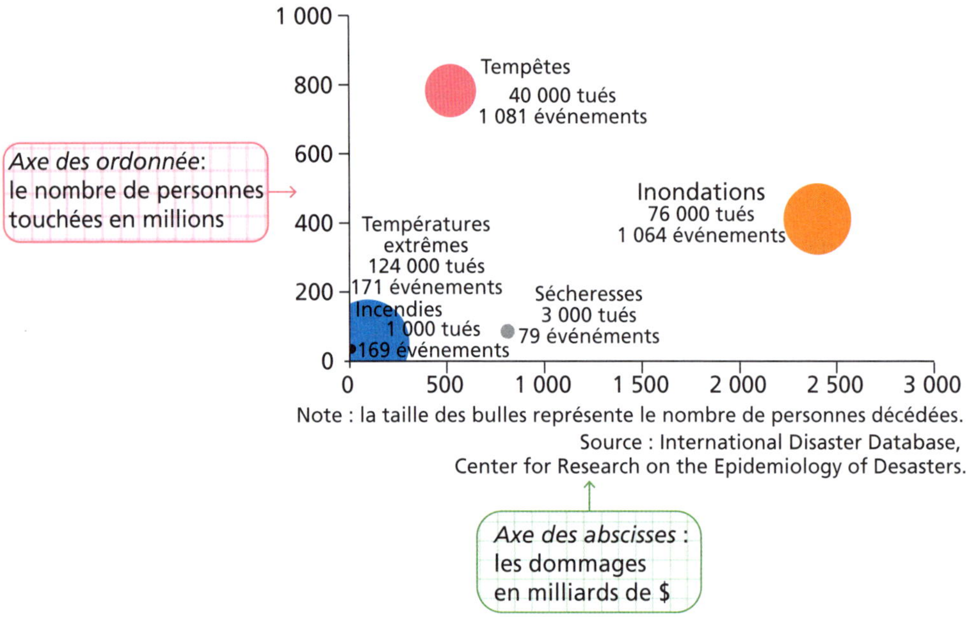

Note : la taille des bulles représente le nombre de personnes décédées.
Source : International Disaster Database, Center for Research on the Epidemiology of Desasters.

Lecture : les catastrophes climatiques ont un coût matériel et humain élevé. Parce que plus fréquentes et se situant dans des zones urbaines, côtières et peuplées, les inondations et les tempêtes ont causé plus de 110 000 décès, touché près de 3 millions de personnes et ont fait plus de 1 200 milliards de dollars de dégâts.

– Les **graphiques combinés** superposent deux formes graphiques, le plus souvent un diagramme en bâtons et une ou plusieurs courbes. Ils se lisent donc de la même manière. Un type de graphique combiné est le **graphique figuratif** qui est construit à partir d'un diagramme en bâtons qui ont été remplacés par des dessins ou des images.

Exemple :

La sous-alimentation dans le monde (1990-1996)

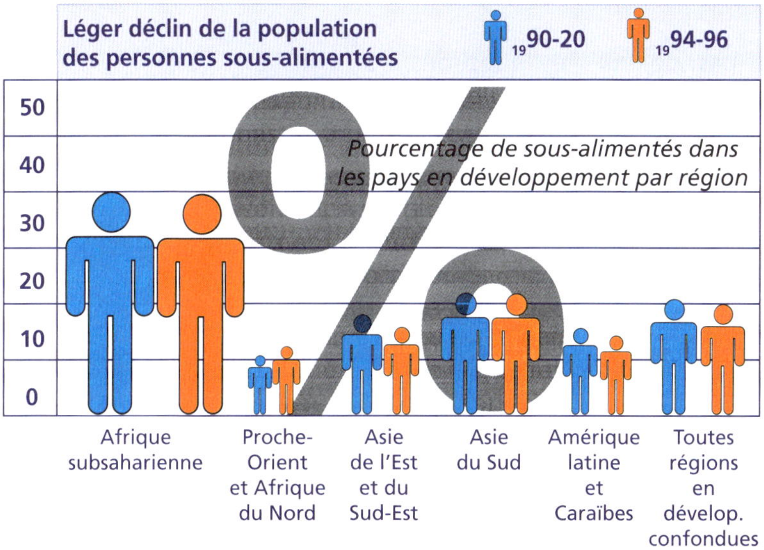

Source : FAO, 1998.

Lecture : la part des personnes sous-alimentées dans les régions en développement a légèrement diminué entre 1990-92 et 1994-96 (en passant en-dessous de 20 %). Mais ces moyennes cachent des écarts importants (un peu plus de 10 % au Proche-Orient et Afrique du Nord contre 40 % en Afrique subsaharienne). De plus, cette diminution globale n'est pas réalisée partout : cette part a augmenté au Proche-Orient et en Afrique du Nord et se maintient en Asie du Sud, sur la même période.

- **Analyser les données**

Repérez les données significatives du document : les variations importantes, les écarts, les périodes, les valeurs extrêmes, les valeurs positives/négatives. Faites des liens entre les données. Sélectionnez les données qui vous paraissent les plus pertinentes pour répondre à la question et pour illustrer vos affirmations.

- **Faire des calculs simples**

Sans calculette, vous pouvez faire des calculs simples (coefficients multiplicateurs, pourcentages) pour donner des ordres de grandeurs : la démarche sera valorisée.

- **Adopter une démarche rigoureuse d'analyse du document**

Hiérarchisez les informations fournies par le document : dégagez l'idée générale de l'ensemble du document, puis sélectionner les informations secondaires. Signalez éventuellement les limites du document (ce qu'il ne permet pas de savoir).

À faire sur sa copie

▶ Rédiger votre réponse

Ne perdez pas de vue les questions qui vous sont posées. Elles vous invitent à réfléchir à un problème clé du programme. Toute votre analyse du document doit partir de cette question : qu'est-ce qui, dans ce document, vous permet d'y répondre ? Et quelles données précises allez-vous sélectionner pour illustrer votre réponse ?

Astuce

Pour aller à l'essentiel du document, imaginez que vous demandez à quelqu'un de reproduire schématiquement le document, à l'aide de vos descriptions.

Exemple d'un travail sur le document

Question 2 : Comparez l'évolution du PIB mondial à celle des exportations mondiales de produits manufacturés.

Surligner ce qui vous **fournit des informations sur les données**

Évolutions des exportations mondiales de produits manufacturés* et du PIB mondial entre 1950-2012 (en volume, indices de base 100)

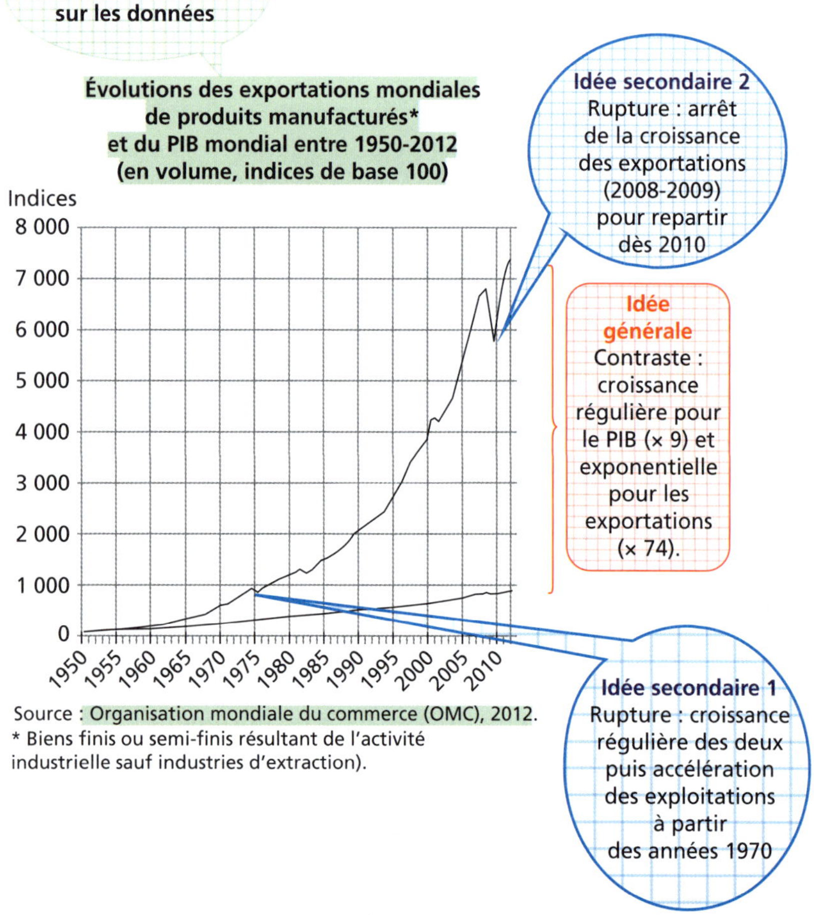

Source : Organisation mondiale du commerce (OMC), 2012.
* Biens finis ou semi-finis résultant de l'activité industrielle sauf industries d'extraction).

Conseil

Les données sont en indice et doivent se lire à partir de 1950 (base 100). Pour mieux rendre compte de l'ampleur des évolutions et des écarts entre les variables, utilisez des coefficients multiplicateurs.

Rédaction de la réponse sur la copie : un exemple

Ce document est un graphique qui, à l'aide de deux courbes, représente l'évolution de deux variables, en volume (ce qui permet d'enlever les effets de l'inflation) et en indices (base 100 en 1950) : le PIB mondial et les échanges mondiaux de produits manufacturés, entre 1950 et 2012. Ce document a été produit par l'Organisation mondiale du commerce (OMC), en 2012.

Conseil

Utilisez vos savoir-faire méthodologiques pour expliquer certains termes. Ici, par exemple, vous pouvez expliquer ce que signifie l'expression « en volume ».

Les deux courbes présentent des évolutions très contrastées. Le PIB mondial en volume connaît une croissance régulière sur la période. Au total, il aura été multiplié par 9 entre 1950 et 2012. C'est un rythme de croissance exceptionnel dans l'histoire économique.

Présentez l'idée générale : le contraste

À l'inverse, les exportations mondiales de produits manufacturés connaissent une croissance quasi exponentielle. Après avoir augmenté régulièrement jusque dans les années 1960-1970, les exportations s'accélèrent : les échanges mondiaux de marchandises sont multipliés par près de 75 entre 1950 et 2012.

Enchaînez par vos idées secondaires

Notons juste le coup d'arrêt, en 2008-2009, de cette croissance des exportations, contrecoup de la crise financière de 2008, alors que celui-ci n'apparaît pas (ou à peine) sur la courbe de la croissance du PIB mondial. Nous pouvons faire l'hypothèse que l'échelle du graphique ne permet pas de voir l'effet de la crise de 2008 sur l'évolution du PIB.

Précisez une limite du document.

Cette croissance des échanges de marchandises plus que proportionnelle à la croissance du PIB montre à quel point l'économie s'est mondialisée depuis les années 1970.

Concluez sur une idée en lien avec le chapitre concerné.

Conseil

Ne cherchez pas à en dire davantage ! Vous risquez le hors-sujet. Élaborez une réponse précise et rigoureuse, axée sur les savoir-faire méthodologiques et strictement délimitée par les questions.

▶ Ce que l'on attend dans votre copie

Critères d'évaluation	Explicitation
Exploiter le document pour répondre à la question	Sélectionner, hiérarchiser les informations utiles et les plus pertinentes afin de répondre à la question posée.
Maîtriser la lecture des données statistiques	Donner la signification de valeurs. Rédiger une phrase complète par donnée présentée.
Exploiter des données pour répondre précisément à la question	Maîtriser certains savoir-faire en lien avec l'interprétation des données. Réaliser des calculs simples (coefficient multiplicateur, points de % et % d'évolution) en lien avec la question pour mettre en évidence des évolutions, des tendances ou faire des comparaisons.
Mobiliser des connaissances	Sélectionner et maîtriser des connaissances en lien avec le sujet : utiliser les notions du programme, expliquer les mécanismes, illustrer par des exemples issus du document.

Aborder l'épreuve du raisonnement s'appuyant sur un dossier documentaire

▶ Cette troisième partie de l'épreuve composée est sur 10 points. Le sujet comporte un libellé présenté sous la forme d'une consigne, portant sur les notions du programme. Il est accompagné d'un dossier documentaire.

À savoir

Sur la forme, le raisonnement est construit comme une dissertation : introduction, argumentation organisée et conclusion. La réponse attendue est cependant plus courte (3 pages) et une problématisation n'est pas exigée.

À faire au brouillon

▶ Soyez attentif au travail qui vous est demandé

• La majorité des libellés commence par un verbe d'action qui vous précise le travail à réaliser. Repérez ces verbes et transformez-les en attentes : quel est le travail demandé ?

• Voici la liste des principaux verbes utilisés pour cette épreuve et leur signification :

Verbes du libellé	Signification en termes de travail à effectuer
Montrer	Constater une relation entre deux notions ou phénomènes puis développer les mécanismes à l'œuvre pour comprendre le lien de causalité entre ces deux notions ou phénomènes. Ex : *Vous montrerez que les firmes multinationales cherchent à améliorer leur compétitivité par des stratégies de localisation.* Ex : *Vous montrerez que les classes sociales sont un outil pertinent pour analyser la société française contemporaine.*

Verbes du libellé	Signification en termes de travail à effectuer
Expliquer **Expliquer pourquoi**	Développer les éléments qui permettent de comprendre un phénomène. Ex. : *Vous expliquerez que la constitution d'une union économique et monétaire a été une étape importante de l'intégration européenne.* Ex. : *Vous expliquerez pourquoi un pays peut avoir intérêt aujourd'hui à mener une politique protectionniste.*
Présenter **Mettre en évidence**	Exposer, lister des éléments en précisant leur définition ou leurs spécificités. Ex. : *Vous présenterez les caractéristiques de la mobilité sociale intergénérationnelle.* Ex. : *Vous mettrez en évidence les principaux facteurs expliquant les choix de localisation des firmes multinationales.*

Ne confondez pas !

Expliquer et décrire : pour expliquer, il ne suffit pas de lister les éléments qui caractérisent un fait ou un phénomène, vous devez détailler les mécanismes à l'œuvre.

Présenter et expliquer : en expliquant, vous présentez des éléments de compréhension ou les causes d'un phénomène ; en présentant, vous énumérez des éléments.

▶ Être attentif aux mots et formules utilisées

Quelques libellés sont rédigés sous forme de questions directes et explicites. Ils commencent par la formule « Quel(les) sont... ». Cette formule correspond à la consigne « présenter ».

Formules du libellé	Signification en termes de travail à effectuer
Quels sont les effets... **Quelles sont les caractéristiques...**	**Présenter** Ex : *Quels sont les effets de l'évolution de la structure des professions sur la mobilité sociale ?* Ex : *Quelles sont les caractéristiques de la mobilité sociale intergénérationnelle ?*

▶ Faites le tour de la question

- Lire attentivement la question. La recopier au brouillon peut vous éviter un hors-sujet ou un contresens.
- Repérer les termes et les notions-clés.
- Associer ces notions au thème ou au chapitre auquel elles se rattachent. Cela vous permet de mieux cerner la question.
- Relier ces notions à des notions connexes et, éventuellement, à des analyses théoriques.

Conseil

Au brouillon, listez d'abord ces éléments (notions, exemples, contre-exemples, auteurs, mécanismes, indicateurs, etc.) puis triez-les.

Exemples d'un travail au brouillon

Le plus souvent, il vous est demandé de montrer comment deux phénomènes sont reliés. Ce qui est situé entre la variable « cause » et la variable « effet » borne votre sujet.

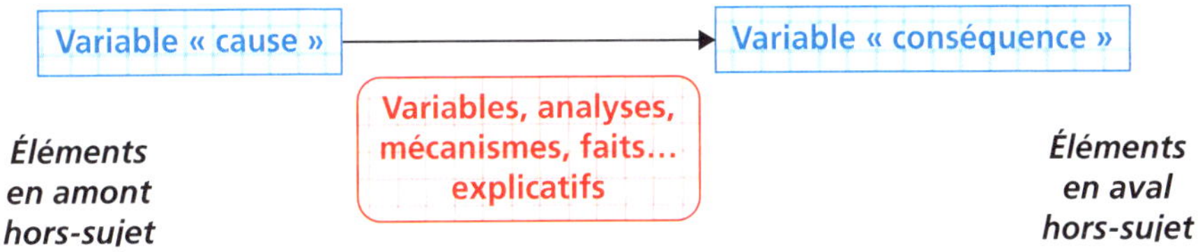

Vous pouvez utiliser la même méthode d'analyse de sujet que celle présentée pour l'épreuve de mobilisation de connaissances. Vous pouvez également réaliser des schémas d'implication, pour organiser vos idées.

> **Conseil**
> Analyser le sujet et élaborer les axes de votre réflexion avant de lire les documents puis compléter votre brouillon avec les données du dossier.

- ***Exemple 1 :*** *vous montrerez comment l'origine sociale influence la destinée de chacun.*

C'est un sujet de forme classique qui vous demande d'expliquer les mécanismes à l'œuvre entre deux phénomènes sociaux : comment l'origine sociale (cause) détermine-t-elle la destinée individuelle (conséquence) ?

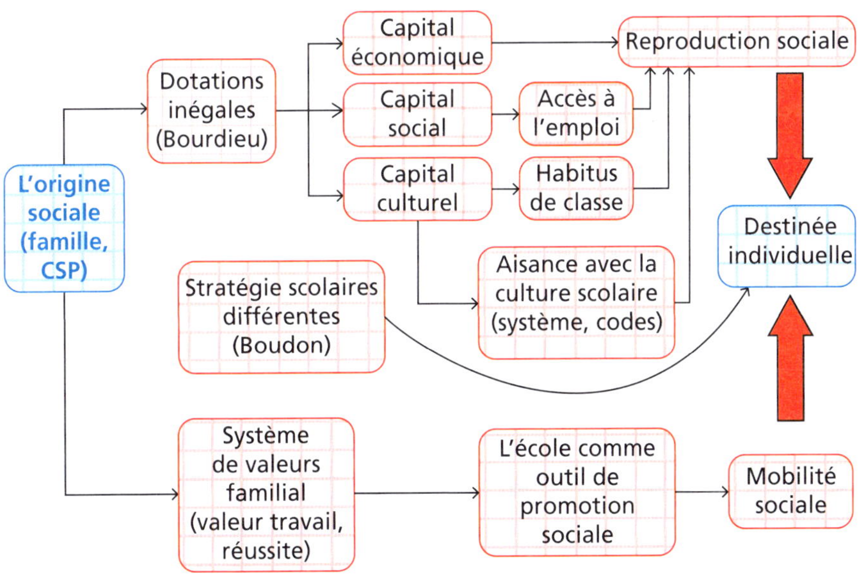

- ***Exemple 2 :*** *vous montrerez que la croissance a un caractère endogène.*

Ce sujet ne fait pas apparaître de variable « cause » ou « effet » de façon évidente. Mais vous pouvez les retrouver à partir d'une réflexion sur la notion de croissance endogène : une croissance cumulative et autoentretenue. La croissance est donc à la fois la cause et l'effet. Cela implique un schéma en forme de circuit.

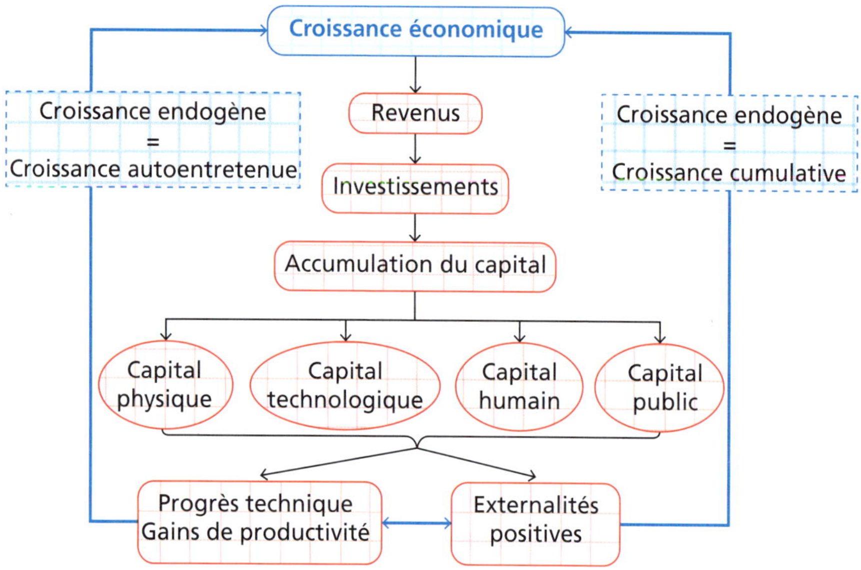

Ce travail au brouillon vous permet d'identifier l'essentiel et doit vous amener à ne pas passer à côté d'éléments jugés incontournables.

▶ Élaborez un plan

Une fois cette liste d'éléments incontournables établie, organisez vos idées dans un plan. À partir de votre schéma ou de vos idées listées au brouillon, organisez deux ou trois ensembles logiques pour lesquels vous avez identifié des enchaînements. Pour chaque relation entre les différents éléments, demandez-vous s'il y a des conditions ou des nuances (« sauf si », « mais », « à condition que », etc.). Trouvez un titre pour chaque partie. Ce titre doit exprimer une idée ou une affirmation et ne pas être trop général.

> **Conseil**
> Chaque partie ou paragraphe doit être une démonstration précise d'un des axes du sujet. Travaillez-les et rédigez-les comme vous le feriez pour une question de mobilisation de connaissances.

<u>Exemple :</u> vous montrerez que la croissance a un caractère endogène

1. La croissance dépend de l'accumulation du capital physique et humain.
2. La croissance dépend également de l'accumulation du capital technologique et public.

▶ Analysez les documents

Lisez le dossier documentaire et repérez les informations qui viendront illustrer vos arguments. Si votre travail d'analyse du sujet et d'élaboration du plan au brouillon est suffisamment précis, il vous suffit de reporter les informations tirées des documents dans votre plan.

> **Conseil**
> Utilisez un code couleur pour vos parties et vos paragraphes et surlignez, avec ces différentes couleurs, les informations en lien avec chacune de ces idées.

Contrairement à ce qui vous est demandé dans l'étude d'un document, vous n'avez pas à faire une analyse complète de chaque document : n'en retirez que ce qui est utile pour illustrer vos arguments ou apporter une vérification (d'une relation, d'une analyse).

À savoir
Un document peut être utilisé plusieurs fois et pour différentes parties et plusieurs documents peuvent être mis en relation.

À faire *sur sa copie*

▶ Rédigez votre raisonnement

Vous devez transformer vos schémas ou la liste de vos idées en un texte clair et organisé. Ce texte doit faire apparaître une introduction, deux ou trois parties et une conclusion.

- **Rédigez l'introduction**

Elle comporte trois éléments : une accroche (idée générale, statistique, fait, citation, etc.), la définition des notions-clés du sujet, l'annonce de votre plan.

Conseil
Rédigez votre introduction au brouillon et apportez-y le plus grand soin : c'est la première impression que vous donnez à votre lecteur.

Exemple : vous montrerez que la croissance a un caractère endogène.

Traditionnellement, dans le cadre d'une croissance extensive puis intensive, la quantité et la qualité du travail et du capital étaient analysées comme sources de la croissance, définie comme l'augmentation des richesses produites par une nation. Dans les années 1950, Robert Solow montre que ces deux facteurs de production n'expliquent que la moitié de la croissance. Le reste ou « résidu » est expliqué par le progrès technique qui est, pour lui, exogène : il provient des résultats aléatoires de la recherche. Or, les théories de la croissance endogène ont montré que le progrès technique dépendait des ressources d'une économie : l'accumulation des différents capitaux favorise l'émergence du progrès technique qui devient alors endogène. Cette endogénéisation du progrès technique permet d'avancer l'idée d'une croissance endogène, c'est-à-dire auto-entretenue et cumulative. Nous montrerons ainsi que la croissance dépend, d'une part, de l'accumulation du capital physique et humain (I) et, d'autre part, de l'accumulation du capital technologique et public (II).

Accroche
Idée générale sur les premières analyses théoriques de la croissance.

Définitions
Notions-clés : croissance économique et croissance endogène.

Annonce du plan
Deux parties qui regroupent les capitaux deux à deux.

- **Rédigez le développement**

Il est composé de paragraphes, organisés en deux ou trois parties, dans la logique de l'analyse que vous avez faite au brouillon. Chaque paragraphe développe une idée ou une affirmation, complétée d'une explication et d'un exemple, souvent tiré des documents. Les paragraphes se succèdent selon un fil conducteur que vous devez faire apparaître notamment en utilisant des connecteurs logiques (voir la méthode de la dissertation p. 42).

- **Rédigez la conclusion**

La conclusion doit reprendre les principaux éléments de votre démonstration, de façon à apporter une réponse claire à la question, puis comporter une idée pour ouvrir vers une autre idée ou un autre enjeu.

Exemple : vous montrerez que la croissance a un caractère endogène

L'aspect cumulatif de la croissance montre son caractère endogène. Les différents capitaux (physique, humain, technologique et public) ne peuvent être accumulés et améliorés que si une économie a dégagé des ressources pour les financer. Ces capitaux produisent à leur tour des effets positifs sur la croissance en générant des gains de productivité, des baisses de coûts de production et de transaction et des externalités positives.

Au cœur de ces mécanismes, se profile le rôle des pouvoirs publics qui peuvent impulser ou réaliser ces investissements, afin de stimuler la demande, l'offre et les échanges. Il s'agit alors d'une question de moyens à affecter à certains secteurs (éducation, santé, R&D, etc.), sachant que les résultats attendus ne seront pas immédiatement visibles : les mécanismes à l'œuvre prennent du temps, comme tout processus structurel.

Commencez par résumer vos idées principales

Ouvrez votre raisonnement sur d'autres enjeux.

▶ Ce que l'on attend dans votre copie

Critères d'évaluation	Explicitation
Répondre à la question ou au sujet	Choisir des arguments qui répondent à la question posée.
Organiser un raisonnement	• Introduire le sujet, en définissant les notions principales et en présentant la démarche (annonce du plan). • Rédiger un développement en deux ou trois parties, contenant chacune des paragraphes liés entre eux par un enchaînement logique ou démonstratif. Chaque paragraphe présente un argument, une explication et une illustration. • Conclure en apportant une réponse claire à la question posée, à partir des idées principales du développement.
Mobiliser ses connaissances	Sélectionner et maîtriser des connaissances en lien avec le sujet : utiliser les notions du programme, expliquer les mécanismes, illustrer par des exemples issus des documents ou de vos connaissances personnelles.
Exploiter les documents	• Sélectionner et exploiter les informations des documents et les mettre en relation avec le raisonnement pour répondre au sujet. • Relever des données chiffrées ; citer une expression ou une phrase extraite d'un texte en les mettant entre guillemets ; citer les documents exploités. • Traiter des données chiffrées à l'aide de calculs simples (coefficient multiplicateur, points de % et % d'évolution). • Exploiter un texte ou un schéma sans faire de paraphrase.
Clarté de l'expression, soin apporté à la présentation	Rédiger de façon fluide, en utilisant des connecteurs logiques ; utiliser une orthographe et une syntaxe correctes ; présenter votre écrit de façon aérée.

Méthode

4 Aborder l'épreuve de dissertation

▶ Cette épreuve est sur 20 points. Il s'agit d'un libellé présenté sous la forme d'une consigne ou d'une question. Il est accompagné d'un dossier documentaire. Le libellé du sujet porte sur les notions du programme.

Une dissertation est une réponse organisée et argumentée sur un sujet. L'enjeu du sujet sert de base à la formulation d'une problématique qui forme le fil conducteur de votre réflexion. L'argumentation doit mobiliser vos connaissances personnelles et les informations tirées du dossier documentaire.

Conseils

→ **Organisez votre temps !**

4 heures pour la dissertation, c'est :

– 30 min pour analyser le sujet ;

– 45 min pour étudier les documents ;

– 30 min pour construire le plan ;

– 2 h pour rédiger la copie ;

– 10 min pour vous relire.

→ **5 minutes pour choisir son sujet !**

Ne décidez pas à l'avance de vous préparer uniquement à l'exercice de la dissertation ou de l'épreuve composée. Le choix de l'exercice doit dépendre du thème traité : prenez le thème que vous maîtrisez le mieux, pour lequel vous pouvez mobiliser le plus de connaissances.

→ **À savoir**

Sur la forme, une dissertation comprend une introduction, une argumentation organisée et une conclusion. Le sujet doit être problématisé et la réponse attendue est d'environ 4 à 6 pages.

À faire au brouillon

▶ Soyez attentif au travail qui vous est demandé

• Les libellés sont construits sous forme de questions, avec une ou deux notions de SES et un verbe. Certains libellés comportent d'autres mots du langage courant qui vous aideront à orienter votre réflexion, voire votre plan.

• Sur la forme, le travail qui vous est demandé est de deux types :

– **expliquer ou analyser :** développer les éléments qui permettent de comprendre un phénomène ;

– **discuter** : présenter les éléments qui paraissent contradictoires à première vue ou présenter les arguments qui nuancent une affirmation ou la véracité d'une proposition.

• Sur le fond, ce travail d'analyse ou de discussion peut être demandé à propos d'un seul phénomène ou sur le lien entre deux phénomènes.

• En croisant ces deux aspects (la forme et le fond), les différents types de libellés peuvent être classés de la manière suivante :

Expliquer / Analyser	
Un phénomène (A)	**Le ou les liens entre deux phénomènes (A et B)**
• *Quels (ou quelles) sont…* *… les mécanismes de A ?* *… les facteurs / déterminants / causes de A ?* *… les rôles de A ?* *… les effets / les conséquences de A ?* *… les avantages et inconvénients de A ?* *… les difficultés pour A ?* *… les stratégies pour A ?* *… les politiques pour A ?* • *Comment…* *… expliquer A ?* *… rendre compte de A ?* *… A a-t-il évolué ?*	• *Comment ou en quoi…* *… A favorise-t-il B ?* *… A permet-il B ?* *… A contribue-t-il à B ?* *… A s'oppose-t-il à B ?*

Discuter	
Un phénomène (A)	**Le ou les liens entre deux phénomènes (A et B)**
• Discuter de l'existence d'un phénomène : *A existe-t-il ?* *Dans quelle mesure A existe-t-il ?* • Discuter de la pertinence d'un phénomène : *A est-il pertinent ?* *Peut-on parler de A ?* • Discuter des effets d'un phénomène : *A est-il souhaitable / efficace / avantageux ?* *A n'a-t-il que des avantages / inconvénients ?*	• Des questions directes sur le lien de cause à effet : *A contribue-t-il à B ?* *A est-il la cause / source / conséquence de B ?* *A s'explique-t-il par B ?* *A repose-t-il sur B ?* *A explique-t-il / favorise-t-il / permet-il / empêche-t-il B ?* *A est-il compatible avec B ?* *A remet-il en cause B ?* NB : ces libellés peuvent aussi commencer par « dans quelle mesure... » • Des questions directes sur le lien entre deux phénomènes (A et B) qui nécessitent d'autres variables : *A est-il suffisant pour B ?* *A suffit-il à expliquer B ?* *A est-il le seul facteur / déterminant / résultat de B ?* *A est-elle la seule explication / cause / conséquence de B ?* *A est-elle la seule contribution à B ?*

• Soyez enfin attentif aux mots du langage courant présents dans le libellé. Ne les négligez pas ; ils guideront l'élaboration d'un plan de type « discussion. Ce plan dialectique – de la forme « oui... mais » – permet de développer des arguments qui affirment une proposition, puis qui la nuancent.

Méthode

Repérez les mots qui amènent des nuances : « toujours », « nécessairement », « encore », « seule », « seulement ».

Exemples de libellés :

– *L'accumulation des facteurs est-elle le seul déterminant de la croissance ?*

– *Le commerce international a-t-il toujours des effets positifs ?*

– *L'analyse en termes de classes sociales est-elle encore pertinente pour analyser la société française ?*

– *La justice sociale implique-t-elle nécessairement de combattre toutes les inégalités ?*

▶ Faites le tour de la question

- Lire attentivement la question. La recopier au brouillon peut vous éviter un hors-sujet ou un contresens.
- Repérez tous les mots du libellé et les notions de SES.
- Associez ces notions au thème ou au chapitre auquel elles se rattachent. Cela vous permet de mieux cerner la question.
- Associez ces notions à des notions connexes et, éventuellement, à des analyses théoriques.

Conseil
Au brouillon, listez tous ces éléments (notions, exemples, contre-exemples, auteurs, mécanismes, indicateurs, etc.) puis triez-les.

Vous pouvez utiliser la même méthode d'analyse de sujet que celle présentée pour l'épreuve de mobilisation de connaissances (voir p. 16). Vous pouvez également réaliser des schémas d'implication, pour organiser vos idées (voir p. 19).

Quand le libellé porte sur l'analyse d'un phénomène, listez tous les éléments qui s'y rapportent et prenez soin de vérifier, pour chacun d'entre eux, s'il est bien dans le sujet. Quand le libellé demande d'analyser ou de discuter d'une relation entre deux phénomènes, repérez la variable « cause » et la variable « effet » qui bornent votre réponse.

Conseil
Pour vous entraîner à analyser un libellé : supprimez les mots qui vous semblent inutiles et demandez-vous si le sujet a toujours le même sens et si les différentes formulations du sujet mènent à la même réponse.

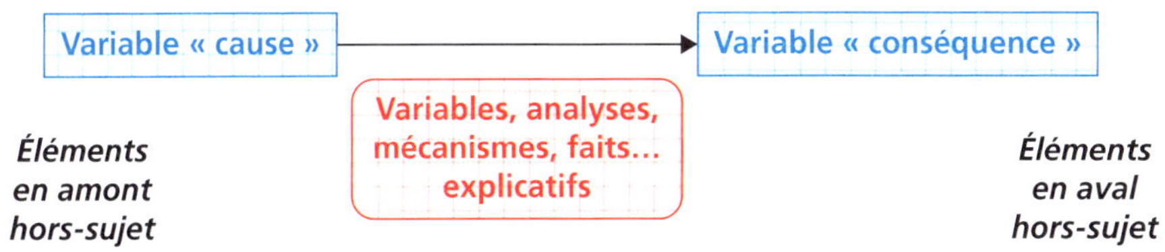

MÉTHODE
SUJETS PAS À PAS
SUJETS COMME À L'EXAMEN

Exemple : *La participation au commerce international est-elle toujours avantageuse ?*

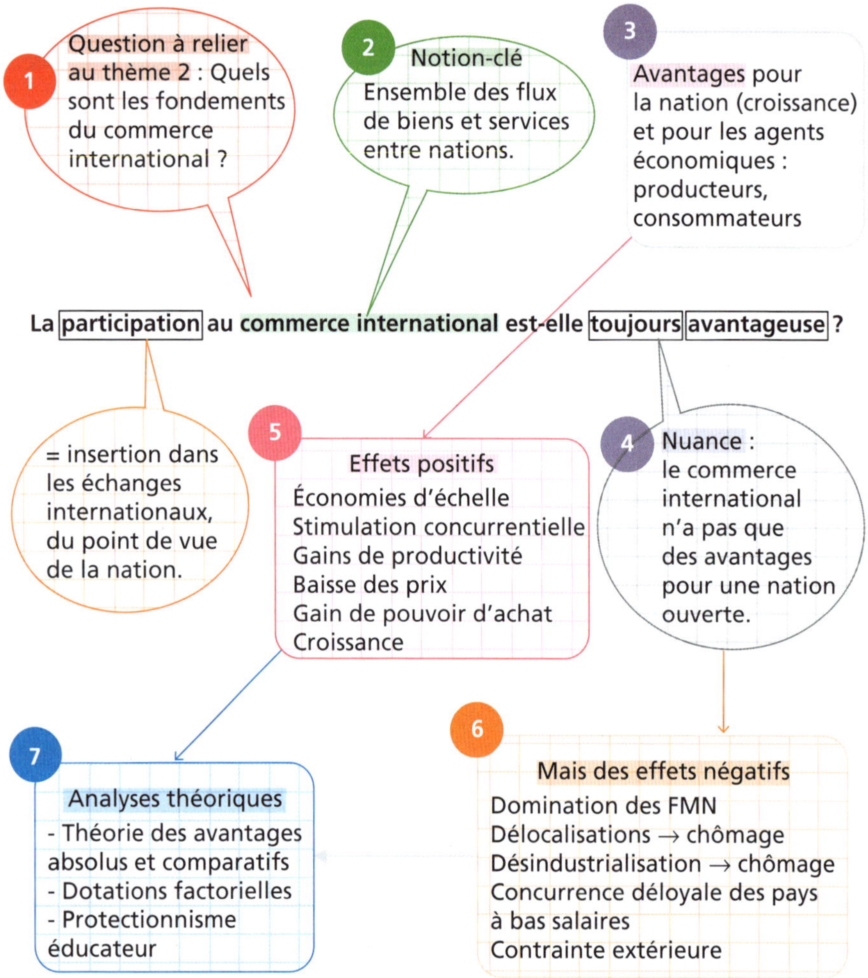

Ce travail au brouillon aide à identifier l'essentiel et à ne rien oublier.

▶ Élaborez un plan

Une fois listés, les éléments essentiels, organisez vos idées dans un plan. À partir du brouillon, organisez deux ou trois ensembles logiques reliant vos arguments. Pour chaque liens, éléments, demandez-vous s'il y a des conditions ou des nuances (« sauf si », « mais », « à condition que »...). Pour chaque partie, trouvez un titre qui exprime une idée ou une affirmation.

Exemple : *La participation au commerce international est-elle toujours avantageuse ?*

1. Les avantages de l'insertion dans les échanges internationaux

Conseil

Analyser le sujet et élaborer les axes de votre raisonnement avant d'analyser les documents puis compléter votre brouillon avec les éléments tirés du dossier.

Conseil

Chaque partie ou paragraphe doit être une démonstration précise d'un des axes du sujet. Rédigez-les comme vous le feriez pour une question de mobilisation de connaissances.

2. Les limites de l'insertion dans les échanges internationaux

Les différents types de plan :

	Les principales démarches de raisonnement en SES	
Plan dialectique (débat / discussion)	**I.** Validation d'une proposition (oui…) **II.** Limites ou conditions à cette proposition (…mais) ou **I.** Réponse infirmant une proposition (non…) **II.** Limite ou nuance de cette réponse (…mais)	
Plan analytique (analyse / explication)	**I.** Constat	**II.** Conséquences
	I. Causes	**II.** Conséquences
	I. Causes internes	**II.** Causes externes
	I. Effets sur l'offre	**II.** Effets sur la demande
	I. Effets à court terme	**II.** Effets à long terme
	I. Effets directs	**II.** Effets indirects
	I. Effets vertueux	**II.** Effets pervers
	I. Niveau micro	**II.** Niveau macro
	I. Aspects quantitatifs	**II.** Aspects qualitatifs
	I. Aspects réels	**II.** Aspects financiers
	I. Éléments structurels	**II.** Éléments conjoncturels
	I. Ressemblances	**II.** Différences
Plan permettant d'analyser des relations entre phénomènes	**I.** Les effets de A sur B	**II.** Les effets de B sur A
	I. A entraîne B	**II.** B entraîne C

Ces plans peuvent être combinés. Vous pouvez organiser chaque partie d'un plan dialectique en un plan analytique.

Méthode
Ces démarches de raisonnement permettent d'organiser vos paragraphes au sein de chaque grande partie.

▶ Analysez les documents

Lisez le dossier documentaire et repérez les informations illustrant vos arguments. Grâce à une analyse du sujet et à un plan suffisamment précis, il vous suffit de compléter votre brouillon par les données tirées des documents.

À savoir
Un document peut être utilisé dans plusieurs parties ; certains peuvent être mis en relation.

Contrairement à ce qui vous est demandé dans l'étude d'un document, ne faites pas une analyse complète de chaque document : n'utilisez que ce qui sert votre raisonnement ou apporter une vérification (d'une relations, d'une analyse).

Conseil
Utilisez un code couleur pour chaque argument, surlignez les données qui les illustrent.

▶ Rédigez votre raisonnement

Vous devez transformer vos schémas ou la liste de vos idées en un texte clair et organisé. Ce texte doit faire apparaître une introduction, deux ou trois parties et une conclusion.

• Rédigez l'introduction

Elle comporte quatre éléments : une accroche (idée générale, statistique, fait, citation…), la définition des notions clés du sujet, votre problématique, l'annonce de votre plan.

Conseil
Rédigez votre introduction au brouillon et apportez-y le plus grand soin : c'est la première impression que vous donnez à votre lecteur.

Exemple : La participation au commerce international est-elle toujours avantageuse ?

Depuis les années 1950, l'ouverture des économies s'accélère et le commerce international s'intensifie, favorisé par la doctrine du libre-échange. Certains parlent même de « troisième mondialisation », à partir des années 1970, avec la libéralisation des flux financiers et l'accélération des flux commerciaux, technologiques, informationnels, décisionnels et culturels.

Accroche
Idée générale sur l'évolution du commerce international.

La question de la participation au commerce international s'est donc posée à chaque nation. Le commerce international est l'ensemble des échanges de biens et de services entre des agents économiques résidant sur des territoires nationaux différents. Participer au commerce international revient donc, pour une nation, à accepter d'ouvrir ses frontières pour développer ses exportations et ses importations de marchandises.

Définition
Notion-clé : commerce international.

Les partisans et les expériences du libre-échange ont démontré les avantages que les économies domestiques peuvent en tirer, en termes de croissance. Mais est-ce toujours le cas ? Le libre-échange permet-il toujours de réaliser des gains pour tous ? Ne provoque-t-il pas parfois des effets pervers ?

Problématique
Le débat sur les effets de l'insertion dans les échanges mondiaux.

Pour répondre à cette question, nous expliquerons les avantages que peut retirer une nation à s'insérer dans le commerce international (partie I) ; puis nous montrerons que, dans certains cas, cette insertion a des limites ou des effets pervers qui peuvent justifier des mesures protectionnistes (partie II).

Annonce du plan
Deux parties pour expliquer les avantages et les limites de cette insertion.

- **Rédigez le développement**

Il est composé de paragraphes, organisés en deux ou trois parties, dans la logique de l'analyse que vous avez faite au bouillon. Chaque paragraphe développe une idée ou une affirmation, complétée d'une explication et d'un exemple, souvent tiré des documents. Les paragraphes se succèdent selon un fil conducteur que vous devez faire apparaître notamment en utilisant des connecteurs logiques.

Conseil
Utilisez des connecteurs logiques pour établir des liens entre les différentes étapes de votre raisonnement.

Vous voulez...	Utilisez...
Ordonner des éléments	premièrement, deuxièmement... / d'abord, ensuite, puis, enfin / en premier lieu, en second lieu, en dernier lieu / d'une part, d'autre part
Ajouter une idée	ensuite / voire / par ailleurs / de plus / non seulement... mais encore / de surcroît / en outre / de même que / sans compter que / ainsi que
Mettre en parallèle	comme / de la même façon / quant à / d'un côté... de l'autre / soit...soit / ni... ni / ou... ou / tel que / de même que / ainsi que / aussi... que / autant que...
Expliquer	ainsi / en effet / en d'autres termes / c'est-à-dire / autrement dit / d'ailleurs
Illustrer	par exemple / notamment / comme / c'est ainsi que / c'est le cas de
Indiquer une cause	car / parce que / comme / puisque / grâce à / en raison de / à cause de / étant donné que / vu que / du fait que
Indiquer une conséquence	ainsi / donc / de là / d'où / dès lors / en conséquence / par conséquent / c'est pourquoi / si bien que / de sorte que / de façon que
Indiquer un but	pour / dans le but de / afin de / en vue de / pour que / afin que
Indiquer une condition	si / dans l'hypothèse où / pour le cas où / au cas où / en cas de / selon que / pourvu que / en admettant que / à condition que / suivant que
Marquer une nuance ou une opposition	mais / or / en revanche / au contraire / malgré / cependant / néanmoins / pourtant / toutefois / quoique / même si / certes... mais / en dépit de / bien que / tandis que / alors que
Synthétiser ou conclure	pour conclure / en conclusion / enfin / en dernier lieu / en définitive / ainsi / en somme / bref / en résumé / finalement

Exemple de plan détaillé réalisé au brouillon :

La participation au commerce international est-elle toujours avantageuse ?

I. Les avantages de l'insertion internationale

Idée générale : le libre-échange permet le développement du commerce international, ce qui génère des gains à l'échange pour tous.

– Constat du lien entre libre-échange et commerce international.

– Explications théoriques : avantages absolus et comparatifs, spécialisations en fonction des dotations factorielles.

– Explications des gains à l'échange : augmentation de l'offre, concurrence accrue, gains de productivité, économies d'échelle, baisse des coûts et des prix, compétitivité-prix, stimulation de l'innovation, transferts de technologie.

II. Les limites et les effets pervers de l'insertion internationale

Idée générale : l'insertion internationale ne profite pas à tous ; les perdants du libre-échange peuvent alors être tentés par des mesures protectionnistes.

– Pour les pays les plus pauvres : échange inégal selon les dotations factorielles, des spécialisations et la DIT.

– Pour les pays anciennement industrialisés : concurrence des pays à bas salaires, délocalisations, désindustrialisation, restructurations du système productif, chômage.

– Mise en concurrence des États par les FMN.

– Conséquences : des mesures protectionnistes nécessaires.

• **Rédigez la conclusion**

Elle reprend les grands éléments de votre démonstration, pour répondre de façon claire à la question, puis ouvre sur une autre idée ou un autre enjeu.

Exemple : *La participation au commerce international est-elle toujours avantageuse ?*

Théoriquement et historiquement, le commerce international s'est développé grâce à la doctrine et aux pratiques libre-échangistes. Dans un contexte de croissance généralisée, l'insertion dans les échanges permet à tous de profiter des gains du libre-échange. L'économie mondiale a ainsi pu connaître une croissance et un développement sans précédent pendant les Trente Glorieuses. Cependant, certains pays sont restés à l'écart de cette prospérité ; la succession de crises depuis les années 1970 a mis un coup d'arrêt à ce cercle vertueux et le libre-échange a montré ses limites. Cela a justifié un retour à certaines formes de protectionnisme.

Réponse à la question en reprenant le raisonnement à travers les idées principales.

Si le libre-échange a ainsi montré ses limites sur le plan économique et social, mais aussi en matière environnementale. Le commerce international est en effet lié à un modèle de croissance intensive qui, basé sur une recherche de productivité à n'importe quel prix, porte gravement atteinte à l'environnement et n'est pas soutenable.

Ouverture sur un autre enjeu lié au sujet traité.

▶ Ce que l'on attend dans votre copie

Critères d'évaluation	Explicitation
Répondre à la question ou au sujet	Choisir des arguments qui répondent à la question posée.
Organiser un raisonnement	• Introduire le sujet, en définissant les notions principales, en problématisant et en présentant la démarche (annonce du plan). • Rédiger un développement en deux ou trois parties équilibrées et liées entre elles par des transitions. Organiser vos parties en paragraphes, liés entre eux par un enchaînement logique ou démonstratif. Chaque paragraphe présente un argument, une explication et une illustration (méthode AEI). • Conclure en apportant une réponse claire à la question posée, à partir des idées principales du développement.
Mobiliser ses connaissances	Sélectionner et maîtriser des connaissances en lien avec le sujet : utiliser et maîtriser les notions du programme, expliquer les mécanismes, illustrer par des exemples issus des documents ou de vos connaissances personnelles.
Exploiter les documents	• Sélectionner et exploiter les informations des documents et les mettre en relation avec le raisonnement pour répondre au sujet. • Relever des données chiffrées ; citer une expression ou une phrase extraite d'un texte en les mettant entre guillemets ; citer les documents exploités. • Traiter des données chiffrées à l'aide de calculs simples (coefficient multiplicateur, points de % et % d'évolution). • Exploiter un texte ou un schéma sans faire de paraphrase.
Clarté de l'expression, soin apporté à la présentation	Rédiger de façon fluide, en utilisant des connecteurs logiques ; utiliser une orthographe et une syntaxe correctes ; présenter votre écrit de façon aérée.

▶ Les différences entre la dissertation et le raisonnement de l'épreuve composée

	Raisonnement	Dissertation
La problématique	• Non exigée • Le libellé du sujet peut être repris tel qu'il est formulé. • Mais réfléchir à l'enjeu du sujet peut vous aider à élaborer votre raisonnement et donc votre plan.	• Exigée • Le libellé du sujet doit être reformulé autour de l'enjeu du sujet et autour de votre raisonnement qui s'apparente à une démonstration.
La structure du plan	• 2 à 5 parties possibles (souvent des plans analytiques)	• 2 ou 3 parties (souvent des plans dialectiques)
	• Si vous optez pour un plan apparent, soignez vos titres ils doivent être explicites, quant à l'idée principale développée dans la partie.	
L'introduction	• Cadre spatio-temporel • Définitions des termes du sujet • Sujet • Annonce du plan	• Cadre spatio-temporel • Définitions des termes du sujet • Sujet problématisé • Annonce du plan
La conclusion	• Réponse explicite à la question posée en introduction, en reprenant les idées principales des grandes parties. • Pas d'ouverture exigée.	• Réponse explicite à la problématique, en reprenant les étapes du raisonnement • Ouverture.
Longueur approximative	• 3 pages	• 4 à 6 pages

Sujets pas à pas

Quels sont les sources et les défis de la croissance ?

Faire le point

L'essentiel

1 Une accumulation des facteurs

- La croissance économique dépend du volume des **facteurs de production** (travail et capital) ; il s'agit alors d'une **croissance extensive.** Elle dépend également de la qualité de ces facteurs qui permet, à quantité égale ou moindre, de les rendre plus productifs ; il s'agit alors d'une **croissance intensive**. Cette **productivité globale des facteurs** (PGF) est rendue possible grâce à l'introduction du **progrès technique** qui se diffuse par les **innovations** générées par le système productif ; il s'agit alors d'une croissance **endogène**.

2 Dans un cadre institutionnel favorable

- Tout un système d'**institutions** incite à l'investissement et à l'innovation. Le rôle de l'État est ainsi essentiel pour améliorer la qualité des facteurs (infrastructures de recherche, d'éducation ou de formation). De même, l'existence d'une monnaie et la garantie des **droits de propriété** permettent l'existence, l'extension et le bon fonctionnement des marchés. Enfin, l'instauration et le maintien d'institutions démocratiques permettent une certaine stabilité politique favorable à la croissance.

3 Rôle ambigu du progrès technique

- Si le **progrès technique** est source de croissance, il peut néanmoins provoquer un phénomène de **destruction créatrice** et affecter ainsi la répartition des revenus en générant des inégalités. Cependant, le progrès technique peut permettre de dépasser les **limites écologiques** auxquelles se heurte notre modèle de croissance (épuisement des ressources, pollution, réchauffement climatique) ; il permettrait ainsi une **croissance soutenable**.

OUTILS THÉORIQUES

→ La **destruction créatrice** caractérise la dynamique du capitalisme (croissance et cycles), pour l'économiste Joseph Schumpeter (1942) : les innovations créent de nouvelles activités qui font disparaître des activités devenues obsolètes.

→ Les **innovations** apparaissent en grappes et sont à l'origine des phases de croissance. Schumpeter en distingue cinq types : nouvelle méthode de production, nouveau bien ou service, nouvelle forme d'organisation du travail, nouveau marché, nouvelle matière première.

→ Pour les théoriciens de la **croissance endogène**, les investissements permettent la croissance, en générant des externalités positives et des gains de productivité. Cela permet l'accumulation des différentes formes de capital : physique et technologique (Paul Romer, 1976 et 1986), humain (concept de Gary Becker en 1967, repris par Robert Lucas, 1988) et public (Robert Barro, 1991).

Schéma bilan

La croissance économique

DÉPEND DE

La quantité des facteurs de production
- Volume de la population active et durée du travail
- Investissements de capacité

→ **Croissance extensive**

La qualité des facteurs de production
- État de santé et niveau de qualification de la main-d'œuvre
- Investissements de productivité
- Progrès technique incorporé au capital

→ **Croissance intensive**

AINSI QUE DE

L'existence d'institutions
Cadre social, juridique et politique des activités humaines (existence et garantie des droits de propriété)

→ Incitations à échanger, produire et innover → **Croissance endogène**

L'accumulation des différentes formes de capitaux
- Innovations mises en oeuvre par les entrepreneurs
- Investissements en capital physique, technologique, humain et public

→ Externalités positives → **Croissance endogène**

MAIS **Des défis**
- Les inégalités économiques
- Les nuisances à l'environnement

→ Répartition des richesses, Innovations → **Vers une croissance soutenable**

En bref Pour aborder les sujets portant sur ce chapitre, il faut savoir que :

- la croissance provient de l'accumulation de l'ensemble des capitaux. ☐
- le progrès technique est endogène et permet des gains de productivité. ☐
- les institutions incitent à l'échange, à la production et à l'innovation. ☐
- le progrès technique peut avoir des effets négatifs (destruction créatrice, inégalités) et positifs (faire reculer les limites écologiques de la croissance). ☐

J'ai tout coché ? Je passe le test page suivante

MÉTHODE
SUJETS PAS À PAS
SUJETS COMME À L'EXAMEN

Contrôler ses connaissances

corrigés p. 202

QCM *Cocher les bonnes réponses.*

1. Quelle est la source d'une croissance extensive ?

- [x] **a.** Une augmentation de l'efficacité des facteurs.
- [ ] **b.** Une augmentation de la quantité de facteurs.
- [ ] **c.** Une extension des interventions de l'État dans l'économie.

2. Quelle est la source d'une croissance intensive ?

- [ ] **a.** Une croissance rapide sur une période brève.
- [ ] **b.** Une amélioration des conditions de sécurité.
- [x] **c.** Une amélioration de la qualité des facteurs de production.

3. Pour les théoriciens de la croissance endogène, l'accumulation des capitaux :

- [x] **a.** est source d'externalités positives.
- [ ] **b.** réduit le poids de l'État.
- [ ] **c.** détériore le capital naturel.

4. Les droits de propriété sont un facteur de croissance car :

- [ ] **a.** ils favorisent les achats immobiliers des ménages.
- [x] **b.** ils stimulent l'innovation.
- [ ] **c.** ils incitent les entreprises à former leurs salariés.

5. Que mesure la productivité globale des facteurs ?

- [ ] **a.** La productivité du travail.
- [ ] **b.** La rentabilité du capital.
- [x] **c.** La productivité du capital et du travail.

6. Les gains de productivité sont :

- [x] **a.** un enrichissement résultant d'une plus grande efficacité.
- [ ] **b.** la cause d'une croissance intensive.
- [ ] **c.** l'augmentation de la production.

Auteurs *Associer à chaque auteur, son ou ses concept(s).*

Joseph Aloïs Schumpeter 3, 4

Robert Lucas 1, 2

Gary Becker 1

Robert Barro 2, 5

Paul Romer 2

1. Capital humain
2. Croissance endogène
3. Destruction créatrice
4. Innovations
5. Capital public

Termes à relier

Relier chaque notion à sa définition.

Croissance	Ensemble des richesses destinées à produire d'autres richesses ou à générer des revenus.
Capital	Ensemble des innovations permettant d'obtenir une production plus élevée, sans augmentation du volume des facteurs de production utilisés.
Travail	Augmentation durable de la quantité de richesses produites par une économie, mesurée par l'accroissement du PIB (produit intérieur brut).
Investissement	Ensemble des activités humaines mises en œuvre dans la production.
Progrès technique	Achat de capital fixe par les agents économiques, mesuré annuellement par la formation brute de capital fixe (FBCF).

Vers le sujet de BAC

DOC Contribution moyenne en point de pourcentage à la croissance du PIB, 1995-2014

	Facteur travail	Facteur capital	PGF	PIB (%)
France	0,2	0,7	0,6	1,4
Allemagne	0,0	0,4	0,8	1,2
Japon	−0,4	0,6	0,6	0,8
États-Unis	0,5	0,8	1,0	2,3

Source : OCDE, 2016.

Lecture : En France, le PIB a augmenté en moyenne de 1,4 % par an entre 1995 et 2014. La productivité globale des facteurs de production explique l'augmentation annuelle moyenne de 0,6 point de pourcentage du PIB de la France entre 1995 et 2014.

Présenter le document ci-dessus en répondant aux questions suivantes :

1. Quelle est la nature du document ? De quoi y est-il question ? Qui en est l'auteur ?
2. Quels sont les pays présentant une croissance plutôt extensive ? Justifiez.
3. Quels sont les pays présentant une croissance plutôt intensive ? Justifiez.

MÉTHODE
SUJETS PAS À PAS
SUJETS COMME À L'EXAMEN

Sujet guidé

SUJET 1 Amérique du Sud, novembre 2015

20 pts · 4h

Dissertation

› L'augmentation des facteurs travail et capital est-elle la seule source de croissance économique ?

DOC. 1 PIB en volume et population active en France entre 1975 et 2012 (base 100 en 1975)

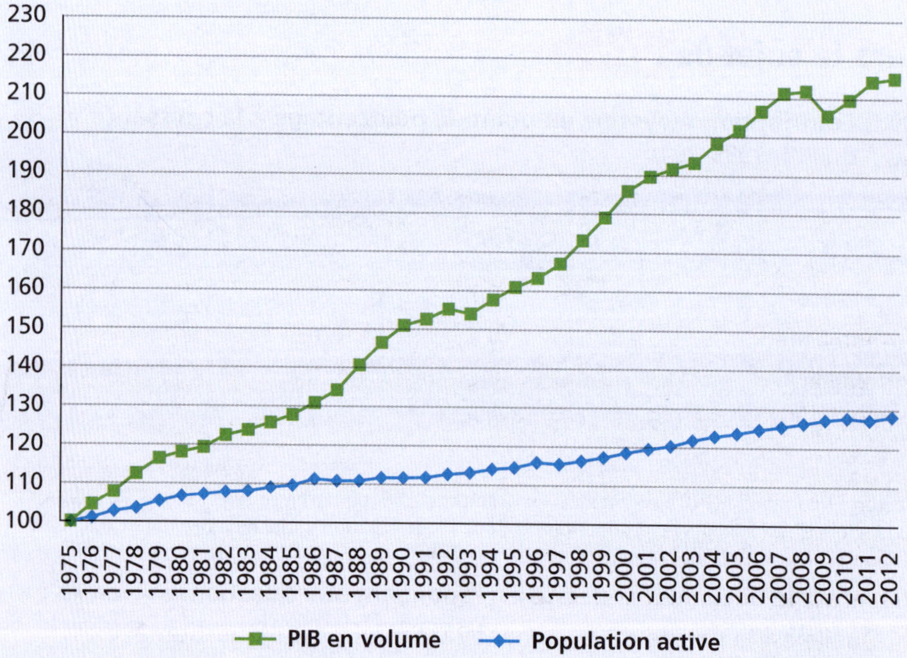

Source : INSEE, 2014.

DOC. 2 Croissance du PIB et contributions en volume entre 1985 et 2011

Période	Croissance annuelle moyenne en % et contribution en points*	France	Italie	Japon	Espagne	Royaume-Uni	États-Unis
1985-2011	Productivité globale des facteurs	0,9	0,4	1,2	0,3	0,9	1,0
	Capital	0,7	0,8	0,9	1,2	1,2	0,8
	Travail	0,2	0,2	- 0,4	1,2	0,3	0,7
	PIB	1,9	1,4	1,7	2,8	2,5	2,6
1985-1990	Productivité globale des facteurs	1,7	1,4	3,1	0,7	0,4	0,7
	Capital	0,8	1,0	1,4	1,3	1,4	1,0
	Travail	0,8	0,7	0,3	2,5	1,5	1,5
	PIB	3,2	3,1	4,9	4,4	3,3	3,2
1990-1995	Productivité globale des facteurs	1,1	1,1	0,7	0,8	1,6	0,7
	Capital	0,7	0,8	1,3	1,0	1,2	0,8
	Travail	- 0,6	- 0,6	- 0,5	- 0,3	- 0,9	1,0
	PIB	1,2	1,3	1,4	1,5	1,9	2,5
1995-2000	Productivité globale des facteurs	1,3	0,2	0,7	- 0,2	1,4	1,5
	Capital	0,9	0,9	1,0	1,3	1,4	1,2
	Travail	0,5	0,7	- 0,9	3,0	0,7	1,5
	PIB	2,7	1,9	0,8	4,0	3,5	4,3
2000-2005	Productivité globale des facteurs	0,7	- 0,4	1,0	- 0,2	1,4	1,7
	Capital	0,7	0,8	0,6	1,3	1,1	0,7
	Travail	0,2	0,6	- 0,5	2,2	0,5	- 0,1
	PIB	1,6	1,0	1,2	3,2	2,9	2,4
2005-2011	Productivité globale des facteurs	0,1	- 0,5	0,6	0,1	- 0,5	0,7
	Capital	0,6	0,5	0,1	1,2	0,9	0,5
	Travail	0,2	- 0,2	- 0,5	- 0,5	- 0,1	- 0,3
	PIB	0,9	- 0,3	0,2	0,8	0,3	0,9

Source : OCDE, 2014.

* La somme des contributions peut ne pas correspondre exactement au taux de croissance du PIB en raison des arrondis.

DOC. 3 Dépenses intérieures de recherche et développement (DIRD) et PIB

	DIRD (milliards de dollars constants 2005)		Croissance annuelle moyenne de la DIRD (en %)	Croissance annuelle moyenne du PIB (en %)
	2001	2011	2001-2011	2001-2011
France	38,5	44,1	1,24	1,10
Japon	113,1	133,2	1,50	0,63
Corée du Sud	22,6	55,4	8,49	4,12
Espagne	9,6	16,8	5,21	1,72
Royaume-Uni	31,4	36,8	1,45	1,55
États-Unis	307,8	382,5	1,99	1,60

Source : OCDE, 2012.

DOC. 4 Formation brute de capital fixe* en milliards de dollars constants 2005

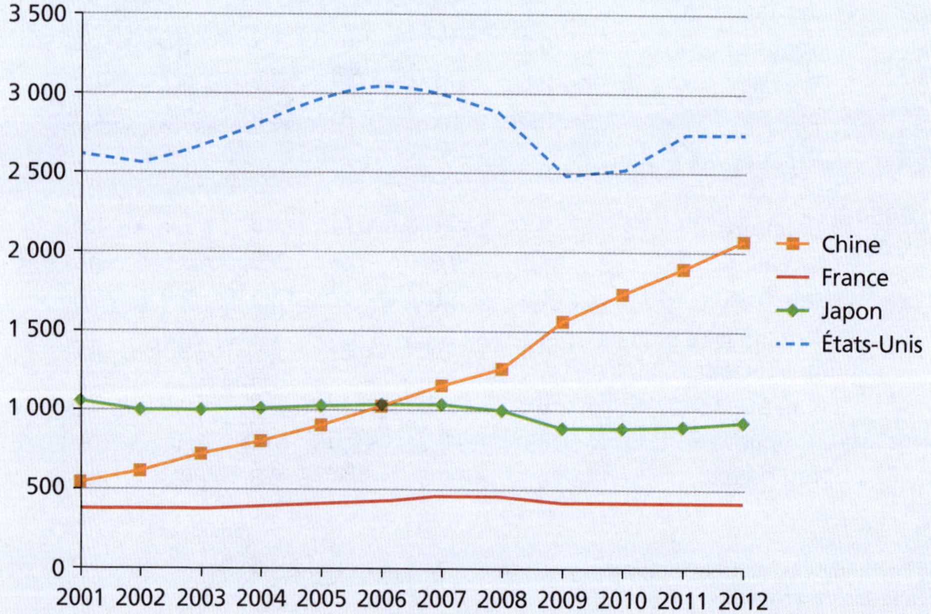

Source : Banque mondiale, 2014.

* La FBCF est une mesure de l'investissement au niveau national.

PAR ÉTAPES

COMPRENDRE LE SUJET

Les mots-clés

• **Facteurs travail et capital :** ensemble des ressources physiques, techniques et humaines utilisées et combinées entre elles dans le processus de production.

• **Croissance économique :** augmentation de la production de biens et services sur un territoire sur une longue période. Elle est mesurée par le taux de variation (en %) du PIB en volume.

Analyse du sujet

• **« augmentation » :** référence quantitative. Appliquée aux facteurs de production, cela signifie qu'il s'agit de l'accroissement de leur volume.

• **« est-elle la seule source » :** formulation qui sous-entend qu'il y a d'autres sources à énoncer et à expliquer, comme par exemple, le progrès technique et les institutions.

Le cadre spatio-temporel

• Le sujet ne précise pas de cadre spatio-temporel. Vous pouvez le préciser à partir des exemples tirés des documents. Vous pouvez également considérer le sujet comme un sujet théorique et l'illustrer d'exemples différents. Dans les deux cas, vous justifierez vos choix dans l'introduction.

MOBILISER SES CONNAISSANCES

Notions connexes

Croissance intensive • Extensive et endogène • Investissement • Institutions • Productivité globale des facteurs • Progrès technique

Méthode

Lister les notions connexes à la notion principale du sujet vous aide à faire le tour de la question et à penser à expliquer certains mécanismes.

Mécanismes

• L'accumulation du capital et l'augmentation de la quantité de travail sont sources de croissance (croissance extensive).

• L'amélioration de la qualité des facteurs de production est source de croissance (croissance intensive). Elle se traduit par l'augmentation de la PGF.

• Ces gains de productivité ont pour source essentielle le progrès technique qui se diffuse grâce à l'accumulation du capital sous ses différentes formes (physique, technologique, humain et public) et génère des externalités positives.

• Cette dynamique n'est possible que si les institutions et les droits de propriété fournissent un cadre stable et incitatif.

ORGANISER SES IDÉES

La problématique

La formulation du sujet et l'analyse des mots-clés vous invitent à montrer que la contribution quantitative des facteurs travail et capital n'est pas suffisante pour expliquer la croissance économique et que celle-ci a d'autres sources. Le sujet problématisé peut alors s'énoncer comme suit : l'augmentation des quantités de travail et de capital suffit-elle à générer de la croissance économique ?

Le plan

La réponse à cette question nécessite un plan analytique qui vous permet de montrer la complémentarité des facteurs de la croissance. L'augmentation des facteurs de production (volume de travail et volume de capital) est une condition de l'augmentation de la richesse produite sur le long terme (partie I). Cependant, elle n'est pas suffisante. Deux autres éléments expliquent la croissance économique : le progrès technique et le cadre institutionnel dans lequel il se déploie (partie II).

Analyser les documents

Une fois votre plan établi, vous pouvez commencer à lire et analyser chaque document, de manière à placer, dans chaque partie, les éléments qui vous paraissent pertinents pour illustrer vos arguments. Ce tableau peut vous aider à classer les idées trouvées dans les documents.

Méthode
Analysez les documents une fois que vous aurez élaboré une ébauche de plan. La lecture des documents sera beaucoup plus efficace : vous y chercherez des éléments qui illustrent vos arguments.

	I. La croissance est en partie due à l'augmentation du volume des facteurs de production…	II. … mais elle s'explique aussi par le progrès technique et son cadre institutionnel
DOC. 1 ▶ *Graphique montrant une corrélation entre l'augmentation du facteur travail (croissance de la population active) et la croissance économique (évolution du PIB en volume).*		
	• Entre 1975 et 2012, la population active française a augmenté de 30 % et le PIB en volume a plus que doublé.	• Une croissance économique beaucoup plus forte que celle du facteur travail : la croissance provient d'autres sources que la quantité de travail. • Cependant, la croissance économique a été beaucoup plus forte que la croissance du facteur travail. Cela signifie que la croissance économique a d'autres sources que la quantité de travail.

I. La croissance est en partie due à l'augmentation du volume des facteurs de production…	II. … mais elle s'explique aussi par le progrès technique et son cadre institutionnel
DOC. 2 ▶ *Tableau présentant les contributions à la croissance pour six pays entre 1985 et 2011.*	
• Les quantités de travail et de capital jouent des rôles différents dans la croissance, selon les pays et les périodes. En Espagne, la quantité de travail explique près de la moitié de sa croissance sur la période. Sa contribution est très faible en France (environ un dixième) et même négative au Japon. La quantité de capital explique entre un tiers et la moitié de la croissance dans les six pays.	• C'est souvent la productivité globale des facteurs qui explique entre un tiers et la moitié de la croissance économique. Exemple : le Japon. • Lien avec les auteurs : d'après Solow, pour les États-Unis, et Carré, Dubois et Malinvaud, pour la France, plus de la moitié de la croissance est expliquée par autre chose que la quantité de travail et de capital.
DOC. 3 ▶ *Tableau de données présentant les dépenses intérieures de recherche et de développement (R&D) et leur croissance, en lien avec la croissance du PIB, pour six pays, sur 2001-2011.*	
• Les investissements en R&D (flux) permettent une accumulation de capital (stock) facteur de croissance. Corrélation entre la forte croissance des dépenses en R&D et taux de croissance élevés : Corée du Sud et Espagne. • L'importance des dépenses en R&D explique les fortes contributions du capital à la croissance, comme aux États-Unis et au Japon (à relier au doc. 2).	• Le lien de corrélation et donc de causalité entre dépenses de R&D et croissance économique n'est pas si clair que cela, notamment si l'on compare la France et le Royaume-Uni (volumes proches de DIRD mais taux de croissance sensiblement différents). D'autres facteurs que les dépenses de R&D sont donc à prendre en considération.
DOC. 4 ▶ *Graphique présentant l'évolution des dépenses d'investissement (mesuré par la FBCF en volume) dans quatre pays, entre 2001 et 2012.*	
• Dépenses annuelles d'investissement très différentes d'un pays à l'autre. Stables dans les trois pays développés mais à des niveaux très différents : celles des États-Unis (entre 2 500 et 3 000 milliards de dollars), sont le triple de celles du Japon et cinq à six fois supérieures à celles de la France. Seules celles de la Chine connaissent une croissance très forte sur la période : elles ont été multipliées par quatre.	• La FBCF en volume ne permet pas d'évaluer la qualité de ces investissements : ils peuvent être plus productifs parce qu'ils incorporent du progrès technique. Le montant de la FBCF en volume ne dit rien non plus sur la destination de ces investissements : investissements productifs de remplacement, de productivité ou de capacité, ou investissements en infrastructures, générant des externalités.

CORRIGÉ 1

Comprendre le corrigé

Durant les Trente Glorieuses (1945-1975), de nombreux pays ont connu une forte croissance économique ; la France, par exemple, a vu croître son PIB de 5 % en moyenne chaque année, ce qui a permis la reconstruction et le développement économique du pays. Depuis les années 1980, l'économie mondiale connaît un ralentissement qui s'est même accentué dans les dernières décennies. Cela interroge sur les sources de la croissance économique.

Méthode
L'accroche et la mise en perspective du sujet permettent de construire la problématique autour de la question des sources de la croissance.

Nous entendons par croissance économique l'augmentation durable et soutenue de la production. Celle-ci provient généralement de l'augmentation des quantités de facteurs de production utilisés : le travail (la main-d'œuvre productive) et le capital (les moyens de production durables tels que les machines, les outils, les logiciels...). Mais cette augmentation des quantités de travail et de capital suffit-elle à générer de la croissance économique ? N'y a-t-il pas d'autres facteurs ?

Certes, l'augmentation des facteurs de production (volume de travail et de capital) est une condition de l'augmentation de la richesse produite sur le long terme (partie I). Cependant, elle n'est pas suffisante. Deux autres éléments expliquent la croissance économique : le progrès technique et le cadre institutionnel dans lequel il se déploie (partie II).

I. Capital et travail, sources d'une croissance extensive

Méthode
Des titres simples et explicites vous donnent des repères lorsque vous rédigez le développement et guident votre lecteur dans votre raisonnement.

L'augmentation de la quantité travail et de capital est source de croissance économique. L'augmentation de la production provient en effet de la quantité de travail utilisée. Celle-ci dépend, au sein d'une population donnée, du nombre d'heures travaillées, de la durée légale et effective du travail (durée mensuelle, annuelle ou sur une vie) et du nombre de travailleurs (dynamique démographique et comportements d'activité de la population). Par exemple, entre 1975 et 2012, la population active française a augmenté de 30 % et le PIB en volume a plus que doublé (doc. 1). Cette croissance démographique sur deux générations peut expliquer en partie la croissance française, et ce d'autant plus que la population ne fournit pas seulement de la main-d'œuvre au système productif, mais également des débouchés.

L'augmentation de la production provient également de l'augmentation du volume de capital utilisé. Au niveau microéconomique, tout achat de capital fixe est en effet motivé par la réalisation ou l'accroissement d'une production de biens ou de services. Au niveau macroéconomique, les achats de capital fixe (flux d'investissements mesurés par la FBCF) permettent l'accumulation de capital qui est source de croissance économique. Par exemple, les dépenses annuelles d'investissement sont très élevées aux États-Unis sur la période 2001-2012 (entre 2 500 et 3 000 milliards de dollars) ; elles sont le triple de celles du Japon et cinq à six fois supérieures à celles de la France. Cela pourrait expliquer leurs taux de croissance bien supérieurs en moyenne par rapport à ceux du Japon ou de la France (doc. 1). De son côté, la Chine connaît une croissance très forte de ses dépenses d'investissement : elles ont été multipliées par quatre sur la période (doc. 4). Cela peut expliquer la forte croissance chinoise sur les deux premières décennies de 2000.

Méthode

Précisez les documents que vous utilisez et, si vous le pouvez, établissez des liens entre les données des différents documents.

Si les volumes des facteurs de production sont nécessaires à la croissance économique, ils ne suffisent cependant pas à l'expliquer totalement. En effet, les quantités de travail et de capital jouent des rôles différents dans la croissance, selon les pays et les périodes (doc. 2). Cependant, le plus souvent, c'est la productivité globale des facteurs qui explique entre un tiers et la moitié de la croissance économique, comme par exemple, au Japon. C'est ce qu'avaient déjà montré les économistes Robert Solow, pour les États-Unis, et Jean-Jacques Carré, Paul Dubois et Edmond Malinvaud, pour la France : plus de la moitié de la croissance est expliquée par autre chose que la quantité de travail et de capital.

Méthode

Rédigez une phrase de transition entre les deux grandes parties pour aider votre lecteur à suivre votre raisonnement.

II. Progrès technique et institutions, sources d'une croissance intensive et endogène

Une croissance extensive est une croissance tirée par l'augmentation de l'efficacité de la combinaison des facteurs de production. La croissance provient ainsi des gains de productivité qui sont générés par une meilleure combinaison de travail et de capital (organisation de la production plus efficace), par l'amélioration de la qualité du travail (formation, qualification) et du capital (amélioration technique, performance technologique) ou encore par une augmentation du stock de capital par travailleur (robotisation…). Ces gains de productivité permettent de produire plus avec autant de travailleurs ou autant avec moins de travailleurs. Les économies réalisées (dues à la réduction des coûts de production) peuvent être redistribuées sous forme de profits, de salaires ou de baisses des prix. Ceux-ci entraînent à leur tour une hausse de la demande globale (investissements et consommations) qui stimule ainsi la production et donc la croissance économique.

L'exemple du Japon, sur la période 1985-2011, est assez significatif (doc. 1) : les trois quarts de sa croissance économique sont tirés par la productivité globale des facteurs, qui est une mesure de la contribution du progrès technique incorporé aux facteurs de production. Cependant, cette explication de la croissance reste insuffisante dans la mesure où elle ne dit rien de l'origine du progrès technique.

Méthode

Vous devez expliquer en détail les mécanismes à l'œuvre. Ne faites pas de raccourci simplificateur.

Si l'accumulation des capitaux explique la croissance économique, c'est aussi parce qu'ils génèrent des effets externes positifs. C'est ce que montrent les théoriciens de la croissance endogène (Paul Romer, Robert Lucas et Robert Barro) : c'est l'accumulation passée de capital physique, humain, technologique et public permise par l'investissement, matériel ou immatériel, public ou privé, qui est à l'origine de la croissance économique. C'est ainsi que les dépenses d'éducation, de santé ou encore d'infrastructures de transports et de communications, créent des effets externes positifs en bénéficiant à tous, sans que chacun en ait à payer le coût. L'accumulation de ces capitaux peut alors être à l'origine de rendements croissants et expliquer une croissance endogène et donc autoentretenue, puisque la croissance favorise à son tour la hausse des revenus pour financer les investissements dans ces différentes formes de capitaux. Par exemple, les pays qui ont connu une forte croissance de leurs dépenses en R&D ont connu les taux de croissance les plus élevés entre 2001 et 2012 : Corée du Sud et Espagne (doc. 3).

Gagnez des points !

Lorsque vous le pouvez, donnez des références théoriques que vous maîtrisez.

Cependant ces investissements ne pourraient se déployer sans un cadre institutionnel adéquat. Et là, l'État joue un rôle important. Il est d'abord un acteur économique de poids et il favorise la croissance endogène par ses investissements publics : infrastruc-

Méthode

Utilisez les connecteurs logiques qui permettent de nuancer un argument ou de hiérarchiser vos idées.

tures de transport (ports, aéroports, autoroutes...), infrastructures de santé et d'éducation, investissements dans la recherche fondamentale (CNRS, universités...). Mais surtout, l'État fournit un cadre légal favorable à la croissance, en tant que garant des institutions de marché et notamment des droits de propriété. Par exemple, les brevets, en garantissant un monopole temporaire, stimulent la recherche privée et les innovations, et donc le progrès technique.

Astuce de prof

Illustrez vos arguments par des exemples concrets : ils montrent que vous faites des liens entre vos connaissances thèoriques et la réalité économique et sociale.

Si la quantité de facteurs de production (capital et travail) explique la croissance économique, l'amélioration de leur qualité grâce au progrès technique qu'ils incorporent est tout aussi importante. Cela permet des gains de productivité et des effets externes qui se répercutent sur l'ensemble du système économique et de la société. La croissance économique devient ainsi un phénomène autoentretenu dont les leviers peuvent être stimulés par l'action de l'État et par ses dépenses d'investissement. Cependant, cette action doit aussi être au service des deux défis auxquels l'entrée dans le XXIe siècle nous confronte : la recrudescence des inégalités et la dégradation de l'environnement.

Quels sont les fondements du commerce international et de l'internationalisation de la production ?

Faire le point

L'essentiel

1 Les fondements du commerce international

• Les échanges internationaux s'expliquent par la **spécialisation** des pays dans les productions pour lesquelles ils disposent d'un **avantage comparatif** qui dépend de leur **dotation factorielle** et technologique : ressources naturelles, travail, capital. Ils s'expliquent aussi par le développement du **commerce intra-branche** entre pays disposant de dotations factorielles identiques, ceux-ci échangeant alors des produits semblables aux caractéristiques variées.

2 Compétitivité et internationalisation de la production

• Les firmes sont les acteurs-clés des échanges internationaux. Leurs stratégies fondent la **compétitivité** d'un pays, en recherchant une production à moindre coût (compétitivité-prix) et en décomposant le **processus productif** à l'échelle internationale (compétitivité structurelle).

3 Libre-échange et protectionnisme : le débat

• Le **libre-échange** doit favoriser l'extension des marchés, la baisse des prix et la diffusion des technologies. Mais il peut générer des **inégalités** de revenus au sein d'une économie, à cause des pratiques de certaines firmes : délocalisations, dumping fiscal et social. Des pratiques **protectionnistes** peuvent alors protéger des industries naissantes ou fragiles de la concurrence internationale.

OUTILS THÉORIQUES

→ Adam Smith (1776) et David Ricardo (1817) forgent les concepts d'**avantages absolus** et **comparatifs**, afin de montrer l'intérêt des pays à se spécialiser dans les productions où ils disposent de tels avantages.

→ Selon le théorème **HOS** (1933 et 1941), un pays se spécialise en fonction de sa **dotation factorielle**, c'est-à-dire dans les biens « à forte intensité de capital », s'il a plus de capital, ou dans les biens « à forte intensité de main-d'œuvre », s'il a plus de travail.

→ Friedrich List (1839) préconise un **protectionnisme éducateur**, temporaire et ciblé sur les industries naissantes, visant à les protéger le temps qu'elles deviennent suffisamment compétitives pour affronter la concurrence internationale.

Schéma bilan

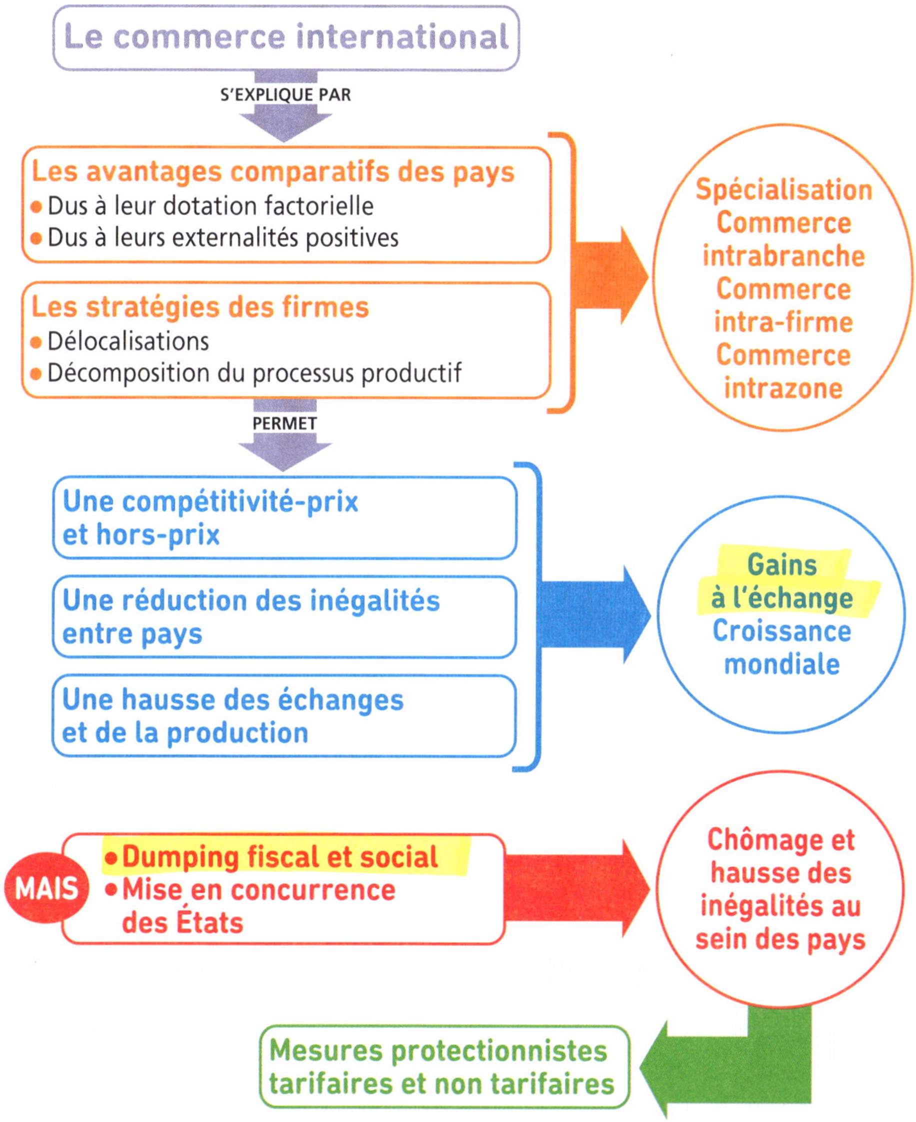

En bref Pour aborder les sujets portant sur ce chapitre, il faut savoir que :

- le commerce international provient de la spécialisation des économies. ☐
- la spécialisation est liée aux avantages comparatifs et aux dotations factorielles. ☐
- les firmes multinationales décomposent le processus productif et renforcent la compétitivité des économies. ☐
- le libre-échange procure des gains mais génère des inégalités, nécessitant des mesures protectionnistes. ☐

J'ai tout coché ? Je passe le test page suivante

Contrôler ses connaissances

corrigés p. 203

QCM *Cocher les bonnes réponses.*

1. Comment les économies nationales se distinguent-elles ?
- ☐ **a.** Par leurs délocalisations.
- ☐ **b.** Par leurs externalisations.
- ☐ **c.** Par leurs spécialisations.

2. En développant le libre-échange, on cherche à :
- ☐ **a.** restreindre les échanges internationaux.
- ☐ **b.** développer les échanges internationaux.
- ☐ **c.** stabiliser les échanges internationaux.

3. Le protectionnisme vise à :
- ☐ **a.** augmenter les prix.
- ☐ **b.** développer les services douaniers.
- ☐ **c.** réduire les importations.

4. Quand on dispose d'un avantage comparatif, on se spécialise :
- ☐ **a.** dans l'activité où la productivité est la plus forte.
- ☐ **b.** dans l'activité la moins coûteuse.
- ☐ **c.** dans l'activité où notre productivité est supérieure à celle des autres pays.

5. Le commerce intra-branche s'explique par :
- ☐ **a.** la dotation factorielle.
- ☐ **b.** les écarts technologiques.
- ☐ **c.** les demandes de caractéristiques sur des produits similaires.

6. Quelle mesure correspond à une réduction du protectionnisme ?
- ☐ **a.** Des quotas aux importations.
- ☐ **b.** Une baisse du taux de change.
- ☐ **c.** Une baisse des tarifs douaniers.

Auteurs *Associer à chaque auteur son concept.*

Adam Smith

Friedrich List

David Ricardo

1. Avantages comparatifs
2. Protectionnisme éducateur
3. Avantages absolus

Termes à relier

Relier chaque notion à sa définition.

Compétitivité-prix •	• Ouverture d'une unité de production dans un pays, associée à la fermeture d'une autre dans un autre pays.
Délocalisation •	• Échange international, au sein d'une firme, de produits intermédiaires entrant dans le processus productif.
Firme multinationale •	• Capacité à faire face à la concurrence en proposant des produits moins chers.
Commerce intra-firme •	• Entreprise possédant au moins une unité de production à l'étranger.

Texte classique

Repérez les idées principales, grâce aux notions suivantes.

A. Avantage comparatif / B. Croissance économique / C. Dotations factorielles / D. Gains de productivité / E. Intérêt général / F. Libre-échange / G. Spécialisation

« Dans un **système d'entière liberté de commerce**, **chaque pays consacre son capital et son industrie à tel emploi qui lui paraît le plus utile**. Les vues de l'intérêt individuel s'accordent parfaitement avec **le bien universel de toute la société**.

C'est ainsi qu'en **encourageant l'industrie, en récompensant le talent, et en tirant tout le parti possible des bienfaits de la nature**, on parvient à une meilleure distribution et à **plus d'économie dans le travail**.

En même temps, **l'accroissement de la masse générale des produits** répand partout le bien-être ; l'échange lie entre elles toutes les nations du monde civilisé par les nœuds communs de l'intérêt, par des relations amicales, et en fait une seule et grande société.

C'est **ce principe** qui veut qu'on fasse du vin en France et au Portugal, qu'on cultive du blé en Pologne et aux États-Unis, et qu'on fasse de la quincaillerie et d'autres articles en Angleterre. »

David Ricardo, *Des principes de l'économie politique et de l'impôt*, 1817.

1

2

3

4

5

6

7

MÉTHODE
SUJETS PAS À PAS
SUJETS COMME À L'EXAMEN

Vers le sujet de BAC

DOC Croissance du commerce mondial des marchandises en volume et du PIB réel, 2007-2016 (variation annuelle en %)

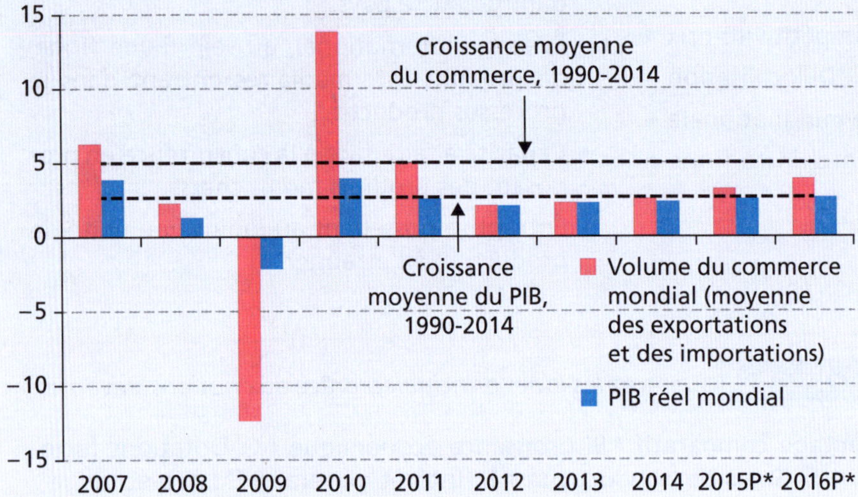

* Les chiffres pour 2015 et 2016 sont des projections.

Source : Organisation mondiale du commerce (OMC), 2015.

Présenter le document en répondant aux questions suivantes :

1 Quelle est la nature du document ? De quoi y est-il question ? Qui en est l'auteur ?

2 Comparez les évolutions du commerce mondial en volume et du PIB réel.

3 Montrez la corrélation et expliquez les causalités possibles entre les deux variables.

Sujet guidé

SUJET 2 France métropolitaine, juin 2013

20 pts 4h

Dissertation

› Quels sont les déterminants des stratégies d'internationalisation de la production des firmes multinationales ?

DOC. 1 Quelle est l'importance des critères de localisation d'une nouvelle implantation pour votre entreprise ?

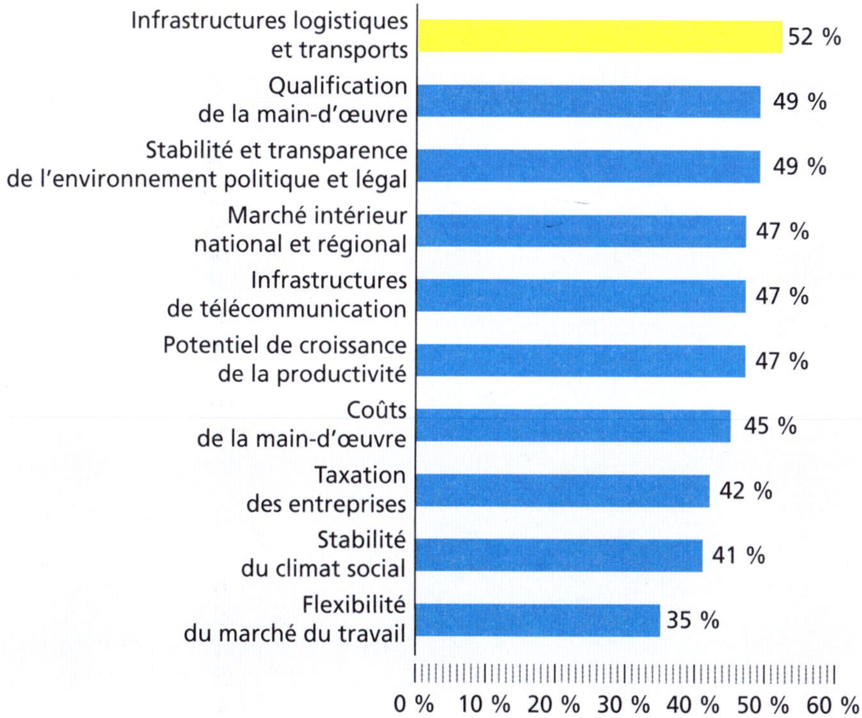

Champ : 809 décideurs internationaux.

Note de lecture : parmi les décideurs internationaux interrogés, 52 % considèrent que les infrastructures logistiques et transports sont un critère important de localisation d'une nouvelle implantation.

Source : *Baromètre Ernst & Young de l'attractivité de l'Europe*, 2009.

DOC. 2 Coût horaire d'un salarié dans le textile en 2007 (en dollars)

Allemagne	28,17
France	21,61
Pologne	4,62
Turquie	2,96
Maroc	2,82
Thaïlande	1,75
Malaisie	1,34
Égypte	1,02
Inde	0,69
Vietnam	0,46
Pakistan	0,42

Source : *Cahiers français*, n°347, novembre-décembre 2008.

DOC. 3 Évolution des coûts de transport depuis 1970[1]

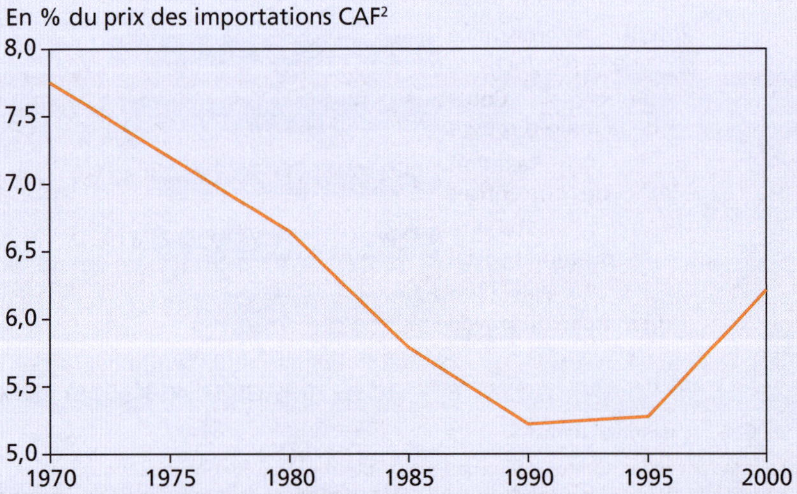

1. Cela exclut le commerce des pays d'Europe centrale et orientale, des pays ayant appartenu à l'URSS (ex Fédération de Russie) et des pays socialistes d'Asie.

2. CAF : coût assurance fret (comprend en plus du prix des produits importés, les frais d'assurance et de transport).

Source : *Revue de l'OFCE*, n° 87, octobre 2003.

PAR ÉTAPES

COMPRENDRE LE SUJET

> **Méthode**
> Maîtriser les définitions des notions essentielles du programme vous aide à analyser le sujet et à la problématiser.

Les mots-clés

• **Firmes multinationales (FMN) :** firmes qui réalisent une partie de leur production à l'étranger, dans des filiales.

• **Internationalisation de la production :** stratégie visant à décomposer le processus productif en différentes étapes à l'échelle internationale.

• **Déterminants :** éléments pris en compte dans le choix d'implantation des firmes multinationales : recherche d'une baisse des coûts de production (compétitivité-prix), recherche de débouchés, d'avantages qualitatifs et d'externalités positives (compétitivité hors-prix).

Le cadre spatio-temporel

• Le cadre spatio-temporel est défini par la nature même du sujet : il est mondial et contemporain puisque le développement des échanges internationaux par les firmes multinationales date de l'après Seconde Guerre mondiale.

MOBILISER SES CONNAISSANCES

Notions connexes

Externalisation • Délocalisation • Compétitivité prix et hors-prix • Commerce intra-firme

Mécanismes

• La compétitivité-prix des FMN repose sur la recherche d'une baisse des coûts (coût de la main-d'œuvre ou d'accès aux matières premières, externalisation des activités).

• La compétitivité hors-prix repose sur la recherche d'une valeur ajoutée leur permettant de se différencier ou d'être innovantes : main-d'œuvre qualifiée, qualité des infrastructures, externalités positives.

• Ces deux stratégies aboutissent à une division internationale du processus productif, visant à bénéficier, à chaque étape de la production, des avantages comparatifs nationaux.

ORGANISER SES IDÉES

> **Méthode**
> Problématiser c'est déjà élaborer une réflexion qui soulève l'enjeu du sujet et qui met en avant des nuances ou des contradictions apparentes.

La problématique

Souvent, c'est le coût de production et surtout le coût du travail qui est mis en avant pour expliquer les choix d'implantation des FMN, notamment les délocalisations. Or, il s'avère qu'il n'est pas le seul critère utilisé dans les stratégies d'internationalisation des FMN, c'est-à-dire dans leur choix d'implantation géographique. Sur quels éléments ces stratégies s'appuient-elles ?

Le plan

Ce sujet vous amène à proposer un plan analytique qui permet de distinguer les différentes stratégies des FMN, en insistant sur les objectifs visés. Derrière les stratégies mises en œuvre, les FMN visent en effet des objectifs différents. Soit, il s'agit de stratégies visant à réduire les coûts de production (partie I), soit il s'agit de stratégies hors-coûts (partie II).

Analyser les documents

	I. Les déterminants des stratégies visant à réduire les coûts de production	II. Les déterminants des stratégies hors-coûts
DOC. 1	*Diagramme présentant la part en pourcentage des réponses de 809 décideurs internationaux à la question des critères d'implantation de leur entreprise.*	
	• Coûts de la main-d'œuvre : 45 %. • Flexibilité du marché du travail : 35 %. • Faire le lien avec les délocalisations dans les pays à « bas salaires ».	• Nombreux déterminants hors coûts : environnement institutionnel (infrastructures, stabilité politique, climat social), capital humain (qualifications), potentiel de croissance (gains de productivité, débouchés).
DOC. 2	*Tableau statistique présentant le coût horaire en dollars d'un salarié du secteur textile en 2007 dans onze pays.*	
	• Faiblesse des coûts de la main-d'œuvre dans les pays en développement : le coût horaire d'un salarié est cinquante fois plus élevé en France qu'au Pakistan.	
DOC. 3	*Graphique sur l'évolution des coûts de transport entre 1970 et 2000, en % du prix des importations.*	
	• Décroissance de la part des coûts de transport dans le prix total des importations, entre 1970 et 1990 : de près de 8 % à un peu plus de 5 %.	

CORRIGÉ 2

Comprendre le corrigé

L'existence des firmes multinationales (FMN) n'est pas nouvelle mais leur poids dans l'économie mondiale s'est accru de manière inédite ces trois dernières décennies. Acteurs majeurs de la mondialisation et de la globalisation, les FMN sont passées d'une logique d'échanges commerciaux à l'échelle mondiale à une logique d'internationalisation de la production. La première logique repose sur une division internationale du travail (DIT) entre pays spécialisés dans certaines productions et échangeant avec le reste du monde. La seconde logique repose sur une division internationale du processus productif (DIPP) à laquelle la définition d'une FMN correspond bien, puisqu'il s'agit d'une entreprise qui possède au moins une filiale à l'étranger et qui produit hors de son territoire d'origine à l'aide de ces filiales.

Astuce du prof

Lorsqu'il existe des acronymes usuels, vous pouvez les utiliser dans votre copie à la condition de préciser de quoi il s'agit dès leur première utilisation.

Nous pouvons alors nous demander pour quelles raisons les FMN cherchent à s'implanter sur un autre territoire. Cette internationalisation de la production correspond forcément à la mise en œuvre de stratégies de leur part : lesquelles ? Et sur quels critères leurs choix d'implantation reposent-ils ?

Méthode

Vous pouvez utiliser, dans la formulation de la problématique des synonymes au mot « déterminants », comme « raisons » ou « critères de choix ».

Si le critère du coût de production semble évident au sein d'une stratégie reposant sur la recherche d'une compétitivité-prix (I), il devient secondaire au sein de stratégies hors-coûts reposant sur l'attractivité des territoires (II).

I. Les déterminants des stratégies visant à réduire les coûts de production

Sous l'effet de la mondialisation et face à une concurrence accrue, les FMN mettent en œuvre des stratégies de localisation reposant sur la recherche d'une compétitivité-prix. Dans ce cas, l'objectif visé est de réduire les coûts de production, dont le coût du travail représente une part importante.

La recherche de la compétitivité-prix passe par une stratégie de rationalisation de la production. Celle-ci peut consister à délocaliser ou à externaliser toute ou partie de la production vers les pays à faibles coûts de production. Comme le coût du travail représente une part importante du coût total de production, les FMN sont amenées à réaliser leur production dans les pays à bas salaires. C'est le cas, par exemple, des pays d'Asie (doc. 2) : le coût horaire d'un salarié du textile est environ cinquante fois moindre en Asie (Inde, Vietnam et Pakistan) qu'en France. C'est également le cas dans les pays d'Europe de l'Est, comme la Pologne, avec un coût salarial unitaire cinq fois moindre. Ces délocalisations concernent donc les activités à faible valeur ajoutée, employant une main-d'œuvre peu qualifiée : l'habillement, le textile, l'assemblage électronique... C'est, par exemple, le cas de la firme Apple qui fait réaliser l'assemblage de composants de haute technologie par une main-d'œuvre peu qualifiée et bon marché à Taïwan ou en Chine.

Gagnez des points !

Réalisez des calculs simples (comme un coefficient multiplicateur) au lieu d'utiliser les données brutes des documents. Cela montre que vous maîtrisez vos savoir-faire.

Cependant, les délocalisations ayant pour objectif une main-d'œuvre moins coûteuse ne sont qu'un des éléments, trop souvent mis en avant d'ailleurs, des stratégies d'implantation des FMN. Le coût du travail ne représente en effet qu'une partie des coûts de production. Or les FMN qui cherchent à être davantage compétitives ont une vision globale du coût de production.

En effet, pour une entreprise, la stratégie consistant à améliorer sa compétitivité-prix passe par la recherche d'une réduction du coût total de production. Cela peut donc impliquer des localisations diverses, à tous les niveaux du processus productif. Ainsi, pour réduire les coûts de transaction liés à son activité, une entreprise peut s'implanter, *via* une filiale, dans le pays qui lui fournit ses matières premières ou ses produits semi-finis. Les coûts organisationnels liés à la recherche d'informations, à la négociation et au contrôle ou au transport seront ainsi réduits : le prix des échanges intra-firme est moins élevé que ceux du marché. Au niveau de la commercialisation, une entreprise peut également implanter sa production à l'étranger, de manière à accéder à un marché sur lequel ses produits importés n'étaient pas suffisamment compétitifs. Il s'agit souvent d'une stratégie visant à échapper aux droits de douane. Enfin, au niveau financier, les FMN peuvent multiplier les implantations, de manière à bénéficier des fiscalités (sur le travail, le capital ou les bénéfices) les plus avantageuses pour elles.

Méthode

Aérez votre copie en revenant à la ligne pour chaque nouvelle idée ou argument.

Dans tous les cas, une FMN met les territoires en concurrence et cherche à bénéficier de leurs avantages comparatifs ou de leurs dotations factorielles. Les différentes activités de production, de commercialisation, d'assurance, de transport, de recherche, etc. seront donc localisées dans les pays où elles sont relativement moins coûteuses. Cette décomposition du processus productif a pour conséquence d'augmenter le commerce intra-firme qui a également pu se développer grâce à la baisse du coût des transports de marchandises. Celui-ci est en effet passé de près de 8 % du prix des importations en 1970, à un peu plus de 5 % dans les années 1990 (doc. 3).

Si les coûts de production, dont celui de la main-d'œuvre est un déterminant important dans la stratégie d'implantation des FMN (il l'est dans la moitié des réponses fournies par les décideurs internationaux, d'après le document 1), il n'arrive cependant qu'en septième position. D'autres critères, d'ordre institutionnel et qualitatif, arrivent devant. Ils renvoient à la recherche d'une compétitivité hors-coûts.

Méthode
Rédiger une transition entre les deux parties principales permet de guider votre lecteur dans votre raisonnement.

II. Les déterminants des stratégies hors-coûts

Les résultats de l'enquête sur l'attractivité de l'Europe, présentés dans le document 1, sont éloquents : sur les dix critères avancés, seuls deux correspondent à la recherche d'une compétitivité-prix (le coût de la main-d'œuvre et de la fiscalité). Tous les autres concernent la recherche d'une compétitivité hors-coûts. Celle-ci repose sur l'attractivité des territoires que nous pouvons analyser sur deux plans : celui de l'offre et celui de la demande.

Gagnez des points !
Si des informations ou des données tirées des documents vous frappent ou vous paraissent étonnantes, parce qu'elles vont, par exemple, à l'encontre du sens commun, précisez-le !

Les stratégies d'implantation des FMN reposent sur l'attractivité des territoires, c'est-à-dire sur leurs avantages comparatifs. Mais ces avantages ne se limitent pas, comme l'avait envisagé David Ricardo, à la seule différence de productivité ou de rentabilité. Des éléments plus qualitatifs entrent en jeu. C'est pour cette raison que le critère de la qualification de la main-d'œuvre arrive en seconde position dans l'enquête (doc. 1). Les FMN peuvent en effet être à la recherche d'une diversité de compétences.

Par ailleurs, les FMN vont tenir compte des externalités positives existantes ou potentielles des territoires sur lesquels elles envisagent d'implanter leur activité. Il s'agit tout d'abord de facteurs structurels ou institutionnels tels que les infrastructures de transports et de communication, l'environnement social, politique ou légal. Un climat sociopolitique stable ou une législation plus souple, en matière de normes par exemple, peuvent en effet être des critères importants de localisation. Il s'agit également du potentiel productif ou scientifique que nous retrouvons par exemple au sein des pôles de compétitivité : les FMN doivent pouvoir trouver des partenaires technologiques ou commerciaux et s'organiser en réseaux. Ces réseaux, initialement recherchés dans le cadre d'une compétitivité hors-coûts, auront forcément, à terme, des répercussions sur la compétitivité-prix, grâce aux gains de productivité réalisés.

Astuce du prof

Certaines notions de SES, comme ici les externalités positives, sont abordées et approfondies dans d'autres chapitres. Ne cloisonnez pas vos connaissances !

C'est d'ailleurs davantage la combinaison de ces différents critères qui va faire la différence. Par exemple, l'Inde, malgré sa main d'œuvre qualifiée et son potentiel économique et technologique, attire relativement peu les FMN (en termes d'investissements directs) par rapport aux autres pays émergents, du fait de la complexité de sa législation et de ses institutions. Ce qui caractérise les pays émergents et qui a pu attirer les FMN, c'est bien la combinaison d'un potentiel de croissance économique, d'une main-d'œuvre aux qualifications variées, des capacités industrielles et technologiques, des infrastructures, une politique d'ouverture favorable et, surtout, des perspectives de débouchés.

Les perspectives de débouchés sont en effet l'un des critères privilégiés par des FMN implantées depuis longtemps sur les marchés saturés des pays anciennement industrialisés. Le secteur automobile nous fournit deux exemples assez représentatifs de cette stratégie. Toyota a choisi le site de Valenciennes pour produire sa Yaris, dans le but de viser le marché nord-européen. De même, Renault s'implante en Roumanie, *via* sa filiale Dacia, pour produire des automobiles destinées aux marchés de l'Europe centrale et orientale.

Méthode

Vous pouvez utiliser d'autres exemples que vous connaissez et qui ne sont pas dans les documents, montrant ainsi votre culture économique.

Se rapprocher des marchés est donc l'un des déterminants de l'internationalisation de la production des FMN. Cette stratégie vise deux objectifs. Le premier est de réaliser des économies d'échelle en s'implantant sur un marché porteur, nourri d'une clientèle potentielle. C'est le cas, par exemple, pour les biens de consommation, dans les pays émergents qui voient se développer une vaste classe moyenne. Le second est de « coller au marché », en différenciant ou en adaptant les produits aux goûts et aux habitudes des consommateurs locaux. Se rapprocher du marché fait donc gagner aux FMN à la fois en compétitivité-prix, grâce aux économies d'échelle et en compétitivité hors-prix, parce que leurs produits présentent des caractéristiques différentes.

Ainsi, les stratégies d'internationalisation de la production des FMN reposent sur différents critères. Les plus fréquemment avancés concernent les coûts de production, dont les coûts de la main-d'œuvre, qu'elles cherchent à réduire pour être davantage compétitives. Mais d'autres critères sont tout aussi importants : ils concernent l'environnement structurel et institutionnel et surtout les débouchés potentiels de leurs produits. Après l'analyse de ces différents déterminants de l'implantation des FMN, il ressort qu'aucun critère n'est plus mis en avant qu'un autre et que c'est surtout la combinaison de plusieurs d'entre eux qui va jouer dans le choix de l'implantation des activités productives.

Gagnez des points !

Entre chaque sous-partie, allez à la ligne ou posez un alinéa. Cela facilite la compréhension par le correcteur.

Remarquons cependant que ces stratégies d'internationalisation qui ont abouti à la création de firmes-réseaux à l'échelle internationale, n'auraient pas pu être possibles sans les grandes évolutions de ces deux dernières décennies : la libéralisation des flux de capitaux, le rapprochement des modes de vie et les progrès dans les technologies de l'information et de la communication qui ont permis de centraliser le pouvoir et de décentraliser la production.

À savoir

Dans une conclusion, l'ouverture peut servir à décaler un peu le regard sur le sujet, en opérant un changement d'échelle dans l'espace ou dans le temps. Ici elle offre une vision plus systémique du sujet.

Comment lutter contre le chômage ?

Faire le point

L'essentiel

1 Mesures du chômage et de l'emploi

• Le **chômage**, défini comme la situation d'une personne sans emploi et à la recherche d'une activité, recouvre en réalité des situations très variées qui forment un « halo » difficile à mesurer. Le **taux de chômage** (rapport entre le nombre de chômeurs et le nombre d'actifs) et le **taux d'emploi** (rapport entre le nombre d'actifs occupés et la population en âge de travailler) sont les deux indicateurs principaux de l'état du **marché du travail**.

2 Causes structurelles et conjoncturelles du chômage

• Le chômage peut provenir de dysfonctionnements sur le marché du travail : **inadéquation** entre les offres et les demandes d'emploi, mobilité insuffisante de la main-d'œuvre, **asymétries d'information**. L'existence d'**institutions** qui se veulent protectrices des salariés (salaire minimum, accords collectifs, code du travail) peuvent également créer des **rigidités**, empêchant l'équilibre sur le marché du travail. Le chômage peut enfin être dû à une insuffisance de la **demande**, dans les phases de croissance faible ou de récession.

3 Les politiques de l'emploi

• Pour réduire chaque type de chômage, différentes mesures peuvent être prises : soutenir la **demande globale** dans le cas d'un chômage **conjoncturel**, alléger le **coût du travail** ou **flexibiliser** pour lutter contre les rigidités du marché du travail et agir sur les **formations** pour rendre les demandes d'emploi plus adéquates aux offres.

OUTILS THÉORIQUES

→ Pour John Maynard Keynes (1936), le chômage est involontaire ; il est dû à une insuffisance de la demande de biens et de services dans le cadre d'un **équilibre de sous-emploi**.

→ Pour l'analyse néo-classique, le chômage est volontaire ; il est dû aux entraves au fonctionnement concurrentiel du marché du travail, dans le cadre d'un **équilibre général**.

Schéma bilan

Le chômage

S'EXPLIQUE PAR

Une demande globale insuffisante due à :
- la faiblesse des revenus
- des investissements insuffisants
- une croissance faible

Les imperfections du marché du travail
- L'existence d'un salaire d'efficience du fait des asymétries d'information
- L'existence de rigidités (salaire minimum, règles de protection de l'emploi)

Chômage conjoncturel | **Chômage structurel**

Des politiques de lutte contre ces différents types de chômage

Politiques macroéconomiques de soutien de la demande globale

- **Réduction du coût du travail**
- **Flexibilisation du marché du travail**
- **Incitations à la mobilité**
- **Politiques de formation**

En bref **Pour aborder les sujets portant sur ce chapitre, il faut savoir :**

- qu'il existe plusieurs indicateurs d'emploi et de chômage. ☐
- que le chômage peut avoir différentes causes, conjoncturelles ou structurelles. ☐
- que les politiques de lutte contre le chômage dépendent de l'analyse qui en est faite : politiques de la demande, de la formation, de l'offre, de flexibilisation. ☐

J'ai tout coché ? Je passe le test page suivante

Contrôler ses connaissances

corrigés p. 204

QCM *Cocher les bonnes réponses.*

1. À quoi est dû le chômage conjoncturel ?

- ☐ **a.** Des qualifications inadaptées.
- ☐ **b.** Une insuffisance de la demande de biens et services.
- ☐ **c.** Le progrès technique.

2. Le taux d'emploi, c'est :

- ☐ **a.** le pourcentage d'actifs occupés dans la population active.
- ☐ **b.** le pourcentage d'actifs dans la population totale.
- ☐ **c.** le pourcentage d'actifs occupés parmi la population en âge de travailler.

3. Un taux de chômage de 10 % signifie que :

- ☐ **a.** le nombre de chômeurs a augmenté de 10 %.
- ☐ **b.** 10 % des individus sont au chômage.
- ☐ **c.** 10 % des actifs sont au chômage.

4. L'existence du SMIC montre que :

- ☐ **a.** le salaire dépend uniquement de l'offre et de la demande de travail.
- ☐ **b.** le salaire ne se fixe pas seulement sur le marché du travail.
- ☐ **c.** le salaire est flexible.

5. Lutter contre le chômage structurel consiste à :

- ☐ **a.** relancer la demande de biens et services.
- ☐ **b.** augmenter les salaires.
- ☐ **c.** réduire le coût du travail.

6. Lutter contre le chômage conjoncturel consiste à :

- ☐ **a.** flexibiliser le marché du travail.
- ☐ **b.** développer les formations.
- ☐ **c.** relancer la demande de biens et services.

Analyses *Associer chaque concept à son (ou ses) analyse(s).*

Chômage structurel •	• Insuffisance de la demande de biens et services
Chômage conjoncturel •	• Inadéquations des offres et demandes de travail
	• Rigidités sur le marché du travail
	• Imperfections du marché du travail

Vers le sujet de BAC

DOC **Recoupement du chômage BIT et de la catégorie A à Pôle emploi en 2017**

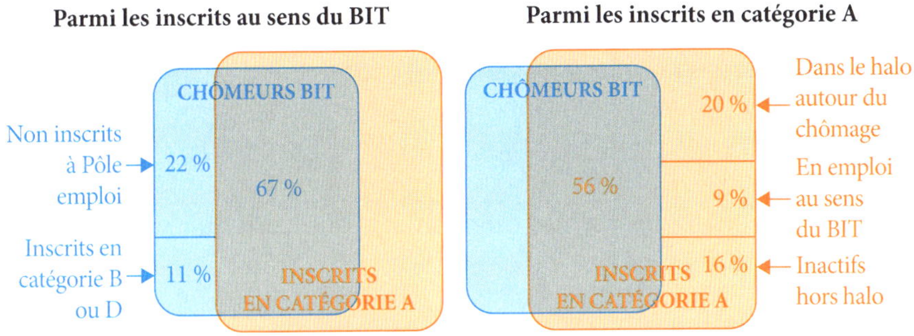

Lecture : en 2017, parmi les chômeurs au sens du BIT, 67 % sont inscrits à Pôle emploi en catégorie A, 11 % sont inscrits en catégories B ou D et 22 % ne sont pas inscrits à Pôle emploi au moment de l'enquête.

Champ : France métropolitaine, ménages ordinaires, personnes de 15 à 64 ans, au chômage au sens du BIT ou inscrites en catégorie A à Pôle emploi.

Source : Insee, *Emploi, chômage, revenus du travail*, Collection Insee Références, 2019.

Présenter le document en répondant aux questions suivantes :

1 Quelle est la nature du document ? De quoi y est-il question ? Qui en est l'auteur ?

2 Après avoir recherché les définitions du chômage selon le BIT et selon Pôle emploi, repérez les différentes mesures du chômage et leurs écarts.

3 Montrez que la mesure du chômage varie en fonction de la définition retenue.

Sujet guidé

SUJET 3 Amérique du Sud, novembre 2013

20 pts — 4h

Dissertation

› Montrez que la diversité des formes du chômage peut orienter les politiques de l'emploi.

DOC. 1

Des milliards comme s'il en pleuvait ! Les États-Unis, la Chine, le Japon ou les pays européens ont dégainé des plans de relance impressionnants, d'un montant total déclaré de plus de 2 800 milliards de dollars (2 190 milliards d'euros) sur deux ans. La dépense supplémentaire « en passe d'être décidée par les principaux pays pour 2009 et 2010 représente 5 % du produit intérieur brut (PIB) mondial », selon les économistes de Natixis.

Dans ces programmes, la liste des mesures sur la fiscalité, l'appui aux industries et aux entreprises, les travaux d'infrastructures, les projets d'équipements, le soutien à la consommation ou aux ménages, donnent l'impression d'un inventaire à la Prévert. (…)

Le Fonds monétaire international (FMI), qui évalue le coût budgétaire des plans annoncés par les pays du G20 (les 20 grandes économies développées et émergentes) à 1,5 % de leur PIB, en moyenne, en 2009, estime que leur impact permettrait d'obtenir 0,5 à 1,25 point de croissance pour l'ensemble de ces pays, atténuant ainsi la récession. L'institution prévoit en effet une croissance mondiale de 0,5 % en 2009 (–2 % dans les pays développés et +3,3 % dans les pays émergents et en développement), avant un rebond à 3 % en 2010. (…)

Aujourd'hui, face à la chute libre de l'activité, un effet rapide est recherché. En France, par exemple, le remboursement par anticipation de 11,4 milliards d'euros de crédit d'impôt[1] (…) répond à l'urgence. C'est aussi le cas des aides à la consommation qui entrent vite en vigueur – comme la baisse de la TVA, en décembre 2008 au Royaume-Uni – ou des baisses et des crédits d'impôts sur le revenu, surtout dans les pays effectuant des prélèvements à la source, comme aux États-Unis ou en Allemagne.

Source : « Comment faire redémarrer l'économie ? »,
Rodier Anne et De Tricornot Adrien, *Le Monde*, 10 février 2009.

1. Crédit d'impôt : mesure administrative permettant d'alléger l'impôt d'un agent économique (soit par réduction de l'impôt payé, soit par remboursement versé directement à son bénéficiaire).

DOC. 2 Principaux dispositifs spécifiques de politique d'emploi (en milliers de personnes)

	Bénéficiaires en fin d'année			
	2007	2008	2009	2010
Emploi marchand aidé	1128	1025	1002	990
dont : *– exonérations et primes à l'embauche des jeunes*	*136*	59	*4*	*1*
– exonérations et primes à l'embauche de CLD[1]	*89*	*66*	*92*	*64*
– aide à la création d'entreprise	*114*	*131*	*182*	*210*
– contrats en alternance	*619*	*603*	*572*	*568*
– accompagnement des restructurations	*19*	*13*	*11*	*9*
Emploi non marchand aidé	**248**	**184**	**241**	**254**
dont : *– contrats d'Avenir*	*88*	*78*	*68*	*5*
– contrats d'Accompagnement dans l'emploi	*150*	*102*	*172*	*a*
Formation des demandeurs d'emploi	**237**	**272**	**361**	**350**
dont : *– stages de formation*	*225*	*251*	*332*	*319*
– prévention du chômage de longue durée	*12*	*21*	*29*	*31*
Retraits d'activité[2]	**512**	**460**	**405**	**322**
TOTAL	**2125**	**1943**	**2010**	**1916**

Champ : France métropolitaine.

Source : d'après Insee, « Tableau de l'économie française », *2010, 2011 et 2012.*

1. Chômeurs de longue durée
2. Essentiellement dispensés de recherche d'emploi

DOC. 3 **Statut d'emploi et type de contrat en 2011 selon le diplôme et la durée depuis la sortie de formation initiale (en %)**

	Enseignement supérieur long	Enseignement supérieur court	Bac et équivalents	CAP-BEP et équivalents	Brevet, CEP et sans diplôme	Ensemble
Sortis depuis 1 à 4 ans de formation initiale						
Non salariés	*7,0*	*5,8*	*4,5*	*2,8*	*2,4*	**5,2**
Salariés	*93,0*	*94,2*	*95,5*	*97,2*	*97,6*	**94,8**
dont : – emplois à durée limitée	*20,6*	*24,0*	*29,7*	*31,2*	*34,8*	***26,2***
– intérim	*2,4*	*5,8*	*8,0*	*9,6*	*11,6*	***6,2***
– contrats à durée indéterminée du secteur privé	*56,6*	*50,2*	*53,5*	*52,3*	*45,6*	***53,1***
– contrats à durée indéterminée du secteur privé	*13,4*	*14,2*	*4,3*	*4,1*	*5,7*	***9,3***
Total	**100,0**	**100,0**	**100,0**	**100,0**	**100,0**	**100,0**
Sortis depuis 5 à 10 ans de formation initiale						
Non salariés	*8,7*	*6,6*	*6,9*	*4,3*	*3,6*	***6,7***
Salariés	*91,3*	*93,4*	*93,1*	*95,7*	*96,4*	***93,3***
dont : – emplois à durée limitée	*8,6*	*7,4*	*14,0*	*17,6*	*22,2*	***12,4***
– intérim	*0,6*	*1,4*	*3,7*	*5,0*	*7,4*	***2,9***
– contrats à durée indéterminée du secteur privé	*59,7*	*69,9*	*63,6*	*64,1*	*61,2*	***63,5***
– contrats à durée indéterminée du secteur public	*22,4*	*14,7*	*11,8*	*9,0*	*5,6*	***14,6***
Total	**100,0**	**100,0**	**100,0**	**100,0**	**100,0**	**100,0**

Champ : France métropolitaine.

Source : Insee, *Enquête Emploi*, 2010.

PAR ÉTAPES

COMPRENDRE LE SUJET

Les mots-clés

- **Diversité des formes du chômage :** Cela fait référence aux diverses analyses des causes du chômage : conjoncturelles et structurelles.
- **Politiques de l'emploi :** Ensemble des mesures prises par les pouvoirs publics en vue de dynamiser l'emploi (créer des emplois et réduire le chômage).
- **Orienter :** Selon l'explication du chômage retenue, les politiques de l'emploi seront différentes.

Le cadre spatio-temporel

- Il est défini par les documents statistiques qui vous donnent des données récentes sur la France, mais vous pouvez l'envisager de manière plus large, avec des exemples tirés d'autres pays ou d'autres périodes.

MOBILISER SES CONNAISSANCES

Notions connexes

Chômage conjoncturel • Chômage structurel • Demande globale • Coût du travail • Flexibilisation

Mécanismes

- Un chômage d'origine conjoncturelle, dû à une insuffisance de la demande de biens et services, nécessite une politique macroéconomique de soutien de la demande globale.
- Un chômage d'origine structurelle dû aux rigidités existant sur le marché du travail, nécessite d'alléger le coût du travail et de flexibiliser ce marché.

ORGANISER SES IDÉES

La problématique

Les débats sur les causes du chômage ne sont pas que des débats théoriques ; ils impliquent des analyses différentes du chômage et donc des préconisations différentes en matière de politiques de l'emploi.

Le plan

Les trois grandes analyses des causes du chômage vous fournissent un plan analytique. Un chômage conjoncturel sollicite des politiques macroéconomiques de relance (Partie I). Un chômage dû à la rigidité des salaires nécessite de réduire le coût du travail (Partie II). Un chômage de type structurel requiert des politiques de formation et de flexibilisation (Partie III).

Méthode
Avec des plans analytiques, trois parties sont parfois plus adaptées à votre argumentation.

Analyser les documents

I. Un chômage conjoncturel sollicite des politiques de relance	II. Un chômage dû à la rigidité des salaires nécessite de réduire le coût du travail	III. Un chômage structurel requiert des politiques de formation et de flexibilisation

DOC. 1 ▶ ***Article présentant les programmes de relance prévus par les grands pays de l'OCDE, pour 2009-2010.***

Programmes de grande ampleur face aux effets de la crise de 2008 : 3000 milliards de dollars sur deux ans, soit 5 % du PIB mondial (États-Unis, Chine, Japon et l'Europe).

← Exemples qui correspondent à une politique de relance macroéconomique : travaux d'infrastructures et d'équipements, soutien à l'investissement privé et à la consommation *via* la fiscalité.

DOC. 2 ▶ ***Tableau statistique sur les bénéficiaires des différents dispositifs de la politique de l'emploi, en France, de 2007 à 2010.***

Repérez les différents types de mesures, à travers les dispositifs. Au-delà de la variation des bénéficiaires, vous pouvez distinguer les trois axes de la politique de l'emploi française. →

Mesures favorisant l'incitation à l'embauche de catégories ciblées (jeunes et chômeurs de longue durée) en réduisant le coût du travail pour les entreprises (exonérations et primes)

Mesures aidant ou incitant les chômeurs à changer de statut (aide à la création d'entreprise ou retraits d'activité). Mesures visant les qualifications, en agissant sur la formation initiale (alternance) ou sur la formation des chômeurs (stages, reconversion)

DOC. 3 ▶ ***Tableau statistique sur le statut d'emploi et le type de contrats en fonction du diplôme et de la durée depuis la sortie de formation initiale, en France, en 2010.***

Se questionner sur l'utilisation de ces contrats : un moyen de flexibilité quantitative externe ou une « super » période d'essai pour les employeurs ? →

Développement des contrats précaires (CDD, emplois intérimaires) pour plus du tiers des jeunes actifs sortis depuis moins de 4 ans de formation initiale.

CORRIGÉ 3

Comprendre le corrigé

Depuis le milieu des années 1970, la montée du chômage s'est traduite par un empilement de mesures et de dispositifs en faveur de l'emploi : aides et incitations à l'embauche, nouveaux types de contrats, réduction du temps de travail, etc. L'ensemble de ces mesures forme la politique de l'emploi qui vise à réguler le marché du travail, c'est-à-dire réduire les déséquilibres qui peuvent y apparaître. Lorsque l'un de ces déséquilibres est le chômage de masse, caractérisé par une part importante de la population active sans activité professionnelle et à la recherche d'un emploi, la politique de l'emploi a donc pour objectif principal de lutter contre le chômage. Notons que, dans cette optique, des politiques économiques plus globales, d'envergure macroéconomique, peuvent également servir cet objectif. Or, ce chômage, lorsqu'il est massif, comme c'est le cas aujourd'hui en France, avec un taux qui s'est établi autour de 10 % depuis le début des années 1990, est multiforme. Cela signifie qu'il a des causes multiples. Les grandes écoles de pensée économique ont d'ailleurs beaucoup débattu sur ces causes.

Méthode

Veillez à rédiger votre introduction de façon fluide : les éléments attendus dans l'introduction (accroche, définition, problématique) se succèdent au sein d'un raisonnement et ne sont pas simplement juxtaposés les uns aux autres.

Ces débats sur les origines du chômage n'ont pas qu'une portée théorique ; en développant des explications différentes du chômage, ces analyses impliquent des préconisations différentes en matière de politiques de l'emploi.

De façon à montrer que les analyses du chômage impliquent des traitements différents, nous nous appuierons sur les trois grands types de chômage : le chômage conjoncturel qui nécessite des politiques macroéconomiques de relance (I), le chômage dû aux rigidités salariales qui implique des politiques de réduction du coût du travail (II) et le chômage structurel qui requiert des politiques de formation et de flexibilisation (III).

Méthode

Vous pouvez utiliser un plan en trois parties lorsque le sujet s'y prête. Ici, un plan en deux parties (chômage conjoncturel / structurel) risquait d'être déséquilibré.

I. Le chômage conjoncturel sollicite des politiques macroéconomiques de relance

Le chômage conjoncturel est expliqué par une insuffisance de la demande de biens et services ; il implique donc des politiques conjoncturelles de relance d'inspiration keynésienne.

Dans sa *Théorie générale de l'emploi, de l'intérêt et de la monnaie* (1936), John Maynard Keynes décrit des situations d'équilibre de sous-emploi. Il y a certes un équilibre sur les marchés (des biens et des services, des capitaux, de la monnaie et du travail) mais rien n'assure que cet équilibre assure le plein-emploi. En effet, il n'y a aucune raison pour que l'offre et la demande d'emploi s'équilibrent, dans la mesure où elles n'ont pas les mêmes variables explicatives. Les demandes d'emploi sont fonction des salaires, alors que les offres d'emploi sont fonction de la demande effective (anticipée par les entrepreneurs). Les entrepreneurs alignent en effet leur niveau d'investissement, d'emploi et donc leurs embauches en fonction de la demande qu'ils anticipent. Le chômage est donc lié à une insuffisance de la demande globale : c'est un chômage involontaire.

Méthode

Rédiger une phrase de présentation sur ce que vous allez développer dans chaque grande partie permet à votre lecteur de suivre votre raisonnement.

Ce chômage involontaire peut être résorbé grâce à des politiques de relance par la demande, en agissant sur la consommation et l'investissement. C'est par exemple l'objectif des programmes de relance prévus par les grands pays de l'OCDE, pour 2009-2010 (doc.1) : près de 3 000 milliards de dollars sur deux ans, consacrés à des travaux d'infrastructures et d'équipements, un soutien à l'investissement privé et à la consommation *via* la fiscalité.

Méthode

Ne vous contentez pas de récupérer des données et des faits, dans les documents : sachez les relier à des mécanismes ou à des analyses théoriques.

L'idée est d'enclencher le cercle vertueux consommation/investissement par une action volontariste de l'État : la hausse de ses dépenses doit engendrer des vagues successives de revenus, faisant ainsi fonctionner le mécanisme du multiplicateur d'investissement.

Ces politiques keynésiennes ont cependant des limites (niveau trop élevé de l'endettement public et risque d'inflation) qui risquent de nuire à la compétitivité des entreprises. Ces risques seront plus élevés si le chômage a d'autres causes, comme le montre l'analyse néoclassique qui met en avant des causes structurelles au chômage.

II. Un chômage dû aux rigidités salariales nécessite des politiques de réduction du coût du travail

Si le chômage est essentiellement dû à un coût du travail trop élevé, comme l'explique la théorie néoclassique, la politique de l'emploi à mener est alors totalement opposée à celle préconisée par les keynésiens.

L'analyse néoclassique explique le chômage par l'ensemble des rigidités qui empêchent le marché du travail de fonctionner librement et donc de s'autoréguler. Le coût du travail est trop élevé, notamment en raison des charges sociales, ce qui incite les entreprises à faire une substitution du capital au travail, voire à délocaliser. De même, l'existence d'un salaire minimum empêche les salaires de s'ajuster à la baisse, ce qu'ils devraient faire, face à un excès de main-d'œuvre disponible. Enfin, les dispositifs d'aide aux chômeurs (indemnités chômage ou revenu minimum) ne les incitent pas à retrouver un emploi en créant des trappes à inactivité.

À savoir

Les politiques préconisées sont souvent liées à des analyses théoriques ou des façons d'aborder un problème. Ici, il faut expliquer que la réduction du coût du travail n'a de sens que si l'on considère que le marché du travail est un marché comme un autre.

Les politiques de l'emploi préconisées face à ce type de chômage sont donc toutes celles qui vont favoriser l'assouplissement du fonctionnement du marché du travail. Au-delà des mesures de réduction des charges sociales, les dispositifs d'une telle politique menée en France sont ceux qui favorisent l'incitation à l'embauche de catégories ciblées (jeunes et chômeurs de longue durée) en réduisant le coût du travail pour les entreprises, par le biais d'exonérations et de primes à l'embauche. Ces formes de subventions à l'emploi peu qualifié concernaient en 2010, 65 000 personnes (doc. 2). Par ailleurs, d'autres mesures visent à réduire l'effet des trappes à inactivité en aidant les chômeurs à créer leur propre entreprise (210 000 bénéficiaires en 2010).

Ces mesures d'ordre incitatif, s'attaquent ainsi à un chômage qui serait dû à un coût du travail jugé trop élevé. Mais les rigidités sur le marché du travail ne concernent pas que les salaires. S'attaquer au chômage structurel nécessite aussi des mesures visant à flexibiliser l'ensemble du marché du travail.

III. Le chômage structurel requiert des politiques de formation et de flexibilisation

La persistance d'un chômage de masse et l'allongement de la durée du chômage pour certaines catégories de personnes conduit à proposer des mesures visant à l'amélioration du fonctionnement du marché du travail en passant par des politiques de l'emploi visant une meilleure adéquation entre offre et demande d'emplois.

À savoir

Le problème du chômage n'est pas une question de quantité ; il faut également tenir compte de sa durée. Dans le document 2, il y a des données sur les bénéficiaires des mesures de prévention du chômage de longue durée que vous pouvez utiliser

Le chômage est dit structurel lorsqu'il traduit un déséquilibre durable sur le marché du travail. Il est essentiellement dû aux inadéquations entre offres et demandes d'emploi, tant sur le plan quantitatif que sur le plan qualitatif. L'inadéquation quantitative concerne les formes de contrats de travail qui ne sont pas adaptés aux fluctuations de l'activité des entreprises ou encore les rigidités institutionnelles et légales qui limitent les possibilités de licenciement alors que l'activité diminue. L'inadéquation qualitative renvoie à l'inadaptation des qualifications des travailleurs aux besoins des entreprises.

Méthode

Pensez aux grandes façons de raisonner en SES, en opposant les niveaux. Ici, par exemple, vous pouvez distinguer les aspects quantitatifs et qualitatifs du chômage d'inadéquation.

Ce fonctionnement trop rigide du marché du travail implique des mesures qui s'inspirent des analyses néoclassiques. D'une part, il s'agit de flexibiliser le marché du travail en déréglementant la durée de travail (annualisation du temps de travail, par exemple), en assouplissant, voire en libéralisant les procédures de licenciement ou encore en développant les contrats temporaires. Ces contrats (CDD, emplois intérimaires) concernent ainsi plus du tiers des jeunes actifs sortis depuis moins de 4 ans de formation initiale (doc. 3). D'autre part, il s'agit d'adapter au mieux les qualifications de la main-d'œuvre aux besoins des entreprises. Cela passe d'abord par la formation initiale, le diplôme jouant encore un rôle protecteur face au chômage ; par exemple, les contrats d'alternance concernent le quart des bénéficiaires des dispositifs pour l'emploi, en France en 2010. Cela passe ensuite par la formation continue dans le but de requalifier les chômeurs : 350 000 bénéficiaires en 2010. Notons que ces mesures tendent à individualiser le traitement du chômage puisqu'elles visent à favoriser l'insertion par le retour à l'emploi, à l'instar des 254 000 contrats aidés (doc. 2).

Les types de chômage (conjoncturel et structurel) sont identifiés par les explications que les économistes leur ont données. Ces analyses proposent ainsi des traitements très différents du chômage, voire parfois contradictoires. Les politiques de l'emploi sont donc totalement orientées par les formes prises par le chômage, parce qu'à chaque forme correspond une cause. Ainsi, l'analyse de la politique de l'emploi montre une espèce d'empilement de mesures cherchant à lutter contre ces trois

Gagnez des points !

Dans la conclusion, n'hésitez pas à faire référence à une idée que vous avez déjà énoncée dans l'introduction. Cela montre la cohérence de votre raisonnement.

formes de chômage. La complexité du chômage se traduit ainsi par la complexité des mesures et le manque de lisibilité de la politique de l'emploi. Or, dans un contexte d'instabilité économique, cette complexité est coûteuse : coûts liés à la recherche d'informations ou aux changements de situation des entreprises ou des chômeurs. Au-delà, la persistance du chômage de masse depuis bientôt quatre décennies questionne sur l'efficacité de telles mesures : sont-elles bien adaptées ? Leur diversité ne nuit-elle pas finalement au traitement du chômage du fait de leurs effets parfois contradictoires ?

Méthode

L'ouverture dans votre conclusion peut exprimer une opinion. L'exprimer sous forme de question critique est une manière astucieuse de l'énoncer.

Comment expliquer les crises financières et réguler le système financier ?

Faire le point

L'essentiel

1 Origine des crises financières

• L'imperfection de l'information sur les **marchés financiers** provoque des **comportements mimétiques**, des **bulles spéculatives** et des **prophéties auto-réalisatrices**, provoquant **panique** et **faillites** bancaires en chaîne.

2 De la finance à l'économie réelle

• La propagation de la crise financière à l'**économie réelle** se fait par plusieurs **canaux de transmission**. La chute du prix des actifs provoque un **effet de richesse négatif**. Les agents économiques se désendettent ou épargnent pour reconstituer la valeur de leur patrimoine. Les **taux d'intérêt** augmentent du fait des risques plus élevés. Hausse de l'épargne, baisse de la demande globale et **contraction du crédit** réduisent l'activité économique : les faillites d'entreprises et le chômage amplifient la récession, réduisant la consommation et l'investissement, *via* la demande anticipée.

3 Les instruments de régulation

• Les pouvoirs publics cherchent à réduire l'**aléa moral** des banques qui ont une taille telle qu'elles sont au cœur du **risque systémique**. Leur faillite étant trop risquée (principe « *too big to fall* »), elles prennent davantage de risques parce qu'elles ont l'assurance d'être sauvées. La **réglementation prudentielle** consiste à augmenter le **ratio de solvabilité** des banques et à leur imposer un « coussin contracyclique » : ce ratio varie en fonction de la conjoncture.

OUTIL THÉORIQUE

→ **La crise des années 1930 aux États-Unis**

Dans les années 1920, la forte production industrielle entraîne une spéculation boursière. Les cours de la Bourse s'envolent (bulle spéculative) alors que la productivité et les salaires n'augmentent pas autant. Le crédit est utilisé pour spéculer et ne répond pas aux besoins de l'économie réelle. L'activité commence à reculer et la revente massive de titres financiers provoque un krach boursier en octobre 1929, entraînant une panique bancaire, un *credit crunch* et une crise économique sans précédent qui se répercutera sur l'économie mondiale.

Schéma bilan

Les caractéristiques d'un système financier globalisé
- Un développement des marchés financiers dans les années 1980 suite à la déréglementation, la désintermédiation, le décloisonnement et la dématérialisation des actifs
- Une multitude de marchés d'actifs financiers interdépendants au niveau mondial
- Une instabilité intrinsèque due à l'imperfection de l'information sur ces marchés

↓

Un système financier globalisé de plus en plus déconnecté des besoins de l'économie réelle qui assure de moins en moins bien ses fonctions
Évaluation des actifs financiers, allocation des capitaux et circulation des moyens de paiement

↓

Des crises financières récurrentes, d'origine bancaire, boursière ou immobilière qui ont des répercussions sur l'économie réelle

↓

Contraction du crédit | Baisse du prix des actifs | Hausse des taux d'intérêts

↓

- Hausse de l'épargne
- Baisse de l'investissement
- Baisse de la demande globale

↓

Faillites d'entreprises
Réduction de l'activité économique
Hausse du chômage

En bref **Pour aborder les sujets portant sur ce chapitre, il faut savoir que :**

- les marchés financiers sont instables, du fait de l'imperfection de l'information. ☐
- les bulles spéculatives sont dues aux comportements des acteurs économiques. ☐
- les crises financières ont des répercussions sur l'économie réelle. ☐
- la régulation du système financier vise à réduire l'aléa moral des banques. ☐

J'ai tout coché ? Je passe le test page suivante

Contrôler ses connaissances

corrigés p. 205

QCM *Cocher les bonnes réponses.*

1. Une bulle spéculative provient :

- ☐ **a.** des croyances partagées en la hausse de la valeur réelle d'un actif.
- ☐ **b.** d'informations détenues exclusivement par un groupe d'acteurs.
- ☐ **c.** des anticipations trop optimistes sur la hausse future de la valeur d'un actif.

2. Une crise financière se transmet à l'économie réelle surtout par :

- ☐ **a.** l'impossibilité de vendre des actifs financiers.
- ☐ **b.** la réduction des crédits accordés aux agents économiques.
- ☐ **c.** l'impossibilité d'utiliser des moyens de paiement.

3. L'aléa moral désigne :

- ☐ **a.** la possibilité qu'un agent économique assuré contre un risque se comporte de manière plus risquée que s'il était exposé au risque et devait en assumer les conséquences.
- ☐ **b.** le comportement immoral d'un agent économique assuré contre un risque.
- ☐ **c.** le comportement aléatoire d'un agent économique face au risque, ce qui le pousse à s'assurer contre ce risque.

4. À quoi sert le ratio de solvabilité bancaire imposé par les instances de régulation ?

- ☐ **a.** Maintenir une proportion suffisante de banques solvables.
- ☐ **b.** Veiller à ce que chaque banque soit en mesure de faire face à une baisse de valeur de ses actifs ou à des demandes de retrait de fonds de la part de leurs clients.
- ☐ **c.** Créer un fond public pour refinancer des banques insolvables.

Exemples

Associer chaque exemple à la notion qui lui correspond.

- Des actionnaires craignent que la Bourse ne s'effondre et vendent rationnellement leurs actions.
- La garantie des dépôts bancaires par les pouvoirs publics incite les banques à prendre plus de risques.
- Les petits porteurs, par manque d'information, tendent à se comporter comme les investisseurs institutionnels.
- L'annonce d'un risque de pénurie d'un bien pousse les individus à en acheter de grandes quantités, par peur du manque.
- Les créanciers sont moins regardants sur les capacités de remboursement de leurs débiteurs parce qu'ils sont assurés contre le risque de défaut de paiement.
- Renoncer à faire un achat de titres parce que d'autres acteurs ont renoncé à cet achat, sans raison évidente.

- Comportements mimétiques
- Prophéties auto-réalisatrices
- Aléa moral

Termes à relier

Associer chaque caractéristique à la crise financière correspondante.

- Spéculation et bulle boursières
- Spéculation et bulle immobilières
- Crise de liquidité
- Panique bancaire
- Effondrement boursier
- Titrisation des crédits
- Insolvabilité des emprunteurs
- Achats d'actions par crédit

- Crise financière des années 1930
- Crise financière de 2008

Vers le sujet de BAC

DOC. Des crises qui se ressemblent, des enchaînements différents

	États-Unis 1929-1933	États-Unis 2007-...
Contexte	Fortes inégalités de revenus ; hausse du Dow Jones, stimulée par les *call loans*	Fortes inégalités de revenus ; *boom* spéculatif sur le marché immobilier (crédits *subprime*, titrisation)
Séquence des événements	A → B → C	C → B → A
Crise boursière (A)	L'indice Dow Jones cesse de monter le 3 octobre et le *krach* éclate le 24 octobre 1929. Le système des *call loans* met en difficulté courtiers et banquiers.	La titrisation contamine les bilans des établissements financiers et dissémine l'illiquidité. Décrue des capitalisations boursières sur les principales places.
Crise bancaire (B)	Existence de multiples établissements de petite taille exposés aux *bank runs* ; en 1933, près de la moitié des établissements de 1929 sont fermés.	Prolifération des intermédiaires et création d'un *shadow banking system* peu régulé ; la multiplication des défauts impacte ce système parallèle, ainsi que les banques d'investissement.
Crise immobilière (C)	En conséquence des faillites bancaires et du niveau de chômage élevé, difficultés du secteur immobilier (en particulier celui de l'habitat rural)	Retournement du marché immobilier après une hausse ininterrompue des prix de 1997 à 2007

Source : Sinapi Christine, Piégay Pierre, Desmedt Ludovic, « L'analyse des crises : Minsky, après Fisher et Keynes », *L'Économie politique*, 2010/4 (n° 48), p. 85-104.

Analyser le document

1 Repérez les éléments identiques aux deux crises financières présentées.

2 Repérez les éléments qui distinguent les deux crises financières présentées.

Méthode

Pensez aussi aux contextes très différents de ces deux crises, notamment en termes de mondialisation et de globalisation financière.

Sujet guidé

SUJET 4 Sujet inédit

4 pts — 40min

Étude d'un document

DOC. **Les effets de la crise boursière de 1929 sur l'économie américaine**

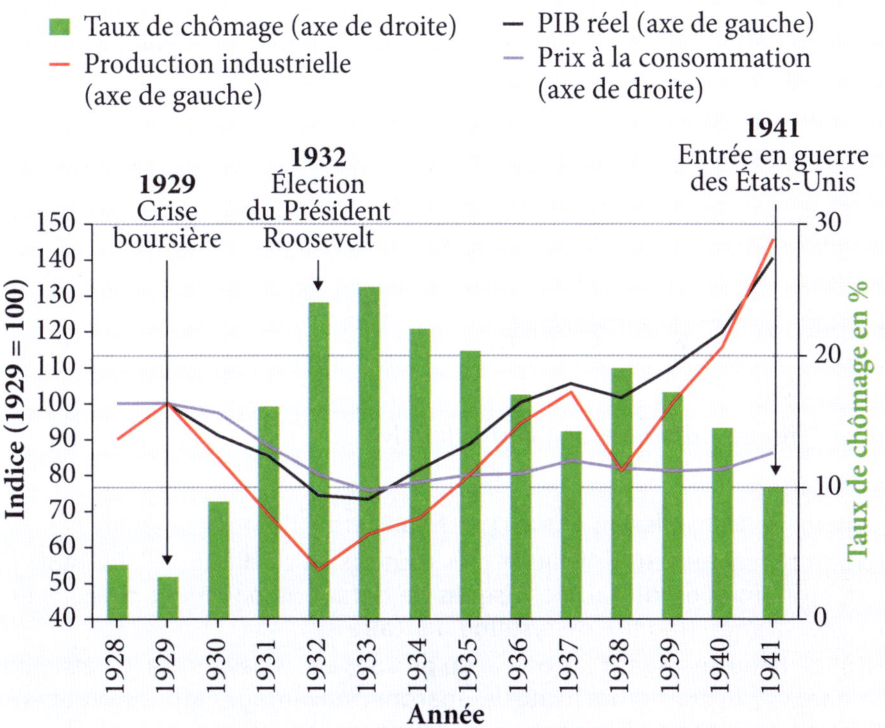

Source : United States Bureau of the Census, « Historical Statistics of the United States. Colonial Times to 1970, Part 1 », 1975.

1 Comment les données macroéconomiques américaines ont-elles évolué entre 1929 et 1932 ?

2 Expliquez comment la crise financière de 1929 s'est transmise à l'économie réelle.

PAR ÉTAPES

COMPRENDRE LE SUJET

Méthode
Prenez le temps de bien comprendre ce qui est demandé dans chacune des deux questions, avant d'étudier le document. Cela vous permet de repérer ce qui est essentiel.

Les mots-clés

- **Données macroéconomiques :** principaux indicateurs permettant de décrire la situation économique d'un pays à un moment donné. Il s'agit, en général, du taux de croissance économique, du taux d'inflation et du taux de chômage.
- **Crise financière :** déstabilisation du système bancaire et financier, se manifestant par un retournement brutal des valeurs sur les marchés financiers (taux d'intérêt, taux de change, cours des actions) dû à un changement de comportement des acteurs face au risque lié à l'endettement (risque crédit) ou lié à la perte de confiance dans le système bancaire (panique bancaire).
- **Économie réelle :** sphère de l'activité économique (production, emploi) par opposition à la sphère financière (marchés financiers).
- **Se transmettre :** se propager, contaminer, passer d'un lieu à un autre. Cela fait référence ici aux canaux de transmission d'une crise financière à l'économie réelle.

MOBILISER SES CONNAISSANCES

Notions connexes

Crédit • Effet de richesse • Demande globale

Mécanismes

Les **canaux de transmission** d'une crise financière à l'économie réelle :

- le crédit : un accès plus difficile et plus coûteux au crédit pour l'ensemble des agents économiques, du fait des risques de défaut de paiement plus élevés et d'une plus grande fragilité du système bancaire.
- l'effet de richesse négatif : la baisse du prix des actifs dévalorise le patrimoine des ménages ; ils sont alors incités à épargner davantage, afin de compenser cette perte de richesse, diminuant ainsi leur consommation.
- une crise de confiance généralisée : des anticipations pessimistes entraînent une hausse de l'épargne de précaution des ménages et une réduction des investissements, affectant ainsi la demande globale.
- la demande extérieure : la réduction de la demande intérieure affecte les échanges internationaux, en diminuant les importations. La crise réelle se propage alors aux partenaires commerciaux. La diminution de la demande globale est renforcée par la diminution des exportations.

Mobiliser ses savoir-faire

Lecture de données :

- lecture d'indices (base 100 en 1929) pour les évolutions de la production industrielle, du PIB réel et des prix à la consommation (sur l'axe de gauche) : en 1932, le niveau des prix et celui du PIB réel sont autour de 80 % de leur niveau de 1929. En 1932, la production industrielle est à 55 % de son niveau de 1929.
- lecture de pourcentages de proportion pour les taux de chômage annuels (sur l'axe de droite) : en 1929 et en 1932, les taux de chômage américains sont respectivement à environ 3 % et 23 %.

Méthode
Repérez la nature du document, son titre, son cadre spatio-temporel et sa construction (axes, variables, unités des données, champs). Soyez attentif à la légende.

Calculs simples :

- différence entre les taux de chômage : une hausse de 20 points de pourcentage entre 1929 et 1932.
- coefficient multiplicateur : le taux de chômage a été multiplié par plus de 7 entre 1929 et 1932 ; la production industrielle est à la moitié de son niveau de 1929.

ORGANISER SES IDÉES

L'enjeu de la question

Certaines crises économiques sont déclenchées par des crises d'origine financière ou bancaire. Il s'agit donc d'expliquer comment des phénomènes bancaires ou financiers affectent l'activité économique, la croissance et l'emploi.

• Question 1

Le document présente quatre indicateurs de l'économie réelle : le taux de chômage, le PIB réel, les prix à la consommation et la production industrielle. Vous devez donc présenter les évolutions de ces quatre variables entre 1929 et 1932. Vous pouvez regrouper ces variables deux à deux : les signes de récession (réduction de l'activité économique) et les signes de dépression (chômage et déflation).

• Question 2

Expliquez les canaux de transmission d'une crise financière à l'économie réelle et les mécanismes à l'œuvre, en les illustrant par les données extraites du document.

Méthode
Partez de ce que vous constatez sur le document (la question 1 doit vous y aider) et expliquez les mécanismes à l'œuvre.

Constats	Explications
Baisse de l'activité économique (PIB réel)	Réduction des crédits à la consommation et à l'investissement. Hausse de l'épargne et baisse de la consommation.

MÉTHODE
SUJETS PAS À PAS
SUJETS COMME À L'EXAMEN

Constats	Explications
Baisse des prix à la consommation et de la production industrielle	L'offre s'ajuste à la diminution de la demande globale à la fois par les prix et par les quantités produites. La baisse des prix incite les acheteurs potentiels à reporter leurs achats dans le futur.
Hausse du chômage	Faillites d'entreprises. Renoncement à des projets d'investissement.

CORRIGÉ 4

Comprendre le corrigé

1 Ce document présente les évolutions de quatre données macroéconomiques aux États-Unis entre 1928 et 1941. Sur les trois années qui ont suivi la crise boursière de 1929, nous constatons une dégradation des indicateurs conjoncturels. En 1932, le PIB réel est à environ 75 % de son niveau de 1929 et la production industrielle est à la moitié de son niveau de 1929, signes de récession. Parallèlement, les prix à la consommation s'effondrent : ils sont, en 1932, à 80 % de leur niveau de 1929. Cette déflation s'accompagne d'une explosion du chômage dont le taux est multiplié par 7 en trois ans. Ce sont les signes d'une dépression économique.

Méthode
Pensez à présenter le cadre spatio-temporel ou le contexte de l'étude du document.

2 L'effondrement de la Bourse américaine d'octobre 1929 n'a pas seulement touché le système bancaire et financier, mais aussi l'ensemble de la sphère réelle. Cette crise boursière a en effet affecté l'activité économique (production et emploi) au point de se transformer en dépression économique. Cette transmission de la crise financière à l'économie réelle s'est faite par le biais de trois canaux principaux.

Méthode
Rédigez une phrase d'introduction pour définir les termes du sujet et présenter votre raisonnement.

Premièrement, l'accès au crédit est devenu plus difficile et plus coûteux pour les agents économiques, du fait des risques plus élevés et d'une plus grande fragilité du système bancaire. Cela provoque une réduction des crédits à la consommation et à l'investissement.

Méthode
La forme de la réponse à la question 2 doit être organisée en paragraphes et suivre un raisonnement logique. L'équilibre des paragraphes n'est pas exigé.

Deuxièmement, la baisse du prix des actifs dévalorise le patrimoine des ménages. Ils sont alors incités à épargner davantage, afin de compenser cette perte de richesse. Cet effet de richesse négatif entraîne une réduction de la consommation.

Troisièmement, les anticipations pessimistes des agents économiques entraînent une hausse de l'épargne de précaution et une réduction des investissements.

Ces trois phénomènes se renforcent et auto-entretiennent la réduction de la demande globale intérieure. À cela, s'ajoute la réduction de la demande extérieure, du fait de la propagation de la crise financière et économique au niveau mondial, amplifiée par les mesures protectionnistes. Cette insuffisance de la demande globale entraîne un ajustement des marchés par les prix et par les quantités offertes, d'où la déflation et la chute de la production industrielle et du PIB réel. Enfin, les faillites des entreprises les plus fragiles entraînent une destruction des emplois et une forte augmentation du chômage, amplifiée par le renoncement ou le report de projets d'achat ou d'investissement.

En résumé, il y a donc trois canaux principaux de transmission d'une crise financière à l'économie réelle qui sont le crédit, l'effet de richesse négatif et une crise de confiance généralisée. Ces trois phénomènes se sont renforcés mutuellement dans les années qui ont suivi la crise boursière de 1929. Cette période a été nommée la Grande Dépression, puisqu'il a fallu attendre une décennie pour que les États-Unis retrouvent le niveau d'activité économique de 1929, avec un taux de chômage qui est resté supérieur à 10 % jusqu'à l'entrée en guerre des américains en 1941.

Méthode

Rédigez une phrase de conclusion, pour résumer et utiliser des parties du document non exploitées.

Quelles politiques économiques dans le cadre européen ?

Faire le point

L'essentiel

1 Marché unique et croissance

- Le **marché unique** stimule l'activité grâce à la **libéralisation** des échanges et l'extension des marchés. La concurrence accrue stimule l'innovation, permettant des **gains de productivité**. Les entreprises gagnent en **compétitivité**. La baisse des coûts et des prix stimule la demande.

2 La politique de la concurrence

- Elle consiste à contrôler des opérations de **concentration**, sanctionner les **ententes illicites** et les **abus de position dominante**. Elle ne peut cependant pas agir sur les niveaux nationaux de **fiscalité** ou de **protection sociale** qui entraînent des distorsions de marché. Elle peut aussi entrer en contradiction avec des politiques industrielles ou sectorielles européennes qui prônent davantage de **concentration**.

3 Les politiques conjoncturelles

- Elles visent à stimuler ou ralentir l'activité économique. La **politique monétaire** régule les demandes de crédits à l'investissement et à la consommation. La **politique budgétaire** agit sur la consommation, l'investissement et l'emploi, via la fiscalité et les dépenses publiques.

- Une **monnaie unique**, gérée par la Banque centrale européenne dont l'objectif est la stabilité des prix, associée à des politiques budgétaires nationales, nécessite une **coordination** pour garantir la stabilité économique de l'UE, notamment en cas de **choc asymétrique**. Le **Pacte de stabilité et de croissance (PSC)** de 1997 contraint les budgets soumis à des règles strictes de déficit et d'endettement. Ces contraintes poussant à l'austérité budgétaire peuvent ainsi aller à l'encontre de la politique monétaire plutôt expansionniste.

OUTILS THÉORIQUES

→ Le **PSC** est l'instrument de coordination des politiques budgétaires nationales de la zone euro afin d'éviter les déficits budgétaires excessifs. Il impose aux États d'avoir à terme des budgets proches de l'équilibre ou excédentaires. De manière préventive, les États présentent leurs objectifs budgétaires à moyen terme, et un système d'alerte permet d'adresser des recommandations aux États dont le budget dérape. De manière dissuasive, les autorités européennes adressent un avertissement et des recommandations à un État dépassant le critère de déficit public (3 % du PIB), avant de prendre des sanctions : un dépôt auprès de la BCE qui devient une amende (de 0,2 à 0,5 % du PIB) si le déficit excessif n'est pas comblé.

Schéma bilan

27 États membres en 2020

Cadre européen

CEE Traité de Rome 1957 → **Zone de libre-échange** pour les marchandises

Acte unique européen 1986 → **Marché unique**
= libre circulation des hommes (1985), des capitaux (1990) et des biens et services (1993)
Pour stimuler la croissance, *via* :
- les spécialisations
- des économies d'échelle
- la baisse des prix
- la convergence économique

Accompagné par une politique de la concurrence
- Contrôle des concentrations
- Sanction des ententes illicites et des abus de position dominante

UE Traité de Maastricht 1992 →

Zone euro
19 États en 2020
- Monnaie unique
- BCE indépendante
- Politique monétaire unique
- Objectif d'inflation à 2 %

Des politiques budgétaires nationales contraintes
- Abandon de la souveraineté monétaire
- Pacte de stabilité et de croissance (1997) : déficit public à 3 % du PIB et dette publique à 60 % du PIB

MAIS **Des limites à l'efficacité des politiques économiques :**
- contradictions entre les objectifs des différentes politiques
- harmonisation sociale et fiscale insuffisante

Une Europe à plusieurs vitesses, confrontée au dumping fiscal et social
Une Europe fragile face à des chocs asymétriques, du fait d'un défaut de coordination

En bref **Pour aborder les sujets portant sur ce chapitre, il faut savoir que :**

- l'intégration européenne a été un processus long visant la croissance. ☐
- la politique de la concurrence accompagne le Marché unique. ☐
- les politiques monétaires et budgétaires agissent sur la conjoncture. ☐
- ces politiques sont limitées et confrontées à des difficultés. ☐

J'ai tout coché ? Je passe le test page suivante

Contrôler ses connaissances

corrigés p. 206

QCM *Cocher les bonnes réponses.*

1. Le Marché unique européen, cela signifie :

- ☐ **a.** une zone de libre-échange pour les marchandises.
- ☐ **b.** une zone protégée de la concurrence étrangère.
- ☐ **c.** la libre circulation des biens et services, des hommes et des capitaux.

2. Le Marché unique doit stimuler la croissance, grâce aux :

- ☐ **a.** privatisations des entreprises publiques.
- ☐ **b.** coopérations et ententes entre les entreprises.
- ☐ **c.** spécialisations, aux économies d'échelle et à la concurrence accrue.

3. La politique européenne de la concurrence sanctionne :

- ☐ **a.** tous les monopoles.
- ☐ **b.** les abus de position dominante.
- ☐ **c.** les coopérations entre entreprises.

4. Le Pacte de stabilité et de croissance européen vise à :

- ☐ **a.** augmenter la croissance de chaque État membre.
- ☐ **b.** stabiliser les taux de chômage des États membres.
- ☐ **c.** réduire le taux d'inflation à 2 %.
- ☐ **d.** éviter les déficits publics excessifs.

Termes à relier *Associer chaque instrument à la politique économique à laquelle il correspond.*

Réserves obligatoires pour les établissements de crédit •	
Fiscalité •	• Politique de la concurrence
Emploi public •	• Politique monétaire
Surveillance des concentrations •	• Politique budgétaire
Opérations d'*open market* •	
Règles antitrust •	

Termes à relier *Associer chaque instrument à la politique monétaire à laquelle il correspond.*

- Réduire le taux de réserves obligatoires des banques
- Baisser le taux de refinancement des banques
- Augmenter le taux de réserves obligatoires des banques
- Augmenter le taux de refinancement des banques
- Vendre massivement des titres sur le marché interbancaire
- Acheter massivement des titres sur le marché interbancaire

- Politique monétaire restrictive
- Politique monétaire expansionniste

Termes à relier *Associer chaque instrument à la politique budgétaire à laquelle il correspond.*

- Réduire le niveau des impôts
- Augmenter le niveau des impôts
- Augmenter les dépenses publiques
- Réduire les dépenses publiques
- Redistribuer les revenus en faveur des plus démunis
- Réduire le déficit et l'endettement publics

- Politique budgétaire de rigueur
- Politique budgétaire de relance

Vers le sujet de BAC

DOC. PIB en volume par habitant en SPA[1]

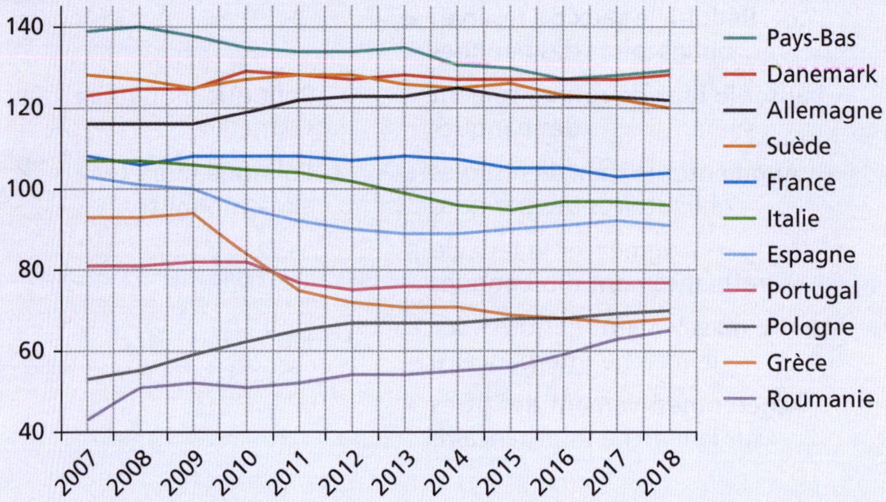

1. L'indice de volume du PIB par habitant en standards de pouvoir d'achat (SPA) est exprimé par rapport à la moyenne de l'Union européenne à 27 fixée à 100 en 2020. Les chiffres de base sont exprimés en SPA, c'est-à-dire dans une monnaie commune qui élimine les différences de niveaux de prix entre les pays, permettant des comparaisons significatives du PIB en volume entre les pays.

Source : D'après les données Eurostat, 2020.

Analyser le document

1 Montrez que les écarts de niveau économique étaient très disparates en 2007.

2 Montrez que sur la période 2007-2018, les effets attendus du Marché unique en termes de convergence économique ne se sont pas produits.

Sujet guidé

SUJET 5 D'après Liban, mai 2016

4 pts – 20 min

Mobilisation des connaissances

› Montrez que l'appartenance à la zone euro impose des contraintes en matière de politique budgétaire.

PAR ÉTAPES

COMPRENDRE LE SUJET

Les mots-clés

- **Zone euro :** zone monétaire qui regroupe les dix-neuf États membres de l'Union européenne qui ont adopté l'euro comme monnaie unique.
- **Politique budgétaire :** politique économique conjoncturelle dont l'outil est le montant et la répartition des recettes et des dépenses inscrites au budget de l'État.
- **Contrainte :** obligation ou inconvénient liés à un usage ou à une nécessité, se traduisant souvent par des règles.

Le cadre spatio-temporel

- Il est défini par le libellé du sujet dans la mesure où la zone euro existe, au sein de l'Union européenne, depuis 1999.

MOBILISER SES CONNAISSANCES

Notions connexes

Chocs asymétriques • Conjoncture • Coordination (des politiques) • Intégration économique • Marché unique • Politique conjoncturelle • Politique monétaire

> **Méthode**
> Cet exercice nécessite d'être très rigoureux sur les explications des notions et des mécanismes à l'œuvre. Il s'agit en effet de montrer que vous maîtriser parfaitement les connaissances attendues sur le sujet.

Mécanismes

- La politique budgétaire est l'un des principaux instruments de la politique conjoncturelle : elle utilise le budget de l'État (ses recettes et dépenses) pour agir sur la conjoncture. En période de ralentissement de la croissance ou de crise, elle permet de soutenir l'activité économique (politique de relance). À l'inverse, dans les phases de croissance risquant de provoquer de l'inflation ou des déficits extérieurs, elle permet de freiner l'activité en réduisant la demande des agents économiques (politique de rigueur).

- Une double contrainte pèse sur le budget de l'État dans les pays de la zone euro : une contrainte financière du fait de la montée de l'endettement public et les contraintes imposées par le Pacte de stabilité et de croissance. Ces règles sont en effet destinées à limiter les comportements de passager clandestin des États membres en matière budgétaire, dans le cadre d'une monnaie et d'une politique monétaire unique.

ORGANISER SES IDÉES

L'enjeu de la question

Montrez que l'adoption d'une monnaie unique nécessite des règles budgétaires strictes et que la politique monétaire unique empêche toute forme de policy mix de relance, la politique monétaire ayant pour unique objectif la stabilité des prix

Le plan

Deux contraintes peuvent être distinguées : celle qui est liée à l'objectif d'équilibre budgétaire pour éviter les effets négatifs d'un endettement public trop important et celle qui est liée à l'impossibilité de mener une politique budgétaire de relance dans un État, alors que la politique monétaire unique est plutôt restrictive.

CORRIGÉ 5

Comprendre le corrigé

Méthode
En introduction, remettez le sujet dans son contexte.

Le traité de Maastricht, signé en 1992 par 12 pays, crée l'Union économique et prévoit l'adoption d'une monnaie unique au 1er janvier 1999, avec une politique monétaire unique menée par une Banque centrale européenne indépendante. Les pays candidats à l'euro sont alors conduits à adopter des politiques économiques visant à stabiliser leur taux de change, réduire leur inflation, leur taux d'intérêt, leur déficit et leur endettement publics qui sont les critères de convergence nécessaires à l'adoption d'une monnaie unique. Deux de ces critères sont réaffirmés dans le Pacte de stabilité et de croissance adopté en 1997 et valable pour les 19 pays de la zone euro actuelle : un déficit public inférieur à 3 % de son PIB et une dette publique inférieure à 60 % de son PIB.

L'adoption de l'euro exerce ainsi une première contrainte sur les politiques budgétaires : ces règles budgétaires ôtent toute marge de manœuvre possible à un État qui atteindrait ces limites. Ainsi, les États qui ont des niveaux de déficit et/ou de dette supérieurs trop élevés sont contraints d'adopter des politiques budgétaires de rigueur pour réduire leur déficit et/ou leur dette, soit en réduisant leurs dépenses publiques (suppression d'emplois publics, réduction des dépenses sociales…), soit en augmentant les recettes publiques (hausse des impôts…), soit en privatisant des entreprises publiques. Ces règles sont également contraignantes pour les États dont le budget est plus sain. Elles ont pour but d'éviter toute stratégie de passager clandestin de la part d'un État membre qui aurait un déficit budgétaire trop important, générant des tensions à la hausse sur les prix et les taux d'intérêt, fragilisant ainsi l'ensemble de la zone euro.

La seconde contrainte pesant sur les politiques budgétaires est due au fonctionnement même de la zone euro qui rend inefficace toute politique budgétaire de relance, face à une politique monétaire dont l'unique objectif est la stabilité des prix. Rappelons en effet que la politique monétaire est unique dans la zone euro ; sa priorité est la lutte contre l'inflation, ce qui implique une politique monétaire plutôt restrictive. Les politiques budgétaires, quant à elles, restent nationales, entre les mains des États membres. Ce fonctionnement rend impossible toute *policy-mix* : une politique monétaire restrictive entre en contradiction avec une politique budgétaire de relance.

Cette double contrainte qui s'exerce sur les politiques budgétaires montre à quel point la zone euro s'est construite en faisant passer l'intérêt général devant les intérêts nationaux. Cependant, dans un contexte de faible croissance et de chômage élevé en Europe, il serait peut-être temps d'envisager une Union européenne dotée d'un véritable budget qui permettrait de dépasser le défaut actuel de coordination des politiques économiques.

Méthode

Expliquez les termes du sujet. Ici : « zone euro » et « politique budgétaire ».

Gagnez des points !

Cet exercice noté sur 6 points est exigeant. Soyez le plus précis dans vos explications. Vous devez montrer que vous maîtrisez des connaissances approfondies sur une question.

À savoir

Ici, par exemple, si le sujet porte sur la politique budgétaire, il est judicieux de préciser ce qu'est la politique monétaire dont elle est complémentaire.

Gagnez des points !

Une ouverture dans la conclusion n'est pas exigée. Cependant, si le sujet s'y prête, comme c'est le cas ici, vous pouvez en faire une portant sur l'enjeu de la question ou ses limites ou encore apporter une nuance.

Comment la société française actuelle est-elle structurée ?

Faire le point

L'essentiel

1 Un espace social structuré et hiérarchisé

- Toute société est constituée de **groupes sociaux** et produit un **espace social** formé des liens entre les individus au sein des groupes et entre les groupes. Ces groupes se caractérisent par des relations de **hiérarchisation** et de domination, basées sur l'existence d'inégalités.

- La **structure sociale** repose ainsi sur une distribution inégale des positions et des ressources. Mais cette structure sociale n'est pas figée. La **structure socioprofessionnelle** française a ainsi connu d'importantes mutations, depuis les années 1950, sous l'effet de tendances de fond : **salarisation, tertiarisation**, hausse des **qualifications, féminisation** des emplois.

2 Les analyses de la structure sociale

- Les théories des **classes sociales** (Karl Marx) et de la **stratification sociale** (Max Weber) offrent deux analyses traditionnelles de la structure sociale. Dans l'analyse réaliste marxiste, les classes sociales sont crées par le système de production capitaliste et ont des rapports conflictuels. Dans l'analyse nominaliste wébérienne, la stratification est multidimensionnelle et les classes sociales sont des groupes hiérarchisés dans le seul champ économique.

- Avec la montée de l'individualisme, les transformations structurelles et la tendance à la **moyennisation** remettent partiellement en cause ces approches traditionnelles car les critères de **différenciation** se sont multipliés : profession ou catégorie socioprofessionnelle, âge, genre, appartenance subjective et élective à un groupe social.

OUTILS THÉORIQUES

→ Une **classe sociale**, pour Karl Marx (1867), est composée d'individus qui occupent la même place dans le système de production capitaliste : les capitalistes, propriétaires du capital et les prolétaires, ne détenant que leur force de travail. Leur antagonisme (la lutte des classes) repose sur le principe de l'exploitation, permettant l'appropriation, par le capitaliste, de la plus-value provenant du « surtravail », la force de travail du prolétaire produisant plus de valeur que ce qui est nécessaire à sa survie et à sa reproduction (le salaire versé).

→ La **stratification sociale**, chez Max Weber (1921), est multidimensionnelle, avec trois types de hiérarchies qui ne se recoupent pas. L'ordre économique est à l'origine de classes sociales hiérarchisées selon un critère de richesse ; l'ordre politique est constitué de partis qui s'affrontent pour la conquête du pouvoir ; l'ordre social organise la répartition du prestige des positions occupées par les individus au sein de groupes de statut.

Schéma bilan

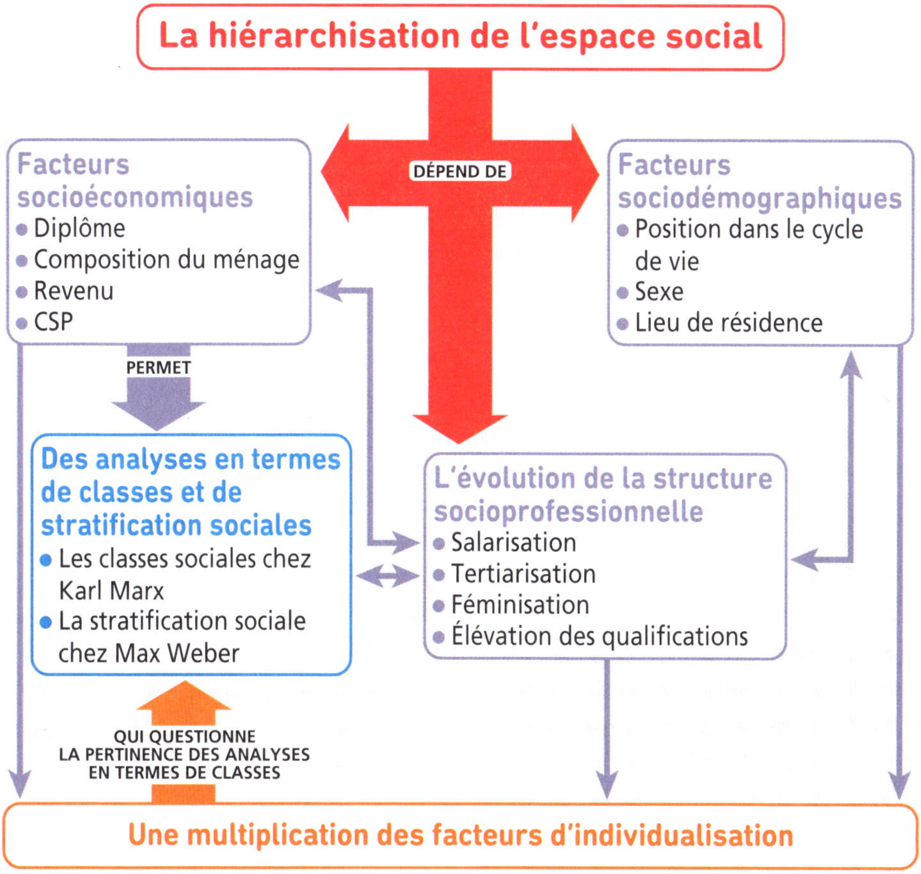

En bref **Pour aborder les sujets portant sur ce chapitre, il faut savoir que :**

- la structuration de l'espace social dépend de facteurs multiples. ☐
- la structure socioprofessionnelle française a connu de profondes mutations depuis les années 1950. ☐
- les analyses en termes de classes sociales et de stratification font l'objet de débats. ☐
- les positions des individus dans l'espace social dépendent de multiples facteurs. ☐

J'ai tout coché ? Je passe le test page suivante

MÉTHODE
SUJETS PAS À PAS
SUJETS COMME À L'EXAMEN

Contrôler ses connaissances

corrigés p. 207

QCM *Cocher les bonnes réponses.*

1. L'existence des classes sociales dans l'analyse marxiste dépend :

- ☐ **a.** de l'existence de syndicats défendant les intérêts des prolétaires.
- ☐ **b.** des inégalités de revenus.
- ☐ **c.** du système de production capitaliste.

2. Les classes sociales définies par Karl Marx sont fondées sur :

- ☐ **a.** les richesses économiques.
- ☐ **b.** le pouvoir.
- ☐ **c.** le prestige social.

3. Les groupes de statut définis par Max Weber sont fondés sur :

- ☐ **a.** les richesses économiques.
- ☐ **b.** le pouvoir.
- ☐ **c.** le prestige social.

4. La notion de classe sociale semble être moins pertinente aujourd'hui du fait de :

- ☐ **a.** la féminisation des emplois.
- ☐ **b.** la tertiarisation de l'économie et des emplois.
- ☐ **c.** la moyennisation de la société.

5. Les classes sociales n'ont pas vraiment disparu du fait de :

- ☐ **a.** la tendance à la reproduction sociale.
- ☐ **b.** l'essor des classes moyennes.
- ☐ **c.** la multiplication des critères de différenciation sociale.

Termes à relier *Associer chaque terme à sa définition et à son auteur.*

- Capitalistes •
- Classe sociale •
- Groupe de statut •
- Lutte des classes •
- Ordre économique •
- Prolétariat •

- • Groupe d'individus ayant le même niveau de richesses. •
- • Propriétaires du capital dans le mode de production capitaliste. •
- • Conflit entre prolétaires et capitalistes, portant sur le partage de la richesse créée. •
- • Groupe d'individus ayant des positions sociales avec le même niveau de prestige. •
- • Classe sociale formée d'individus ayant leur seule force de travail pour survivre. •
- • Dimension de la stratification sociale dont le critère est la richesse économique. •

• Karl Marx

• Max Weber

Vers le sujet de BAC

DOC Répartition de l'emploi par catégorie socioprofessionnelle entre 1968 et 2018

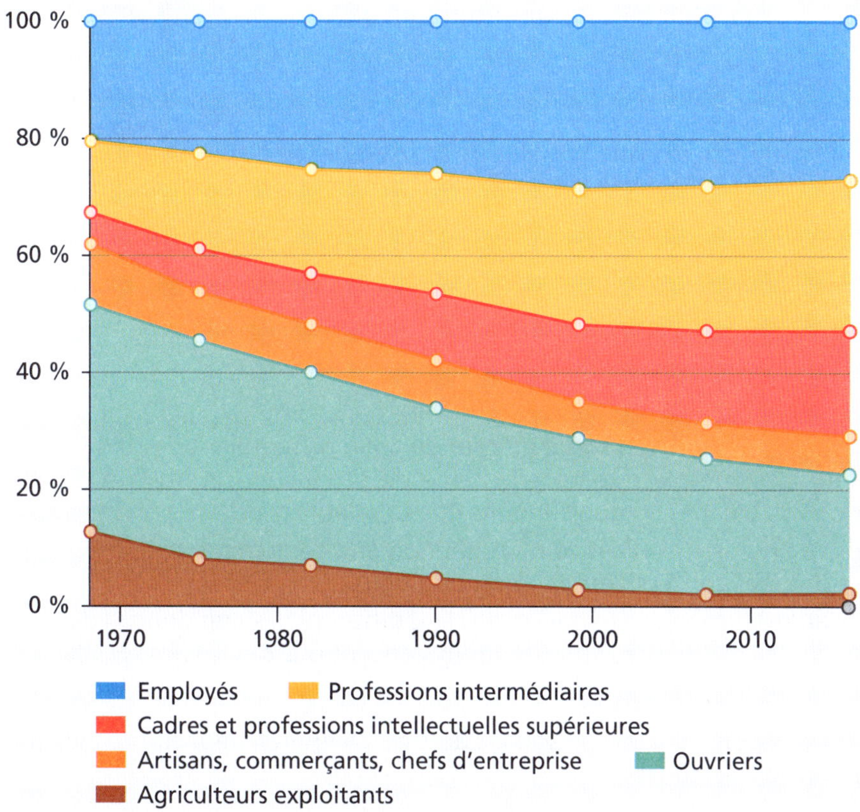

Source : D'après Insee, 2018.

Analyser le document

1 Repérez l'évolution des parts respectives de chaque catégorie socioprofessionnelle, entre 1968 et 2018.

2 Quels phénomènes socio-économiques peuvent expliquer ces évolutions ?

Méthode

Sur un graphique en aires empilées, vous pouvez lire directement les données de la première aire (ici, la part des agriculteurs). La lecture des autres aires nécessite de faire la différence entre les valeurs extrêmes de l'aire lues sur l'axe. Par exemple, la part des ouvriers était d'environ 40 % (62 %-12 %) en 1968 et d'environ 20 % (23 %-3 %) en 2018.

Sujet guidé

SUJET 6 France métropolitaine, juin 2017 — 20 pts — 4h

Dissertation

> En quoi l'analyse des classes sociales de Max Weber se distingue-t-elle de celle de Karl Marx ?

PAR ÉTAPES

COMPRENDRE LE SUJET

Les mots-clés

- **Classe sociale :** groupe social de grande taille rassemblant des individus qui occupent la même place dans le système de production et qui ont donc des conditions de vie, des comportements et des valeurs proches.
- **Analyse :** théorie explicative d'un phénomène combinant des observations, des notions, des concepts et une méthodologie.
- **Se distinguer de :** déterminer ce qui rend différent. Il s'agit donc ici de mettre l'accent sur les différences entre les deux conceptions des classes sociales.

Le cadre spatio-temporel

- Il n'est pas pertinent ici, puisqu'il s'agit de comparer deux approches théoriques d'un même concept.

MOBILISER SES CONNAISSANCES

Notions connexes

Stratification sociale • Groupe social

Mécanismes

Marx et Weber : deux approches différentes des classes sociales

	Karl Marx	Max Weber
Approche méthodologique	**Holisme méthodologique** Les structures déterminent les comportements individuels.	**Individualisme méthodologique** Les actions individuelles déterminent les structures sociales et économiques.

	Karl Marx	Max Weber
Conception des classes sociales	**Réaliste** Les classes sociales existent et le travail du sociologue consiste à les décrire et à expliquer les mécanismes à l'œuvre.	**Nominaliste** Les classes sociales sont des outils théoriques construits par le sociologue afin de mieux comprendre le réel et de le décrire.
Analyse de la hiérarchie sociale	**Unidimensionnelle** Elle ne dépend que de critères économiques liés au mode de production.	**Pluridimensionnelle** Triple hiérarchie, dans trois ordres et avec trois critères différents : économique, social et politique.
Définition des classes sociales	Place dans le mode de production. Deux classes sociales en conflit : le prolétariat et la bourgeoisie. Rapport de classes marqué par la domination et le conflit. Classe en soi et classe pour soi. Conscience de classe.	Groupes sociaux hiérarchisés, sur la base d'un critère de richesse, dans l'ordre économique.

ORGANISER SES IDÉES

L'enjeu de la question

Les analyses traditionnelles de Karl Marx et de Max Weber sont les premières analyses fondatrices de la structure sociale, élaborées entre la fin du XIXe et le début du XXe siècle. Bien que fondamentalement différentes, elles constituent la base de toutes les analyses contemporaines des structures sociales qui s'en inspireront ou les critiqueront.

Le plan

Comme il vous est demandé de montrer les différences entre les deux approches, vous pouvez organiser votre réponse soit en présentant successivement les deux approches, soit en organisant vos idées de façon thématique : approche méthodologique, analyse de la hiérarchie sociale, conception des classes sociales.

Méthode

Dans cet exercice, un plan n'est pas exigé ; vous devez cependant organiser vos arguments. Rédigez une phrase d'introduction et une phrase de conclusion et utilisez les connecteurs logiques habituels, afin d'expliquer votre raisonnement.

CORRIGÉ 6

Comprendre le corrigé

Les analyses traditionnelles de Karl Marx et de Max Weber sont les premières analyses fondatrices de la structure sociale, élaborées entre la fin du XIXe et le début du XXe siècle. Elles présentent des différences fondamentales.

Tout d'abord, elles sont opposées sur le plan méthodologique. L'approche de Karl Marx relève du holisme méthodologique, en considérant que ce sont les structures économiques qui déterminent les comportements individuels ; celle de Max Weber relève de l'individualisme méthodologique, en postulant, au contraire, que ce sont les actions individuelles qui déterminent les structures sociales et économiques.

Ensuite, leurs conceptions de la hiérarchie sociale diffèrent. Pour Karl Marx, elle trouve son origine dans la seule dimension économique et elle est déterminée dans le mode de la production matérielle. Pour Max Weber, la hiérarchie sociale est tridimensionnelle, puisqu'il conçoit une triple hiérarchie, avec trois critères différents, au sein de trois ordres : économique, social et politique.

Enfin, concernant leur définition des classes sociales, elles semblent assez proches puisque les deux sociologues considèrent que les classes sociales sont des groupes hiérarchisés en fonction d'un critère économique. Cependant, elles sont radicalement différentes. Pour Karl Marx, les classes sociales sont des groupes réels et objectifs, issus des rapports de production. Les individus appartiennent à une classe sociale en fonction de la possession ou non des moyens de production : ce sont les « classes en soi ». Les prolétaires ne possèdent que leur force de travail qu'ils vendent aux capitalistes qui, eux, possèdent le capital (outil de production et matière à transformer) et le produit du travail (marchandise réalisée), s'accaparant ainsi d'une partie de la valeur du travail de l'ouvrier. Cette domination est au cœur du conflit entre prolétariat et bourgeoisie : la prise de conscience de cette exploitation forme en effet des « classes pour soi », porteuses d'intérêts communs qu'ils cherchent à défendre.

Gagnez des points !

Quand la question s'y prête, contextualisez votre réponse. Ici, il est par exemple intéressant de montrer que ces deux analyses ont été élaborées quasiment à la même période.

Méthode

Lorsqu'une question porte sur les différences entre deux analyses ou deux phénomènes, il peut être judicieux d'évoquer leurs points communs s'il y en a, même s'ils sont seulement apparents ou minimes. Cela fait ressortir leurs différences.

Pour Max Weber, une classe sociale est un groupe social composé d'individus ayant le même niveau de richesse. Le sociologue, dans une approche nominaliste, construit ainsi plusieurs groupes sociaux hiérarchisés sur un critère économique. Ce critère économique est différent de celui de l'analyse marxiste, puisqu'il s'agit de la position de l'individu dans l'accès aux biens et services et non pas sa position dans le mode de production. Cette définition implique donc l'existence de plusieurs classes sociales et non plus seulement deux ; elle ôte ainsi aux classes sociales leur rapport nécessairement conflictuel.

Ainsi, ces deux analyses des classes sociales, bien que paraissant proches, sont fondamentalement différentes. Ces différences se retrouveront dans toutes les analyses contemporaines des structures sociales qui s'en inspireront ou les critiqueront.

Méthode

Rédigez une courte conclusion qui répond à la question ou la reprend de façon claire.

Quelle est l'action de l'École sur les destins individuels et sur l'évolution de la société ?

Faire le point

L'essentiel

1 Le rôle de l'École

- Dans nos sociétés démocratiques, l'École permet de transmettre des savoirs et de favoriser l'**égalité des chances** pour tous, en offrant un enseignement laïc, gratuit et obligatoire.
- Depuis les années 1950, le développement et l'unification du système scolaire a permis à tous les enfants d'accéder à l'école puis au collège, et ils sont toujours plus nombreux à devenir bacheliers puis étudiants.
- Cependant, ce processus de **massification** ne s'est pas forcément accompagné d'une **démocratisation** scolaire : les inégalités de réussite scolaire restent très marquées socialement.

2 La persistance des inégalités

- Les indicateurs scolaires (**taux de scolarisation, taux d'accès à un diplôme ou à une formation**) montrent des **inégalités** persistantes entre les milieux sociaux et entre les genres.
- Est en cause l'École elle-même qui trie, sélectionne et répartit les diplômes en valorisant des compétences qui sont sociales et culturelles (**capital culturel**) sous couvert de **méritocratie**. Sont également en cause les **stratégies individuelles et familiales** qui valorisent plus ou moins l'investissement scolaire.
- Enfin, la **socialisation** différenciée tend à orienter les filles et les garçons vers des filières, des formations et des trajectoires très genrées.

OUTILS THÉORIQUES

→ Pour Pierre Bourdieu (1970), l'école, en valorisant le **capital culturel** des classes sociales favorisées, reproduit, voire renforce les inégalités sociales, en orientant leurs enfants vers les formations les plus prestigieuses.

→ Pour Raymond Boudon (1973), les familles investissent différemment dans l'école, en réalisant un **calcul rationnel**, comparant les coûts et les avantages de la poursuite d'études.

Schéma bilan

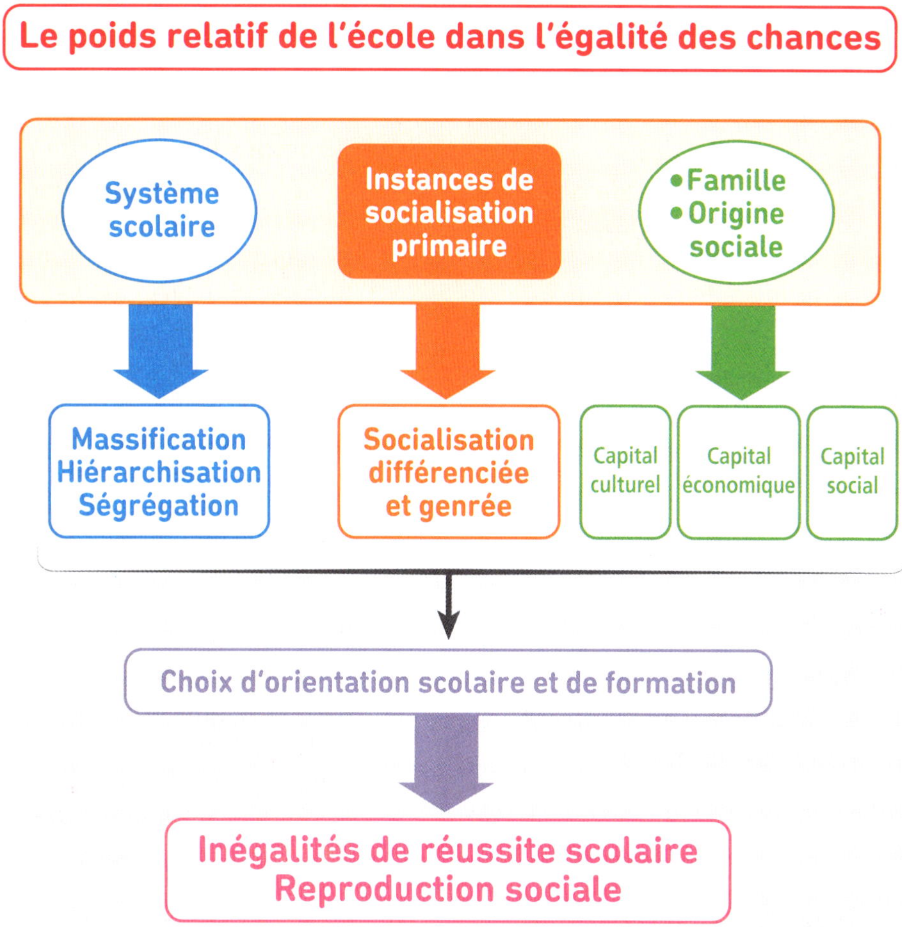

En bref **Pour aborder les sujets portant sur ce chapitre, il faut savoir que :**

- le développement de l'accès à l'École a favorisé l'égalité des chances. ☐
- les indicateurs montrent davantage une massification qu'une démocratisation. ☐
- les inégalités de réussite scolaire sont surtout dues au système scolaire et aux différences de socialisation, de capitaux et d'investissement scolaire des familles. ☐

J'ai tout coché ? Je passe le test page suivante

Contrôler ses connaissances

corrigés p. 208

QCM *Cocher les bonnes réponses.*

1. La massification scolaire correspond à :

- ☐ **a.** l'augmentation du nombre d'écoles, de collèges et de lycées.
- ☐ **b.** la fin de l'échec scolaire.
- ☐ **c.** un accroissement du nombre de bacheliers, d'étudiants et de diplômés.

2. Il y a démocratisation scolaire lorsque :

- ☐ **a.** les étudiants ont le droit de vote.
- ☐ **b.** la réussite scolaire d'un individu ne dépend pas de son origine sociale.
- ☐ **c.** le taux de scolarisation des enfants atteint 100 %.

3. L'École favorise l'égalité des chances si :

- ☐ **a.** elle permet à chacun d'accéder à n'importe quelle position sociale.
- ☐ **b.** tous les enfants sont scolarisés.
- ☐ **c.** toute la population est diplômée.

4. Quelle proposition est fausse ?

- ☐ **a.** Pierre Bourdieu explique l'inégalité des chances par les inégalités de capital culturel.
- ☐ **b.** Pierre Bourdieu explique l'inégalité des chances par les stratégies familiales.
- ☐ **c.** Pierre Bourdieu montre que l'École est un outil de reproduction sociale.

5. Quelle proposition est vraie ?

- ☐ **a.** Raymond Boudon montre que l'École réalise l'égalité des chances.
- ☐ **b.** Raymond Boudon démontre que le système scolaire est méritocratique.
- ☐ **c.** Raymond Boudon explique l'inégalité des chances par les stratégies familiales.

6. La socialisation joue un rôle important dans les choix de formation des filles et des garçons.

- ☐ **a.** Faux.
- ☐ **b.** Vrai.

Termes à relier *Associer chaque indicateur à sa définition.*

Taux d'accès à un diplôme •
Taux de scolarisation •

- Proportion de diplômés parmi la population
- Proportion de diplômés au sein d'une génération
- Proportion de jeunes scolarisés parmi la population
- Proportion de jeunes scolarisés au sein d'une génération

Vers le sujet de BAC

DOC. **Obtention du baccalauréat selon la génération et le milieu social**

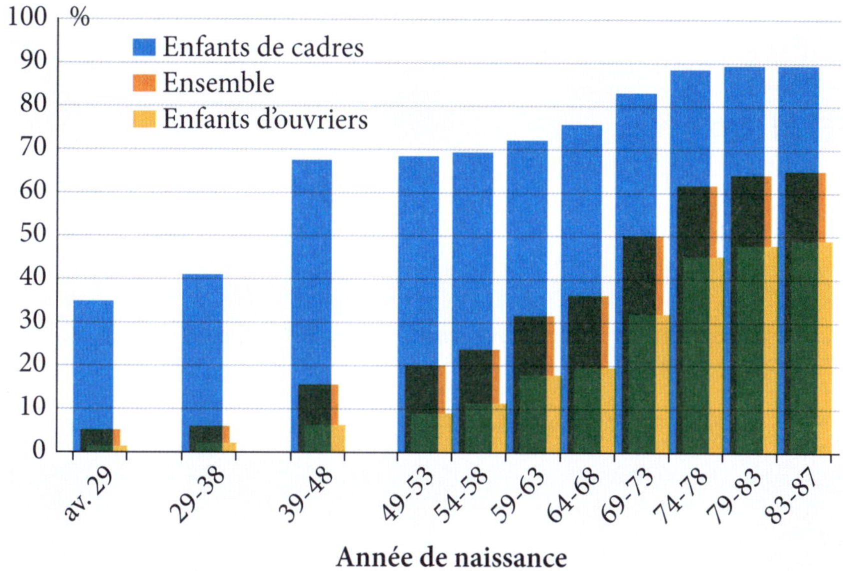

Lecture : parmi les générations nées entre 1983 à 1987, 89 % des jeunes dont le père est cadre sont bacheliers, contre 49 % des jeunes dont le père est ouvrier.

Source : *L'état de l'École : 29 indicateurs sur le système éducatif français*, n° 20, Ministère de l'Éducation nationale, 2010.

Présenter le document ci-dessus en répondant aux questions suivantes

1. Quelle est la nature du document ? De quoi y est-il question ? Qui en est l'auteur ?
2. Repérez le processus de massification scolaire à partir des générations nées à partir de 1969 : comment évolue le taux d'obtention du baccalauréat ?
3. Repérez les inégalités sociales dans la réussite au baccalauréat avant 1970 : comparez les taux de réussite des enfants de cadres à celui des enfants d'ouvriers.
4. Montrez que le processus de démocratisation scolaire est inachevé, en insistant sur la persistance des inégalités sociales de réussite au baccalauréat après 1970.

Sujet guidé

SUJET 7 Amérique du Nord, mai 2018

20 pts — 4h

Dissertation

› Quel rôle joue l'École dans la mobilité sociale ?

DOC. 1 Proportion de bacheliers dans une génération selon la voie en France (en %)

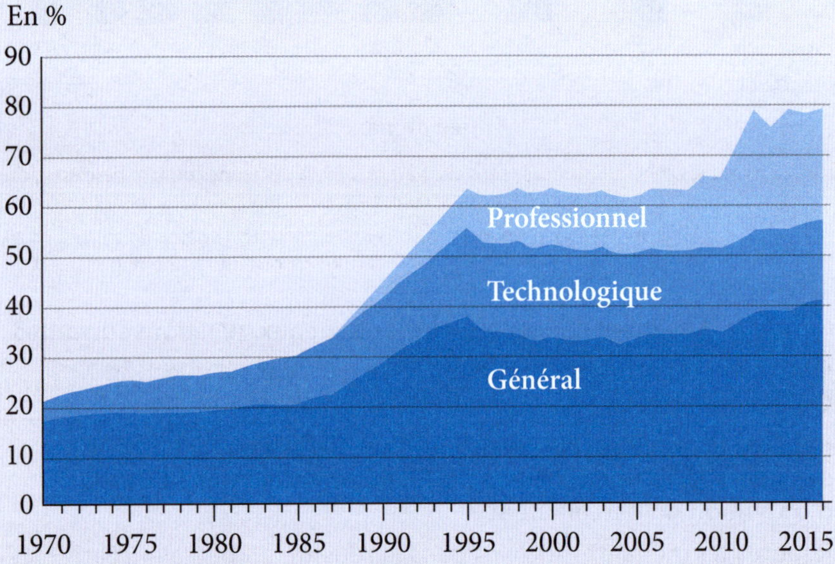

Lecture : En 2016, la proportion de bacheliers dans une génération est de 78,8 %, avec 40,5 % de bacheliers généraux, 15,7 % de bacheliers technologiques et 22,6 % de bacheliers professionnels.

p : données provisoires

Source : *Repères et références statistiques*, Ministère de l'Éducation nationale, 2017.

DOC. 2 Diplômes obtenus par les jeunes sortants du système éducatif en 2013-2014-2015, en fonction du milieu social, en %

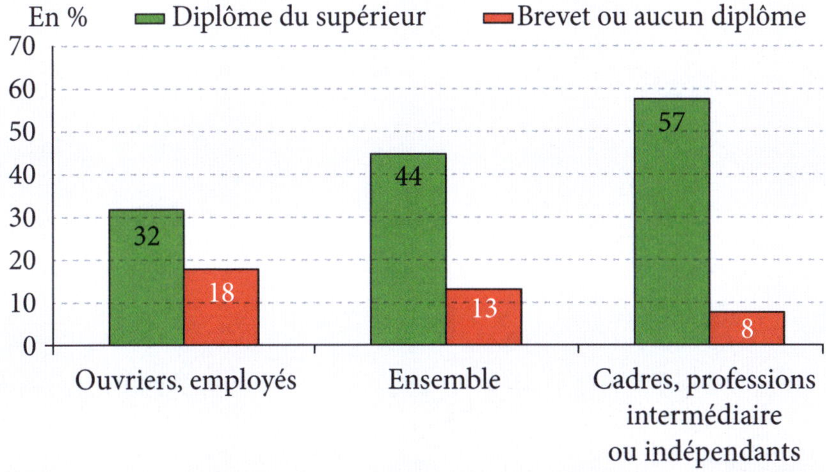

Lecture : 32 % des jeunes dont le père est employé ou ouvrier sortis du système scolaire en 2013, 2014 ou 2015 sont diplômés de l'enseignement supérieur.

Source : *L'état de l'école*, ministère de l'Éducation nationale, 2017.

DOC. 3

Lahlou, issue d'un lycée de La Courneuve [Seine-Saint-Denis], en première année (à Sciences Po) :

« Au départ, ça a été difficile. Il faut apprendre à s'organiser, à rechercher les infos pour faire son propre cours. Mais cela est vrai pour tous ceux qui passent du secondaire au supérieur. Le stage d'intégration de trois semaines et demie avant la rentrée nous a beaucoup aidés. J'ai ressenti des différences avec les autres élèves en sciences politiques notamment : ils sont très au fait de l'actualité, des institutions, sans doute parce qu'ils en parlent chez eux. C'est un peu la même chose sur les livres. Quand un prof demande : « Vous avez lu tel auteur ? », tout le monde lève la main : « pas nous ». Sans les conventions ZEP*, je n'aurais pas tenté Sciences Po. Je connaissais son prestige […] mais je n'aurais pas essayé. Mes parents ne connaissaient pas. Pour mon père, l'objectif était d'avoir le bac et Sciences Po était une fac comme une autre : je crois qu'il a aujourd'hui pas mal de fierté et d'attentes. À moi de réussir ».

Source : Luc Bronner, *Le Monde*, 19 février 2004.

* Les conventions éducation prioritaire sont une des voies d'entrée à Sciences Po Paris permettant d'encourager le recrutement des élèves scolarisés dans l'un des 106 établissements partenaires situés en zone d'éducation prioritaire (nommées ZEP, ces zones regroupent les écoles et établissements des territoires rencontrant les plus grandes difficultés sociales).

DOC. 4 **Table de destinée : catégorie socioprofessionnelle du fils en fonction de la catégorie socioprofessionnelle du père (en %) en 2014-2015**

Catégorie socio-professionnelle du père	Catégorie socioprofessionnelle du fils						
	Agriculteur	Artisan, Commerçant, Chef d'entreprise	Cadre et Profession intellectuelle supérieure	Profession intermédiaire	Employé	Ouvrier	Ensemble
Agriculteur	25	8	8,8	18,6	7,1	32,5	100
Artisan, Commerçant, Chef d'entreprise	0,8	20,3	22,2	22,9	9,5	24,3	100
Cadre et profession intellectuelle supérieure	0,2	8	47	25,7	9,1	10	100
Profession intermédiaire	0,7	7,9	25,5	31,5	11,3	23,1	100
Employé	0,5	6,8	16,3	26,1	16,6	33,6	100
Ouvrier	0,5	7,4	9,4	22,9	12,3	47,6	100
Ensemble	2,6	9,2	19,3	24,5	11,3	33	100

Champ : France métropolitaine, hommes âgés de 30 à 59 ans qui travaillent ou ont déjà travaillé à la date de l'enquête.

Source : Insee, juillet 2017.

PAR ÉTAPES

COMPRENDRE LE SUJET

Les mots-clés

- **Rôle de l'École :** cela renvoie aux objectifs assignés au système scolaire à savoir transmettre des savoirs et favoriser l'égalité des chances.
- **Mobilité sociale :** associée à l'École, c'est la mobilité intergénérationnelle, soit le changement de position sociale des individus par rapport à celle de leurs parents. Elle est à relier à l'égalité des chances, soit la possibilité pour chacun d'accéder à n'importe quelle position sociale.

Méthode
Ce sujet, très classique, fait aussi appel à des savoirs abordés dans le chapitre sur la mobilité sociale : faites des liens entre les chapitres.

Le cadre spatio-temporel

- Il est défini par les documents qui vous donnent des statistiques récentes sur la France.

MOBILISER SES CONNAISSANCES

Notions connexes

Capital culturel • Démocratisation • Égalité des chances • Massification • Socialisation • Stratégies familiales

Mécanismes

- Le système scolaire français s'est ouvert et accueille un nombre toujours plus important de jeunes, espérant ainsi favoriser l'égalité des chances et donc la mobilité sociale.
- La persistance des inégalités de réussite scolaire montre que l'École ne contrebalance pas suffisamment le poids de l'origine sociale dans l'accès aux diplômes et aux positions sociales les plus valorisés.
- La massification scolaire ne s'est donc pas accompagnée d'une démocratisation scolaire, du fait de l'École elle-même qui valorise le capital culturel des catégories sociales favorisées et du fait des socialisations et des stratégies différentes, selon les familles.

Méthode
Sur votre brouillon, écrivez les définitions des mots-clés du sujet ainsi que les principaux mécanismes à l'œuvre que vous allez mobiliser dans votre copie. Ce sont souvent des éléments incontournables qui vous permettent d'élaborer votre raisonnement (problématique et plan).

ORGANISER SES IDÉES

La problématique

L'École républicaine est basée sur les principes de méritocratie et d'égalité des chances. En offrant à tous les mêmes chances d'accéder aux diplômes, l'École légitime les positions sociales, en fonction du mérite de chacun. Cependant, elle semble incapable de réduire significativement la reproduction sociale, due à la persistance d'inégalités sociales dans la réussite scolaire et l'accès aux diplômes. L'École joue-t-elle véritablement son rôle dans l'égalité des chances et donc dans la mobilité sociale ; peut-elle compenser les processus sociaux qui tendent à maintenir l'inégalité des chances ?

Méthode
Le libellé est simple et appelle, à première vue, une réponse descriptive. Or, c'est un exercice de dissertation ; et disserter signifie discuter ou débattre. Votre travail préparatoire au brouillon consiste donc à rechercher ce qui peut faire débat dans cette question.

Le plan

L'énoncé n'invite pas d'emblée à la discussion, comme le ferait, par exemple, un sujet du type « l'École réalise-t-elle l'égalité des chances ? » Pourtant, il s'agit bien ici de débattre sur le rôle de l'École, en expliquant les processus à l'œuvre. Le plan s'apparente ainsi à un plan dialectique, permettant de montrer que si le rôle du système scolaire est essentiel dans la mobilité sociale parce qu'il favorise l'égalité des chances (partie I), il est limité par le poids de l'origine sociale (partie II).

Analyser les documents

	I. L'École permet la mobilité sociale en favorisant l'égalité des chances	II. Mais le rôle de l'École est limité par le poids de l'origine sociale
DOC. 1	▶ ***Graphique : évolution de la proportion de bacheliers dans une génération (en %) selon la voie (générale, technologique ou professionnelle), France, 1970-2016.***	
	Proportion de bacheliers dans une génération, multipliée par quatre : – 1970 : 20 % (16 % de bacs généraux et 4 % de bacs technologiques). – 2016 : près de 80 % de bacheliers (généraux : 40 % ; technologiques : 15 % ; professionnels : 23 %).	Deux périodes : – 1987-1995 : progression de 33 % à 63 %, due aux bacs généraux (+ 15 points) et professionnels (+ 10 points). – depuis 2010 : progression de 65 % à 80 %, due aux bacs professionnels (+ 10 points).

	I. L'École permet la mobilité sociale en favorisant l'égalité des chances	II. Mais le rôle de l'École est limité par le poids de l'origine sociale
DOC. 2	▶ *Histogramme : proportion de diplômés parmi les jeunes sortis du système éducatif en 2013-2014-2015, en fonction du milieu social.*	
	En 2017, 44 % des jeunes sortis du système scolaire entre 2013 et 2015, étaient diplômés du supérieur et 13 % sont sortis avec le brevet ou sans diplôme.	Écarts constatés selon l'origine sociale : – 57 % de diplômés du supérieur pour les jeunes issus de catégories favorisées contre 32 % pour les jeunes de milieux populaires. – parmi les jeunes quittant le système scolaire sans diplôme, deux fois plus de jeunes de milieux populaires (18 %) que de jeunes issus de catégories favorisées (8 %).
DOC. 3	▶ *Texte extrait d'un article du Monde, présentant le témoignage d'une étudiante (2004).*	
	Étudiante à Sciences Po ayant bénéficié du principe de la discrimination positive : les conventions ZEP (zones d'éducation prioritaire). **Méthode** En sociologie, certains documents sont des témoignages : faites des liens avec les analyses ou les concepts sociologiques abordés en cours.	Importance du capital culturel des familles : – « Mes parents ne connaissaient pas. » – « J'ai ressenti des différences avec les autres élèves en sciences politiques notamment : ils sont très au fait de l'actualité, des institutions, sans doute parce qu'ils en parlent chez eux. »
DOC. 4	▶ *Table de destinée : catégorie du fils en fonction de celle du père (en %), 2014-2015.*	
	Une mobilité sociale limitée, avec des trajectoires courtes : un tiers des fils d'ouvriers sont employés (12,3 %) ou professions intermédiaires (22,9 %). Une mobilité sociale structurelle due aux besoins du système productif, auxquels l'École a répondu : 45 % des fils d'artisans et 35 % des fils d'ouvriers sont devenus cadres ou professions intermédiaires.	Une reproduction sociale : – 47 % des fils de cadres sont cadres. – 47,6 % des enfants d'ouvriers sont ouvriers.

CORRIGÉ 7

Comprendre le corrigé

Nos sociétés démocratiques se caractérisent, entre autres, par l'égalité des chances, c'est-à-dire la possibilité offerte à tous d'accéder à n'importe quelle position sociale. L'un des instruments de cette égalité des chances est l'École, avec un « É » majuscule pour désigner l'institution scolaire, c'est-à-dire l'ensemble du système scolaire, de ses acteurs et de son mode d'organisation et de fonctionnement. En France, l'École républicaine gratuite et l'instruction obligatoire, mises en œuvre à la fin du XVIIIe siècle sous la IIIe République, se sont fondées sur le principe de la méritocratie et avaient pour objectif de promouvoir l'égalité des chances. L'École est ainsi censée favoriser la mobilité sociale, au sens de la mobilité intergénérationnelle qui s'évalue grâce aux tables de mobilité : il s'agit du changement de statut social des individus par rapport au statut de leurs parents.

Méthode
Quand vous définissez les termes du sujet, précisez si ces notions font l'objet d'une mesure.

En offrant à tous les mêmes chances d'accéder aux diplômes, l'École légitime la distribution des positions sociales, en fonction du mérite de chacun. Cependant, il existe encore des formes de reproduction sociale, due à la persistance d'inégalités sociales dans la réussite scolaire et l'accès aux diplômes. L'École joue-t-elle véritablement son rôle dans l'égalité des chances et donc dans la mobilité sociale ; peut-elle compenser les processus sociaux qui tendent à maintenir certaines inégalités ?

Méthode
Problématiser c'est déjà élaborer un raisonnement, en soulevant le problème posé par le sujet. Ne vous contentez pas d'une question : rédigez un petit paragraphe.

Pour répondre à ces questions, nous montrerons que le rôle du système scolaire est essentiel dans la mobilité sociale parce qu'il favorise l'égalité des chances (partie I). Cependant, il est limité par le poids de l'origine sociale et se heurte aux facteurs d'hérédité sociale (partie II).

I. L'École favorise l'égalité de chances, facteur de mobilité sociale

Les statistiques concernant l'École montrent clairement un phénomène de massification et de démocratisation qui a accompagné les changements structurels de la société française, permettant ainsi une certaine mobilité sociale. Cependant cette mobilité est relative et montre que l'École n'a pas joué pleinement son rôle.

Depuis les années 1970, la France a connu un accroissement significatif de son pourcentage de bacheliers. Ainsi, la proportion de bacheliers dans une génération a augmenté régulièrement : entre 1970 et 2016, elle était de 20 %, pour passer à près de 80 % en 2016, avec 40 % pour les bacs généraux, 15 % pour les bacs technologiques et 23 % pour les bacs professionnels (doc. 1). Cette multiplication par quatre de la proportion de bacheliers dans une génération est le signe d'une massification scolaire. Elle est le résultat d'une volonté politique : les moyens consacrés au système éducatif sont devenus le premier poste budgétaire de l'État et les différentes réformes du système éducatif ont permis d'accroître l'offre de formation (âge de la scolarité obligatoire porté à 16 ans, collège unique, création et développement des bacs technologiques et professionnels) ont permis à plus de jeunes d'accéder aux diplômes.

Astuce du prof

Les données des documents ne sont pas toujours utilisées pour illustrer un argument. Elles peuvent aussi servir à faire un constat qui va servir de support à une analyse.

Cette massification a coïncidé avec les changements structurels de l'économie française pendant les Trente Glorieuses. Les gains de productivité des secteurs industriels et agricoles, la salarisation et la tertiarisation de l'économie ont engendré des besoins en main-d'œuvre plus qualifiée. Le nombre de cadres et de professions intermédiaires (près de 45 %) au détriment des agriculteurs (moins de 3 %) en sont le signe (d'après la structure sociale des hommes âgés de 30 à 59 ans en 2014-2015, doc. 4).

Méthode

N'hésitez pas à faire appel à des connaissances issues d'autres chapitres, voire d'autres disciplines : ici, par exemple, sur les Trente Glorieuses.

L'École a ainsi permis aux nouvelles générations de connaître une mobilité intergénérationnelle ascendante, même si celle-ci est en partie due aux changements structurels. Promotion scolaire et promotion sociale sont donc allées de pair. L'analyse de la table de destinée de 2014-2015 confirme cette évolution (doc. 4). Par exemple, près de la moitié des fils d'artisans, 42 % des fils d'employés et un tiers des fils d'ouvriers sont devenus cadres ou exercent une profession intermédiaire ; de même 25,5 % des fils de professions intermédiaires ont également pris l'ascenseur social et sont devenus cadres. Cette mobilité sociale ascendante ne peut être le seul fait de la mobilité structurelle, dans la mesure où ces postes requièrent des diplômes et des qualifications, assurés par le système scolaire.

Cependant, cette mobilité sociale ne peut être généralisée à toutes les catégories. Trois constats s'imposent et montrent que l'École n'a pas joué pleinement son rôle dans la réalisation de l'égalité des chances. La massification scolaire ne s'est pas accompagnée d'une démocratisation scolaire. Premièrement, la table de destinée de 2014-2015 (doc. 4) montre une reproduction sociale élevée pour certaines catégories : l'immobilité concerne près de la moitié des fils d'ouvriers et des fils de cadres (47 %) et un tiers des fils d'employés. Deuxièmement, les catégories qui connaissent une certaine mobilité, sont finalement concernées par une mobilité à trajectoire courte : un tiers des fils d'ouvriers deviennent employés (12,3 %) ou professions intermédiaires (22,9 %). Enfin, une dernière donnée prouve que la massification scolaire ne s'est pas traduite par une véritable démocratisation puisque des inégalités scolaires persistent entre catégories sociales. Certes, sur 100 jeunes sortis du système scolaire entre 2013 et 2015, 44 étaient diplômés du supérieur et 13 n'avaient que le brevet ou sortaient sans diplôme, en 2017 (doc. 2). Cependant, les écarts restent assez significatifs entre milieux sociaux. Pour les enfants des catégories supérieures, 57 % ont un diplôme du supérieur et 8 % quittent le système scolaire sans diplôme ou avec le brevet, alors que pour les enfants de milieux populaires, ces taux sont respectivement à 32 % et à 18 %. Cela montre donc que l'École ne joue pas totalement son rôle de correction des inégalités sociales.

Méthode

N'hésitez pas à faire des allers-retours entre les données des documents et vos analyses.

Gagnez des points !

Croisez les données des différents documents, pour enrichir votre raisonnement. Et si des données font apparaître une contradiction, apportez-y une réponse ou soulevez-la ; mais ne l'ignorez pas.

Certes, l'École joue un rôle déterminant dans la mobilité sociale des individus depuis les années 1970, notamment parce qu'elle a accompagné les changements structurels à l'œuvre. Mais la massification scolaire ne s'est pas accompagnée d'une véritable démocratisation : les inégalités de réussite scolaire et d'accès aux positions sociales selon l'origine sociale montrent que d'autres facteurs empêchent l'égalité des chances de se réaliser.

II. L'École n'écarte pas totalement les facteurs d'hérédité sociale

Les inégalités entre catégories sociales, en termes de réussite scolaire et d'accès à certaines professions, montrent que non seulement l'École ne parvient pas à contrecarrer les autres déterminants de la mobilité sociale (ressources ou stratégies familiales), mais qu'elle pourrait bien être l'instrument même de la reproduction sociale.

La thèse selon laquelle l'École, au lieu de favoriser l'égalité des chances et donc la mobilité sociale, favoriserait la reproduction sociale, a été développée par Pierre Bourdieu dès les années 1960. Il montre en effet que les inégalités de réussite scolaire sont liées à la quantité et la structure des capitaux familiaux. Par exemple, un fort capital économique (revenu, patrimoine) permet de financer de plus longues études et offre de bonnes conditions pour étudier. Mais le témoignage d'une étudiante de Sciences Po montre qu'une autre forme de capital joue un rôle déterminant dans la réussite scolaire. Alors qu'elle a pu bénéficier du principe de la discrimination positive et accéder à cette école de « prestige » grâce aux conventions ZEP (zones d'éducation prioritaire), elle explique son décalage culturel vis-à-vis des autres étudiants, issus de catégories favorisées : « J'ai ressenti des différences avec les autres élèves en sciences politiques notamment : ils sont très au fait de l'actualité, des institutions, sans doute parce qu'ils en parlent chez eux. » (doc. 3). Or, pour Bourdieu, c'est bien ce capital culturel possédé par les catégories favorisées que l'École valorise.

Le poids des ressources est également évoqué par Raymond Boudon, dans les années 1970. S'inscrivant dans une autre perspective, il met en avant les stratégies individuelles et familiales dans l'explication des inégalités scolaires. Si les enfants des catégories populaires font des études moins longues, c'est parce qu'ils sont rationnels. Cette rationalité implique un calcul coût/avantage, quand il s'agit de réaliser des choix scolaires : poursuite ou non des études ou orientation vers telle ou telle filière. Ces choix génèrent des coûts directs (frais d'inscription, logement, fournitures...) et des coûts indirects (coût d'opportunité à retarder

Méthode

Soignez vos titres : ils doivent être explicites et reprendre les termes du sujet. Ils guident votre raisonnement et sont des repères pour votre lecteur.

Méthode

Montrez la progression de votre raisonnent dans la présentation : un court paragraphe d'introduction puis des paragraphes bien distincts pour chaque argument.

Méthode

Quand les documents sont des textes, vous pouvez citer des expressions ou des passages courts qui vous paraissent pertinents. Donc ce cas, n'oubliez pas les guillemets !

Gagnez des points !

N'hésitez pas à donner des exemples très concrets, même s'ils vous paraissent évidents. Ils sont encore plus utiles quand vous expliquez des notions un peu complexes.

l'obtention d'un revenu). C'est donc l'arbitrage entre ces coûts et la rentabilité espérée du diplôme sur le marché du travail qui détermine les choix scolaires. Cette rationalité explique donc les différents choix des familles, les catégories populaires et favorisées n'ayant pas les mêmes priorités, ni les mêmes espoirs. Ces stratégies peuvent être illustrées par le témoignage de l'étudiante de Sciences Politiques : « Mes parents ne connaissaient pas. » Nous pouvons également faire l'hypothèse que la croissance de la proportion de bacheliers depuis 1987, essentiellement due aux bacheliers des voies professionnelles et technologiques, concerne davantage les jeunes issus de catégories populaires privilégiant l'accès rapide au marché du travail ou à des études courtes (BTS et DUT). L'évolution de la proportion de bacheliers dans une génération est assez significative de ce point de vue (doc. 1). Une première période (1987-1995) voit cette part passer de 33 % à 63 %, une progression due aux bacheliers généraux (+ 15 points) et professionnels (+ 10 points). La seconde période (à partir de 2010) voit le taux de bacheliers passer de 65 % à 80 %, progression due essentiellement aux bacheliers professionnels (+ 10 points). Ces périodes correspondent à des réformes scolaires : création du bac professionnel, développement des filières technologiques et des formations post-bac offrant des débouchés à ces nouveaux bacheliers (BTS, DUT) qui ont permis l'accès au bac à un nombre toujours plus important de jeunes, mais ces différents types de bac ne sont pas valorisés de la même manière par les différentes catégories sociales.

À savoir

Faire cette hypothèse et l'analyse qui suit peut vous paraître difficile, parce qu'elle demande des connaissances précises. Ce n'est pas le cas : ce document est très souvent analysé en cours ou dans les manuels et vous avez de grandes chances de l'avoir déjà analysé.

Au-delà des différences de stratégies familiales et des inégalités économiques et culturelles, l'explication des inégalités des chances réside également pour Pierre Bourdieu dans le fonctionnement même de l'École. En effet, il montre, de manière assez radicale, que le capital culturel joue un autre rôle. Pour lui, l'École valoriserait la culture des catégories favorisées, en privilégiant l'expression écrite, les activités intellectuelles, l'abstraction, la culture générale, leur savoir-être et leur registre de langue… et donc *in fine* leur *habitus* de classe. Cette proximité entre la culture valorisée par l'École et la culture des classes dominantes favorise

Piège à éviter

Ne confondez pas les analyses de Pierre Bourdieu et de Raymond Boudon, même s'ils mettent tous les deux en avant le poids de l'hérédité familiale et sociale dans l'explication des inégalités scolaires. Leur méthodologie et leur idéologie sont totalement opposées.

la réussite scolaire de leurs enfants et écarte les enfants des milieux populaires. Ainsi, l'École serait, pour Bourdieu, un instrument de la reproduction sociale au service de la classe dominante. Elle légitimerait les positions sociales acquises grâce aux diplômes obtenus par cette « violence symbolique » qu'exercent, à travers l'École, les classes dominantes sur les classes dominées. Et, en ce sens, l'École jouerait pleinement son rôle dans la mobilité sociale, mais contre elle, c'est-à-dire au service de la reproduction sociale.

Conclusion

Le rôle de l'École dans la mobilité sociale est complexe. Nous avons montré que l'École avait joué un rôle important en accompagnant les évolutions économiques et la mobilité structurelle depuis les années 1970. La volonté politique affichée et réelle de parvenir à l'égalité des chances (réformes, mesures de discrimination positive) s'est traduite par une massification et une certaine démocratisation scolaires. Cependant, l'égalité des chances et une parfaite mobilité sociale sont loin d'être réalisées en France aujourd'hui. L'École ne parvient pas à réduire les inégalités dues aux origines sociales, soit parce qu'elle est confrontée aux stratégies des acteurs, soit parce qu'elle reste un instrument de la reproduction sociale au service de la classe dominante.

L'École doit donc encore chercher à devenir un véritable instrument de mobilité sociale pour jouer son rôle d'ascenseur social. La recherche de l'égalité des chances doit donc se poursuivre en luttant contre toutes les formes d'inégalités à l'École. Mais, pour ne pas rester vaine, elle doit s'accompagner de la réduction plus générale des inégalités économiques et sociales qui traversent l'ensemble de notre société.

À savoir

L'ouverture peut porter sur un autre enjeu du sujet non abordé dans votre devoir car il aurait été hors-sujet. Ici, par exemple, vous montrerez que l'École n'est qu'un élément de la mobilité sociale et plus généralement, de l'égalité des chances, dans un système plus global d'inégalités économiques et sociales.

Quelles sont les caractéristiques contemporaines et les facteurs de la mobilité sociale ?

Faire le point

L'essentiel

1 Les enjeux de la mobilité sociale

- La **mobilité sociale** est le changement de la position sociale d'un individu au cours de sa vie (mobilité intragénérationnelle) ou par rapport à son père (mobilité intergénérationnelle). Sa mesure permet de vérifier si le principe de l'**égalité des droits et des chances** est respecté, c'est-à-dire si les individus peuvent accéder à n'importe quelle position sociale. En effet, les positions sociales ne sont pas équivalentes ; elles sont plus ou moins valorisées et donc hiérarchisées, car elles ne procurent pas les mêmes avantages économiques et symboliques.

2 Les mesures de la mobilité sociale

- L'analyse des **tables de mobilité** permet de distinguer, dans la **mobilité observée**, la part de mobiles dus aux évolutions structurelles d'une génération à l'autre (**mobilité structurelle**). Mais seule la méthode des ***odds ratio*** permet de mesurer la mobilité relative, indépendamment des origines sociales (**fluidité sociale**), montrant ainsi qu'une société plus mobile n'est pas forcément plus fluide.

3 Les facteurs de mobilité sociale

- Les situations de **mobilité ascendante**, de **reproduction sociale** et **déclassement** sont dues aux mutations de la structure socioprofessionnelle, au rôle de l'École et de l'offre de formation, ainsi qu'aux stratégies individuelles et familiales qui rentabilisent leurs ressources, notamment en termes d'investissement scolaire.

OUTILS

→ **Les tables de mobilité**

Tableaux à double entrée croisant la CSP des pères et des fils et mesurant la mobilité intergénérationnelle. Les **tables de destinée** montrent ce que deviennent les fils par rapport à la CSP de leur père. Les **tables de recrutement** montrent d'où viennent les fils d'une même CSP.

→ **Les limites des tables de mobilité**

Les tables de mobilité ne portent que sur un quart des actifs ; elles ne mesurent pas la mobilité sociale des jeunes. Basées sur la nomenclature des PCS, elles ignorent les mobilités ascendantes et descendantes, en termes de statut social lié au revenu, au capital culturel et au prestige qui, d'ailleurs évolue d'une génération à une autre. Les CSP ne tiennent pas compte des formes d'emploi qui, à statut égal, peuvent être plus ou moins précaires.

Schéma bilan

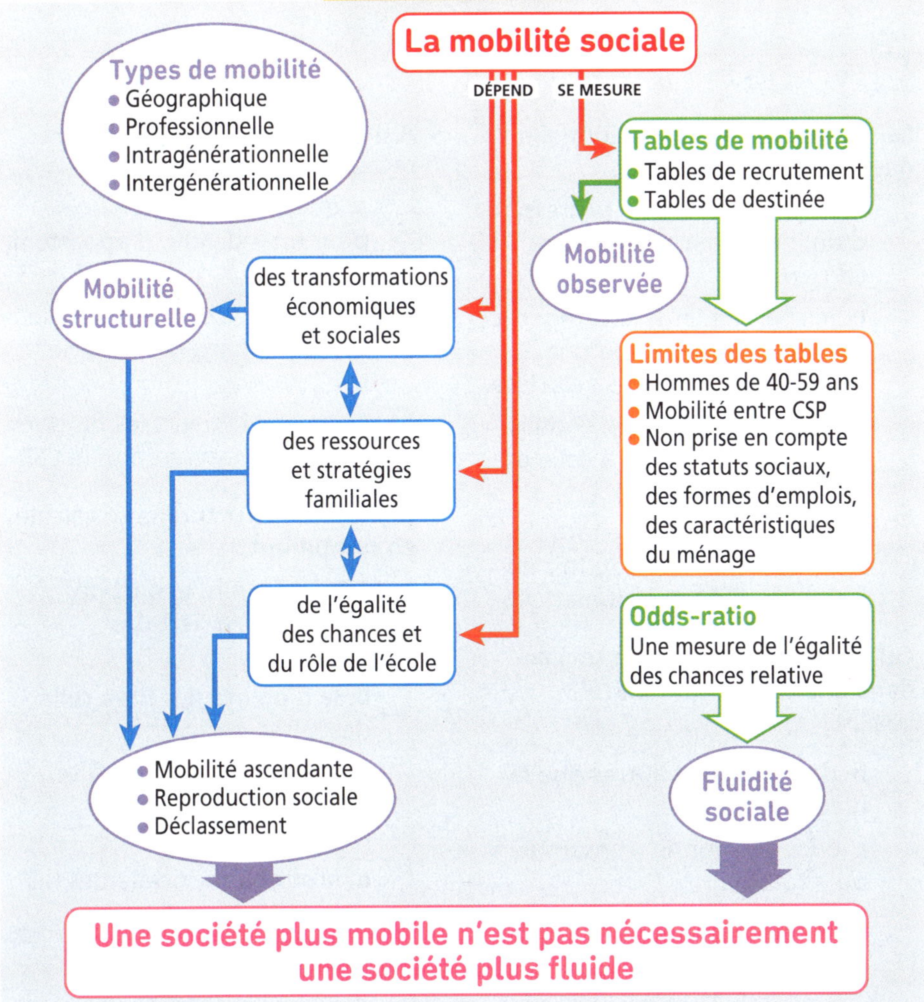

En bref **Pour aborder les sujets portant sur ce chapitre, il faut savoir que :**

- il existe différents types de mobilité. ☐
- les tables de mobilité, mesurant la mobilité intergénérationnelle, ont des limites. ☐
- la mobilité se mesure de manière relative (fluidité sociale). ☐
- la mobilité observée comporte une composante structurelle. ☐
- les tables de mobilité montrent des situations de mobilités ascendante, de reproduction sociale et de déclassement. ☐
- la mobilité sociale dépend de l'évolution de la structure socioprofessionnelle, des ressources et configurations familiales, ainsi que de l'égalité des chances à l'école. ☐

J'ai tout coché ? Je passe le test page suivante

Contrôler ses connaissances

corrigés p. 209

QCM *Cocher les bonnes réponses.*

1. La mobilité intergénérationnelle désigne :

- ☐ **a.** le changement de profession d'un individu au cours de sa carrière.
- ☐ **b.** le changement de catégorie socioprofessionnelle d'un individu au cours de sa carrière.
- ☐ **c.** le changement de CSP d'un individu par rapport à celle de son père.
- ☐ **d.** le changement de statut social d'un individu du fait de l'obtention d'un diplôme.

2. Où lit-on la reproduction sociale, dans une table de mobilité ?

- ☐ **a.** dans la diagonale.
- ☐ **b.** dans les cases autres que la diagonale.
- ☐ **c.** dans la colonne « ensemble » ou « total ».
- ☐ **d.** dans la ligne « ensemble » ou « total ».

3. À quelle question une table de destinée répond-elle ?

- ☐ **a.** quelles sont les chances, pour un individu, d'appartenir à telle CSP ?
- ☐ **b.** quelle est l'origine sociale des fils appartenant à telle CSP ?
- ☐ **c.** que deviennent les fils dont le père appartient à telle CSP ?

4. À quelle question une table de recrutement répond-elle ?

- ☐ **a.** quelles sont les chances, pour un individu, d'appartenir à telle CSP ?
- ☐ **b.** quelle est l'origine sociale des fils appartenant à telle CSP ?
- ☐ **c.** que deviennent les fils dont le père appartient à telle CSP ?

5. La mobilité structurelle se calcule en comparant :

- ☐ **a.** chez les fils, la part des mobiles et la part des immobiles.
- ☐ **b.** la mobilité des fils à celle des pères.
- ☐ **c.** l'ampleur de la mobilité ascendante au poids du déclassement.
- ☐ **d.** la structure sociale des fils avec celle des pères.

Termes à relier

Associer chaque situation aux types de mobilité à laquelle elle correspond.

- Une infirmière, après avoir réussi son concours, devient cadre de santé.
- Un fils de mécanicien automobile devient artisan, responsable de 4 salariés dans son propre garage.
- Un cadre financier marseillais trouve un emploi mieux rémunéré à Paris.
- Un ingénieur en technique aéronautique devient ingénieur commercial, au sein de son entreprise.

- Mobilité géographique
- Mobilité professionnelle
- Mobilité intragénérationnelle
- Mobilité intergénérationnelle

Synthèse

Complétez ce texte avec les termes suivants (un même terme peut être utilisé plusieurs fois).

1. ascendante ; 2. capital culturel ; 3. déclassement ; 4. diplôme ; 5. intergénérationnelle ; 6. observée ; 7. origine ; 8. reproduction ; 9. scolaire ; 10. social ; 11. socialisation ; 12. socioprofessionnelle ; 13. statut(s) ; 14. structurelle, 15. tables.

Au sens strict, la mobilité sociale désigne le fait de passer d'un A social à un autre, d'une catégorie B à une autre. Les C de mobilité permettent de mesurer la mobilité D, c'est-à-dire le changement de statut d'un individu par rapport à son E sociale. Ces tables permettent de distinguer la mobilité F (soit, la mobilité sociale apparente entre les générations) de la mobilité G (celle qui dépend des évolutions de la structure socioprofessionnelle, entre la génération des pères et celle des fils). Quand le fils a la même position sociale que son père, on parle de H sociale ; quand il occupe une position inférieure à celle de son père, on parle de I ; et quand il a une position sociale plus élevée que son père, on parle de mobilité J. Si cette mobilité sociale a une composante K, elle s'explique également par le rôle de la famille et de l'école. En tant que premier agent de L, la famille transmet un capital social et un M qu'elle valorise au sein d'une stratégie de reproduction ou d'ascension sociale. Ce capital culturel est un élément de la réussite N, car il est valorisé par le système scolaire qui distribue des diplômes. ; or le O est un déterminant essentiel dans l'accès aux emplois et aux P valorisés.

Vers le sujet de BAC

DOC. La mobilité sociale en 2014-2015. Table de destinée[1]

Situation des pères \ *Destinée des fils*	Agriculteur	Artis., Commerc., chef entr.	Cadres sup.	Proffesion intermediaire	Employé	Ouvrier	Ensemble
Agriculteur	25	8	8,8	18,6	7,1	32,5	100
Artis., Commerc., chef entr.	0,8	20,3	22,2	22,9	9,5	24,3	100
Cadres sup.	0,2	8	47	25,7	9,1	10	100
Proffesion intermediaire	0,7	7,9	25,5	31,5	11,3	23,1	100
Employé	0,5	6,8	16,3	26,1	16,6	33,6	100
Ouvrier	0,5	7,4	9,4	22,9	12,3	47,6	100
Ensemble	2,6	9,2	19,3	24,5	11,3	33	100

Source : « Tel père, tel fils ? L'inégalité des chances reste élevée », Centre d'observation de la société, 2017. D'après Insee, données 2014-15.

Champ : France métropolitaine, hommes actifs occupés ou anciens actifs occupés âgés de 30 à 59 ans.

1. Cette table répond à la question suivante : « Que deviennent les fils dont le père appartient à telle ou telle CSP ? »

Lecture : cette table se lit horizontalement. Elle représente la situation des fils en fonction de la catégorie sociale de leur père. 32,5 % des fils d'agriculteurs sont devenus ouvriers.

Analyser le document

1. Montrez que les fils de cadres et les fils d'ouvriers connaissent une reproduction sociale. Comment expliquer cette reproduction sociale ?
2. Montrez que les fils d'agriculteurs connaissent une forte mobilité. Comment l'expliquer ?
3. Montrez que les fils d'employés connaissent des mobilités à trajectoire courte. Comment l'expliquer ?

Sujet guidé

SUJET 8 Sujet inédit

6 pts 40min

Étude d'un document

› Quel rôle joue l'École dans la mobilité sociale ?

DOC. Évolution de l'immobilité sociale (en %) selon la catégorie socioprofessionnelle entre 1977 et 2015, pour les hommes comparés à leur père

	Agriculteurs exploitants	Artisans, commerçants, chefs d'entreprise	Cadres et professions intellectuelles supérieures	Professions intermédiaires	Employés et ouvriers qualifiés	Employés et ouvriers non qualifiés
1977	36,5	28,5	51,3	39	45,6	24,9
1985	31,9	27,8	57,3	32,6	43	17,4
1993	25,2	27,9	51,3	33,6	42	15
2003	27,4	20,6	52,1	33,3	43,4	16,9
2015	26,7	20,6	49	31,1	42,6	22,1

Lecture : en 2015, 49 % des hommes sont cadres comme leur père, contre 51,3 % en 1977.

Champ : France métropolitaine, hommes français actifs occupés ou anciens actifs occupés, âgés de 35 à 59 ans.

Source : Marc Collet, Émilie Pénicaud, « La mobilité sociale des femmes et des hommes : évolutions entre 1977 et 2015 », Insee, 2019.

1 Montrez que les catégories socioprofessionnelles qui connaissent l'immobilité sociale la plus forte sont aussi celles où cette immobilité sociale a le moins diminué entre 1977 et 2015.

2 Comment les ressources familiales peuvent-elles expliquer cette immobilité sociale chez les « cadres » et chez les « ouvriers et employés » ?

PAR ÉTAPES

COMPRENDRE LE SUJET

Les mots-clés

- **Immobilité sociale :** mesure de la reproduction sociale qui est la transmission des positions sociales, d'une génération à une autre.
- **Ressources familiales :** fait référence aux capitaux (économiques, sociaux, culturels) possédés par la famille et valorisés par les stratégies qu'elle met en œuvre.

Astuce du prof

Certaines questions utilisent des expressions que vous devez transformer en notions. Ici, par exemple, les « ressources familiales » sont les « capitaux » possédés et valorisés par les familles.

MOBILISER SES CONNAISSANCES

Notions connexes

Mobilité observée • Mobilité sociale • Mobilité structurelle

Mécanismes

- Les enfants de cadres obtiennent de meilleurs résultats scolaires que les enfants d'ouvriers ou d'employés, décrochant ainsi les diplômes et les emplois les plus valorisés. Cette différence de réussite scolaire entre ces deux milieux sociaux s'explique par la quantité et le type de capitaux que possède la famille : capital économique, social et culturel.
- Lorsque les enfants ont des résultats scolaires équivalents, les familles font des choix rationnels d'orientation, d'études et de filières. Ce calcul coût/avantage pousse ainsi les familles favorisées à choisir des filières longues et coûteuses alors que les familles défavorisées choisissent les filières courtes et moins coûteuses. Ces inégalités sociales de réussite scolaire se traduisent ensuite dans l'accès aux emplois et donc aux positions sociales.

Mobiliser ses savoir-faire

Lecture de proportions : en 2015, près de 43 % des hommes sont employés ou ouvriers qualifiés comme leur père, contre près de 46 % en 1977.

Calculs simples :

- **différence entre proportions** : entre 1977 et 2015, la diminution de la part des immobiles est de 2 à 3 points de pourcentage pour les « cadres » et pour les « ouvriers et employés » alors qu'elle est de 8 à 10 points pour les autres catégories.
- **coefficient multiplicateur** : entre 1977 et 2015, la réduction de la part des immobiles est 3 à 4 fois moins importante pour les « cadres » et pour les « ouvriers et employés » que pour les autres catégories.

Gagnez des points !

Au lieu d'utiliser les données brutes du document, transformez-les par des calculs simples. Cela montre que vous maîtrisez les analyses de données et vos illustrations ont plus de sens.

ORGANISER SES IDÉES

L'enjeu de la question

Le document montre que la reproduction sociale, mesurée par l'immobilité sociale, s'est réduite entre 1977 et 2015. Mais cette réduction de l'immobilité sociale ne concerne pas toutes les catégories sociales de la même manière : des inégalités demeurent, notamment aux deux extrémités de l'échelle sociale.

Méthode
Prenez le temps de lire les deux questions. Lire la deuxième question peut vous aider à répondre à la première.

- **Question 1**

Repérez les catégories qui ont le pourcentage d'immobiles le plus élevé : les « cadres » et les « employés et ouvriers qualifiés ». Calculez la diminution de l'immobilité sociale entre 1977 et 2015, pour chaque catégorie. Constatez que cette diminution est beaucoup plus faible pour ces deux catégories que pour toutes les autres.

- **Question 2**

Les ressources familiales sont constituées, d'une part, par les capitaux possédés par la famille et, d'autre part, par leur capacité à mettre en œuvre des stratégies de valorisation de ces capitaux. Ces différences de ressources familiales sont très marquées aux deux extrémités de l'échelle sociale et expliquent en partie la reproduction sociale chez les cadres, les employés et les ouvriers.

CORRIGÉ 8

Comprendre le corrigé

1 Ce document met en évidence la réduction de la reproduction sociale, entre 1977 et 2015, mesurée par l'immobilité sociale en pourcentage. En effet, le pourcentage des hommes âgés de 35 à 59 ans qui sont immobiles a diminué dans les six catégories socioprofessionnelles (CSP) présentées. Cependant, cette réduction n'est pas de la même ampleur pour toutes les CSP. En effet, entre 1977 et 2015, la diminution de la part des immobiles est de 2 à 3 points de pourcentage pour les « cadres » et pour les « ouvriers et employés » alors qu'elle est de 8 à 10 points pour les autres catégories. Or ce sont justement ces deux catégories qui connaissent la plus forte immobilité sociale. En 2015, la part des immobiles est de 49 % pour les cadres et de 42,6 % pour les employés ou ouvriers qualifiés, alors qu'elle se situe entre 20 et 31 % pour les autres catégories.

Méthode
Partez de l'idée générale qui ressort du document avant de préciser les éléments attendus dans la question.

Méthode
Si vous utilisez une abréviation (ici, « CSP »), écrivez sa signification une première fois, puis utilisez l'abréviation tout au long de votre réponse.

2 Le document montre que l'immobilité sociale s'est réduite entre 1977 et 2015. Cette immobilité mesure la reproduction sociale, c'est-à-dire la transmission des positions sociales d'une génération à une autre.

Méthode
Pensez à définir les termes de SES utilisés dans le libellé de la question.

Mais cette réduction de l'immobilité sociale ne concerne pas toutes les catégories sociales de la même manière : des inégalités demeurent, notamment aux deux extrémités de l'échelle sociale (cadres et professions intellectuelles supérieures, ouvriers et employés). Une des explications qui peut être avancée est liée aux ressources familiales. La famille transmet en effet un capital économique, social culturel et élabore des stratégies pour la poursuite d'études.

La position sociale d'un individu dépend en grande partie de son niveau de diplôme et donc de sa réussite scolaire. Or la réussite scolaire dépend beaucoup du capital culturel possédé par la famille : les enfants de diplômés et donc de cadres disposent ainsi de savoirs et de savoir-faire qui facilitent la réussite scolaire. Les enfants de cadres obtiennent ainsi de meilleurs résultats scolaires que les enfants d'ouvriers ou d'employés, décrochant ainsi les diplômes et les emplois les plus valorisés.

Gagnez des points !
Quand vous utilisez un vocabulaire spécifique (ici, la notion de « capital culturel »), précisez ce qu'il signifie. Même si ces notions de SES vous paraissent évidentes, expliquez-les à votre lecteur.

Par ailleurs, la famille dispose aussi d'un capital économique et social qu'elle cherche à valoriser en faisant des choix rationnels. Les familles font ainsi des choix rationnels différents d'orientation, d'études et de filières, selon les capitaux qu'elles possèdent. Ce calcul coût/avantage pousse les familles favorisées à choisir des filières longues et coûteuses alors que les familles défavorisées choisissent les filières courtes et moins coûteuses. Ces inégalités sociales de réussite scolaire se traduisent ensuite dans l'accès aux emplois et donc aux positions sociales, expliquant ainsi que les cadres et les ouvriers/employés connaissent une plus forte immobilité sociale que les autres catégories.

Gagnez des points !

En conclusion, reprenez les termes de la question posée, pour montrer que vous n'avez pas perdu de vue la question à l'issue de votre raisonnement.

Quelles mutations du travail et de l'emploi ?

Faire le point

L'essentiel

1 Les contours flous du travail et de l'emploi

• Depuis les années 1980, sous les effets de la mondialisation, de la fragmentation des chaînes de valeur, de l'externalisation, de la tertiarisation et du progrès technique, l'**activité**, l'**emploi** et le **travail** se sont profondément transformés.

• Les distinctions entre **salariés** et **indépendants** et entre temps de travail et temps hors-travail sont moins nettes, du fait du développement du numérique et de l'extension de l'entreprise hors de ses murs.

2 De nouvelles formes d'organisation du travail

• L'organisation du travail se modifie : les formes **tayloriennes** côtoient de plus en plus des formes **post-tayloriennes** qui, par leurs innovations organisationnelles, ont modifié les conditions de travail.

• Si certains travailleurs ont bénéficié d'une autonomie accrue et de dynamiques d'apprentissage, d'autres ont vu leur travail se standardiser et s'intensifier, sous la pression de la recherche de la performance et de contrôles permanents.

3 Le rôle intégrateur du travail affaibli

• Le travail fournit un revenu, un statut et des droits qui sont à la base du lien social. La protection des actifs face aux risques sociaux est basée sur une **norme d'emploi** salarié donnant droit à des protections, en contrepartie de la subordination du salarié à son employeur.

• Or la **polarisation** des emplois, la **précarisation** du salariat, la **poly-activité**, le morcellement des parcours professionnels et le **chômage** de masse aboutissent à une dualisation de cette protection, selon les statuts et les trajectoires. Ils aboutissent aussi à déstructurer les collectifs de travail et affaiblissent la régulation des relations de travail par le dialogue social.

À SAVOIR

→ **Organisation taylorienne du travail** : organisation scientifique du travail (OST), mise au point par Frederick Taylor, basée sur une double division du travail : une division horizontale entre les ouvriers qui exécutent des tâches simples et parcellisées et une division verticale du travail entre les tâches d'exécution des ouvriers (les « cols bleus ») et les tâches de conception des cadres et ingénieurs (les « cols blancs »). Elle a été approfondie par l'industriel américain Henry Ford qui a ajouté le travail à la chaîne et la standardisation des produits.

→ **Organisation post-taylorienne du travail** : organisation de travail qui introduit des formes de participation des travailleurs : rotation des postes, élargissement des tâches, enrichissement des tâches, groupes semi-autonomes et cercles de qualité.

Schéma bilan

Les mutations du travail et de l'emploi

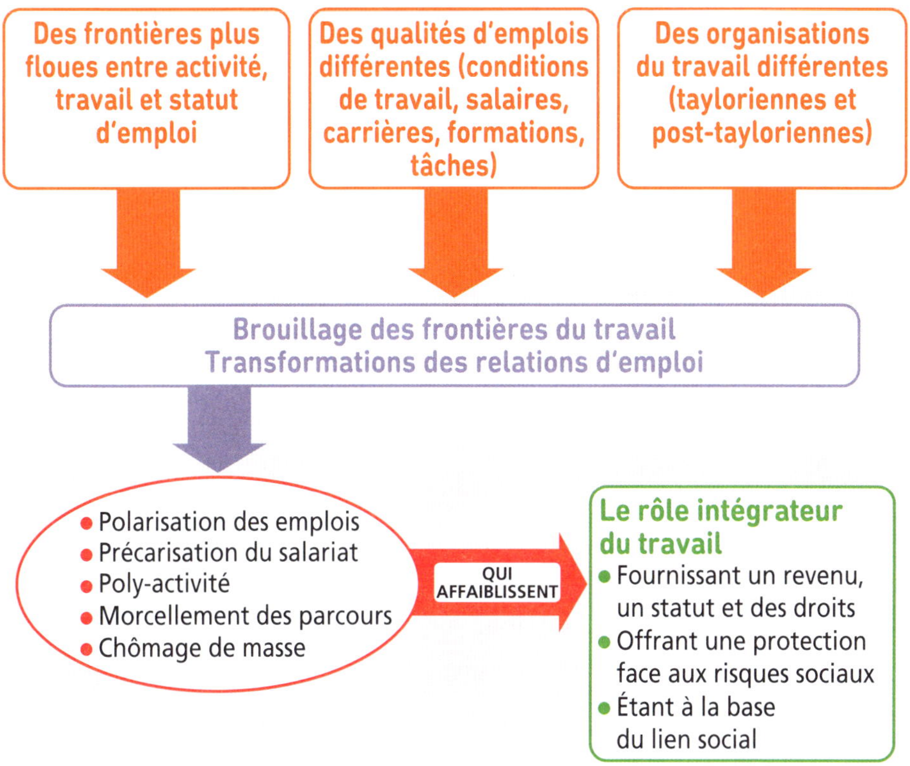

En bref **Pour aborder les sujets portant sur ce chapitre, il faut savoir que :**

- les frontières entre emploi, chômage et inactivité sont plus floues. ☐
- la qualité des emplois (conditions de travail, salaires, carrières, tâches) diffère. ☐
- les conditions de travail dépendent de l'organisation du travail. ☐
- les mutations du travail et de l'emploi entraînent une polarisation des emplois, une précarisation du salariat et un chômage persistant, nuisant au rôle intégrateur du travail. ☐

J'ai tout coché ? **Je passe le test page suivante**

MÉTHODE
SUJETS PAS À PAS
SUJETS COMME À L'EXAMEN

Contrôler ses connaissances

corrigés p. 210

QCM *Cocher les bonnes réponses.*

1. Le risque de polarisation des emplois signifie que :

- [ ] **a.** la part des emplois occupés par des femmes a tendance à augmenter.
- [ ] **b.** les emplois se développent surtout dans le secteur tertiaire.
- [ ] **c.** deux types d'emplois se développent simultanément : des emplois très qualifiés, stables, bien rémunérés et protégés, et des emplois moins qualifiés, plus précaires, moins bien rémunérés et moins bien protégés.

2. Qu'est-ce que la précarisation de l'emploi ?

- [ ] **a.** L'accroissement du chômage.
- [ ] **b.** La remise en cause de la sécurité de l'emploi, des revenus et des droits qui lui sont associés.
- [ ] **c.** Le développement du statut non-salarié.

3. Pourquoi le travail est-il source d'intégration sociale ?

- [ ] **a.** Il permet d'intégrer une entreprise.
- [ ] **b.** Il fournit un revenu, un statut social et des droits.
- [ ] **c.** Il fournit un réseau social qui facilite la carrière professionnelle.

4. L'organisation taylorienne du travail consiste en :

- [ ] **a.** une répartition du travail entre les travailleurs.
- [ ] **b.** une plus grande autonomie organisationnelle des travailleurs.
- [ ] **c.** une double division du travail (verticale et horizontale).

Termes à relier *Associer chaque caractéristique au modèle d'organisation du travail correspondant.*

- Le travail à la chaîne •
- La division horizontale du travail •
- La division verticale du travail •
- Le management participatif •
- Une relation hiérarchique stricte •
- La recomposition des tâches •
- La parcellisation des tâches •
- La standardisation des produits •

- • Modèle taylorien
- • Modèle fordien
- • Modèle post-taylorien

Termes à relier

Associer chaque exemple au facteur auquel il correspond (ces quatre facteurs caractérisent les conditions de travail).

Règlement et consignes •	
Dialogue social et conflits •	
Niveau sonore •	• Facteur physique et environnemental
Stress •	• Facteur organisationnel
Rémunération •	• Facteur social
Souffrance au travail •	• Facteur psychologique
Charge individuelle de travail •	
Travail sur écran •	

Synthèse

Complétez ce texte avec les termes suivants (un même terme peut être utilisé plusieurs fois).

1. droits ; 2. emploi ; 3. identité ; 4. mutations ; 5. revenu ; 6. sociabilité ; 7. solidarités ; 8. statut ; 9. travail.

Le **A** occupe une place centrale dans le processus d'intégration. Le travail procure d'abord un **B** qui permet de participer à la société de consommation. Il confère ensuite au travailleur un **C** social, lié à la profession exercée. Mais surtout l' **D**, adossé au salariat et à la protection sociale, ouvre des **E** collectifs (remboursement des soins médicaux, allocations chômage, retraite…) qui sont des facteurs de cohésion sociale. Enfin, le lieu de travail est l'un des principaux lieux de **F**, où se tissent des relations sociales : on y rencontre ses amis (collègues de travail, relations professionnelles) et parfois même son conjoint. En ce sens, il est le lieu où se créent des **G** collectives qui se révèlent surtout lors des conflits du travail. Le travail procure ainsi une **H** professionnelle et sociale. Mais certaines évolutions de l'**I** menacent cette cohésion sociale. Depuis trente ans, le travail a en effet connu de nombreuses **J** : flexibilité, précarisation et individualisation du travail, chômage de masse. Ces changements affaiblissent le pouvoir intégrateur du travail.

Vers le sujet de BAC

DOC. Taux de précarité[1] par catégorie socioprofessionnelle, en %

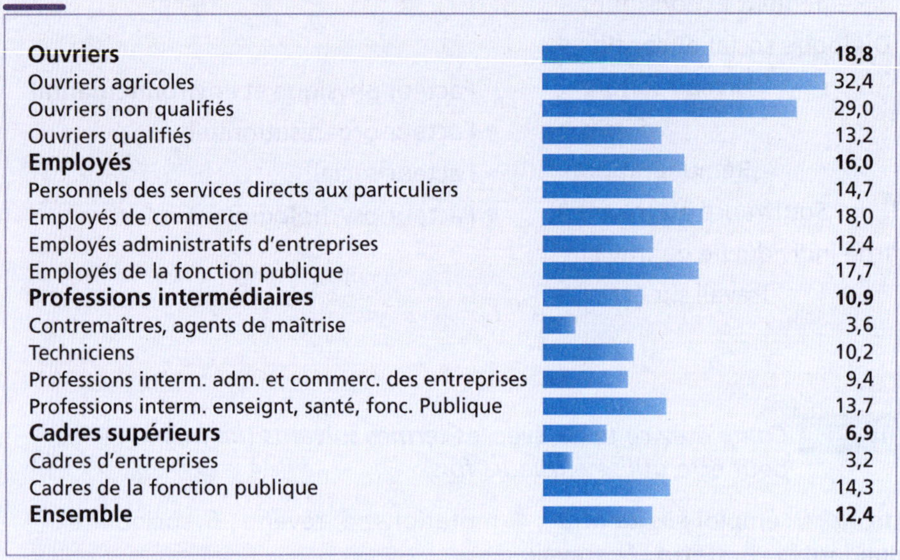

Source : Insee, Enquêtes Emploi, 2018.

1. Somme des emplois à durée déterminée, en intérim et en apprentissage rapportée à l'emploi total.

Analyser le document

1 Montrez que la précarité de l'emploi ne touche pas toutes les CSP de la même manière.

2 En quoi le taux de précarité illustre-t-il le phénomène de polarisation des emplois ?

SUJET 9 France métropolitaine, juin 2016 10 pts 2h45

Raisonnement

› À l'aide de vos connaissances et du dossier documentaire, vous montrerez que les évolutions de l'emploi fragilisent le lien entre travail et intégration sociale.

DOC. 1 Part des formes particulières d'emploi dans l'emploi salarié du privé (en %)

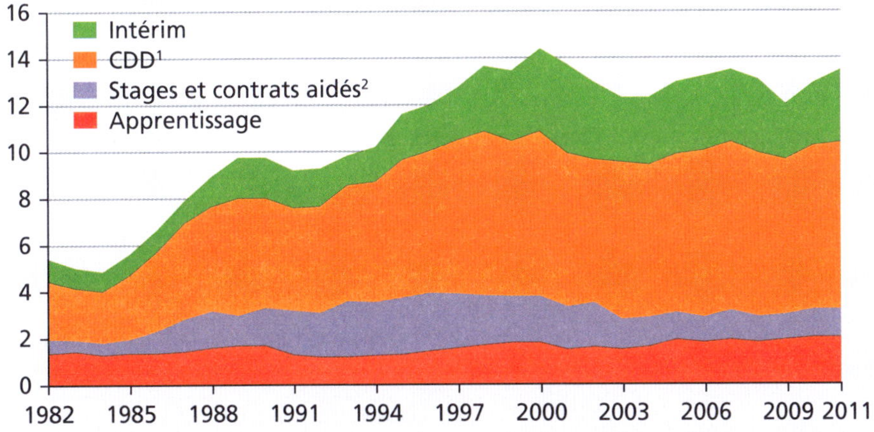

Source : Enquêtes Emploi, Insee, 2014.

Champ : France métropolitaine, salariés du privé.

1. Contrat à durée déterminée (CDD).
2. Contrats aidés : contrats de travail pour lesquels les employeurs bénéficient d'aides qui peuvent prendre la forme de subventions à l'embauche, de suppressions de certaines cotisations sociales, d'aides à la formation.

DOC. 2 Taux de chômage et part des emplois à temps partiel (en %)

	1983	1993	2003	2013
Taux de chômage (en %)				
Hommes	5,5	8,5	7,4	10,0
Femmes	8,8	11,1	9,0	9,7
Ensemble	6,9	9,6	8,1	9,8
Part des emplois à temps partiel (en %)				
Hommes	3,0	4,6	5,6	7,2
Femmes	19,8	26,1	29,9	30,6
Ensemble	9,9	14,1	16,8	18,4

Source : Insee, 2015.

Champ : France métropolitaine, personnes âgées de 15 ans et plus.

DOC. 3

En termes [...] d'embauches réalisées au cours d'une année, les contrats dits « atypiques »[1] sont aujourd'hui largement dominants. En fait, non seulement le volume d'emploi par rapport à la population active a changé mais aussi – et peut-être surtout – la forme de la relation d'emploi – plus flexible et plus précaire – et le rapport au travail exigeant plus d'autonomie, d'adaptabilité et de mobilité des salariés. Le développement de la concurrence internationale et les externalisations[2] au sein des grands groupes ont conduit à un appauvrissement de la condition des salariés peu ou pas qualifiés, en volume d'emploi mais aussi du point de vue des conditions de travail. [...] Trois facteurs principaux peuvent être dégagés pour expliquer le développement et la persistance de cette pauvreté laborieuse : le développement des bas salaires horaires, les faibles durées du travail et les emplois instables. [...]

Le nombre de travailleurs pauvres augmente désormais très rapidement. Leur nombre est passé de 1,55 million en 2003 à 1,89 million en 2006, sans doute plus de 2 millions aujourd'hui. Les travailleurs pauvres [proviennent], pour l'essentiel, de l'augmentation de la pauvreté depuis 2004 (de 12,7 % à 13,2 % de la population). Ils sont concentrés dans certains secteurs : hôtellerie, restauration, commerce, nettoyage. Ils sont beaucoup plus significativement embauchés par le biais des agences d'intérim que les autres salariés et sont, en grande majorité, dans des emplois à temps partiel ou dans des emplois de courte durée, ou les deux. [...] Les femmes [...] occupent la plupart des emplois offrant de faibles rémunérations.

Nicolas Duvoux, « Nouveaux pauvres, nouvelles politiques »,
Politiques sociales et familiales, juin 2011.

1. Contrats atypiques : toutes les formes de contrats de travail qui ne correspondent pas à un emploi à durée indéterminée à temps plein (par exemple : temps partiel, intérim, etc.).
2. L'externalisation consiste, pour une entreprise, à transférer une partie de ses activités vers une autre entreprise.

PAR ÉTAPES

COMPRENDRE LE SUJET

Les mots-clés

- **Évolutions de l'emploi :** principales transformations du marché du travail depuis les années 1980, marquées par la hausse du chômage et la précarisation croissante des emplois.
- **Fragiliser le lien :** rendre une relation plus fragile, plus instable, moins évidente.
- **Travail :** ensemble des activités humaines mises en œuvre dans la production. En tant que facteur de production, il procure un revenu en contrepartie de la richesse créée. Mais le travail doit ici être considéré comme un « acte social total », incluant l'activité de production et les conditions d'exercice individuelles et collectives de cette activité, mais aussi les conditions d'accès au travail et les processus de stratification et d'intégration sociales induits par le travail.
- **Intégration sociale :** processus par lequel un individu s'insère dans un groupe social, en partageant ses valeurs et ses buts.

Le cadre spatio-temporel

- Les principales mutations de l'emploi ayant eu lieu à partir des années 1980, la période pertinente à étudier est donc 1980-2020. Les documents confirment cette périodisation et privilégient l'exemple français.

Méthode

Lorsque le cadre spatio-temporel n'est pas indiqué dans le libellé, vous avez la liberté de le déterminer. En général, la pertinence de ce cadre est en lien avec le sujet et vous l'avez étudié en cours. Si vous avez un doute, les documents vous aident beaucoup à le définir.

MOBILISER SES CONNAISSANCES

Notions connexes

Chômage • Flexibilité • Formes d'emploi (typique / atypique / précaire) • Polarisation des emplois • Précarisation

Mécanismes

- Chômage et précarité de l'emploi vont de pair puisque souvent les contrats courts alternent avec des périodes de chômage. Cette précarisation des travailleurs nuit à l'intégration économique. Ces situations ne permettent pas en effet d'obtenir un revenu suffisant pour avoir accès aux normes de consommation de notre société.
- Enchaîner des contrats courts et/ou les alterner avec des périodes de chômage ne permet plus aux individus de s'inscrire dans un collectif de travail. Ces formes d'emploi précaires ne permettent plus aux travailleurs d'accéder à un statut social et à des formes de sociabilité. Chômage et emplois précaires risquent de nuire à la fonction socialisatrice du travail.

• Chômage et précarisation peuvent également nuire aux liens sociétaux qui passent notamment par le lien avec l'État-providence. Les droits et les devoirs associés au salariat se trouvent réduits avec les emplois précaires.

ORGANISER SES IDÉES

La problématique

La démonstration doit porter sur les différentes dimensions (économiques, sociales et sociétales) de l'intégration par le travail, chaque lien étant fragilisé par les évolutions de l'emploi. Comment les liens économiques et sociaux assurés traditionnellement par le travail sont-ils fragilisés par les évolutions de l'emploi ?

Le plan

L'énoncé vous demande d'élaborer une démonstration, en analysant la fragilisation du lien entre travail et intégration sociale. Le plan choisi est un plan analytique, permettant de distinguer les différentes dimensions (économique et sociale) de ce lien. Il s'agit donc de montrer que les évolutions de l'emploi fragilisent l'intégration en affaiblissant les liens économiques (partie I) et qu'elles affaiblissent également les liens sociaux (partie II).

Méthode

Pour élaborer des plans analytiques, servez-vous des méthodes utilisées dans les raisonnements en SES qui distinguent habituellement différentes échelles ou dimensions : économique/sociale ; micro/macro ; quantité/qualité ; interne/externe ; direct/indirect ; etc.

Analyser les documents

Les trois documents fournissent des données factuelles illustrant les évolutions de l'emploi. Il n'est donc pas possible de les répartir dans les deux parties choisies.

Que retenir dans chaque document ?

DOC. 1

▶ *Graphique : part des formes particulières d'emploi dans l'emploi salarié du privé (en %)*

– Augmentation de la part des formes particulières d'emploi (intérim, CDD, stages et contrats aidés, apprentissage) depuis 1982. Elle passe de moins de 6 % à plus de 13 % depuis les années 2000 : elle a donc doublé en trente ans.
– Parmi les formes particulières d'emploi, ce sont les contrats à durée déterminée (CDD) qui sont majoritaires. Avec les contrats intérimaires, ce sont les deux formes qui ont connu la plus forte hausse : leur part a triplé passant d'un peu plus de 3 % à 9 %, entre 1982 et 2011.
– Des évolutions à relativiser : même si la part des emplois en contrat à durée indéterminée (CDI) a diminué depuis 1982 (d'environ 95 % à 85 % du total des emplois salariés du privé), les CDI restent la forme majoritaire des emplois salariés du privé.

Que retenir dans chaque document ?

DOC. 2 ▶ *Tableau statistique : taux de chômage et part des emplois à temps partiel (en %)*

– Augmentation du taux de chômage de 3 points, passant de près de 7 % à près de 10 % de la population active, entre 1983 et 2013.
– Augmentation de la part des emplois à temps partiel, qui a quasiment doublé sur la période, passant de près de 10 % à plus de 18 % des emplois.
– Hommes et femmes pas touchés de la même façon : les hommes ont vu leur taux de chômage augmenter le plus avec un doublement de leur taux de chômage ; les femmes sont le plus concernées par le temps partiel (leur part est passée de près de 20 % à plus de 30 % des emplois féminins entre 1983 et 2013).

DOC. 3 ▶ *Texte sur les travailleurs pauvres*

– Forte augmentation du nombre de travailleurs pauvres : plus de 2 millions de personnes au début de la décennie 2010.
– Explications : hausse des emplois à bas salaires et majorité des embauches en contrats atypiques (CDD, intérim, temps partiel...) dues aux stratégies d'externalisation, de recherche de compétitivité-prix et de flexibilisation des entreprises face à la concurrence internationale.
– Les secteurs des services, pourtant non concernés par la concurrence internationale, sont particulièrement touchés (hôtellerie, restauration, commerce, nettoyage...) par ces emplois peu rémunérés qui s'adressent surtout aux femmes.

CORRIGÉ 9

Comprendre le corrigé

Émile Durkheim (1858-1917) est considéré comme le père fondateur de la sociologie en tant que science des faits sociaux. C'est dans son premier livre (*De la division du travail social*, 1893) qu'il traite de la question fondamentale de cette nouvelle science : comment une société tient-elle ensemble ? Il pose donc la question du lien social ou de la solidarité sociale. Il montre notamment, à travers son analyse de la division du travail, que le travail n'a pas qu'une dimension économique mais qu'il est également source de solidarité. Le travail est donc considéré comme un facteur d'intégration sociale qui correspond au processus par lequel des individus s'insèrent dans un groupe ou une société, au sens où ils y trouvent une place et où ils tissent des liens parce qu'ils sont reconnus en tant que membres de ce groupe ou de cette société.

Gagnez des points !
Des connaissances plus générales sur l'histoire de la pensée montrent que vous pouvez inscrire des sujets actuels dans des problématiques plus globales.

Au XXe siècle, le développement du salariat a renforcé le rôle intégrateur du travail. Le travail n'est plus seulement une activité de production en échange d'une rémunération ; il a acquis le statut d'emploi auquel sont associés des droits sociaux qui protègent contre les risques d'exclusion potentiellement engendrés par la maladie, le chômage, les accidents du travail ou la vieillesse. Cependant, depuis les années 1980, les restructurations du marché du travail ont entraîné des évolutions de l'emploi. Nous pouvons donc nous demander si ces évolutions ne risquent pas de fragiliser le rôle intégrateur qu'a joué le travail jusqu'à présent. Nous montrerons que ce risque existe puisque les évolutions récentes de l'emploi peuvent non seulement affaiblir les liens économiques (partie 1) mais également fragiliser les liens sociaux (partie 2), les deux types de liens participant à l'intégration sociale par le travail.

Méthode
Problématiser ne revient pas à simplement transformer le sujet en une question. Cela nécessite d'expliquer l'enjeu du sujet.
La problématisation nécessite souvent un paragraphe pour bien expliquer cet enjeu, avant d'en arriver à la question qui va guider votre raisonnement.

I. Les évolutions de l'emploi fragilisent l'intégration en affaiblissant les liens économiques…

Gagnez des points !
Les titres des grandes parties ne sont pas exigés. Ils sont cependant très utiles pour visualiser votre raisonnement.
Si vous en faites, rédigez-les avec soin.

Les mutations de l'emploi caractérisées par la montée du chômage et la précarisation des emplois nuisent au rôle intégrateur du travail par les liens économiques qu'il est censé établir.

Depuis les années 1980, le chômage n'a cessé de croître, comme le montre le document 2 ; il touche aujourd'hui plus de 10 % de la population active, en France. Bien qu'il soit considéré comme un risque social et en partie pris en charge par la protection sociale, le chômage entraîne une perte de revenu significative pour les chômeurs.

À savoir

La question du chômage est centrale dans ce sujet, mais il a une place ambiguë. Non seulement, il montre que le travail est intégrateur : les chômeurs risquent l'exclusion économique et sociale. Cependant, les mesures de lutte contre le chômage ont amplifié la précarité des emplois : ces formes d'emploi risquent de jouer un rôle moins intégrateur que les formes typiques d'emploi.

L'un des axes privilégiés pour lutter contre ce chômage de masse a été la création et le développement de contrats autres que le contrat à durée indéterminée (CDI) qui répondaient également à la nécessité pour les entreprises d'être plus flexibles, face à la pression de la concurrence internationale et aux aléas de la demande de biens et services. Cela a engendré une recrudescence des contrats atypiques tels que les contrats à durée déterminée (CDD), à temps partiel, intérimaires (doc. 3). Depuis 1982, la part des formes particulières d'emploi (intérim, CDD, stages et contrats aidés, apprentissage) dans le total de l'emploi salarié du privé est passée de moins de 6 % à plus de 13 % depuis les années 2000 : elle a donc doublé en trente ans (doc. 1). Parmi les formes particulières d'emploi, ce sont les CDD qui sont majoritaires. Avec les contrats intérimaires, ce sont les deux formes qui ont connu la plus forte hausse : leur part a triplé passant d'un peu plus de 3 % à 9 %, entre 1982 et 2011 (doc. 1). Notons enfin, que sur un marché du travail marqué par une offre de travail supérieure à la demande, ces formes d'emploi concernent la majorité des embauches (doc. 3) et touchent donc particulièrement les jeunes.

Gagnez des points !

Faites des liens entre les documents. Ici, vous pouvez montrer, à l'aide des documents 1 et 3, que la précarité des emplois touche particulièrement les jeunes qui auront donc plus de difficultés d'intégration économique et sociale.

Chômage et précarité de l'emploi vont de pair puisque souvent les contrats courts alternent avec des périodes de chômage. Cette précarisation des travailleurs nuit à l'intégration sociale. Ces situations ne permettent pas en effet d'obtenir un revenu suffisant pour avoir accès aux normes de consommation de notre société. Le nombre des travailleurs pauvres a quasiment doublé depuis les années 2000 et dépasserait aujourd'hui 2 millions (doc. 3). Ce sont donc plus de 2 millions de personnes qui, souvent avec leur famille, n'arrivent pas à subvenir à leurs besoins de consommation courante et accèdent difficilement aux services de santé, au crédit et au logement du fait de revenus

Gagnez des points !

Ne vous contentez pas d'utiliser les données brutes des documents. Transformez-les par des calculs simples pour montrer vos savoir-faire.

insuffisants et de la précarité de leur emploi. Particulièrement concentrés dans les services (hôtellerie, restauration, commerce, nettoyage), ils touchent essentiellement les femmes (doc. 3).

Si l'intégration sociale est conçue comme le processus qui permet d'adopter les normes en vigueur dans société, alors force est de constater qu'au sein d'une société de consommation, les chômeurs et les travailleurs pauvres en sont exclus. Le travail, comme pourvoyeur de revenus, ne joue alors plus son rôle d'intégration, au sens d'insertion économique dans une société.

À savoir

L'intégration n'a pas qu'une dimension sociale ; elle a aussi une dimension économique, surtout dans nos sociétés de consommation dans lesquelles l'accès à certains biens est jugé fondamental.

Mais le travail n'est pas que cela. Il n'est pas qu'une source de revenu, il joue également un rôle social. Ainsi, la précarisation de l'emploi risque également de fragiliser le rôle intégrateur du travail, dans la mesure où celui-ci offre un statut et donc une place sociale aux individus.

II. Les évolutions de l'emploi fragilisent l'intégration en affaiblissant les liens sociaux

L'évolution de l'emploi et notamment sa précarisation risque d'affaiblir les liens sociaux parce que le travail ne pourrait plus jouer son rôle de socialisation mais aussi parce qu'il rendrait plus ténus les liens avec la société globale.

À savoir

La notion de socialisation est abordée dans le programme de première. Mais vous devez mobiliser des connaissances acquises sur l'ensemble du cycle terminal.

Le travail, notamment salarié, permet aux travailleurs d'accéder à un statut social et à des formes de sociabilité. En ce sens, il fournit une identité sociale aux individus qui trouvent une place dans un groupe de travail, une entreprise et, plus généralement, la société. Or la précarisation des emplois risque de nuire à cette fonction socialisatrice du travail. Enchaîner des contrats courts et/ou les alterner avec des périodes de chômage ne permet plus aux individus de s'inscrire dans un collectif de travail. Leurs relations sociales s'en trouvent appauvries du fait de liens plus distendus avec les collègues, les associations professionnelles telles que les syndicats, les comités d'entreprise.

C'est ce que Serge Paugam a montré dès les années 1990 avec le concept de disqualification sociale. Il s'agit d'un processus pouvant mener à l'exclusion et basé sur le discrédit que les individus portent sur ceux qui ne participent pas pleinement à la vie éco-

Gagnez des points !

N'hésitez pas à mobiliser vos connaissances des analyses contemporaines en sociologie ou en économie pour étayer vos arguments.

nomique et sociale, comme les chômeurs ou les travailleurs pauvres. Étiquetés dans un processus d'interactions sociales, ils vivent un sentiment d'échec et d'inutilité sociale, conduisant à une dévalorisation de leur identité sociale.

Chômage et précarisation peuvent également nuire aux liens sociétaux qui passent notamment par le lien avec l'État-providence. Les droits et les devoirs associés au salariat se trouvent réduits avec les emplois précaires. Les fondements de la protection sociale, autre forme de lien sociétal, s'en trouvent menacés : les cotisations sociales liées aux formes particulières d'emploi sont réduites, ce qui accentue les difficultés financières de la protection sociale. Les droits des travailleurs précaires (formation, allocations chômage, pensions de retraite…) se trouvent également réduits, installant durablement cette partie de la population dans la précarité.

À savoir

La notion d'emploi est plus large que la notion de travail, en lien avec la question de l'intégration. L'emploi renvoie en effet à la question des liens avec la société globale, à travers les droits et les devoirs qu'il implique, notamment à travers la protection sociale.

C'est que Robert Castel a identifié comme le début d'un processus de désaffiliation pouvant mener à l'isolement social et à l'exclusion : les difficultés économiques peuvent conduire à une rupture des relations sociales. Les travailleurs pauvres sont dans la « zone de vulnérabilité » qui associe précarité et fragilité relationnelle. Les individus ne s'inscrivant plus dans des collectifs intermédiaires risquent de se désintéresser également de la « chose publique », comme l'atteste la hausse des taux d'abstention aux différentes élections.

Gagnez des points !

Faites des liens avec des connaissances issues d'autres chapitres.

Nous avons donc montré que les évolutions de l'emploi, allant surtout dans le sens d'une précarisation, fragilisent le lien entre travail et intégration sociale. Le travail précaire ne peut plus assurer la fonction intégratrice du travail, ni sur le plan économique en n'offrant pas de rémunérations suffisantes pour s'insérer dans une société de consommation, ni sur le plan social en fragilisant les relations sociales et sociétales.

Il ressort de cette analyse que certaines catégories d'individus, comme les femmes et les jeunes, sont particulièrement touchés par ces formes particulières d'emploi et par cette précarisation. Cela remet en cause le fondement même d'une société salariale et démocratique fondée sur un accès égal aux droits économiques et sociaux.

Méthode

En ouverture, élargissez l'enjeu du sujet que vous venez de traiter. Ici, la question du rôle intégrateur du travail pose celle de la justice sociale, dans la mesure où la mise en question de ce rôle ne touche pas toutes les catégories de population de la même façon.

Comment expliquer l'engagement politique dans les sociétés démocratiques ?

Faire le point

L'essentiel

1 L'évolution et la variété des formes de l'engagement politique

• L'engagement traditionnel prédominant du XIXe siècle jusqu'aux années 1960-70, était **centré sur les questions du travail**. Cette forme d'engagement n'a pas disparu mais coexiste aujourd'hui avec **de nouvelles raisons** qui incitent à s'engager, **de nouveaux acteurs** qui portent l'engagement et de nouvelles façons de s'engager. On assiste donc moins à une disparition qu'à une transformation et à une diversification de l'engagement politique.

2 Pourquoi s'engager politiquement ?

• Malgré l'existence du « paradoxe de l'action collective », les individus s'engagent soit parce que les organisations leur proposent **des incitations sélectives** (possibilité d'embauche, aide juridique...) ; ils y perçoivent une **rétribution symbolique** (prestige) ; la structure des opportunités politiques (l'État ou l'évolution du système politique) rend plus accessible la réussite de l'action collective.

• D'autres variables entrent en jeu et expliquent l'engagement politique des individus ainsi que ses modalités. **Des variables sociodémographiques**, telles que la catégorie socioprofessionnelle, le diplôme, le sexe, l'âge et la génération de l'individu.

3 Âge et génération

• L'âge situe un individu à un moment donné de sa vie. La génération le situe par rapport à son année de naissance et à des évènements qu'il a traversés (ex. : la « génération 68 » concerne les individus qui avaient environ 20 ans à cette époque). **On change d'âge, mais pas de génération.**

OUTILS THÉORIQUES

→ Charles Tilly (1984) emploie le terme de « **répertoire de l'action politique** » pour définir l'ensemble des modes d'action politique disponibles dans une société à un moment de son histoire. Selon le groupe social auquel ils appartiennent, les individus utiliseront un mode d'action particulier dans ceux à leur disposition.

→ Mancur Olson (1966) parle de **paradoxe de l'action collective** : la rationalité des acteurs les pousse à se comporter en passager clandestin et devrait empêcher la réalisation d'une action collective, chacun ayant intérêt à ne pas participer à l'action collective (coût individuel élevé) mais à en retirer les avantages ; si elle existe, c'est parce que d'autres ressorts que la rationalité sont à l'œuvre (liens identitaires, loyauté, bénéfices secondaires, incitations).

Schéma bilan

La logique de l'action collective

IMPLIQUE ↓

Différentes formes d'engagement politique
- Vote
- Militantisme
- Engagement associatif
- Consommation engagée

DÉPENDANTES →

- de la catégorie socioprofessionnelle (CSP)
- du diplôme
- de l'âge
- de la génération
- du sexe

QUI ÉVOLUENT ↓

	Prédominants au XIXe siècle et jusque dans les années 1960 **Existent toujours...**	**... mais coexistent avec....**
Enjeux et raisons qui incitent à s'engager	Conflits au travail	Nouveaux enjeux de mobilisation : écologie, féminisme, défense des minorités ethniques
Types d'acteurs qui portent l'engagement	Partis politiques et syndicats	Associations, mouvements citoyens
Modalités d'engagement et d'action	Votes, grèves, manifestations	Pétitions, boycotts, sit-in

En bref **Pour aborder les sujets portant sur ce chapitre, il faut savoir que :**

- l'engagement politique prend des formes variées, qui ont évolué dans le temps. ☐
- malgré le paradoxe de l'action collective, les individus s'engagent parce qu'ils y trouvent un intérêt (incitations sélectives, rétributions symboliques) ou que la situation est propice (structure des opportunités politiques). ☐
- l'engagement politique dépend aussi de variables sociodémographiques. ☐

J'ai tout coché ? Je passe le test page suivante

Contrôler ses connaissances

corrigés p. 211

QCM *Cocher les bonnes réponses.*

1. Les incitations sélectives peuvent avoir pour effet :

- ☐ **a.** une hausse de l'engagement politique.
- ☐ **b.** une baisse de l'engagement politique.
- ☐ **c.** une hausse ou une baisse de l'engagement politique, selon les cas.

2. Les rétributions symboliques peuvent avoir pour effet :

- ☐ **a.** une hausse de l'engagement politique.
- ☐ **b.** une baisse de l'engagement politique.
- ☐ **c.** une hausse ou une baisse de l'engagement politique, selon les cas.

3. La structure des opportunités politiques peut avoir pour effet :

- ☐ **a.** une hausse de l'engagement politique.
- ☐ **b.** une baisse de l'engagement politique.
- ☐ **c.** une hausse ou une baisse de l'engagement politique, selon les cas.

4. Les pétitions en ligne se sont beaucoup développées, surtout parmi les personnes :

- ☐ **a.** de la « génération 68 ».
- ☐ **b.** de la génération Y (nés du début des années 1980 à la fin des années 1990).
- ☐ **c.** de la génération Z (nés de la fin des années 1990 à 2010 environ).

QCM *Identifier si les exemples cités correspondent ou non à un engagement politique, ou si cela dépend du contexte.*

	oui	non	ça dépend
1. Participer à une manifestation	☐	☐	☐
2. Voter aux élections	☐	☐	☐
3. S'abstenir de voter aux élections	☐	☐	☐
4. Acheter un smartphone d'une marque connue	☐	☐	☐
5. Acheter du chocolat d'une marque équitable	☐	☐	☐
6. Acheter des produits locaux	☐	☐	☐
7. Signer une pétition en ligne sur Internet	☐	☐	☐
8. Boycotter une marque qui fait travailler des enfants	☐	☐	☐

Vers le sujet de BAC

DOC. Profil des abstentionnistes au premier tour de l'élection présidentielle 2017

	% d'abstention
Sexe	
Homme	22
Femme	23
Âge	
18-24 ans	29
25-34 ans	28
35-49 ans	26
50-59 ans	24
60-69 ans	16
70 ans et +	12
Niveau de diplôme	
< Bac	25
Bac	24
Bac + 2	20
Bac + 3 et plus	19
Ensemble de l'électorat	**22,7**

Source : D'après Pascal Perrineau, *Le vote disruptif*, Les presses de Sciences Po, 2017.

Présenter le document ci-dessus en répondant aux questions suivantes

1 Quelle est la nature du document ? De quoi y est-il question ? Qui en est l'auteur ?

2 Montrez que l'abstention dépend de variables sociodémographiques.

Sujet guidé

SUJET 10 Sujet inédit

10 pts 2h45

Raisonnement

› Comment les actions collectives ont-elles évolué en France ?

DOC. 1 Nombre de journées individuelles non travaillées pour 1 000 salariés (JINT[1]) en France

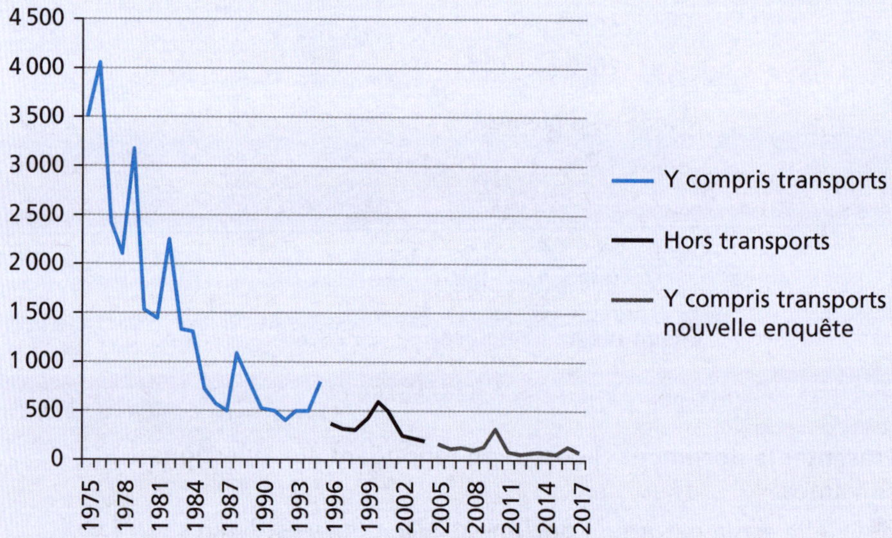

1. le nombre total de JINT pour fait de grève dans l'ensemble des établissements d'une entreprise correspond à l'ensemble du temps de travail non effectué par les salariés impliqués dans des grèves ; il est, ici, exprimé en jours, rapporté à 1000 salariés.

Lecture : les couleurs différentes correspondent à des méthodes différentes pour compter les jours de grève.

Source : DARES, ministère du Travail, 2020.

DOC. 2

La montée de l'individualisation se manifeste [...] par un rapport à la politique beaucoup moins conformiste qu'autrefois, on est plus critique, non seulement à l'égard des responsables politiques mais aussi à l'égard des institutions, et on le fait plus facilement savoir par des actions de type protestataire, portant sur des objectifs précis. La participation critique (pétitions, manifestations...) est donc croissante. D'après les enquêtes, beaucoup plus de Français et d'Européens ont déjà eu l'occasion de signer une pétition ou de participer à une manifestation. Les actions plus dures (boycott, grève sauvage, occupation de locaux) restent rares, le pourcentage de gens qui ont eu l'occasion d'y participer semble stable, mais moins de gens disent qu'ils excluent d'y avoir un jour recours. La légitimité de ces actions dures a donc plutôt progressé. Si les idéologies révolutionnaires se sont essoufflées, la pratique de l'action protestataire paraît plus vivante que jamais et en France, on est socialisé à la manifestation dès le lycée.

Pierre Bréchon, « La signification de l'abstention électorale »,
HAL archives-ouvertes.fr, 2010.

DOC. 3 Les moyens d'expression considérés comme les plus efficaces par les citoyens

Question posée : « Selon vous, qu'est-ce qui permet aux citoyens d'exercer le plus d'influence sur les décisions prises en France ? »

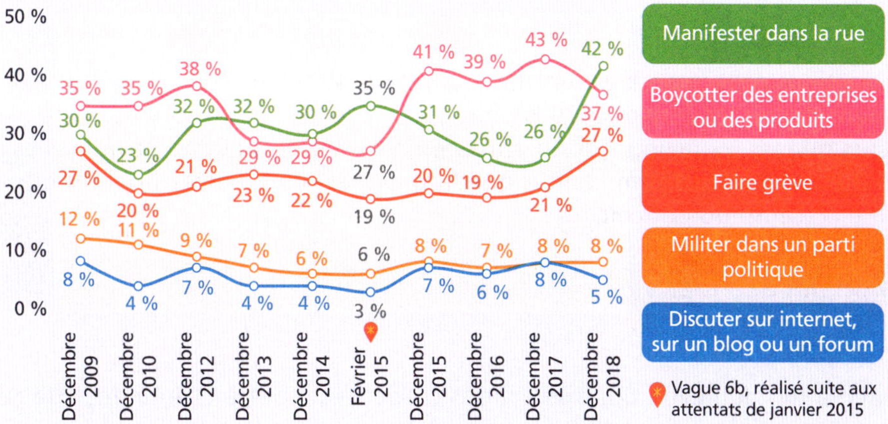

Note : le total est supérieur à 100 car il s'agit du premier et du second choix cumulés des personnes interrogées.

Lecture : en 2018, 27 % des Français interrogés estimaient que la grève est un des moyens les plus efficaces pour influencer les décisions politiques.

Source : Sondage fait par Opinionway pour Sciences Po CEVIPOF,
Baromètre de la confiance politique / Vague 10, Janvier 2019.

PAR ÉTAPES

COMPRENDRE LE SUJET

Les mots-clés

• **Action collective :** action commune et concertée des membres d'un groupe, portant des revendications communes et visant des objectifs communs.

• **Évolué :** il s'agira de constater l'affaiblissement de certaines actions collectives, mais aussi le développement de nouvelles.

Méthode

Envisagez le terme « évolution » au sens de « modification », pour l'analyser sous tous ses aspects. Ici, il ne s'agit pas seulement d'évoquer une évolution quantitative des actions collectives, mais de tous les éléments qui caractérisent ces actions collectives : leurs enjeux ou leurs objets, leurs acteurs, leurs formes ou leurs modalités.

Le cadre spatio-temporel

• Le sujet précise un cadre spatial : la France. Le cadre temporel n'est pas précisé ; cependant, les connaissances que vous avez sur ce chapitre doivent vous inciter à considérer les années 1970-80 comme un tournant dans l'évolution des actions collectives.

Conseil

Si vous hésitez sur le cadre spatio-temporel, ne le fixez pas immédiatement et aidez-vous des documents qui pourront vous aider à le déterminer. C'est le cas, ici, avec le document 1.

MOBILISER SES CONNAISSANCES

Notions connexes

Conflit du travail • Nouveaux enjeux de mobilisation • Luttes minoritaires • Parti politique • Syndicat • Association • Répertoire de l'action politique

Mécanismes

• Les actions collectives très centrées sur les questions liées au travail se transforment depuis les années 1970-80, à tous les niveaux : elles mobilisent d'autres acteurs que les travailleurs, sur d'autres enjeux et objets que le travail ; elles se traduisent par d'autres modalités que la grève et ont d'autres finalités que la remise en cause du pouvoir.

ORGANISER SES IDÉES

L'enjeu du sujet

L'observation de l'évolution des actions collectives montre clairement que certaines formes d'action collective comme les conflits du travail ont diminué, notamment selon la modalité de la grève. Pour autant, cela ne signifie pas que l'engagement protestataire a disparu, puisque d'autres formes d'action collective se sont développées en parallèle.

Le plan

Les actions collectives traditionnelles, celles qui s'organisent dans le monde du travail, sont moins nombreuses même si elles perdurent. Plusieurs facteurs permettent d'expliquer cette évolution. Néanmoins sont apparues de nouvelles mobilisations.

Analyser les documents

Méthode

Le travail sur les documents peut se faire de différentes façons. Vous pouvez par exemple surligner les éléments qui vous paraissent pertinents (une couleur pour chaque partie), certains documents pouvant être utilisés dans différentes parties.

Que retenir dans chaque document ?
Partie I – Partie II – Partie III

DOC. 1 ▶ ***Graphique présentant le nombre de journées individuelles non travaillées pour 1 000 salariés, en France, entre 1975 et 2017.***

Constats :
– Baisse du nombre de journées individuelles non travaillées (JINT) pour 1 000 salariés. En 1976, 1000 salariés avaient effectué plus que 4000 journées de grèves en moyenne (soit 4 jours par salarié) ; ils en ont effectué moins de 100 en 2017.

Analyses :
– Les actions collectives prennent surtout la forme de grève jusqu'aux années 1970-80.
– Il y a près de 40 fois moins de JINT en 2017 qu'en 1976 : cette forme d'action se réduit à partir des années 1980.
– Si cette forme est de moins en moins utilisée, c'est parce que les enjeux des actions collectives se sont déplacés : ils sont moins centrés sur les questions du travail. Par conséquent, ils sont également moins portés par des travailleurs, mais par d'autres acteurs.

DOC. 2 ▶ ***Texte présentant différentes formes des actions protestataires.***

Constats : de nouvelles formes de mobilisation
– « des actions de type protestataire, portant sur des objectifs précis » ;
– une « participation critique (pétitions, manifestations…) croissante » ;
– « on est socialisé à la manifestation dès le lycée ».

Explications : la « montée de l'individualisation » ; un « rapport à la politique moins conformiste » ; une émancipation individuelle des contraintes collectives, provenant des groupes sociaux d'appartenance ; des valeurs et les normes davantage choisies : les jeunes intériorisent des normes et des valeurs relatives à l'action collective avant leur entrée dans le monde du travail.

DOC. 3 ▶ ***Graphique présentant l'évolution des moyens d'expression jugés efficaces par les Français, entre 2009 et 2018.***

Constats : les actions collectives jugées les plus efficaces comme moyen d'expression sont de manifester dans la rue (pour 42 % des Français interrogés) et boycotter des entreprises (pour 37 %) ; faire grève arrive en troisième position (pour 27 %).

Analyses : sur la période, l'écart est régulier et significatif entre les moyens traditionnels (grève) et les nouveaux moyens d'expression (manifestation ou boycott) : il est de 15 points en 2018.

CORRIGÉ 10

Comprendre le corrigé

Les années 2018-2020 ont été marquées par des mouvements sociaux importants, qui se sont exprimés dans des actions collectives variées : occupations de ronds-points par les « gilets jaunes », marche pour le climat, grèves et manifestations contre la réforme des retraites… L'engagement politique des Français semble donc aujourd'hui encore vivace, bien qu'il ait évolué depuis les années 1970-80. Cet engagement politique peut être observé à travers les actions collectives menées en France, ces dernières décennies. Les actions collectives correspondent à des actions communes et concertées des membres d'un groupe, en vue d'atteindre des objectifs communs. L'observation de ces actions collectives montre clairement que certaines formes d'action collective comme les conflits du travail ont diminué, notamment selon la modalité de la grève. Comment interpréter cette évolution ? Cela signifie-t-il une forme de désengagement politique de la part des citoyens ? Ou doit-on plutôt y voir un retrait des actions collectives traditionnelles, au profit de nouvelles ? Il semblerait donc plutôt que l'engagement protestataire n'a pas disparu, mais que d'autres formes d'action collective se sont développées parallèlement aux actions collectives traditionnelles.

Méthode
Citez des exemples d'actions collectives récentes, qui montrent au lecteur de votre devoir que vous suivez l'actualité. Cela permet de faire une accroche pertinente, comme conseillé dans la méthodologie de l'introduction.

Après avoir présenté les actions collectives traditionnelles (partie I), nous expliquerons pourquoi elles ont évolué (partie II), puis nous caractériserons les nouvelles actions collectives (partie III).

I. Les actions collectives traditionnelles

Traditionnellement, depuis le XIXe siècle et jusque dans les années 1970, les actions collectives s'organisaient dans le milieu du travail, haut lieu de conflits sociaux. Le développement du salariat et l'importance du travail tant en termes de temps passé dans la vie d'un individu, qu'au niveau des fonctions d'intégration économique et sociale qu'il remplit ont fait que l'emploi était au centre des préoccupations.

Méthode
N'hésitez pas, quand vous le pouvez, à placer des connaissances liées à d'autres chapitres, de façon à montrer que vous faites des liens. Ici, par exemple, sur le rôle intégrateur du travail.

Les actions collectives opposaient donc principalement les salariés aux employeurs. Elles étaient le moyen de modifier le rapport de force entre ces deux acteurs et de revendiquer des salaires plus élevés et de meilleures conditions de travail. Les mouvements sociaux ouvriers ont ainsi été à l'origine de certaines transformations sociales et ont permis d'obtenir un statut salarial protecteur, en favorisant l'évolution du droit du travail et le développement de la protection sociale. Elles étaient généralement organisées par les syndicats, association assurant la défense des intérêts professionnels de ses membres, dont l'existence est reconnue par l'État à la fin du XIXe en France. Elles prennent essentiellement la forme de grèves, et on constate qu'encore à la fin des années 1970, un salarié français fait en moyenne entre 4 jours de grève par an selon la DARES (doc. 1).

Méthode

Dans chaque paragraphe, il est utile d'utiliser la démarche AEI pour structurer le raisonnement de son écrit.

→ Les données chiffrés du doc. 1 permettent d'avoir une illustration pour cette première partie.

II. Les raisons de la réduction des actions collectives traditionnelles

Les actions collectives traditionnelles ont beaucoup évolué depuis les années 1970, sans pour autant disparaître. Leur nombre a fortement diminué à partir des années 1980 : en moyenne par salarié, elles sont 40 fois moins nombreuses en 2018 qu'en 1976, selon la DARES (doc. 1). Plusieurs explications peuvent être avancées. Tout d'abord, une nouvelle revendication a pris de l'importance : celle de la préservation de l'emploi dans les entreprises, du fait du ralentissement de la croissance économique. Les enjeux des actions collectives ont ainsi subi deux transformations : ils portent davantage sur la défense de l'emploi et d'acquis sociaux que sur la revendication de nouveaux droits ; ils sont donc aussi plus localisés (au niveau d'une entreprise, voire d'un branche ou d'un secteur d'activité). Par ailleurs, la montée du chômage a joué un rôle défavorable sur la combativité des salariés dans le milieu du travail. À cela, il faut ajouter les transformations qu'a connues le salariat, depuis les années 1980 : l'augmentation du travail des femmes (féminisation), la montée du travail précaire (précarisation des emplois), la baisse relative de la part des ouvriers parmi les actifs (due, entre autres, à la tertiarisation de l'économie et de la population active), alors que ces derniers étaient très présents dans les conflits sociaux traditionnels.

Méthode

On retrouve ici la démarche AEI. Mais cette fois-ci, on a préféré modifier l'ordre en faisant « j'Affirme, j'Illustre, j'Explique ». L'important est de toujours garder « j'Affirme » en premier.

Méthode

Utilisez le vocabulaire spécifique des SES pour montrer que vous maîtrisez les notions essentielles du programme, mais aussi les notions connexes.

Toutes ces transformations ont diversifié les profils des salariés et ceux-ci ne se reconnaissent pas toujours dans les actions menées par les syndicats de travailleurs. Enfin, la « montée de l'individualisation » (doc. 2) fait que les individus se tournent vers des actions collectives diversifiées : les individus tendent à s'émanciper des contraintes collectives, provenant de leur groupe social d'appartenance, et s'attachent à la défense de valeurs et de normes qu'ils ont choisies. Ce qui semble être confirmé par le fait que les jeunes, « socialisés à la manifestation dès le lycée » (doc. 2), intériorisent des normes et des valeurs relatives à l'action collective bien avant leur entrée dans le monde du travail. Cela traduit ainsi un « rapport à la politique moins conformiste » (doc. 2).

Méthode
Vous pouvez citer des expressions d'un texte mais ne vous en contentez pas : expliquez ce que cela signifie, en faisant des liens ou en proposant une analyse.

III. Des actions collectives qui se sont renouvelées

S'il y a des explications à la transformation et à la diminution des actions collectives traditionnelles, cela ne signifie pas pour autant que les actions collectives ont disparu ; elles se sont plutôt renouvelées.

Méthode
Avec ou sans titre, signalez le passage d'une partie à une autre et explicitez le cheminement de votre raisonnement, en gardant bien à l'esprit l'enjeu du sujet et votre plan, tout au long de la rédaction.

Celles-ci trouvent leur originalité aussi bien au niveau des objets qu'elles défendent, qu'au niveau des acteurs engagés et des moyens utilisés. Tout d'abord, leurs objets se diversifient : ils ne sont plus seulement focalisés sur des questions liées au travail ou à l'emploi. Ils portent désormais sur l'écologie, le droit des femmes, la défense de minorités, le droit à la différence, etc. Ensuite, ces actions collectives s'expriment par des moyens variés : occupations de lieux, pétitions, manifestations, boycotts. Ces nouvelles formes de mobilisation sont davantage « des actions de type protestataire, portant sur des objectifs précis » qui sont le signe d'une « participation critique (pétitions, manifestations…) » (doc. 2). Cela est confirmé par le sondage réalisé par Opinionway pour Sciences Po CEVIPOF : parmi les actions collectives jugées les plus efficaces comme moyen d'expression, manifester dans la rue et boycotter des entreprises ou des produits arrivent en tête des sondages depuis au moins 2009 (doc. 3). Ainsi, entre 2009 et 2018, les nouveaux moyens d'expression (manifestation ou boycott) sont jugés plus efficaces que les moyens traditionnels (grève)

Méthode
N'oubliez pas d'indiquer quelle est la source du document utilisé. Pour y penser lors de la rédaction, il est préferable d'avoir préparé rigoureusement la phrase avec un chiffre que l'on souhaite utiliser au moment où on analyse les documents.

et l'écart est régulier et significatif : il est par exemple de 15 points en 2018. En 2018, 42 % des Français interrogés estiment en effet que manifester dans la rue est un des moyens les plus efficaces pour influencer les décisions politiques (doc. 3). Les Français sont donc convaincus de l'intérêt de telles actions collectives. Enfin, si la grève est un moyen d'expression moins utilisé (doc. 1), c'est aussi parce qu'ils sont moins portés par des syndicats de travailleurs, les enjeux étant moins centrés sur les questions du travail. Les acteurs qui s'y engagent le font au titre d'appartenances autres que le travail. Ces nouvelles actions collectives sont de plus en plus souvent initiées par des associations ou des mouvements de citoyens. Les individus engagés dans ces actions collectives appartiennent donc à des groupes sociaux et socioprofessionnels variés, mais unis par des valeurs, des idées ou des objectifs communs portant sur un sujet de société.

Méthode

La différence entre des pourcentages s'exprime en points si les pourcentages sont calculés sur des ensembles, donc dénominateurs, différents.

Pour résumer, les actions collectives ont donc beaucoup évolué en France depuis les années 1970-80. Celles que nous avons qualifiées de traditionnelles, organisées dans le milieu du travail, existent toujours, mais elles sont moins nombreuses. Parallèlement, du fait du changement économique et social, de nouvelles actions collectives se sont développées, mobilisant des acteurs variés sur des enjeux qui dépassent largement le cadre du travail et qui prennent aussi de nouvelles formes d'expression, autres que la grève. Cette évolution témoigne de l'engagement politique des Français qui reste vif. Il serait intéressant de questionner les effets de cet engagement politique, notamment en termes de socialisation : quels mécanismes d'apprentissage des normes et des valeurs politiques sont-ils à l'œuvre, au sein des actions collectives ?

Méthode

La conclusion a deux objectifs :

- résumer les idées du développement ;
- si possible, faire une ouverture vers un sujet annexe.

Quelles inégalités sont compatibles avec les différentes conceptions de la justice sociale ?

Faire le point

L'essentiel

1 Des inégalités variées et cumulatives

• Les **inégalités économiques** résultent de l'emploi et du revenu qu'il procure. Or ce revenu détermine la capacité à épargner et à construire un patrimoine qui génère lui-même des revenus. Ces inégalités génèrent des **inégalités sociales** : accès au logement, à la santé et à la culture. Ces inégalités multiformes se cumulent et se transmettent entre générations.

2 La justice sociale : des conceptions variées

• La **justice sociale** consiste à établir des règles pour répartir équitablement les ressources d'une collectivité. Ces règles légitiment les inégalités qui en découlent mais varient selon la conception que l'on a de l'**égalité** : attribuer à chacun selon ses mérités (**utilitarisme**) ; assurer la liberté et l'égalité des droits (**libertarisme**) ; assurer l'**équité** (**égalitarisme libéral**) ; assurer l'égalité des situations (**égalitarisme strict**).

3 Lutter contre les inégalités

• Différents outils sont utilisés par les **pouvoirs publics** pour lutter contre les inégalités économiques : la **protection sociale** assure des revenus aux individus confrontés aux risques sociaux (vieillesse, chômage, maladie, famille) ; la **fiscalité** permet une **redistribution** verticale, des plus riches vers les plus démunis (principe d'assistance) ; des **services collectifs** accessibles à tous gratuitement sont produits. Enfin, des mesures de **discrimination positive** ciblent des populations n'ayant pas accès à certaines ressources. Ces politiques sont cependant limitées (contraintes budgétaires) et critiquées car jugées inefficaces, illégitimes, voire désincitatives.

OUTILS THÉORIQUES

→ L'utilitarisme de Jeremy Bentham (1748-1832) préconise de maximiser le bien-être collectif. Pour Vilfredo Pareto (1848-1923), ce bien-être maximum est un **optimum** : il n'est pas possible d'améliorer le bien-être d'un individu sans détériorer celui des autres.

→ Pour Friedrich Hayek (1899-1992), une société juste est une société libre. L'État doit garantir la liberté, l'**égalité des droits** et le jeu spontané du marché.

→ Pour John Rawls (1921-2002), l'État doit assurer l'**équité** et l'**égalité des chances** en offrant des services publics (traitement égalitaire) et en compensant les handicaps initiaux (traitement inégalitaire).

→ Pour Karl Marx (1818-1883), chacun doit avoir les mêmes conditions matérielles d'existence. Cette **égalité des situations** suppose l'abolition de la propriété privée.

Schéma bilan

Différentes conceptions de l'égalité et de la justice sociale

- Égalité des utilités (utilitarisme)
- Égalité des droits (libertarisme)
- Équité et égalité des chances (égalitarisme libéral)
- Égalité des situations (égalitariste strict)

- Justice commutative
- Justice distributive
- Justice corrective

Actions des pouvoirs publics

pour lutter contre des inégalités économiques et sociales cumulatives

Politiques de réduction de l'inégalité des situations

- Production de services collectifs
- Redistribution des revenus
- Prestations sociales (assurance et assistance)
- Fiscalité

Politiques de réduction de l'inégalité des chances

- Égalité des droits
- Égalité d'accès aux services collectifs
- Équité : discrimination positive

MAIS Des politiques sous contraintes et critiquées

- Contraintes financières
- Crise de légitimité
- Crise d'efficacité

En bref Pour aborder les sujets portant sur ce chapitre, il faut savoir que :

- les inégalités sont multiformes et cumulatives. ☐
- la justice sociale est un idéal qui repose sur différentes conceptions de l'égalité. ☐
- les pouvoirs publics disposent de plusieurs outils pour lutter contre les inégalités. ☐
- ces politiques sont sous contraintes financières et critiquées. ☐

J'ai tout coché ? Je passe le test page suivante

MÉTHODE
SUJETS PAS À PAS
SUJETS COMME À L'EXAMEN

Contrôler ses connaissances

corrigés p. 212

QCM *Cocher les bonnes réponses.*

1. Dire que les inégalités ont un caractère cumulatif signifie :

- ☐ **a.** qu'elles sont liées au cumul des emplois.
- ☐ **b.** qu'elles interagissent les unes sur les autres et se renforcent mutuellement.
- ☐ **c.** qu'elles se propagent entre les individus ou entres les groupes sociaux.

2. Que signifie la logique d'assurance de la protection sociale ?

- ☐ **a.** Des prestations sociales versées par des assurances privées.
- ☐ **b.** Des prestations sociales forfaitaires en cas de perte de revenus.
- ☐ **c.** Des prestations sociales perçues qui dépendent des cotisations versées par les actifs.

3. Que signifie la logique d'assistance de la protection sociale ?

- ☐ **a.** Des aides matérielles en cas de besoin.
- ☐ **b.** Des prestations minimales et universelles financées par l'impôt.
- ☐ **c.** Un revenu universel versé à tous, quelles que soient les situations.

4. Laquelle de ces interventions de l'État ne réduit pas les inégalités ?

- ☐ **a.** La production de services collectifs.
- ☐ **b.** La protection sociale.
- ☐ **c.** La privatisation des entreprises publiques.
- ☐ **d.** La redistribution des revenus par la fiscalité.

Termes à relier *Associer chaque mesure à l'idéal d'égalité auquel elle correspond.*

- Création de l'impôt sur le revenu (1914) •
- Création d'une bourse d'études sur critères sociaux (1925) •
- Droit de vote et d'éligibilité pour les femmes (1944) •
- Création du SMIG (1950) •
- Création de l'impôt sur les grandes fortunes (1982) •
- Loi sur la parité (2000) •

- • Égalité des situations
- • Égalité des chances
- • Égalité des droits

Termes à relier

Associer chaque conception de la justice sociale à la forme d'égalité privilégiée.

Libertarisme •	• Égalité des situations
Égalitarisme libéral •	• Égalité des chances
Égalitarisme strict •	• Équité
	• Égalité des droits

Vers le sujet de BAC

DOC. Un système fiscal faiblement progressif : décomposition par impôts (2006-2012)

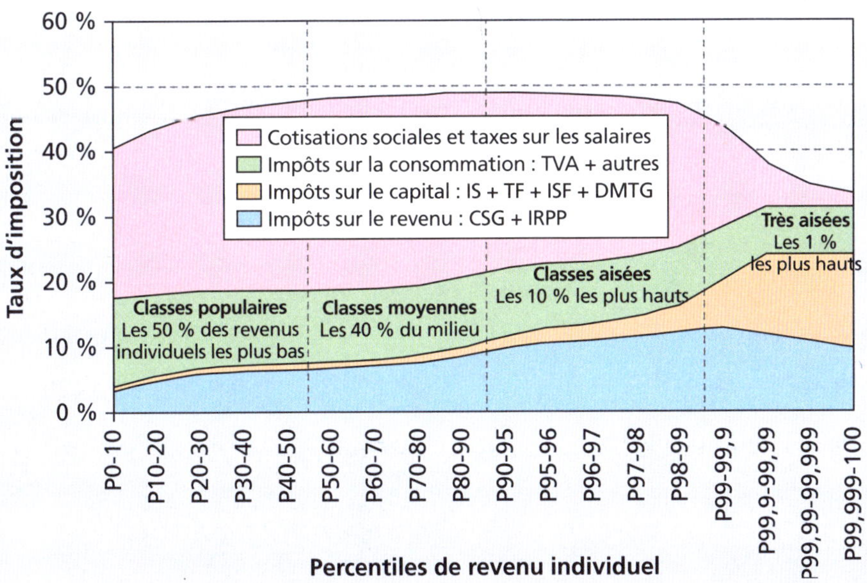

Source : C. Landais, T. Piketty & E. Saez, *Pour une révolution fiscale*, 2011.

Lecture : Taux global d'imposition (incluant tous les prélèvements) et sa décomposition par groupe de revenus au sein de la population des 18-65 ans travaillant à au moins 80 % du plein temps. Groupes de revenus : P0-10 désigne les percentiles 0 à 10, soit les 10 % des personnes avec les revenus les plus faibles, P10-20 les 10 % suivants, etc. et P99,999-100 désigne les 0,001 % les plus riches.

Les impôts sont décomposés en quatre grandes catégories : cotisations sociales (et autres taxes sur les salaires), les impôts sur la consommation (TVA et autres impôts indirects), les impôts sur le capital (impôt sur les bénéfices des sociétés (IS), taxe foncière (TF), impôt sur la fortune (ISF) et droits de successions (DMTG) et les impôts sur le revenu (CSG et IRPP).

Analyser le document

1 Montrez que le système fiscal français n'est pas progressif.

2 Pourquoi peut-il être considéré comme « socialement injuste » ?

Sujet guidé

SUJET 11 France métropolitaine, juin 2015

20 pts — 4h

Dissertation

> Dans quelle mesure l'action des pouvoirs publics est-elle efficace pour lutter contre les inégalités ?

DOC. 1 Niveaux de vie annuels avant et après redistribution en 2012 (en euros par unité de consommation[1])

	D1	D10	Ensemble
Revenu avant redistribution (A)	**4 128**	**72 195**	**25 649**
Prélèvements dont :	**–165**	**–15 886**	**–3 523**
Financement de la protection sociale (contributions sociales et cotisations sociales)	–209	–5 716	–1 804
Impôts directs	45	–10 170	–1 719
Prestations dont :	**5 985**	**345**	**1 430**
Prestations familiales	1 925	298	718
Aides au logement	1 831	18	351
Minima sociaux[2]	2 229	29	360
Revenu disponible (B)	**9 948**	**56 654**	**23 556**
Taux de redistribution (B–A)/A	**141,0 %**	**–21,5 %**	**–8 %**

Source : Insee, France, Portrait social, 2013.

Champ : France métropolitaine, personnes vivant dans un ménage dont le revenu est positif ou nul et dont la personne de référence n'est pas étudiante.

Lecture : les 10 % des personnes au niveau de vie le plus faible (avant redistribution) perçoivent en moyenne 5 985 euros de prestations par an et par unité de consommation.

1. Mode de calcul permettant de tenir compte de la composition des ménages.

2. Les minima sociaux consistent à assurer un revenu minimal aux personnes en situation de précarité.

DOC. 2

L'article 1er de la Constitution précise que « la loi favorise l'égal accès des femmes et des hommes aux mandats électoraux et fonctions électives », et son article 4 que les partis et groupements politiques « contribuent à la mise en œuvre » de ce principe. Plusieurs lois ont été adoptées faisant application de ce principe [...].

La loi n° 2000-493 du 6 juin 2000 tendant à favoriser l'égal accès des femmes et des hommes aux mandats électoraux et aux fonctions électives a d'abord imposé l'alternance stricte femmes-hommes* sur les listes aux élections européennes et aux élections sénatoriales à la proportionnelle, ainsi qu'une alternance par tranche de six candidats aux élections municipales et régionales. La loi prévoit de surcroît une sanction financière à l'encontre des formations politiques ne respectant pas ce principe dans la présentation des candidatures aux élections législatives.

[...] La loi n° 2007-128 du 31 janvier 2007 tendant à promouvoir l'égal accès des femmes et des hommes aux mandats électoraux et aux fonctions électives étend l'obligation de la stricte alternance femmes-hommes dans la composition des listes pour l'élection de l'exécutif des régions et des communes de 3 500 habitants et plus. Ainsi, la loi prévoit une obligation de parité sur les listes d'adjoints élus par les conseils municipaux.

Source : assemblee-nationale.fr.

*Système dans lequel, sur une liste électorale, un homme candidat alterne avec une femme candidate et ainsi de suite jusqu'à la fin de la liste.

DOC. 3 Évolution des indicateurs de pauvreté en France

	2008	2009	2010	2011
Seuil à 60 % de la médiane				
Nombre de personnes pauvres (en milliers)	7 836	8 173	8 520	8 729
Taux de pauvreté (en %)	13,0	13,5	14,0	14,3
Seuil de pauvreté (euros constants 2011/mois)	985	989	978	977
Niveau de vie médian des personnes pauvres (euros constants 2011/mois)	803	801	792	790
Seuil à 50 % de la médiane				
Nombre de personnes pauvres (en milliers)	4 272	4 507	4 677	4 856
Taux de pauvreté (en %)	7,1	7,5	7,7	7,9
Seuil de pauvreté (euros constants 2011/mois)	821	824	815	814
Niveau de vie médian des personnes pauvres (euros constants 2011/mois)	676	681	671	673

Source : « Les niveaux de vie en 2011 », *Insee Première*, septembre 2013.

Champ : France métropolitaine, personnes vivant dans un ménage dont le revenu déclaré au fisc est positif ou nul et dont la personne de référence n'est pas étudiante.

Lecture : En 2011, 14,3 % de la population vit en dessous du seuil de pauvreté (taux de pauvreté).

DOC. 4 Espérance de vie à 35 ans des hommes en France selon leur catégorie socioprofessionnelle

	Cadres	Ouvriers
Espérance de vie totale	47 ans	41 ans
Espérance de vie sans problèmes sensoriels et physiques*	34 ans	24 ans

Source : Ined, données 2003.

*Espérance de vie avant de rencontrer des difficultés dans les activités du quotidien (difficultés à voir, à entendre, à marcher, à monter et descendre des escaliers, etc.).

PAR ÉTAPES

COMPRENDRE LE SUJET

Les mots-clés

- **Action des pouvoirs publics :** ensemble des mesures prises par l'État, les administrations publiques et les collectivités territoriales.
- **Inégalités :** différences dans l'accès aux ressources valorisées par une société ; elles se traduisent par des avantages ou des désavantages qui participent à la hiérarchisation des individus ou des groupes sociaux.
- **Lutter :** combattre ou contrecarrer volontairement un phénomène, ici, les inégalités, dans l'objectif de les réduire.

À savoir

Ne confondez pas « efficace » et « efficient ». L'efficacité revient à atteindre les objectifs fixés, quels que soient les moyens mis en œuvre. L'efficience revient à atteindre les objectifs fixés mais en utilisant un minimum de ressources.

- **Efficace :** qui produit l'effet attendu. Être efficace revient à atteindre les objectifs fixés.
- **Dans quelle mesure :** on vous demande de débattre, de discuter l'efficacité d'une action des politiques publiques. Est-ce efficace ? Pour quelles raisons ? À quelles conditions ?

Le cadre spatio-temporel

- Il est défini par les documents qui vous donnent des statistiques récentes sur la France.

MOBILISER SES CONNAISSANCES

Notions connexes

Désincitation • Discrimination • Égalité • Fiscalité • Protection sociale • Services collectifs

Mécanismes

- Les pouvoirs publics peuvent contribuer à la réduction des inégalités en utilisant différents outils. La redistribution corrige les inégalités de répartition des revenus primaires, par des prélèvements et des prestations sociales. La protection sociale assure une prise en charge collective des conséquences individuelles de la survenue de certains risques sociaux. La fiscalité réduit l'éventail des revenus disponibles par une redistribution verticale et alimente les recettes budgétaires permettant de financer des services collectifs, fournis à titre gratuit ou quasi-gratuit et accessibles à tous. La lutte contre les discriminations vise l'égalité des droits en limitant les différences de traitement des individus en fonction de critères jugés illégitimes (âge, sexe, couleur de peau, religion, etc.).
- L'action des pouvoirs publics s'exerce sous contrainte (notamment financière). Elle fait également l'objet de critiques quant à son efficacité, aux risques d'effets pervers qu'elle génère (désincitation). Ces critiques ouvrent le débat sur sa légitimité, notamment à travers la question du consentement à l'impôt.

ORGANISER SES IDÉES

La problématique

Avec la mise en place des États-providence après la Seconde Guerre mondiale se développent des politiques de lutte contre l'ensemble des inégalités. Ces politiques utilisent essentiellement quatre outils : la fiscalité, la production de services collectifs, la protection sociale avec la redistribution des revenus qui en découle et les mesures de lutte contre les discriminations. Peut-on dire que ces mesures ont atteint les objectifs qu'elles s'étaient fixés ? Ces actions ont-elles réellement permis de réduire significativement les inégalités ?

Le plan

- L'énoncé invite au débat, avec l'expression « dans quelle mesure ». Il s'agit donc de discuter des effets des mesures prises par les pouvoirs publics sur la réduction des inégalités. Plusieurs axes de réflexions et donc plusieurs plans sont possibles : montrer l'efficacité des mesures prises puis leurs limites, discuter l'efficacité de chaque mesure l'une après l'autre, distinguer les objectifs, partir des conceptions de la justice sociale, etc.
- Le plan choisi est un plan dialectique et intègre, dans chaque partie, des sous-parties regroupant les outils et leurs objectifs en termes d'égalité recherchée. Il s'agit donc de montrer que les pouvoirs publics disposent de différents outils leur permettant de tendre vers l'égalité des situations, des droits et des chances (partie I). Cependant, ces actions n'ont pas toujours réussi à réduire les inégalités, notamment parce qu'elles génèrent des effets pervers (partie II).

Méthode

Discuter de l'efficacité de l'intervention économique ou sociale de l'État est une question classique. Un plan dialectique est souvent adapté. La difficulté pour traiter ce type de sujet est d'organiser les arguments à l'intérieur de chaque grande partie.

Analyser les documents

	I. Les pouvoirs publics disposent de plusieurs outils pour lutter contre les inégalités.	II. Mais ces actions n'ont pas toujours atteint leurs objectifs.
DOC. 1 *Tableau : niveaux de vie annuels avant et après redistribution (euros par UC) - 2012*	Déciles (D1 et D10) des niveaux de vie avant et après redistribution des revenus. Taux de redistribution différents selon le décile : plus le niveau de vie des ménages est élevé, plus le taux de redistribution diminue (il devient même négatif) : de 141 % pour D1 à –21,5 % pour D10.	Possibilité d'estimer le rapport interdécile (D10/D1) : environ 18 avant redistribution et moins de 6 après redistribution. (→ colonne I)
DOC. 2 *Texte présentant deux lois instituant la parité hommes/femmes en politique*	Exemple de mesure de discrimination positive : quotas imposés pour composer les listes électorales.	Exemple de mesure visant à concrétiser une égalité des droits ancienne, mais qui peinait à être concrétisée.
DOC. 3 *Tableau statistique sur l'évolution des indicateurs de pauvreté, France (2008-2011)*	Montée de la pauvreté monétaire qui peut s'analyser comme un échec de la politique publique contre les inégalités et dans le contexte des suites de la crise de 2008. (→ colonne II)	Augmentation du nombre de personnes pauvres (+ 1 million) et du taux de pauvreté (+ 1,4 point) en France entre 2008 et 2011, selon l'indicateur européen (niveau de vie inférieur à 60 % du niveau de vie médian). Baisse du niveau de vie en euros constants des personnes pauvres.
DOC. 4 *Espérances de vie à 35 ans des hommes en France selon leur CSP*	Données qui interrogent l'efficacité de l'action des pouvoirs publics en matière de lutte contre les inégalités sociales. (→ colonne II)	Espérance de vie des cadres à 35 ans plus longue de 6 ans que celle des ouvriers. Écart plus élevé (10 ans) pour l'espérance de vie en bonne santé. Ces inégalités sociales renvoient aux conditions de travail, d'emploi et de revenu et aux conditions de vie (accès aux soins et à la prévention).

CORRIGÉ 11

Comprendre le corrigé

La déclaration française des droits de l'homme et du citoyen de 1789 institue l'égalité et la liberté, dès sa première phrase : « Les hommes naissent et demeurent libres et égaux en droits ». La contradiction entre cette égalité proclamée des droits et les inégalités réelles des conditions d'existence fonde le débat sur la justice sociale. Certes, il y aura toujours des différences entre les individus au sein d'une même nation, mais lorsqu'elles se traduisent par des avantages et des désavantages entre individus et groupes sociaux, elles forment des inégalités qui peuvent être jugées non légitimes ou injustes. Afin de maintenir le lien social, les pouvoirs publics adoptent des mesures visant à lutter contre certaines inégalités économiques et sociales. Les outils qu'ils utilisent sont fonction des objectifs qu'ils se fixent et donc de leur conception de la justice sociale. Toute réflexion sur la justice sociale se fonde en effet sur un principe d'égalité, mais égalité de quoi ? Généralement, nous en distinguons trois : l'égalité des droits, l'égalité des chances et l'égalité des situations. Pour tendre vers plus de justice sociale, les pouvoirs publics utilisent différents outils : la fiscalité, la production de services collectifs, la protection sociale et la redistribution des revenus qui en découle et, enfin, la lutte contre les discriminations. Peut-on dire que ces politiques ont atteint les objectifs qu'elles s'étaient fixés ? Ces actions ont-elles réellement permis de réduire significativement les inégalités ?

Méthode
Quand vous abordez la question des politiques publiques, précisez les outils qui sont à la disposition des pouvoirs publics.

Nous montrerons ainsi que les pouvoirs publics disposent de différents outils leur permettant de tendre vers l'égalité des droits, des chances et des situations (partie I). Cependant, ces actions n'ont pas toujours réussi à réduire les inégalités, notamment parce qu'elles génèrent des effets pervers (partie II).

Méthode
Pour annoncer votre plan, soyez précis dans l'énonciation des idées que vous allez développer.

I. Les différents outils des politiques de lutte contre les inégalités...

Les pouvoirs publics disposent de quatre outils permettant de lutter contre les inégalités. Le premier est la fiscalité qui consiste à prélever une partie des revenus des contribuables. Lorsque l'impôt est progressif, comme c'est le cas pour l'impôt sur le revenu ou pour l'impôt sur la fortune immobilière, il permet de réduire les inégalités de revenus et de patrimoines. La progressivité de l'impôt signifie que plus le niveau de revenu est élevé plus le poids relatif de l'impôt est important. Nous pouvons ainsi estimer que les prélèvements sociaux et les impôts représentent une portion très faible (165 €/4 128 €) du revenu des 10 % des Français les plus pauvres, alors qu'ils pèsent un peu plus de 20 % (15 886/72 195) pour les 10 % des Français les plus riches (doc. 1)

Méthode

Faites des calculs simples (pourcentages ou coefficients multiplicateurs). Même si les résultats sont approximatifs (sans calculette), ils peuvent illustrer vos arguments.

Le deuxième outil est la protection sociale et permet une redistribution. Non seulement les prélèvements sont d'autant plus élevés que les revenus du ménage sont importants, mais en outre, les prestations reçues par les ménages sont d'autant plus importantes que les ménages sont pauvres. Ainsi, chaque année, les 10 % des Français les plus pauvres reçoivent 5 985 € en prestations sociales, alors que les 10 % les plus riches n'en perçoivent que 345 (doc. 1). Ce document montre ainsi que le taux de redistribution est différent selon le décile : plus le niveau de vie des ménages est élevé, plus le taux de redistribution diminue (il devient même négatif) : il passe de 141 % pour D1 à –21,5 % pour D10. Nous pouvons même estimer le rapport interdécile (D10/D1) : il est d'environ 18 avant redistribution et moins de 6 après redistribution. Cela signifie que les inégalités en termes de revenu disponible (après redistribution) sont trois fois plus faibles que les inégalités en termes de revenus primaires (avant redistribution).

Méthode

Ne vous contentez pas de citer ou d'illustrer les actions des pouvoirs publics ; expliquez leur fonctionnement.

Le troisième outil utilisé permet aussi une redistribution mais passe par la production de services collectifs. Les pouvoirs publics, du moins en France, interviennent dans la production de services collectifs (éducation, santé, logement social, justice…). En offrant aux ménages ces services non marchands, les pouvoirs publics évitent ainsi que les ménages les plus pauvres soient exclus de l'accès à ces services. En ce sens, ils permettent de réduire les inégalités qui seraient produites dans le cas d'une production marchande de ces services. Par exemple, le système hospitalier offre un service de soins gratuits et de même qualité à toute la population quels que soient ses revenus.

Piège à éviter

Ne perdez pas de vue votre sujet ! Le risque ici est de focaliser votre attention sur les outils de l'action publique et d'oublier d'expliquer en quoi chaque outil permet de réduire les inégalités et lesquelles.

Enfin, le dernier outil utilisé cherche à lutter contre les discriminations qui sont des différences de traitement reposant sur un critère interdit par la loi, comme par exemple le sexe, l'âge, l'apparence physique, les appartenances religieuses... Parce que les inégalités ne sont pas toutes économiques, elles ne peuvent pas toutes être réduites par une politique de redistribution des revenus. Il s'agit alors de viser un objectif d'équité : donner plus à des individus appartenant à des groupes sociaux identifiés comme désavantagés par un traitement égalitaire. Certaines lois servent ainsi l'égalité des droits et des chances (femmes en politique, accès aux grandes écoles, désenclavement de territoires isolés). Il s'agit de mesures de discrimination positive. Par exemple, la loi de 2000 sur la parité en politique impose aux partis politiques un nombre égal d'hommes et de femmes parmi les candidats aux élections ainsi que l'alternance hommes-femmes sur les listes, sous peine d'amende (doc. 2). Cette mesure vise à lutter contre les discriminations subies par les femmes qui étaient sous-représentées dans le domaine politique.

Gagnez des points !

Expliquez les notions que vous utilisez. Ici, par exemple, les notions d'équité ou de discrimination positive doivent être précisées et illustrées.

Ainsi, la fiscalité, la protection sociale, la production de services collectifs et la législation sont des moyens complémentaires de lutter contre les différents types d'inégalités (des droits, des chances et des situations). Cependant, l'efficacité de ces actions est parfois limitée.

Méthode

Les connecteurs logiques (« ainsi », « cependant ») utilisés dans votre transition permettent au lecteur de suivre votre raisonnement. Vous concluez la première partie et annoncez la seconde.

II. ... n'ont pas atteint tous leurs objectifs initiaux

Méthode

Vous avez ici l'exemple d'un « titre à tiroir » : les deux titres sont formés à partir de la même phrase qui est issue de la problématique.

Malgré les différentes actions des pouvoirs publics, dans le cadre de l'État-providence, certaines inégalités demeurent, montrant ainsi que ces actions n'ont pas toujours atteint l'objectif recherché. Plusieurs raisons peuvent être avancées.

Tout d'abord, ces actions se heurtent à certaines contraintes économiques. Les transformations de l'emploi, notamment sa précarisation, et l'existence d'un chômage élevé, accroissent les inégalités de niveau de vie. Cela est montré par l'augmentation du nombre de personnes pauvres (+ 1 million) et du taux de pauvreté (+ 1,4 point) en France entre 2008 et 2011, selon l'indicateur européen (niveau de vie inférieur à 60 % du niveau de vie médian), ainsi que par la baisse du niveau de vie en euros constants des personnes pauvres (doc. 3). Cette hausse de la pauvreté monétaire peut s'analyser comme un échec relatif de la politique publique contre les inégalités dans le contexte économique qui a suivi la crise financière de 2008. Par ailleurs, la redistribution et la production de services collectifs sont limitées par le poids croissant de la dette publique, accentué par le ralentissement des rentrées fiscales. Notons d'ailleurs que le système fiscal français est peu redistributif, dans la mesure où ce sont les impôts indirects (comme la T.VA.) qui prédominent, alors qu'ils sont socialement injustes.

Gagnez des points !

N'hesitez pas à utiliser vos connaissances personnelles ou des connaissances abordées dans d'autres chapitres, pour montrer que vous avez une culture économique et sociale plus générale.

Ensuite, les inégalités ont un caractère systémique et cumulatif et leur réduction peut s'avérer difficile. C'est le cas, par exemple, des inégalités scolaires qui génèrent différents types d'inégalités (emploi, revenu, modes de vie, santé,…) ou encore des inégalités entre hommes et femmes qui sont ancrées dans des phénomènes socioculturels anciens et qui engendrent des inégalités de revenus, d'accès à certains emplois ou fonctions et aux positions de pouvoir.

Enfin, certaines inégalités sociales sont liées aux comportements des individus en fonction de leur milieu social d'appartenance. Par exemple, l'accès aux soins n'est pas un droit utilisé par tous, selon la catégorie sociale. Cela peut expliquer que l'espérance de vie des cadres à 35 ans est plus longue de 6 ans que celle des ouvriers, cet écart étant plus élevé (10 ans) pour l'espérance de vie en bonne santé (doc. 4). Certes, ces inégalités sociales renvoient aux conditions de travail, d'emploi et de revenu, mais aussi aux conditions de vie et aux comportements face à l'accès aux soins et à la prévention. Par ailleurs, les mesures de discrimination positive s'avèrent parfois insuffisantes. Par exemple, les lois sur la parité ont effectivement permis à plus de femmes d'être élues, mais elles restent néanmoins sous-représentées dans les fonctions politiques les plus importantes (maire, présidence de conseil départemental ou régional).

À savoir

N'oubliez pas que les inégalités ne sont pas qu'économiques. Vous devez donc aborder la question des inégalités sociales.

Au-delà de ces contraintes et de ces difficultés à lutter contre les inégalités économiques et sociales, notons que les actions mises en œuvre peuvent être contre-productives. Elles peuvent ainsi créer des effets désincitatifs. Par exemple, l'indemnisation des chômeurs peut décourager la recherche d'emploi (trappe à inactivité) ou encore, les mesures de discrimination positive peuvent générer un phénomène de stigmatisation. Ces actions génèrent ainsi des effets pervers, c'est-à-dire des effets négatifs, allant à l'encontre de l'objectif initialement visé.

Pour conclure, nous avons montré que les pouvoirs publics avaient à leur disposition plusieurs outils pour lutter contre les inégalités économiques et sociales. La fiscalité, la redistribution des revenus et la production de services collectifs permettent de réduire significativement les inégalités de revenus et servent d'amortisseur en cas de crise économique. La législation permet, de son côté, de poursuivre un objectif d'équité et de limiter les inégalités sociales. Cependant, la persistance de certaines inégalités, voire leur recrudescence, relativise l'efficacité de ces actions qui sont de plus en plus contraintes économiquement et financièrement et qui se heurtent à des comportements individuels ou des effets pervers. Ces derniers arguments alimentent le débat sur la nécessité de l'existence même de l'État-providence qui semble être mise en question.

Méthode

N'hésitez pas à reprendre les idées essentielles de vos grandes parties, au début de votre conclusion. Même si vous avez le sentiment de vous répéter, ce sont des précisions nécessaires pour expliciter votre raisonnement.

Méthode

En ouverture, vous pouvez aborder un enjeu plus large que le sujet. Ici, par exemple, la question de l'efficacité de la lutte contre les inégalités pose plus généralement la question de la légitimité d'un État-providence.

Quelle action publique pour l'environnement ?

Faire le point

L'essentiel

1 Les acteurs en présence

- Différents acteurs (pouvoirs publics, ONG, partis politiques, entreprises, experts, mouvements citoyens) entretenant des relations de coopération et de conflit, font émerger des questions environnementales dans le débat public. Leurs actions permettent d'inscrire ces questions à l'agenda politique.

2 Une action publique à différentes échelles

- La mise à l'agenda politique permet aux pouvoirs publics de prendre des décisions et des mesures à différents niveaux : local (communes, départements, régions), national, européen et mondial. Les décisions prises à chaque niveau sont en adéquation les unes avec les autres.

3 Les instruments utilisés dans l'exemple du changement climatique

- Le climat, en tant qu'exemple de bien commun, montre que l'environnement est menacé par nos modes de production et de consommation qui, en générant des externalités négatives, nuisent à la préservation de l'environnement. Pour faire face à ces externalités négatives, les pouvoirs publics disposent de plusieurs instruments : la réglementation, la taxation, les subventions à l'économie verte et le marché des quotas d'émission. Mais, cette action publique, nécessaire à l'échelle mondiale, se heurte à certains obstacles. Tous les pays n'ont en effet pas le même profil. Certains pays font le choix de ne pas intervenir et ont une stratégie de passager clandestin ; d'autres sont limités dans leurs actions du fait d'un niveau de développement peu élevé. Ces deux éléments limitent ainsi la portée des accords internationaux sur le changement climatique et la préservation de l'environnement.

OUTILS THÉORIQUES

→ Mancur Olson (1966) définit la **stratégie du passager clandestin** comme le comportement d'un individu rationnel caractérisé par la volonté de bénéficier d'un bien, d'un service ou des avantages d'une action collective, sans en payer le prix ou sans en supporter le coût direct ou indirect.

→ Garett Hardin (1968) appelle la « **tragédie des biens communs** », le phénomène collectif de surexploitation d'une ressource commune (bien rival et non excluable). Elle provient de stratégies rationnelles individuelles face à une ressource limitée ; le conflit entre intérêt individuel et bien commun aboutit à un résultat perdant-perdant.

Schéma bilan

L'action publique pour l'environnement

DÉPEND DE

Certains acteurs entretenant des relations de coopération ou de conflit...

- Pouvoirs publics
- Mouvements citoyens
- Entreprises politiques
- ONG
- Experts
- Partis

... qui se mobilisent sur des questions environnementales...

... et permettent l'inscription de ces questions environnementales à l'agenda politique.

SE TRADUIT PAR

Des décisions d'intervention publique à différentes échelles (locale, nationale, européenne, mondiale)

Réglementation
- Limites, obligations ou interdictions assorties de sanctions

Subvention et taxe
- Incitations financières (pollueur-payeur)

Marché de quotas d'émission
- Régulation marchande des quantités de pollution émises

Les obstacles à l'action publique

Conflits d'intérêts
- Activité des lobbies
- Conciliation difficile entre des intérêts divergents (environnementaux, économiques)

Biens communs
(rivaux et non exclusifs)
donc risque de surconsommation

(non rivaux et non exclusifs)
Risque de comportements de passager clandestin

Difficultés à trouver des compromis et à signer des accords internationaux

En bref Pour aborder les sujets portant sur ce chapitre, il faut savoir que :

- plusieurs acteurs interviennent dans la mise à l'agenda politique. ☐
- l'action publique pour l'environnement s'organise à différents niveaux, du local au mondial, qui s'articulent entre eux. ☐
- le climat est un bien commun. ☐
- les pouvoirs publics disposent d'instruments pour faire face aux externalités négatives sur l'environnement (réglementation, taxation, subvention à l'économie verte, marchés des quotas d'émission). ☐
- les accords internationaux sont contraints par la stratégie de certains pays et la situation des pays en développement. ☐

J'ai tout coché ? Je passe le test page suivante

Contrôler ses connaissances

corrigés p. 213

QCM *Cocher les bonnes réponses.*

1. **La mise à l'agenda politique est :**
   - ☐ **a.** décidée uniquement par le gouvernement.
   - ☐ **b.** décidée par des partis politiques.
   - ☐ **c.** influencée par des entreprises, des ONG ou des mouvements citoyens.

2. **On appelle externalités négatives :**
   - ☐ **a.** les conséquences nuisibles d'une activité qu'un agent économique va provoquer sur d'autres, mais qu'il va toujours tenter de limiter.
   - ☐ **b.** les activités d'un agent économique qu'elles soient nuisibles ou non mais qui ne donnent pas lieu à des compensations monétaires.
   - ☐ **c.** les conséquences nuisibles d'une activité qu'un agent économique va provoquer sur d'autres, sans pour autant les dédommager.

3. **Les marchés des quotas d'émission permettent :**
   - ☐ **a.** aux pouvoirs publics d'échanger sur la façon de limiter les émissions polluantes comme par exemple les gaz à effet de serre.
   - ☐ **b.** aux entreprises d'échanger des droits à polluer accordés par les pouvoirs publics.
   - ☐ **c.** aux entreprises d'échanger des techniques pour ne plus polluer.

Acteurs *Identifiez les acteurs concernés et la nature de leur relation (conflit ou coopération) sur ces questions environnementales.*

1 Les députés des partis écologistes votent pour un projet de loi du gouvernement contre la pollution.

Acteurs concernés :

Nature des relations :

2 L'association WWF diffuse sur Internet les conditions de vie des orangs-outans.

Acteurs concernés :

Nature des relations :

3 Une jeune Suédoise, Greta Thunberg, déplore publiquement l'inaction des pouvoirs publics et initie des marches pour le climat.

Acteurs concernés :

Nature des relations :

4 Des communes, dont la ville de Grenoble, et des associations, dont *Notre affaire à tous,* poursuivent en justice Total pour non-respect de la loi du 21 février 2017, relative au devoir de vigilance en matière d'environnement.

Acteurs concernés :

Nature des relations :

5 Le GIEC publie un rapport sur les effets du réchauffement climatique si aucune nouvelle action publique n'est menée.

Acteurs concernés :

Nature des relations :

Vers le sujet de BAC

DOC. Évolution du prix des quotas d'émission (en €/tonne de CO_2)

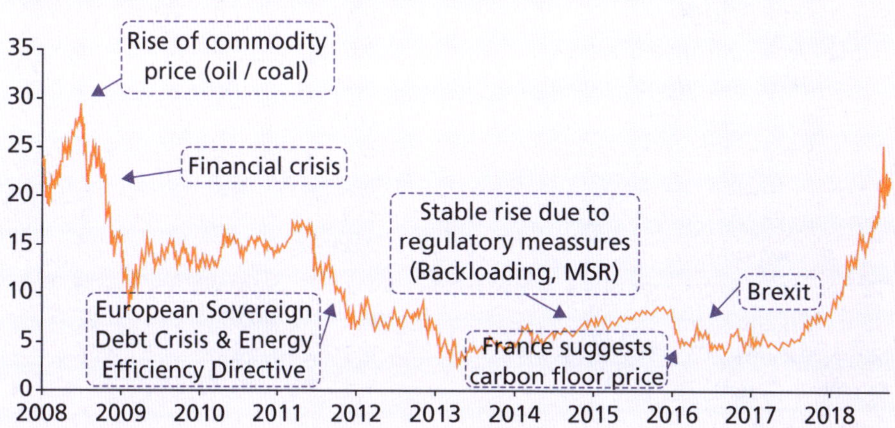

Source : BearingPoint, d'après *Markets Insiders*, « *CO_2 European Emission Allowances* », 30-06-2019.

Présenter le document ci-dessus en répondant aux questions suivantes

1 Quelle est la nature du document ? De quoi y est-il question ? Qui en est l'auteur ?

2 Déterminez des périodes relatant les évolutions entre 2008 et 2019.

3 Calculez les évolutions en % pour chaque période.

MÉTHODE
SUJETS PAS À PAS
SUJETS COMME À L'EXAMEN

Sujet guidé

SUJET 12 D'après Liban, 2013

10 pts 2h45

Raisonnement

› À l'aide de vos connaissances et du dossier documentaire, vous montrerez que l'action publique en matière de changement climatique repose sur la complémentarité de différents instruments.

DOC. 1 Émissions de CO2[1] par habitant liées à la consommation d'énergie[2]

En tonnes de CO2 / habitant	1990	2009	Évolution 1990-2009 (%)
Amérique du Nord	**15,5**	**13,6**	**– 12,1**
dont : Canada	15,6	15,4	– 1,2
États-Unis	19,5	16,9	– 13,2
Amérique latine	**1,7**	**2,2**	**+29,3**
dont : Brésil	1,3	1,7	+34,2
Europe et ex-URSS	**9,4**	**7,1**	**– 24,8**
dont : Union européenne à 27	*8,6*	*7,1*	*– 16,6*
Ex-Union européenne à 15	*8,4*	*7,4*	*– 12,7*
dont : Allemagne	*12,0*	*9,2*	*– 23,5*
Espagne	*5,3*	*6,2*	*+16,9*
France	*6,1*	*5,5*	*– 9,3*
Italie	*7,0*	*6,5*	*– 7,7*
Royaume-Uni	*9,6*	*7,5*	*– 21,4*
12 nouveaux États membres	*9,1*	*6,4*	*– 29,9*
dont : Russie	*14,8*	*10,8*	*– 26,8*
Moyen-Orient	**4,5**	**7,8**	**+73,6**
Extrême-Orient	**1,6**	**3,1**	**+89,8**
dont : Chine	2,0	5,1	+161,2
Corée du Sud	5,3	10,6	+97,7
Inde	0,7	1,4	+100,2
Océanie	**13,8**	**16,1**	**+16,9**
Monde	**4,0**	**4,3**	**+7,8**

Source : *Chiffres et statistiques*, Commissariat général au développement durable, 2011.

1. CO_2 : le dioxyde de carbone est un gaz à « effet de serre » contribuant au réchauffement climatique.
2. Émissions dues à la consommation d'énergie fossile (pétrole, gaz, charbon…) pour un usage final (transport, chauffage…) ou non (production d'électricité, raffinage de pétrole…).

DOC. 2

Une taxe environnementale sur les émissions vise à introduire une incitation à réduire les atteintes à l'environnement en leur donnant un prix. (...) L'intérêt d'utiliser un système de taxe pour tarifer la nuisance environnementale est d'envoyer un signal-prix clair aux entités économiques. (...) Les taxes et les permis d'émission sont souvent opposés l'un à l'autre. (...) La revue des instruments politiques qui se mettent progressivement en place dans le cadre de l'action contre le changement climatique montre pourtant clairement qu'ils sont bien plus complémentaires que concurrents. (...) Des États européens comme le Danemark, la Norvège, le Royaume-Uni et la Suède ont en effet réussi à instituer une taxe carbone. (...) Dans la pratique, la difficulté pour les pouvoirs publics est moins de choisir entre les différents instruments que de trouver la bonne combinaison entre eux et d'en réunir les conditions d'acceptabilité. (...) L'acceptabilité de la taxe est d'autant plus un enjeu dans le contexte d'un accord international sur le climat que l'imposition d'une taxe au niveau international soulève des questions de souveraineté. De fait la taxe est moins acceptable qu'un système de permis, comme on l'a vu dans le cadre du protocole de Kyoto[1] et au niveau européen.

Perthuis Christian, Shaw Suzanne, Lecourt Stephen, « Normes, écotaxes, marchés de permis : quelle combinaison optimale face au changement climatique ? », *Les Cahiers du Programme de Recherche en Économie du Climat*, juin 2010.

1. En 1997, le protocole de Kyoto a fixé des quotas visant à réduire globalement les émissions de gaz à effet de serre de 5 % entre 2008 et 2012 par rapport à la situation de 1990.

DOC. 3 Volumes de transactions de quotas[1] depuis le lancement du système d'échange de quotas dans l'Union européenne

	Volumes échangés (en millions de quotas)	Valeur des transactions (en millions d'euros courants)	Prix moyen du quota (en euros courants)
2005	262	5 400	20,6
2006	828	14 500	17,5
2007	1 458	25 200	17,3
2008	2 731	61 200	22,4
2009	5 016	65 900	13,1

Source : « Références économiques pour le développement durable, Prix du quota de CO_2 et taxe carbone : quelques éléments de cadrage », de Perthuis Christian, Delbosc Anaïs, *Conseil économique pour le développement durable*, 2010.

1. Un quota représente un droit d'émission d'une tonne de dioxyde de carbone (CO_2).

MÉTHODE

SUJETS PAS À PAS

SUJETS COMME À L'EXAMEN

PAR ÉTAPES

COMPRENDRE LE SUJET

Les mots-clés

- **Action publique :** mise en œuvre des politiques publiques par les pouvoirs publics et ses administrations.
- **Instruments :** outils de l'action publique en matière de changement climatique.
- **Complémentarité :** c'est l'idée que les choses se complètent, qu'elles sont chacune utiles. La question de la complémentarité des instruments de la politique climatique renvoie à celle de leur efficacité respective : les limites d'un instrument doivent être dépassées par les avantages d'un autre.
- **Changement climatique :** correspond à une modification durable du climat de la Terre ; il se traduit notamment par un réchauffement climatique, résultant d'une modification de la composition de l'atmosphère terrestre par les émissions de gaz à effet de serre engendrées par les activités humaines depuis la Révolution industrielle (fin XVIIIe et XIXe siècles).

Le cadre spatio-temporel

- Le cadre spatio-temporel est défini par la nature même du sujet : il est mondial et contemporain puisque l'action publique en matière de changement climatique est récente. Vous pourrez donc vous appuyer sur des exemples d'instruments mis en œuvre dans différents pays, même si les exemples que vous connaissez le mieux sont français ou européens.

MOBILISER SES CONNAISSANCES

Notions connexes

Bien commun • Externalité • Innovation verte • Marché de quotas d'émission • Réglementation • Subvention • Taxation

Mécanismes

- Le climat est un bien commun (rival et non excluable). Rival, parce que la consommation de ce bien par un usager entraîne une réduction de la consommation des autres usagers. La détérioration du climat réduit ainsi le bien-être de chacun. Non excluable parce qu'il est impossible d'exclure un usager ou de lui faire payer l'usage de ce bien.
- Le marché est défaillant pour gérer les biens communs, soumis aux comportements de passagers clandestins et à l'existence d'externalités négatives. Ce type de bien doit être régulé de manière coopérative, par les pouvoirs publics, sinon, les mécanismes du marché risquent de conduire à une détérioration irréversible du climat (principe de la « tragédie des biens communs »).

ORGANISER SES IDÉES

L'enjeu du sujet

Le sujet porte sur la « complémentarité des instruments ». Pourquoi plusieurs instruments ? L'enjeu du sujet porte donc sur leur efficacité respective. Vous devez donc vous interroger sur les avantages (portée et efficacité) et les limites de chacun des instruments, afin de montrer leur complémentarité : si un autre instrument est nécessaire, c'est parce que le précédent présente des limites. Il s'agit alors de montrer que multiplier les instruments vise à lutter le plus efficacement possible contre le changement climatique.

Conseil

Ne vous contentez pas de décrire le fonctionnement de chaque instrument. Sans exposer le cadre de leur application et leurs limites, vous passez à côté de la question de leur complémentarité.

Le plan

Vous pouvez proposer un plan analytique qui permet d'expliquer les différents types d'instruments de l'action publique, en insistant sur les avantages et les limites de chacun.

I – L'efficacité des instruments non économiques (réglementation)

II – L'efficacité de la fiscalité environnementale (subvention et taxation)

III – L'efficacité du marché de quotas d'émission

Attention !

Vous avez un dossier documentaire qui n'aborde pas l'instrument de la réglementation. Lire les documents avant d'avoir réfléchi au sujet risque donc de vous faire oublier ce troisième instrument.

Analyser les documents

Méthode

Comme le dossier documentaire n'aborde que deux instruments et comme le plan choisi est également en lien avec ces instruments, l'analyse des documents peut se faire différemment.

Que retenir dans chaque document ?

DOC. 1 ▶ ***Tableau statistique présentant l'évolution des émissions de CO_2 par habitant, liées à la consommation d'énergie, entre 1990 et 2009 dans l'ensemble du monde et dans différentes zones géographiques.***

Constats :

– Certaines zones ou pays émettent beaucoup de gaz à « effet de serre » par habitant, à cause de leur consommation d'énergie : Océanie, Amérique du Nord, Russie et Corée du Sud ; ils dépassent les 10 tonnes de CO_2 par habitant en 2009.

– Parmi ces régions, l'Amérique du Nord et la Russie ont réduit significativement leurs émissions de CO_2 par habitant entre 1990 et 2009 (respectivement –12,1 % et –26,8 %).

Que retenir dans chaque document ?

DOC. 1

– D'autres régions ont vu leurs émissions de CO_2 par habitant considérablement augmenter : +16,9 % pour l'Océanie et un quasi-doublement pour la Corée du Sud, comme pour l'ensemble de la zone extrême-orientale.
– Seuls les pays du continent européen (sauf l'Espagne) ont réduit leurs émissions.
Analyses : les émissions de CO_2 dépendent du niveau de développement des pays.
– Les pays émergents qui émettent plus de CO_2, du fait de leur croissance, avec un effet de rattrapage dû à la consommation d'énergie en hausse (Extrême et Moyen-Orient, Amérique latine).
– Les pays industriels qui ont mis en œuvre des actions publiques pour lutter contre les émissions de CO_2 de manière assez efficace (Europe et ex-URSS) ou moins efficace (Amérique du Nord).

DOC. 2

▶ ***Texte présentant la complémentarité de deux instruments : la taxe environnementale et les permis d'émission.***

Constats :
– La taxe environnementale agit comme un signal-prix et permet d'orienter les choix des agents (« incitation à réduire les atteintes à l'environnement »). Ex : la taxe carbone (Danemark, Norvège, Suède et Royaume-Uni)
– La difficulté d'imposer une taxe au niveau international (« acceptabilité » sociale et « souveraineté » politique des États).
– La solution d'un marché de quotas d'émissions est plus appropriée.
– Les deux instruments (taxes et permis d'émission) sont « bien plus complémentaires que concurrents ».

DOC. 3

▶ ***Tableau statistique faisant un état des lieux du marché européen des quotas d'émissions de CO_2 entre 2005 et 2009 : volumes échangés, valeur des transactions et prix d'une tonne de CO_2.***

Constat : développement du marché européen des quotas d'émissions de CO_2 avec des volumes échangés et une valeur globale des transactions multipliés respectivement par 20 et 12.
Analyse : l'écart entre les deux progressions s'explique par la diminution du prix de la tonne de CO_2 : il a été quasiment divisé par 2.
Remarques : ces évolutions montrent l'efficacité relative du marché des quotas.
– La progression des volumes montre que les acteurs économiques concernés se sont emparés de cet outil.
– Mais la baisse importante du prix de la tonne de CO_2 signifie que l'offre est supérieure à la demande.
Explications :
1) l'effort fait par les entreprises pour réduire leurs émissions en-deçà de leurs quotas ;
2) le ralentissement de l'activité économique en 2009, suite à la crise financière.

Que retenir dans chaque document ?

DOC. 3 Analyse : la faiblesse de ce prix agit comme un signal et risque de ne pas inciter les entreprises à faire davantage d'efforts pour réduire leurs émissions ; vendre des droits à polluer ne rapporte pas suffisamment et en acheter ne coûte pas suffisamment cher. L'effet incitatif risque alors de devenir faible.

CORRIGÉ 12

Comprendre le corrigé

Depuis 1992, l'organisation de « sommets de la Terre » décennaux, au niveau international, montre une prise de conscience des effets des activités humaines sur l'environnement. L'intensification de la production industrielle et l'évolution des modes de vie ont en effet des conséquences écologiques importantes : épuisement des ressources naturelles, dégâts environnementaux et changement climatique. D'un point de vue économique, l'environnement peut être considéré comme un bien commun et les atteintes à l'environnement comme des externalités négatives. Ces deux caractéristiques impliquent donc l'intervention des pouvoirs publics. Ceux-ci doivent alors prendre des mesures visant à lutter contre les atteintes à l'environnement. Pour mettre en œuvre cette action publique visant à préserver l'environnement, les pouvoirs publics disposent de trois instruments : la réglementation, la fiscalité et la création d'un marché des quotas d'émissions de gaz à « effet de serre ». La diversité de ces instruments prouve qu'aucun n'est, à lui seul, efficace. Nous étudierons donc la question de l'efficacité de cette action publique en matière environnementale, en montrant qu'elle passe par la complémentarité de ces instruments. Cette complémentarité sera démontrée à travers l'analyse de la portée et des limites des instruments non économiques (partie I) et des instruments économiques : la fiscalité (partie II) et le marché des quotas (partie III).

Méthode
Dans l'introduction, montrez quel est l'intérêt de réfléchir au sujet proposé.

Méthode
On explique ici le terme « complémentarité » du sujet.

Méthode
Pensez à annoncer votre plan dans l'introduction.

MÉTHODE

SUJETS PAS À PAS

SUJETS COMME À L'EXAMEN

I. L'efficacité des instruments non économiques : normes et réglementation

Les externalités négatives d'ordre climatique peuvent être combattues par la réglementation mais celle-ci connaît des limites. La réglementation consiste à imposer des normes ou des interdictions. Elle vise ainsi à agir sur les activités qui sont sources d'externalités négatives, en les interdisant ou les limitant. Concrètement, cette réglementation consiste à imposer des obligations de faire (par exemple, installer des pots catalytiques sur les véhicules) ou de ne pas faire (par exemple, interdire l'utilisation de certains gaz dans les bombes aérosols, responsables de la dégradation de la couche d'ozone). Le non-respect de ces règles implique alors des sanctions qui doivent être pensées et organisées en amont par les pouvoirs publics. Cet instrument a l'avantage d'être facile et peu coûteux à mettre en place.

Méthode
Les exemples concrets que vous mobilisez montrent que vous faites le lien entre le cours et la vie courante.

Si la mise en place de règles et de normes s'avère particulièrement utile et efficace dans le cas de pollutions ciblées (celles des véhicules par exemple), elle présente cependant quelques inconvénients. En premier lieu, la réglementation a pour défaut de s'appliquer à tous de façon uniforme, sans tenir compte de la diversité des coûts que son application peut engendrer, selon les agents économiques concernés. Elle peut ainsi inciter des producteurs à délocaliser leurs productions vers des pays où la réglementation environnementale est moins contraignante. En second lieu, la réglementation risque de produire des effets contraires à ceux recherchés. Par exemple, les constructeurs automobiles sont contraints de rechercher des solutions visant à réduire les émissions de carbone sur les véhicules. Ces nouveaux véhicules, moins gourmands en carburant, réduisent le coût de leur usage pour les consommateurs qui ne sont alors pas incités à réduire leurs déplacements. L'effet global sur les émissions de CO_2 est alors faible. Ainsi, la réglementation, à elle seule, s'avère insuffisante pour réduire les émissions de gaz à effet de serre. Elle doit être complétée par d'autres instruments, plus incitatifs.

Présentation
Allez à la ligne quand vous commencez une nouvelle sous partie, et seulement dans ce cas-là.

Rédaction
Pour rendre le raisonnement plus fluide, il est conseillé de faire des phrases de transition à la fin d'une partie (comme les deux dernières phrases du I), et des phrases de présentation au début d'une partie (comme la première phrase du I et les deux premières du II).

II. L'efficacité de la fiscalité environnementale

La fiscalité environnementale est l'un des deux instruments économiques de la politique climatique. Plus incitative que la précédente, elle présente cependant, elle aussi, des limites. La fiscalité environnementale repose sur le principe du « pollueur-payeur » énoncé dès les années 1920 par Arthur Cecil Pigou. Cette « écotaxe » a pour objectif d'accroître le coût de production de l'entreprise polluante. C'est une incitation par les coûts et par les prix. Grâce à ce « signal-prix », ce mécanisme devient « incitatif » (doc. 2). Au niveau des coûts de production, il y a internalisation des externalités négatives : le coût de la pollution est intégré au coût de production et vient l'augmenter. À court terme, le producteur est incité à produire moins et donc à émettre moins de pollution. À plus long terme, le producteur est incité à trouver des solutions moins polluantes pour produire, de façon à réduire le montant de son écotaxe. Au niveau des prix, une écotaxe renchérit les prix des produits polluants et incite les consommateurs à se porter vers des produits moins polluants. Le principe de la fiscalité environnementale est relativement efficace dans le cas des pollutions diffuses. C'est le cas notamment lorsque les pollueurs sont nombreux, comme dans les secteurs du transport ou de l'agriculture.

Gagnez des points !

Ils est parfois pertinent d'analyser les effets d'un phénomène à court terme et à long terme, car ils ne sont pas toujours les mêmes.

Cependant, c'est un instrument imparfait : il existe une incertitude sur son effet, puisque les entreprises gardent la liberté de payer la taxe ou de chercher à polluer moins. Comme la réglementation, la fiscalité peut pousser les entreprises à délocaliser leurs productions vers des pays où cette fiscalité n'existe pas (dumping fiscal). Par ailleurs, elle est difficile à mettre en œuvre, et ce pour plusieurs raisons : 1) le taux de taxation est difficile à déterminer ; il ne doit être ni trop faible ni trop élevé ; 2) l'écotaxe implique un système institutionnel suffisamment organisé et opérationnel, de façon à récolter des informations précises sur le volume des pollutions et à percevoir cette taxe ; ce qui n'est pas le cas de certaines régions du monde. Lorsque la fiscalité environnementale est difficile à mettre en œuvre, un dernier instrument économique est alors envisageable : le marché des droits à polluer.

Présentation

Pensez à marquer le passage d'une idée à un autre ou d'un argument à un autre, en allant à la ligne, par exemple.

III. L'efficacité du marché des droits à polluer

Depuis 2004, l'Union européenne a mis en place un marché européen de quotas d'émission qui permet de compléter les deux premiers instruments. Cet instrument économique de l'action publique environnementale consiste à fixer un volume global d'émissions de CO_2 puis à les octroyer, sous forme de quotas, aux entreprises concernées. Les quotas non utilisés peuvent être ensuite vendus sur le marché des quotas d'émission, aux entreprises les plus polluantes qui ont dépassé leur quota initial. Ainsi, sur le marché des quotas d'émissions de CO_2, le prix se fixe en fonction de l'offre et de la demande. Cet instrument repose donc, comme la fiscalité, sur le principe de l'internalisation des coûts de la pollution. C'est une mesure incitative, invitant les pollueurs à réduire leurs émissions de CO_2. L'incitation économique est double : les entreprises sont incitées à trouver des solutions moins polluantes qui non seulement leur évite d'acheter des quotas mais leur permet, en outre, d'en tirer un profit en les vendant. Nous pouvons supposer que c'est l'instauration d'un tel marché qui a permis à l'Europe de réduire de 25 % ses émissions de CO_2 par habitant liées à la consommation d'énergie, entre 1990 et 2009, contrairement aux autres zones ou pays qui ont vu leurs émissions augmenter (doc. 1).

L'efficacité d'un tel marché peut cependant être réduite si le prix de la tonne de CO_2 est trop faible. Ce fut notamment le cas en Europe. Certes, sur le marché européen des quotas d'émissions de CO_2, les volumes échangés ont été multipliés par 20 entre 2005 et 2009 (doc. 3). Cela démontre que les acteurs économiques concernés se sont emparés de cet outil. Cependant, le prix de la tonne de CO_2 a été réduit de près de moitié. Cette baisse signifie tout d'abord que l'offre est supérieure à la demande, signe que les entreprises ont fait l'effort de réduire leurs émissions en-deçà de leurs quotas. Cependant, la faiblesse de ce prix, qui agit comme un signal, risque de ne pas inciter les entreprises à faire davantage d'efforts pour réduire leurs émissions : vendre des droits à polluer ne rapporte pas suffisamment. Parallèlement, les acheteurs ne sont pas non plus incités à réduire leurs émissions : le coût d'achat de quotas supplémentaires n'est pas suffisamment

Méthode

N'oubliez pas d'utiliser des mots de liaison pour rendre lisible votre raisonnement.

Gagnez des points !

N'hésitez pas à écrire que vous faites des hypothèses, comme ici (« nous pouvons supposer que… »). Vous n'êtes pas censés tout savoir, et vous montrez ainsi que vous avez fourni un effort de réflexion pendant l'épreuve.

Actualisation

En 2018, des mesures ont été prises pour contrecarrer la chute du prix de la tonne de carbone (réserves, réduction progressive du plafond de quotas, allocation de quotas de moins en moins gratuite et de plus en plus sous forme d'enchères…). Après avoir plafonné à moins de 10 € jusqu'en 2018, le prix de la tonne de carbone se négocie, en 2019, à 26 € et pourrait dépasser les 30 € dans les prochaines années.

prohibitif. En outre, notons que ce type d'instrument est efficace si les acteurs économiques concernés sont aisément identifiables et que les volumes échangés sont suffisamment importants pour qu'il y ait un véritable marché. Enfin, comme tout marché, il est soumis aux risques liés à l'existence d'informations imparfaites : la variabilité du prix et les mouvements spéculatifs faussent le signal-prix envoyé par le marché et génèrent des incertitudes quant à la rentabilité future des investissements moins polluants.

L'analyse de la portée et des limites de chacun des trois instruments de la politique climatique a permis de montrer leur complémentarité. En effet, chacun a des finalités différentes et touche des acteurs et des activités aux caractéristiques différentes. La réglementation a un caractère plus contraignant et s'applique lorsqu'il est difficile d'identifier les volumes de pollution ; elle agit en amont, sur la source des pollutions. L'écotaxe et le marché des droits à polluer sont des mécanismes incitatifs, visant à modifier les comportements des agents économiques. L'écotaxe est plus adaptée aux pollutions diffuses ; alors que le marché des quotas est plus adapté lorsque les pouvoirs publics se sont fixés un objectif global de pollution et envisagent de le réduire à terme. Ainsi, toute politique climatique doit combiner le plus efficacement possible ces trois instruments en fonction des informations disponibles, du nombre de pollueurs et du type de pollution. Cependant, la politique climatique se heurte à un obstacle de taille : l'environnement est un bien commun international et le seul instrument utilisable actuellement, à cette échelle, est le marché des droits à polluer, ce qui limite fortement l'efficacité de toute politique climatique.

Méthode

La conclusion a deux objectifs :

- résumer les idées du développement ;
- si possible, faire une ouverture, ici sur le caractère international du bien commun environnement et ses conséquences.

CORRIGÉS Contrôler ses connaissances

Quels sont les sources et les défis de la croissance ?

p. 56

QCM

1. a – **2.** c – **3.** a – **4.** b – **5.** c – **6.** a

Auteurs

Joseph Aloïs Schumpeter : Destruction créatrice ; Innovations

Paul Romer : Croissance endogène

Robert Lucas : Capital humain ; Croissance endogène

Robert Barro : Croissance endogène ; Capital public

Gary Becker : Capital humain

Termes à relier

Croissance : Augmentation durable de la quantité de richesses produites par une économie, mesurée par l'accroissement du PIB (produit intérieur brut).

Capital : Ensemble des richesses destinées à produire d'autres richesses ou à générer des revenus.

Travail : Ensemble des activités humaines mises en œuvre dans la production.

Investissement : Achat de capital fixe par les agents économiques, mesuré annuellement par la formation brute de capital fixe (FBCF).

Progrès technique : Ensemble des innovations permettant d'obtenir une production plus élevée, sans augmentation du volume des facteurs de production utilisés.

Vers le sujet de Bac

1. Tableau statistique présentant les contributions à la croissance du PIB en volume (en %), entre 1985 et 2011, publié par l'OCDE en 2014.

2. Les pays présentant une croissance plutôt extensive sont le Royaume-Uni, les États-Unis, l'Espagne et l'Italie : bien plus de la moitié du taux de croissance de leur PIB en volume s'explique par les quantités de facteurs (travail et capital).

3. Le pays présentant une croissance plutôt intensive est le Japon : les deux tiers de sa croissance s'expliquent par la productivité globale des facteurs (PGF) et donc par le progrès technique.

Remarque : la France se situe dans une position intermédiaire avec unecroissance expliquée pour moitié par la PGF et pour moitié par les facteurs travail et capital.

Quels sont les fondements du commerce international et de l'internationalisation de la production ? p. 70

QCM

1. c – **2.** b – **3.** c – **4.** a – **5.** c – **6.** c

Auteurs

Adam Smith : Avantages absolus

David Ricardo : Avantages comparatifs

Friedrich List : Protectionnisme éducateur

Termes à relier

Compétitivité-prix : Capacité à faire face à la concurrence en proposant des produits moins chers.

Délocalisation : Ouverture d'une unité de production dans un pays, associée à la fermeture d'une autre dans un autre pays.

Firme multinationale : Entreprise possédant au moins une unité de production à l'étranger.

Commerce intra-firme : Échange international, au sein d'une firme, de produits intermédiaires entrant dans le processus productif.

Texte classique

1 : F ; 2 : A ; 3 : E ; 4 : C ; 5 : D ; 6 : B ; 7 : G.

Vers le sujet de Bac

1. Diagramme en bâtons présentant la croissance du commerce mondial des marchandises en volume et du PIB réel, entre 2007 et 2016 (en %), publié par l'OMC, en 2015.

2. et 3. Le commerce mondial et le PIB évoluent dans le même sens et, à deux exceptions près (2009, 2010), leurs évolutions sont à peu près de même ampleur. Cette corrélation peut s'expliquer par le fait que les exportations sont une composante de la demande globale ; or la dynamique croissance dépend beaucoup de celle de la demande globale. Cette relation entre commerce mondial et croissance est donc une relation de causalité.

Comment lutter contre le chômage ? p. 84

QCM

1. b – **2.** a – **3.** c – **4.** b – **5.** c – **6.** c

Analyses

Chômage structurel : Inadéquations des offres et demandes de travail. / Rigidités sur le marché du travail. / Imperfections du marché du travail.

Chômage conjoncturel : Insuffisance de la demande de biens et services.

Vers le sujet de Bac

1. Schéma comparant les mesures du chômage au sens du BIT et de Pôle emploi, en France en 2017, publié par l'Insee.

2. Un chômeur au sens du BIT est une personne de 15 ans ou plus, n'ayant pas eu d'activité rémunérée lors d'une semaine de référence, disponible pour occuper un emploi dans les 15 jours et qui a recherché activement un emploi dans le mois précédent. L'inscription sur les listes de Pôle emploi résulte d'une démarche administrative individuelle ; la catégorie A des chômeurs inscrits regroupe des personnes sans emploi au cours du mois et tenues d'effectuer des recherches actives d'emploi. Ces deux définitions, bien que proches, donnent deux mesures du chômage assez différentes. Ainsi, parmi les chômeurs au sens du BIT, 67 % sont inscrits à Pôle emploi en catégorie A et 22 % ne sont pas inscrits à Pôle emploi au moment de l'enquête. De même, parmi les inscrits à Pôle emploi en catégorie A, un peu plus de la moitié correspondent à la définition des chômeurs au sens du BIT.

3. La façon dont sont définis le chômage et ses critères fait varier très sensiblement le nombre de chômeurs. Il n'y a donc pas de mesure objective du chômage ; elle est toujours relative à la définition retenue.

Comment expliquer les crises financières et réguler le système financier ? p. 98

QCM

1. c – **2.** b – **3.** a – **4.** c

Exemples

Comportements mimétiques : Les petits porteurs, par manque d'information, tendent à se comporter comme les investisseurs institutionnels. / Renoncer à faire un achat de titres parce que d'autres acteurs ont renoncé à cet achat, sans raison évidente.

Prophéties auto-réalisatrices : Des actionnaires craignent que la Bourse ne s'effondre et, rationnellement, vendent leurs actions. / L'annonce d'un risque de pénurie d'un bien pousse les individus à en acheter de grandes quantités, par peur du manque.

Aléa moral : La garantie des dépôts bancaires par les pouvoirs publics incite les banques à prendre plus de risques. / Les créanciers sont moins regardants sur les capacités de remboursement de leurs débiteurs parce qu'ils sont assurés contre le risque de défaut de paiement.

Analyses

Crise financière des années 1930 : Spéculation et bulle boursières / Panique bancaire / Effondrement boursier / Achats d'actions par crédit

Crise financière de 2008 : Spéculation et bulle immobilières / Crise de liquidité / Titrisation des crédits / Insolvabilité des emprunteurs

Vers le sujet de Bac

1. Les éléments identiques des crises financières de 1929 et de 2008 sont : un contexte marqué par de fortes inégalités de revenus dans la sphère réelle, la formation et l'éclatement de bulles spéculatives.

2. Plusieurs éléments distinguent les crises financières de 1929 et de 2008. Le contexte global est différent : celui des années 2000 se distingue par la mondialisation et la globalisation financière qui impliquent une plus grande interdépendance des économies nationales et des sphères financières et réelles. Les enchaînements entre les crises boursières, bancaires et immobilières sont inversés. La crise de 1929 démarre sur une crise boursière et finit sur une crise immobilière ; pour celle de 2008, c'est l'inverse.

Quelles politiques économiques dans le cadre européen ? p. 108

QCM

1. c – **2.** c – **3.** b – **4.** d

Termes à relier

Politique de la concurrence : Réserves obligatoires pour les établissements de crédit / Surveillance des concentrations / Opérations d'open market

Politique monétaire : Fiscalité

Politique budgétaire : Emploi public / Règles antitrust

Termes à relier

Politique monétaire restrictive : Augmenter le taux de réserves obligatoires des banques. / Augmenter le taux de refinancement des banques. / Vendre massivement des titres sur le marché interbancaire.

Politique monétaire expansionniste : Réduire le taux de réserves obligatoires des banques. / Baisser le taux de refinancement des banques. / Acheter massivement des titres sur le marché interbancaire.

Termes à relier

Politique budgétaire de rigueur : Augmenter le niveau des impôts / Réduire les dépenses publiques / Réduire le déficit et l'endettement publics

Politique budgétaire de relance : Réduire le niveau des impôts / Augmenter les dépenses publiques / Redistribuer les revenus en faveur des plus démunis

Vers le sujet de Bac

1. Les écarts de niveau économique entre ces onze pays européens sont très disparates en 2007. En effet, les niveaux nationaux de PIB en volume par habitant, estimés en indice, vont de 40 pour la Roumaine à 140 pour les Pays-Bas (en indice base 100 pour la moyenne européenne en 2020). Les autres pays se situent entre ces deux extrêmes.

2. Sur la période 2007-2018, ces écarts se sont réduits passant de 60 à 130. L'ampleur de ces écarts en 2018 montre que la convergence économique attendue grâce à l'instauration du Marché unique en Europe ne s'est pas vraiment réalisée. On peut distinguer une Europe à deux vitesses : les économies du sud et de l'est de l'Europe restent à la traîne ; les économies du nord de l'Europe sont beaucoup plus dynamiques en termes de croissance. La France, dans la moyenne européenne, reste dans une position intermédiaire.

Comment la société française actuelle est-elle structurée ? p. 116

QCM

1. c – **2.** a – **3.** c – **4.** c – **5.** a

Termes à relier

Karl Marx

– *Capitalistes :* Propriétaires du capital dans le mode de production capitaliste.

– *Lutte des classes :* Conflit entre prolétaires et capitalistes, portant sur le partage de la richesse créée.

– *Prolétariat :* Classe sociale formée d'individus ayant leur seule force de travail pour survivre.

Max Weber

– *Classe sociale :* Groupe d'individus ayant le même niveau de richesses.

– *Groupe de statut :* Groupe d'individus ayant des positions sociales avec le même niveau de prestige.

– *Ordre économique :* Dimension de la stratification sociale dont le critère est la richesse économique.

Vers le sujet de Bac

1. Entre 1968 et 2018, certaines catégories socioprofessionnelles ont vu leur part diminuer au sein de la population active : les agriculteurs sont passés d'environ 17 % à 3 % de la population active ; les ouvriers sont passés d'environ 30 % à 20 % de la population active. D'autres catégories ont vu leur part augmenter : la part des cadres est passée d'environ 5 % à 20 % ; la part des professions intermédiaires est passée d'environ 17 % à environ 30 % ; celle des employés est passée de 20 % à 27 %. Seule celle des artisans et commerçants est restée stable à environ 5 %.

2. Ces transformations de la structure s'expliquent par la salarisation, la tertiarisation de l'économie, la féminisation des emplois, la hausse des qualifications et la concentration des entreprises.

Quelle est l'action de l'École sur les destins individuels et sur l'évolution de la société ? p. 124

QCM

1. c – **2.** b – **3.** a – **4.** b – **5.** c – **6.** b

Termes à relier

Taux d'accès à un diplôme : Proportion de diplômés au sein d'une génération.

Taux de scolarisation : Proportion de diplômés parmi la population.

Vers le sujet de Bac

1. Diagramme en bâtons représentant le taux de réussite au baccalauréat, selon les générations et en fonction de l'origine sociale des bacheliers, entre les années 1930 et les années 1980 ; il a été réalisé par le ministère de l'Éducation nationale, en 2010.

2. L'évolution du taux d'obtention du baccalauréat s'accroît significativement pour les générations nées après les années 1970 : il passe de 35 % pour les générations nées à la fin des années 1960 à 50 %, voire 60 % pour celles qui sont nées dans la décennie 1970. C'est un signe de massification scolaires : de plus en plus de jeunes accèdent au lycée et au diplôme du baccalauréat.

3. Les taux de réussite des enfants de cadres et celui des enfants d'ouvriers sont importants avant 1970 : pour les générations nées avant 1929, il est quasiment nul pour les enfants d'ouvriers, alors qu'il est de 35 % pour les enfants de cadres. L'écart s'est réduit pour les générations nées à la fin des années 1960 mais reste élevé : plus de 50 points d'écart entre les deux milieux sociaux.

4. La persistance des inégalités sociales de réussite au baccalauréat après 1970, entre les milieux sociaux, montre que le processus de démocratisation scolaire est inachevé. Pour les générations nées dans les années 1980, cet écart de taux de réussite, selon l'origine sociale, est encore de 40 points ! Si davantage de jeunes et davantage d'enfants d'ouvriers obtiennent le baccalauréat, cette réussite reste très marquée socialement. Notons que ces écarts sont encore plus flagrants si l'on tient compte des différences entre filières (générale, technologique et professionnelles).

Quels sont les caractéristiques contemporaines et les facteurs de la mobilité sociale ? p. 140

QCM

1. c – **2.** a – **3.** c – **4.** b – **5.** d

Termes à relier

Une infirmière, après avoir réussi son concours, devient cadre de santé : Mobilité professionnelle / Mobilité intragénérationnelle

Un fils de mécanicien automobile devient artisan, responsable de quatre salariés dans son propre garage : Mobilité intergénérationnelle

Un cadre financier marseillais trouve un emploi mieux rémunéré à Paris : Mobilité géographique

Un ingénieur en technique aéronautique devient ingénieur commercial, au sein de son entreprise : Mobilité professionnelle / Mobilité intragénérationnelle

Synthèse

A. 13 – B. 12 – C. 15 – D. 5 – E. 7 – F. 6 – G. 14 – H. 8 – I. 3 – J. 1 – K. 14 – L. 11 – M. 2 – N. 9 – O. 4 – P. 13

Vers le sujet de Bac

1. 47 % des fils cadres sont devenus cadres et 47,6 % des fils d'ouvriers sont devenus ouvriers, en 2014-2015. C'est le signe d'une reproduction sociale : les fils de cadres ou d'ouvriers ont 50 % de chances d'être dans la même CSP que leur père. Elle s'explique à la fois par les différences de capitaux (économique, culturel et social) possédés par les familles et par les stratégies individuelles et familiales qui ne valorisent pas leurs capitaux de la même manière.

2. Les fils d'agriculteurs connaissent une forte mobilité : seulement un quart des fils d'agriculteurs deviennent eux-mêmes agriculteurs. Ils ont plus de chances de devenir ouvriers, voire professions intermédiaires (50 % au total). Cette mobilité est surtout d'origine structurelle ; elle est due à la disparition des emplois agricoles, les agriculteurs étant passés d'environ 20 % à 3 % de la population active depuis les années 1960.

3. Les fils d'employés connaissent une plus grande mobilité : un tiers devient ouvrier et un quart devient profession intermédiaire. Ce sont cependant des mobilités aux trajectoires courtes : ces trois catégories sont socialement proches. Cela peut s'expliquer par la spécificité de la catégorie qui est particulièrement féminisée ; les pères employés sont très peu nombreux et ce nombre restreint donne plus de poids, statistiquement, à des trajectoires individuelles moins normées.

Quelles mutations du travail et de l'emploi ? p. 150

QCM

1. c – **2.** b – **3.** b – **4.** c

Termes à relier

Modèle taylorien : La division horizontale du travail / La division verticale du travail / Une relation hiérarchique stricte / La parcellisation des tâches

Modèle fordien : La division horizontale du travail / La division verticale du travail / Une relation hiérarchique stricte / La parcellisation des tâches / La standardisation des produits

Modèle post-taylorien : Le travail à la chaîne / Le management participatif / La recomposition des tâches

Termes à relier

Facteur physique et environnemental : Niveau sonore / Travail sur écran

Facteur organisationnel : Règlement et consignes / Charge individuelle de travail

Facteur social : Dialogue social et conflits / Rémunération

Facteur psychologique : Stress / Souffrance au travail

Synthèse

A. 9 – B. 5 – C. 8 – D. 2 – E. 1 – F. 6 – G. 7 – H. 3 – I. 2 – J. 4

Vers le sujet de Bac

1. La précarité de l'emploi ne touche pas toutes les CSP de la même manière. Elle touche deux fois plus les employés que les cadres et presque trois fois plus les ouvriers que les cadres. Les écarts sont encore plus importants entre les groupes socioprofessionnels au sein même des CSP. Elle touche par exemple un tiers des ouvriers agricoles et des ouvriers non qualifiés, alors qu'elle ne touche que 3 % des cadres de la fonction publique.

2. Ces taux de précarité illustrent le phénomène de polarisation des emplois, dans la mesure où il est un critère de distinction entre les emplois qualifiés et protégés (les cadres, les contremaîtres) et les emplois pas ou peu qualifiés, peu protégés et plus fortement concernés par des contrats courts (ouvriers agricoles ou non qualifiés, employés) qui sont d'ailleurs occupés par des catégories de population économiquement et socialement plus fragilisées : les jeunes, les femmes, les immigrés.

Comment expliquer l'engagement politique dans les sociétés démocratiques ? p. 164

QCM

1. a – **2.** a – **3.** c – **4.** c

QCM

1. Oui – **2.** Oui – **3.** Ça dépend. Oui quand les citoyens ne trouvent pas de candidats leur convenant dans l'offre politique, non quand l'abstention est motivée par le sentiment de ne pas être compétent pour voter. – **4.** Non – **5.** Ça dépend. Oui si c'est un acte solidaire, non si c'est pour le goût. – **6.** Ça dépend. Oui si c'est un acte solidaire, non si c'est pour le goût. – **7.** Oui – **8.** Oui

Vers le sujet de Bac

1. Ce document est un tableau, provenant d'un ouvrage de Pascal Perrineau, *Le Vote disruptif*, publié en 2017. Il présente le taux d'abstention lors du premier tour des dernières élections présidentielles en France, selon des variables sociodémographiques : le sexe, l'âge et le niveau de diplôme.

2. Il existe une relation entre l'abstention, qui correspond au fait de ne pas aller voter à une élection, et certaines variables sociodémographiques.

On constate en effet une corrélation entre le taux d'abstention et l'âge : plus on est âgé, plus le taux d'abstention baisse. En effet, parmi les personnes de 70 ans et plus inscrites sur les listes électorales, 12 % ne sont pas allées voter, soit deux fois moins que parmi les personnes inscrites âgées de 18 à 24 ans. On constate aussi une corrélation entre le taux d'abstention et le niveau de diplôme : plus on est diplômé, plus le taux d'abstention baisse. En effet, parmi les personnes inscrites sur les listes électorales ayant un niveau de diplôme inférieur au bac, 25 % ne sont pas allées voter, soit 6 points de plus que parmi les personnes inscrites possédant un diplôme supérieur ou égal à un bac+3.

Cependant, il n'y a pas de corrélation entre le taux d'abstention et le sexe. Cette variable sociodémographique n'est donc pas significative.

Quelles inégalités sont compatibles avec les différentes conceptions de la justice sociale ? p. 176

QCM

1. b – **2.** c – **3.** b – **4.** c – **5.** c – **6.** b

Termes à relier

Égalité des situations : Création de l'impôt sur le revenu (1914) / Création du SMIG (1950) / Création de l'impôt sur les grandes fortunes (1982)

Égalité des chances : Création d'une bourse d'études sur critères sociaux (1925)

Égalité des droits : Droit de vote et d'éligibilité pour les femmes (1944) / Loi sur la parité (2000)

Termes à relier

Libertarisme : Égalité des droits

Égalitarisme libéral : Égalité des chances / Équité

Égalitarisme strict : Égalité des situations

Vers le sujet de Bac

1. En France, le poids de la fiscalité mesuré par le taux d'imposition est inégalement réparti selon les classes sociales. Le système fiscal français n'est pas véritablement progressif. Un système fiscal progressif doit se traduire par une augmentation progressive du taux d'imposition, en fonction du revenu. C'est effectivement le cas pour les 50 % de la population la plus pauvre formant les classes populaires. Mais ce n'est pas le cas pour l'autre moitié la plus riche : le taux d'imposition stagne entre les plus pauvres et les plus riches composant les 40 % d'individus appartenant aux classes moyennes ; il tend à diminuer pour les 10 % les plus riches formant la classe aisée ; enfin, il diminue très nettement pour les classes très aisées (les 1 % des plus riches).

2. Cette non-progressivité des impôts est surtout due aux cotisations sociales et à la TVA, qui pèsent beaucoup plus lourdement sur les plus faibles revenus et dont le poids n'est pas compensé par celui des impôts sur le revenu et le capital qui sont censés être beaucoup plus progressifs. Ce poids de la fiscalité non progressive par rapport à la fiscalité progressive rend le système fiscal français « injuste socialement », dans la mesure où il bénéficie davantage aux individus les plus aisés.

Quelle action publique pour l'environnement ? p. 190

QCM

1. c – **2.** c – **3.** b

Acteurs

1. *Acteurs concernés* : Les députés des partis écologistes et le gouvernement

Nature des relations : Relations de coopération

2. *Acteurs concernés* : L'association WWF et des citoyens

Nature des relations : Relations de coopération

3. *Acteurs concernés* : La jeune Suédoise et des citoyens

Nature des relations : Relations de coopération

4. *Acteurs concernés* : Les pouvoirs publics (les communes plus précisément) et des associations d'une part et une entreprise d'autre part

Nature des relations : Relations de conflit

5. *Acteurs concernés* : Un groupe d'experts scientifiques et des citoyens

Nature des relations : Relations de coopération

Vers le sujet de Bac

1. Ce document est un graphique présentant l'évolution du prix des quotas d'émission de CO_2 entre 2008 et 2019. Ce prix apparaît dans le document sur l'axe des ordonnées, en euros par tonne de CO_2. Le graphique a été publié en 2019 dans *BearingPoint*.

2. On distingue trois périodes dans ce graphique :
- de 2008 à 2013, le prix des quotas d'émission a fortement baissé ; un droit à polluer d'une tonne de CO_2 valait en effet près de 30 $ en 2008 et moins de 10 $ en 2013. Le prix a donc été divisé par 3.
- de 2013 à 2018, le prix a plutôt stagné, un droit à polluer valait moins de 10 $ la tonne de CO_2. Le prix a donc été multiplié par 2,5.
- depuis 2018, le prix augmente, il était de 25 $ la tonne en 2019.

3. De 2008 à 2013, le prix a baissé d'environ 66 %. De 2013 à 2019, il a augmenté de 150 %.

Cahier culture+

Le BAC avec TOPO

LE MAG'

BD 1 Pourquoi les hommes politiques parlent-ils sans cesse de faire des économies ?

Avant de lire la BD…

Notions du programme en jeu dans la BD

- Les **dépenses de l'État** jouent un rôle considérable dans l'économie. En France, elles représentent plus de 50 % du PIB. Ces dépenses peuvent être utilisées comme un instrument de **politique économique**, la **politique budgétaire**, car elles ont un effet sur la **conjoncture économique**. En effet, lorsque l'État augmente ses dépenses publiques, l'activité économique est directement impactée, mais également indirectement car elles se diffusent à tous les secteurs d'activité à travers la consommation et l'investissement. La politique budgétaire peut donc être utilisée pour soutenir la **croissance économique** et lutter contre le **chômage**.
- Les économistes ne sont pas d'accord sur l'intérêt de cet outil de politique économique : d'après les **keynésiens**, c'est un outil très efficace pour relancer l'activité ; d'après les **libéraux**, il est dangereux et perturbe l'économie.
- En jouant sur la **fiscalité** et la **redistribution**, le **budget de l'État** peut avoir un objectif de **politique de réduction des inégalités** : il permet de réduire les **inégalités de revenu** et de **patrimoine**, ainsi que d'autres **inégalités sociales** en permettant un accès gratuit ou à moindre coût pour de nombreux services considérés comme essentiels.

BD 1 Pourquoi les hommes politiques parlent-ils sans cesse de faire des économies ?

Notions du programme en jeu dans la BD

- Le **solde budgétaire de l'État** résulte de la différence entre les recettes (fiscales et non fiscales) et les dépenses de l'État. Lorsque les dépenses de l'État sont supérieures à ses recettes, alors le budget est déficitaire. Dans le cas de l'État au sens large on parle de **déficit public** ; celui-ci doit être financé par l'emprunt. Le total des sommes dues par l'État au sens large constitue la **dette publique**, qu'il s'agit de réduire.
- Le déficit public et la dette publique sont encadrés par les traités européens : depuis le **Traité de Maastricht** de 1992, le **déficit public** ne peut dépasser 3 %, et la **dette publique** 60 % du PIB d'un État. Ces limites ont pour but d'éviter un déséquilibre entre les États membres de la zone euro, comme par exemple le fait que l'endettement d'un État ne fasse monter le taux d'intérêt pour l'ensemble des autres États.
- Le **taux d'intérêt** auquel les États empruntent leur monnaie dépend en effet de plusieurs facteurs : la demande sur le marché de la monnaie (qui est liée à leur déficit public), l'offre sur le marché de la monnaie (qui dépend de la politique monétaire de la Banque centrale), et la note attribuée à chaque État.
- La **politique monétaire** est déterminée par la **Banque centrale**. Pour la **zone euro**, il s'agit de la **Banque centrale européenne** (BCE). Elle pilote le taux d'intérêt à court terme sur le marché monétaire dans le but de réguler l'activité économique. Si l'objectif officiel de la BCE est seulement de limiter l'**inflation**, elle pratique également une politique de soutien de l'activité, en particulier depuis la crise de 2008. En effet, en abaissant le **taux d'intérêt directeur**, la Banque centrale facilite la consommation et l'investissement à crédit, ainsi que la politique budgétaire.

Dans cette BD, je vais découvrir...

→ Que la **politique budgétaire** et la **politique monétaire** peuvent être utilisées pour soutenir l'activité économique, mais que les économistes s'opposent sur le bien-fondé de ce type de politique.

→ Que le **taux d'intérêt** exigé pour un emprunt varie en fonction de la solvabilité des emprunteurs, et que des entreprises privées, les agences de notation, attribuent des notes aux États (de même qu'aux entreprises) pour renseigner les créanciers du niveau de risque qu'ils prennent.

À savoir

▶ La **politique monétaire** de la **zone euro** est conduite de façon indépendante par la **Banque centrale européenne**.
Elle est unique pour l'ensemble des **dix-neuf pays** qui utilisent cette monnaie.

▶ La **politique budgétaire** est du ressort de chaque pays membre, qui peut adopter la politique budgétaire de son choix à condition de respecter les maximas imposés par les **traités européens** :
un **déficit public** inférieur ou égal à 3 % du PIB et une **dette publique** inférieure ou égale à 60 % du PIB. En cas de **récession** grave ces limites peuvent être assouplies par la **Commission européenne**.

LA QUESTION DU MOMENT

Pourquoi les hommes politiques parlent-ils sans cesse de faire des économies ?

Depuis quelques années, la dette de la France est au centre des débats politiques. On reproche à l'État, qui doit emprunter beaucoup d'argent pour assurer son bon fonctionnement, d'être trop dépensier. Plus le temps passe, plus les problèmes s'accumulent. La Commission européenne a d'ailleurs sorti son carton jaune pour demander à la France de faire des efforts. Mais au fait, c'est quoi au juste, la dette ?

Par **Catherine Le Gall** et **Pierre Lecrenier**

BD 1 Pourquoi les hommes politiques parlent-ils sans cesse de faire des économies ?

La question du moment

BD 1 Pourquoi les hommes politiques parlent-ils sans cesse de faire des économies ?

Les pays n'empruntent pas pour les mêmes raisons que les individus.
Mais les mécanismes de la dette sont proches.
Recettes
Dépenses
Tabaco
Taxes sur le tabac et l'alcool
Budget de l'État
Santé
Sécurité
Impôt sur le revenu
Impôt sur les sociétés
Travaux publics
Impôt sur la fortune
ABC
Enseignement
L'État dépense plus d'argent qu'il n'en perçoit. Du coup, il est obligé d'emprunter pour financer le reste.
Et il s'endette...
Le problème, c'est que plus les années passent, plus la dette augmente.

BD 1 Pourquoi les hommes politiques parlent-ils sans cesse de faire des économies ?

La question du moment

Mais attention !
Tous les pays ne payent pas le même taux d'intérêt !
Plus le risque est élevé, plus ça coûte cher !
9,5 %
Comment le risque est-il donc calculé ?
β
P
X
h
Y
Ça, c'est le rôle des agences de notation !
Elles attribuent des notes aux pays suivant leur profil et le risque qu'ils ne puissent pas rembourser leur dette.
?
?
BB-
Trois agences règnent sur les marchés internationaux.
MOODY'S
Standard & Poor's
On les surnomme "The Big Three".
Fitch Ratings

La question du moment

Pourquoi les hommes politiques parlent-ils sans cesse de faire des économies ?

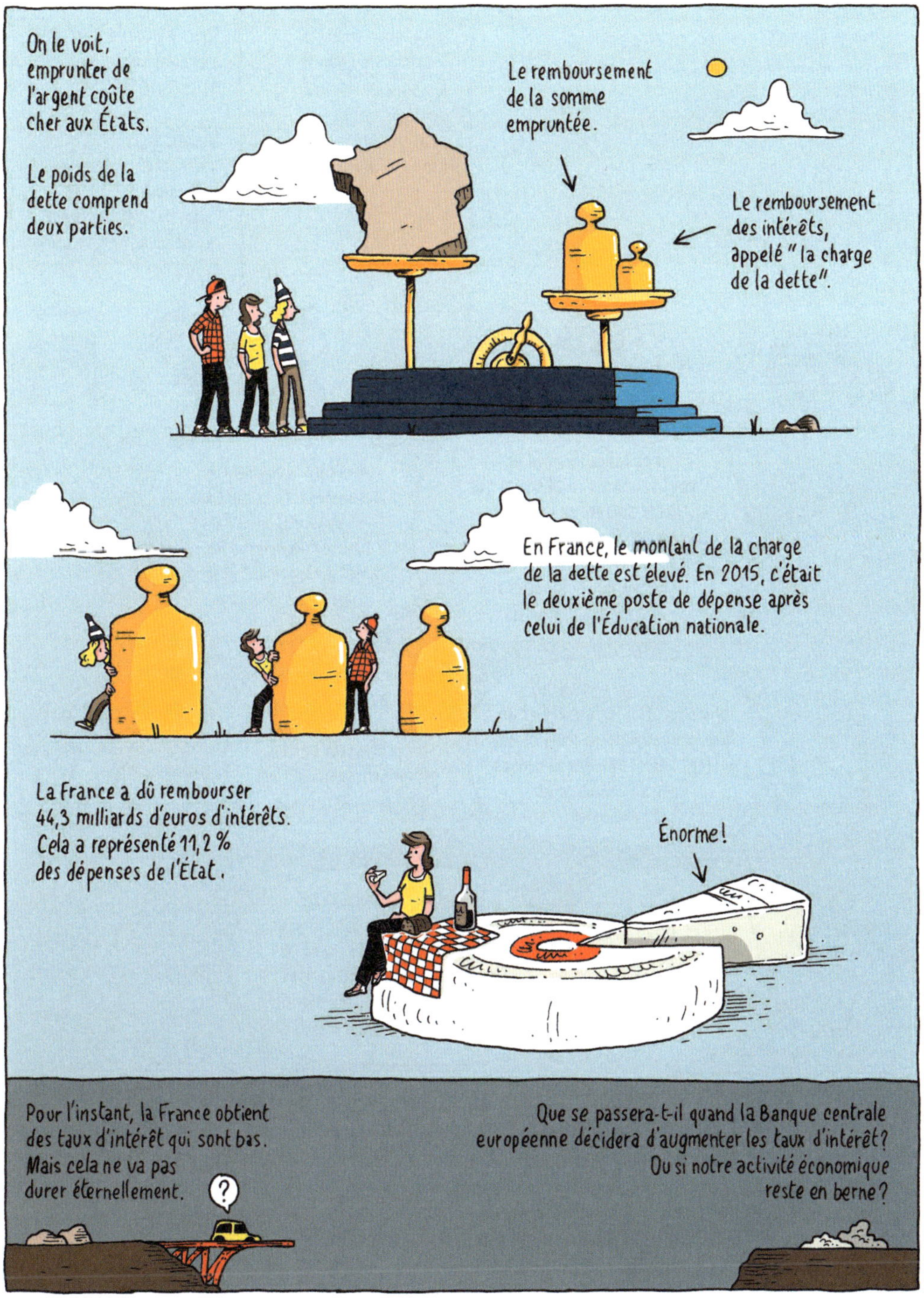

Même si s'endetter est nécessaire pour financer les équipements publics comme les écoles et les hôpitaux...
... ou pour financer les emplois comme les policiers ou les profs, les pays ne peuvent pas s'endetter trop lourdement.
Tout le monde n'est pas d'accord sur la manière de réduire la dette.
Deux camps s'affrontent : ceux qui défendent des idées "alternatives" et ceux qui prônent des solutions "libérales".
Les inégalités ont un coût économique et social que notre société ne peut plus supporter. Prenons des mesures concrètes pour que les plus riches et les multinationales paient leurs impôts.
Arrêtons d'augmenter les impôts. C'est surtout les dépenses qu'il faut baisser. Réduisons les aides au logement et les allocations chômage.
Un bon suivi médical, une éducation de qualité et un logement pour tous. Voilà ce qui évitera l'explosion des dépenses liées au chômage et à l'exclusion.
Halte au déficit public. Ne remplaçons pas les professeurs et les personnels soignants qui partent à la retraite.
Notre Terre a des limites. Il faut miser sur les énergies renouvelables et consommer plus localement.
Relançons la croissance économique en réduisant le coût du travail et en flexibilisant les emplois. Ainsi, les entreprises pourront embaucher et les ménages pourront consommer davantage.
En ce moment, ce sont plutôt les solutions libérales qui sont appliquées partout en Europe.
Pour se redresser, nos pays doivent se serrer la ceinture, réduire les dépenses publiques, baisser les aides à la personne, se retrousser les manches, et créer des emplois ! Alors seulement, nos pays renoueront enfin avec la croissance !

C'est pourquoi, la réduction des dépenses publiques a des répercussions dans notre quotidien et que la dette est notre problème à tous.
Tu verras le son qu'elle a! Ça tue!
TRiiiiiT TRiiiiiT
POTES
MAX
Edit
Trop dég! Concert annulé :(La mairie est fauchée...
MAX
Online 15:02
Send
Eh oui! L'association qui organisait le festival de musique a perdu les subventions que lui versait la mairie.
Elle a dû annuler le festival de rock où devait jouer Clara.
FES TIVAL
C'est dégueulasse!
C'est dégueulasse!
Ah bon, je croyais que tu adhérais à la logique financière?
Hum...
En tout cas, n'oubliez pas que vous me devez le capital, et les intérêts!

L'essentiel de la BD

Les problématiques expliquées

Les États peuvent recourir à l'endettement pour financer leurs dépenses publiques

- Comme tous les agents économiques à besoin de financement, **les États peuvent s'endetter** pour financer leurs dépenses publiques. Dans ce cas le déficit budgétaire est financé par emprunt.
- Le **taux d'intérêt** payé par chaque État dépend du taux directeur défini par la Banque centrale et de la note attribuée à l'État par les agences de notation, en fonction de sa solvabilité. Les intérêts payés chaque année forment la « **charge de la dette** » et peuvent représenter une part importante du budget de la nation.
- Si les États peuvent emprunter à des banques commerciales ou émettre des obligations (pour la France on les nomme « **bons du Trésor** »), ils ne peuvent pas s'endetter directement auprès de la BCE car celle-ci n'a pas le droit de leur prêter directement de la monnaie.

Les décisions budgétaires des États membres de l'Union européenne sont encadrées par les traités et par la Commission européenne

- Le **Traité de Maastricht** a prévu un encadrement de la politique budgétaire des États membres de l'Union européenne : ceux-ci ne peuvent avoir un déficit public supérieur à 3 % et une dette publique supérieure à 60 % de leur PIB. Aujourd'hui cette règle a été assouplie en cas de récession grave. Ces règles s'appliquent aux **États membres de la zone euro** (**Pacte budgétaire européen**) mais également pour les **États membres de l'Union européenne** qui ne participent pas à l'euro (**critères de convergence** du Traité de Maastricht). Seul le Danemark en est dispensé car il a choisi de ne jamais rejoindre l'euro.
- D'autre part, les États doivent faire approuver leur projet de budget par le **Conseil européen** et le **Conseil ECOFIN** dans le cadre du **Semestre européen,** avant de pouvoir le mettre en œuvre.

Sujets de bac possibles

Vous montrerez que l'Union économique et monétaire renforce les interdépendances entre les politiques conjoncturelles des États membres.

Les États membres de l'UEM, c'est-à-dire de la zone euro, bénéficient en commun de la politique monétaire conduite par la BCE. En ce qui concerne les politiques budgétaires, l'interdépendance se situe au niveau de l'effet d'éviction qu'une politique expansionniste ferait peser sur les autres États. **C'est pour éviter ce dernier que le Traité de Maastricht a prévu d'encadrer la politique budgétaire des États membres.**

Quelles sont les difficultés des États membres de l'Union économique et monétaire pour coordonner leurs politiques conjoncturelles ?

La zone euro ne dispose d'aucun des éléments faisant d'elle une zone monétaire optimale. Dans la mesure où la politique de la BCE est nécessairement la même pour tous les pays membres de cette zone, ceux-ci ne disposent que de l'outil de la politique budgétaire pour répondre à des chocs asymétriques. **Puisque ces pays sont différents, leurs besoins le sont également et les politiques conjoncturelles difficiles, si ce n'est impossibles, à coordonner.**

BD 1 Pourquoi les hommes politiques parlent-ils sans cesse de faire des économies ?

Vocabulaire à retenir

- L'**Union européenne** est une union économique et politique qui regroupe **27 États** européens (depuis le départ de la Grande-Bretagne). Elle met en commun de nombreuses facettes de la vie économique des États, en particulier un **marché commun** (libre circulation des travailleurs, des capitaux, des biens et des services), une **politique de la concurrence**, une **politique agricole commune** (PAC)...
- La **zone euro** est une **union économique et monétaire** qui regroupe **19 États** membres de l'Union européenne ayant choisi d'abandonner leur monnaie nationale pour utiliser une monnaie unique pour l'ensemble de la zone. Cette décision a pour but, en supprimant le risque de change, de faciliter le commerce entre ces États. Elle a pour conséquence de n'avoir plus qu'**une seule politique monétaire** pour l'ensemble de la zone euro. Cette politique est menée par la **Banque centrale européenne**, qui est indépendante des États.

La BD m'a plu ?

Je lis...

L'économie européenne 2020, OFCE, La Découverte, 2020.

- Un ouvrage de synthèse proposant un bilan annuel de l'économie européenne.

Je regarde...

Adults in the Room, Costa-Gavras, 2019. Durée : 2 h.

- Ce biopic raconte la manière dont Yánis Varoufákis a tenté de négocier avec les membres de l'Union européenne pour organiser le sauvetage de la Grèce.

J'écoute...

« L'Union à l'épreuve », une émission de France Culture (Entendez-vous l'éco ?), décembre 2017. Durée : 58 min.

- C'est le troisième épisode de la série « Europe, frontières politiques et économiques », dans lequel Maylis Besserie reçoit la chercheuse Anne Eydoux et l'économiste et porte-parole d'Attac France Dominique Plihon.

→ Flashez cette page pour accéder aux ressources.

BD 2 À quoi sert l'argent des impôts ?

Avant de lire la BD...

Notions du programme en jeu dans la BD

- La question des **impôts** est liée à celle de la **justice sociale**. En effet, c'est l'un des outils de l'action publique qui visent à réduire les **inégalités**. Savoir à quoi servent les impôts permet de s'interroger sur leur efficacité quant à la réduction des inégalités, et donc sur leur légitimité.
- L'article décrit les différents outils redistributifs (**fiscalité**, **protection sociale**, **services collectifs**). Les réactions face à l'impôt renvoient à la question de leur acceptation sociale. C'est bien cette problématique de la légitimité qui est au cœur de la question des impôts : à quoi servent-ils ? Atteignent-ils les objectifs fixés en termes de réduction des inégalités ?
- La fiscalité, comme l'ensemble des **prélèvements obligatoires**, permet d'opérer une **redistribution** des revenus et de financer la protection sociale ainsi que des services collectifs. Cette redistribution vise une forme de justice sociale ; elle réduit les inégalités des chances et des situations. Cependant, elle est critiquée. Jugée complexe, la fiscalité française est parfois peu efficace sur la réduction des inégalités de revenu, du fait de la prédominance des impôts indirects, comme la TVA, qui sont socialement injustes. En outre, l'existence d'une protection sociale depuis 1945 n'empêche pas la persistance de poches de pauvreté et l'augmentation du taux de pauvreté depuis les années 1990. Enfin, la production de services collectifs (santé, éducation) n'empêche pas la persistance d'inégalités entre les milieux sociaux, en termes d'espérance de vie et d'inégalités des chances de réussite scolaire et sociale.

Notions du programme en jeu dans la BD

- L'action de l'**État-providence** est aussi remise en cause du fait de son coût, jugé trop élevé. Le système de protection sociale a en effet été mis en place dans un contexte de plein-emploi et de démographique dynamique. Elle est confrontée, depuis les années 1980, à de nouveaux enjeux : chômage de masse, vieillissement de la population, précarisation des emplois, augmentation des dépenses de santé, reconfigurations familiales (veuvage, célibat, familles monoparentales) qui créent des formes familiales plus exposées à la pauvreté…
- Certaines **prestations sociales** (allocations chômage, minima sociaux) sont également critiquées. Elles seraient inefficaces, du fait de leur effet désincitatif. En étant proches des plus bas salaires, ces indemnités créeraient des trappes à inactivité : les bénéficiaires de ces indemnités ne seraient en effet pas incités à trouver un emploi.
- Face à ces critiques, on peut comprendre que le consentement à l'impôt soit fragilisé, l'impôt étant la partie la plus visible de la redistribution. Les contribuables ont en effet tendance à ne percevoir que les côtés négatifs de l'impôt : sa complexité, sa lourdeur administrative et surtout son niveau ou le poids qu'il représente dans le budget d'un ménage.
- La France, avec son taux de prélèvements obligatoires proche de la moitié du PIB, a-t-elle atteint la limite énoncée par **Laffer** dont la courbe montrait que « trop d'impôt tue l'impôt » ? Ou bien, ne s'agit-il que d'une méconnaissance de l'usage de l'argent de nos impôts ? Dans ce cas, comprenons à quoi servent nos impôts et comparons notre modèle à d'autres. En ce sens, la comparaison que fait l'article avec le système américain est riche d'enseignements.

Dans cette BD, je vais découvrir…

- **Les services collectifs financés par les prélèvements obligatoires** : l'accès gratuit à des services publics jugés d'intérêt général (sécurité, justice, santé, instruction de la maternelle à l'université…), l'existence d'infrastructures publiques…
- **Le fonctionnement de la Sécurité sociale** : un système universel et obligatoire d'assurance contre les risques sociaux (chômage, vieillesse, famille, maladie et accidents du travail).
- **Le modèle américain d'assurances privées**, avec ses dérives et ses injustices sociales.

À savoir

- Les **prélèvements obligatoires** désignent l'ensemble des impôts et des cotisations sociales reçues par les administrations publiques et versées par les contribuables.
- En France, les prélèvements obligatoires regroupent les **impôts directs** (payés et supportés par une personne : impôt sur le revenu, sur les sociétés, taxe d'habitation, taxe foncière…), les **impôts indirects** (portant sur les biens et services achetés : TVA, droits de douane, taxes sur les produits pétroliers ou le tabac…), les **cotisations sociales** (prélevées sur les salaires bruts), les taxes versées en échange d'un service (redevance audiovisuelle, timbre fiscal…).

À quoi sert l'argent des impôts

« Oh, non, je dois encore payer mes impôts ! », « On paye trop d'impôts dans ce pays ! » ou même encore « J'en ai assez de payer des impôts ! »... Qui n'a pas entendu ces phrases prononcées mille fois ? Les impôts, personne ne veut les payer mais, finalement, tout le monde en profite. Aller à l'hôpital, prendre la route des vacances, construire une crèche, tout ça coûte beaucoup d'argent. Mais alors, ça sert à ça les impôts ?

Par **Xavier Harel** et **Aude Picault**

BD 2 À quoi sert l'argent des impôts ?

En France, l'école est publique.
Ça veut dire gratuite pour les parents...
mais c'est l'État qui paie. Ainsi, un élève de maternelle coûte :
4100€ PAR AN
ÉDUCATION NATIONALE
UNIVERSITÉ
LYCÉE
COLLÈGE
PRIMAIRE
MATERNELLE
14 500 € / AN
10 000 € / AN
7400 € / AN
4200 € / AN
Pour assurer l'enseignement à plus de 12 millions d'élèves, l'Éducation nationale emploie un peu plus d'un million de personnes, dont 850 000 enseignants.
Finance Publique
122 milliards d'Euros
ÉDUCATION NATIONALE
Les impôts financent aussi la construction et l'entretien des infrastructures de transports, comme les routes, ponts et tunnels.
C'est encore moi, les impôts, qui finance l'éclairage public !
Il y a en France 9 millions de lampadaires, qui consomment de l'électricité payée par l'État.

Les impôts permettent d'offrir à la collectivité des services d'intérêt général comme l'éducation, la santé, la sécurité, etc.
POMPIERS
En fait, on dit « les impôts » parce qu'il y en a plusieurs.
IMPÔT SUR LE REVENU
TAXE SUR LA VALEUR AJOUTÉE
TVA 2,1%
TVA 20%
TOPO
IMPÔT SUR LES SOCIÉTÉS
CRÉDIT AGRICOLE
RENAULT
AIR FRANCE
IMPÔT DE SOLIDARITÉ SUR LA FORTUNE
ISF
Chaque impôt est réglé à l'ordre du Trésor public.
C'est un peu le banquier de l'État.
Centre des Finances Publiques
Le Trésor public met cet argent récolté à disposition de l'État pour faire fonctionner ses différents services. Comme l'école…
ÉCOLE

* Ensemble des lois s'appliquant aux impôts.

Pareil pour l'essence. La France n'a pas de pétrole, ce produit importé est lourdement taxé pour inciter conducteurs et constructeurs à privilégier les véhicules peu gourmands en carburant.
TAXES
TAXES
HYBRIDE
Il y a le crédit d'impôt pour ceux qui veulent faire des économies d'énergie en posant des doubles vitrages.
C'est la fiscalité écologique.
Ainsi le monde est moins pollué et les gens en meilleure santé.
D'ailleurs, voilà encore un domaine financé par les impôts.
Médecins infirmières hôpitaux.
HÔPITAL
Tout ça grâce à MOI.
HEP HEP !
Depuis quand c'est toi qui payes TOUT ?!
Les dépenses de santé sont AUSSI financées grâce aux cotisations sociales.
Autrement dit, grâce à MOI.
Hum...
Oui, bon, comment ça va, madame cotisations sociales ?

Ça va, comme toi... Toujours un petit déficit, mais ça s'arrange.
Est-ce que les gens savent à quoi tu sers ?
Oh certainement !
Qui pourrait oublier que j'ai été créée après la Seconde Guerre mondiale, par le Conseil national de la Résistance ?
Hum hum
PIERRE LAROQUE 1945
La Sécurité sociale est la garantie donnée à chacun qu'en toutes circonstances il disposera des moyens nécessaires pour assurer sa subsistance et celle de sa famille dans des conditions décentes.
Je prélève un petit pourcentage sur le salaire de chacun pour faire un pot commun qui finance la Sécurité sociale.
Les soins médicaux, les allocations familiales, les retraites... c'est moi !
C'est un transfert direct.
COTISATIONS SOCIALES
AIDES SOCIALES

À nous deux, on est comme un grand système d'assurance collective et obligatoire.
On protège tout le monde avec un seul et même système collectif.
ACCIDENT
CHÔMAGE
MALADIE
VIEILLESSE
Ces impôts, c'est insupportable!
Presque la moitié de mes revenus y passe !
J'en ai marre.
Je pars vivre aux États-Unis, chez eux, la pression fiscale est moitié moins forte.
Finances Publiques

Ils m'agacent à la fin !
Allons donc voir si c'est si génial que ça, de l'autre côté de l'Atlantique !
Aaaah ! Ici, c'est moi qui décide combien je paie !
USA
Hello, mister Taxes
Bonjouw, mossieu Impôw !
Hello, misses Social Spending.
Nice to meet you.
Mais alors, ici, vous ne mettez pas tout en commun ?
Oh, no…
Ici, pour se soigner, il faut contracter une assurance privée.
Et chaque mois, les Américains mettent de l'argent dans des fonds de pension, qui leur reverseront une retraite quand ils cesseront de travailler.
FONDS DE PENSION
$

EXTRAIT DE "SICKO" DE MICHAEL MOORE
Recoudre votre index coûtera 15 000 dollars. Le majeur, c'est plus compliqué, ce sera 60 000...
Mais je...
Je n'ai pas d'assurance maladie.
HOSPITAL
Des millions de personne n'ont pas les moyens d'épargner et n'ont donc ni retraite ni assurance santé...
Ça a un peu changé avec l'Obamacare. Depuis 2014, il est obligatoire de s'assurer.
Et les familles les plus pauvres bénéficient d'une aide de l'État financée par les impôts.
Mais, les études... Vous prenez en charge les études, quand même ?
Oh no !
QUOI !?
72 000 dollars par an pour Harvard !?
J'ai pas eu de bourse...
Moi, c'est seulement 25 000 dollars.

À ce prix-là, mes chéris, je ne pourrai pas financer toutes vos études...
T'en fais pas, on empruntera le reste.
Tous nos copains font ça.
Les dettes contractées par les étudiants atteignent aujourd'hui 1452 milliards de dollars.
Certains pensent que la prochaine crise financière viendra de là.
N'empêche, une fois payés l'assurance santé...
le fonds de pension, les études des enfants, il ne me reste pas plus qu'en France...
Bah oui ! Fastoche de payer moins d'impôts s'il faut tout sortir de sa poche par ailleurs !
C'est vrai qu'il n'y a pas de sens à comparer les taux de prélèvements obligatoires de France et des États-Unis si on ne met pas en face ce que financent ces prélèvements.
Henry Morgenthau, ancien ministre de l'Économie américain, a dit...
« Les impôts sont le prix à payer pour une société civilisée. Trop de citoyens veulent la civilisation au rabais. »

BD 2 À quoi sert l'argent des impôts ?

L'essentiel de la BD

Les problématiques expliquées

Justice sociale et rôle de l'État

- Chaque société organise une **répartition** des ressources qui génère des **inégalités**. Ces inégalités sont-elles justes ? Faut-il chercher à les réduire ? Comment ?
- Le débat sur la **justice sociale** s'organise autour de deux grandes positions. Soit il suffit d'assurer la liberté et l'**égalité des droits** ; les inégalités des situations qui en résultent sont alors justes. Soit on considère qu'il faut réduire les inégalités initiales pour viser l'**égalité des chances** selon un principe d'**équité**.
- Ce débat interroge le rôle de l'État. Dans la conception libérale, le **marché** assure l'**allocation optimale** des ressources ; l'État doit se limiter à garantir les droits, les libertés et la sécurité (**État gendarme**). Dans la conception sociale-démocrate, l'État doit intervenir, dans un objectif d'intérêt général (**État-providence**).

La légitimité de la fiscalité

- La fiscalité est associée à la centralisation du pouvoir et à l'administration de l'**État moderne**. Cette nouvelle fiscalité se caractérise par sa régularité, son universalité et sa **légitimité**, basées sur la notion d'**intérêt général**.
- Avec le développement d'un État-providence, les besoins en termes de **finances publiques** se développent sous l'effet : 1) du rôle positif du **déficit** et de la **dette publique** sur la croissance et l'emploi, 2) des interventions économiques directes de l'État, 3) de l'extension des domaines concernés par les **dépenses publiques**, 4) du rôle redistributif et incitatif de la fiscalité. L'accroissement des **prélèvements obligatoires** est socialement accepté, lorsque les dépenses publiques démontrent leur capacité à stabiliser l'économie et que la **protection sociale** réduit la pauvreté et les inégalités.
- Avec la crise des années 1970 et le renouveau libéral des années 1980, l'État-providence subit une crise financière, d'efficacité et de légitimité. Faut-il réduire ses interventions ? Doit-on remettre en question la protection sociale et introduire plus de régulation marchande ?

Sujets de bac possibles

Faut-il lutter contre les inégalités ?

Tout dépend du type d'inégalités et de l'objectif visé. Inégalités des droits, des chances et des situations sont autant de formes d'inégalités dont l'existence est jugée plus ou moins légitime. **Les inégalités de situations sont acceptables si l'égalité des droits et des chances sont véritablement réalisées.**

Les prélèvements obligatoires sont-ils trop élevés ?

Les prélèvements obligatoires, considérés comme une charge, augmentent le coût de production, réduisent la **compétitivité** et donc l'activité et l'emploi. Mais ce sont aussi des ressources qui permettent de verser des revenus sociaux (amortisseurs en cas de crise) et de financer des infrastructures et des services collectifs (générateurs d'**externalités positives**). **Pour maintenir le consentement à l'impôt, les dépenses publiques doivent être efficaces et visibles.**

Vocabulaire à retenir

- La **justice sociale** est une notion subjective qui nécessite une réflexion sur les inégalités, notamment celles qui paraissent injustes. Une situation juste est donc une situation qui est socialement acceptable. La justice sociale nécessite une intervention de l'État qui, par la redistribution des richesses qu'il opère, cherche à compenser certaines inégalités.
- Ne pas confondre **égalité** et **équité**. L'égalité est le principe selon lequel tous les individus, au sein d'une société, doivent être traités de la même manière, sans discrimination. Il s'agit alors de donner à tous la même chose ou de traiter chacun de la même manière. L'équité est le principe selon lequel les individus sont traités différemment, selon leur situation. Cette forme de justice sociale fonde la **discrimination positive**. Il s'agit alors d'appliquer la généralité de la loi à la singularité des situations concrètes, en tenant compte des inégalités de fait et en visant à une égalité des droits et des chances.

La BD m'a plu ?

Je lis...

Pour une révolution fiscale : Un impôt sur le revenu pour le XXIe siècle, Camille Landais, Thomas Piketty et Emmanuel Saez, Seuil – La République des idées, 2011.

- Les trois économistes démontrent le caractère régressif et socialement injuste du système fiscal français et proposent une révolution fiscale fondée sur l'équité, la progressivité et la démocratie.

Je regarde...

La Sociale, Gilles Perret, 2016.

- Ce documentaire retrace l'histoire de la Sécurité sociale, née de l'initiative d'Ambroise Croizat, un héro humaniste oublié. Comment la Sécu est-elle née ? Sur quels principes repose-t-elle ? Comment a-t-elle évolué ?

L'émission *Cash Investigation : Qui profite de nos impôts ?* diffusée sur France 2, novembre 2019.

- Élise Lucet s'intéresse aux dernières réformes fiscales, censées favoriser l'emploi et la croissance, mais qui ont surtout contribué à l'injustice fiscale.

J'écoute...

« Le sens de l'impôt », une série de quatre épisodes issue de l'émission de France Culture « Entendez-vous l'éco ? », novembre 2018.
Durée : épisodes de 59 min.

- Tiphaine de Rocquigny évoque les premiers impôts, la recherche de la justice sociale, l'évasion fiscale et l'écotaxe.

→ Flashez cette page pour accéder aux ressources.

live!

BD 3

Nos déchets ont-ils un futur

Avant de lire la BD...

Notions du programme en jeu dans la BD

- Notre modèle de **croissance** se heurte à des **limites écologiques** : l'**épuisement des ressources**, la **pollution** et le **réchauffement climatique**. L'**environnement**, défini comme l'ensemble des ressources naturelles (renouvelables ou non) utilisées dans la production ou offrant des services gratuits, a les caractéristiques d'un **bien commun**. Il est **non excluable** (impossibilité d'empêcher sa consommation) et **rival** (sa consommation par un agent réduit celle des autres). Cependant, la consommation et la production de biens génèrent des effets non pris en compte par le marché : ce sont des **externalités négatives**. Produits par l'action d'un agent économique, ces effets réduisent l'utilité d'un autre agent, sans qu'il y ait compensation monétaire.
- Les actions en faveur de l'environnement sont devenues urgentes et ont été inscrites à l'**agenda politique**. Tous les acteurs se mobilisent. Des ménages pratiquent une **consommation engagée** basée sur des principes éthiques et écologiques et orientée par des **intérêts collectifs**. Des entreprises œuvrent pour une production plus respectueuse de l'environnement, au-delà d'un simple ***greenwashing***, qui consiste à communiquer auprès du public en utilisant l'argument écologique mais qui s'avère souvent être une simple technique de marketing. Des **ONG** se mobilisent pour sensibiliser les consommateurs et les pouvoirs publics. Des institutions, telles que l'ADEME (Agence de la transition écologique), informent, conseillent et aident les acteurs économiques à s'engager dans une croissance plus verte. Enfin, les pouvoirs publics cherchent

Notions du programme en jeu dans la BD

à compenser les **défaillances du marché**, en informant et sensibilisant le public, en réglementant et en utilisant la fiscalité. Les taxes ont en effet un caractère **incitatif**, selon le principe du **pollueur-payeur**, en réintégrant le coût social de la pollution dans le coût de production. De leur côté, les subventions incitent les entreprises à développer de nouvelles technologies (**innovations vertes**).

- Ces actions s'inscrivent dans l'optique d'une « soutenabilité faible » qui est une conception optimiste de la **soutenabilité**. L'environnement est considéré comme un capital **substituable** ; sa raréfaction doit le renchérir et inciter les agents économiques à trouver de nouvelles technologies permettant de l'économiser ou de le remplacer. Si cela peut fonctionner avec les sources d'énergie, cela est moins évident avec les pollutions et les déchets dont la maîtrise ne peut passer que par un changement radical de notre modèle de croissance et de consommation ; c'est l'optique des partisans d'une « soutenabilité forte », voire de la **décroissance**.

Dans cette BD, je vais découvrir...

→ L'ampleur de nos déchets et **la pollution qu'ils génèrent**. Notre modèle de croissance intensive, basé sur une production et une consommation de masse, crée des nuisances environnementales dont certaines sont irréversibles.

→ **Les acteurs impliqués** dans la production et la gestion de nos déchets : les ménages, les entreprises privées, les associations, les institutions, les pouvoirs publics.

→ Les solutions pour une **croissance soutenable** : l'innovation et le progrès technique, voire le changement de notre modèle de croissance.

À savoir

- La théorie économique a intégré très tôt la question environnementale. Des théoriciens classiques du début du XIXe siècle, tels que **Ricardo** ou **Malthus**, avaient déjà alerté sur les **limites écologiques** de la croissance, soumise à la pression démographique et à la **loi des rendements décroissants** agricoles.
- Cependant, les **progrès techniques** ont permis de reculer ces limites et la problématique environnementale de la croissance a été mise de côté, jusqu'à la prise de conscience écologique des années 1970. La croissance n'apparaît plus soutenable et son caractère intensif est dénoncé par le **rapport Meadows** en 1972 : « Halte à la croissance ! »
- Il faudra encore une décennie pour qu'apparaisse l'expression « soutenable » ou « durable ». Elle sera ensuite popularisée par l'ONU, dans le rapport Brundtland (1987) qui place l'être humain au centre de la problématique du **développement durable**.

Nos déchets ont-ils un futur

Si on vous raconte que votre voisin enterre ses poubelles au fond de son jardin, vous allez le traiter de fou et lui expliquer les bienfaits du tri. Mais savez-vous que plus de la moitié de nos ordures ménagères sont enfouies dans la terre ? On pense trop souvent à tort qu'une fois collectés nos déchets disparaissent. La gestion des ordures est pourtant l'un des plus grands casse-têtes de l'histoire de nos sociétés.

Par **Valérie Gautier** et **Thibaut Rassat**

Hé ! Le chien !
Mais, c'est quoi, ce délire ?
Reviens ici, vieux chien !
Rah ! Le ballon !
Bon ! Eh bien, je pense que, cette fois, la partie est finie !
pfffff !
Je vais me faire jeter par mes parents !
Non, mais ce n'est pas de ta faute !
Papa, maman, je suis rentrée !
Et hop !
Ni vu ni connu.
Mettre un déchet dans sa poubelle, quoi de plus banal ?
GLONG
On jette, on descend la poubelle dans les bacs et tout disparaît par magie ?
Absolument pas !

*Source : Ademe (Agence de l'environnement et de la maîtrise de l'énergie).

Placé dans la bonne poubelle, le déchet recyclable part dans un centre de tri. Là, des ouvriers regroupent les déchets par type de matériaux : plastique, papier, carton ou métal.
Les déchets sont compressés et vendus à des recycleurs qui vont...
... broyer le plastique,
... transformer le carton en pâte,
... fondre les métaux,
... pour faire de nouveaux produits.
Opération recyclage RÉUSSIE !
Dans la poubelle noire, on ne doit jeter que ce qui ne peut pas être recyclé.
On appelle ces détritus les déchets "ultimes".
Le problème, c'est qu'environ 75% des déchets des poubelles noires ne sont pas des déchets ultimes.
NON ULTIME
ULTIME
bouteille plastique
vêtements
piles
notre ballon
Mais où finissent tous ces déchets ?
Suivons notre ballon de foot.
TUTUTUTUT
UTUTUTUT
Bonne route !
Selon la commune dans laquelle il se trouve, le ballon sera...
PILE
FACE
... enterré.
... brûlé.
Un centre d'enfouissement prend plus de place.
Un incinérateur coûte plus cher à une commune.

*Source : Ademe.

On suit Guillaume Porchaire, chef d'exploitation du site de Sonzay.
ballon de foot
À l'entrée, un portique de détection de radioactivité repère les déchets dangereux.
Guillaume Porchaire
Si l'alarme ne fonctionne pas, un réceptionniste examine la nature des déchets et les pèse.
SUEZ
4,5 t
Le site ressemble à une grande étendue d'herbe d'où sortent des tuyaux ici et là.
Sous l'herbe, ce sont les déchets des habitants d'Indre-et-Loire depuis 1984 qui se décomposent.
2010
2000
1990
1984
Dans une fosse, des ordures s'entassent à perte de vue. Le camion y déverse son contenu.
Des compacteurs traversent la fosse d'un bout à l'autre pour écraser les déchets.
OBJECTIF ?
Compacter 1 tonne de déchets...
...dans 1 mètre cube.
Au-dessus du site, des milliers d'oiseaux volent, attirés par les restes de nourriture.
Il peut y avoir jusqu'à 500 000 bêtes ici.
On a un partenariat avec la Ligue de protection des oiseaux. Elle les observe, les recense... Ça donne une bonne image de nous.
Greenwashing : pour redorer son image, une entreprise met en avant ses actions en faveur de l'environnement.

Si la décharge ressemble à un immense trou dans lequel on jette tout sans se poser de questions, ce qui était encore le cas il y a une cinquantaine d'années, le processus est, en réalité, plus complexe qu'il n'en a l'air.
1. Le terrain est d'abord choisi en fonction de son imperméabilité. C'est important car le liquide produit par les déchets est très nocif.
Réseau EDF
Atmosphère
7. Une partie du biogaz est captée pour créer de l'électricité. Une autre partie, qui est rejetée dans l'air, participe au réchauffement climatique.
biogaz
eau de pluie
déchets
2. La décomposition des déchets et l'eau de pluie forment un liquide très polluant : le LIXIVIAT
Sol argileux
Membrane en plastique
50 cm de cailloux pour drainer le liquide
Drain (gros tuyau) pour récupérer le lixiviat
5. Une partie du lixiviat est réinjectée dans le bac pour accélérer le processus de décomposition.
6. L'autre partie est reversée dans la nature.
3. Des tuyaux transportent une partie du lixiviat dans une station de traitement où il est traité et filtré.
4. Mais même filtré, le lixiviat reste nocif pour l'environnement.
station de traitement

Quand le bac est rempli de détritus, on le protège et on le recouvre d'argile puis de terre.

Ces déchets mettront probablement plusieurs centaines de milliers d'années à disparaître.

*Source : Alcea.

La question du moment

*Le Refiom : résidu d'épuration des fumées d'incinération des ordures ménagères.

Les déchets biodégradables pourraient n'avoir aucun impact néfaste sur notre planète.
SOS
Mais ils se retrouvent trop souvent au milieu des déchets non biodégradables et finissent brûlés ou enfouis.
Alors qu'ils pourraient servir à la création de COMPOST si des poubelles adéquates étaient mises à disposition.
COMPOST : engrais issu de la décomposition naturelle.
Qui a jeté son trognon de pomme ?
Ça ne va pas, de tuer la planète ?
Il faudrait prendre le problème à la source en limitant le nombre de déchets.
Réduire, composter, recycler.
Pauline Imbault, cheffe de projet à Zero Waste, une association de défense de l'environnement.
Par exemple, boire l'eau du robinet et se déplacer avec une gourde...
... au lieu d'acheter de l'eau dans une bouteille en plastique.
Un déchet en moins à recycler ou à traiter, c'est une grosse économie d'énergie.
Beaucoup de déchets pourraient être évités au quotidien.
Bio
COTON

Les grandes industries n'hésitent pas à utiliser des slogans.
Faire du déchet une ressource !
VEOLIA : recyclage et valorisation des déchets.
De la suite dans vos déchets !
SITA SUEZ : expert de l'ensemble du cycle du déchet.
Créateur d'énergie verte !
TIRU : traitement industriel des résidus urbains.
C'est avec ces slogans que ces multinationales font croire au grand public que seul le déchet abandonné dans la nature est un souci.
ZERO WASTE
Le gouvernement français souhaite réduire les sites de stockage.
poubelle mag
La réduction ! TENDANCE de la rentrée
Les déchets c'est terminé !
été !
#poubelle
À écouter les politiques, il n'y aura plus d'enfouissement dans quelques années.
Mais pour ça, il faudrait une grosse politique de tri !
Guillaume Porchaire, chef d'exploitation du site d'enfouissement de Sonzay.
Des efforts sont à fournir pour offrir aux citoyens la possibilité de trier facilement leurs déchets.
carton
verre
compost
Dans la ville de San Francisco, aux États-Unis, 80 % des déchets sont recyclés.
À Trévise, en Italie, grâce à ses poubelles de compost, les habitants ne produisent plus que 50 kg de déchets.
Trévise 50 kg/an
France 437 kg/an
En France, la loi de transition énergétique pour la croissance verte prévoit
2015
2020
une réduction de 10 % des déchets ménagers...
2015
2025
une réduction de 50 % des déchets admis en centre d'enfouissement.

On peut être militant et optimiste, mais les changements de vie et de consommation vont être longs.
Le recyclage ne suffira pas. Il va falloir un changement plus profond.
N'oubliez pas que de nombreux pays envient notre société industrialisée et risquent de passer bientôt de 150 kg de déchets par an à 500…
Marc Cheverry, expert à l'Agence de l'environnement et de la maîtrise de l'énergie.
C'est à nous d'anticiper pour éviter qu'ils ne reproduisent nos erreurs.
Oh là là !
Inès, tu sors ?
Inès !
Tu viens ? J'ai racheté un ballon !
Ok, j'arrive !
Panneaux photovoltaïques, éoliennes… Nous créons de nouvelles technologies pour produire de l'énergie de manière plus "propre". Alors, il est temps d'imaginer comment nous allons recycler tous ces nouveaux matériaux !

L'essentiel de la BD

Les problématiques expliquées

Économie de l'environnement…

- Dans le modèle standard, l'environnement est analysé en lien avec la **régulation marchande**. La surexploitation des ressources naturelles, liée à la difficulté de leur donner une valeur monétaire, est analysée en termes de **défaillances de marché** et d'**externalités**.
- Il n'y a donc pas de **rareté** absolue en matière de ressources environnementales, mais des raretés relatives. Un **système de prix** pourra donc toujours permettre de gérer ces raretés relatives, en substituant une ressource par une autre.
- La question centrale est donc celle de la **valeur** du capital naturel. Il suffit de créer un prix qui réintègre le coût social de l'externalité, soit par une taxe, basée sur le principe du **pollueur-payeur**, soit en créant un marché de droits à polluer. Le principe du pollueur-payeur permet d'internaliser l'externalité liée à la pollution : le pollueur devient responsable des coûts.

… ou économie écologique ?

- Ce cadre d'analyse interdisciplinaire appréhende l'environnement de façon systémique et considère que les externalités environnementales ne sont pas des exceptions, mais **la règle**.
- L'analyse **systémique** permet d'étudier les relations entre la biosphère, la sphère des activités humaines et celle des activités économiques. Cette démarche **holistique** intègre également les aspects sociaux et politiques ainsi que les questions de justice.
- Dans ce cadre, la crise environnementale actuelle met en évidence le caractère **limité** du capital naturel qui ne peut être remplacé par aucune autre forme de capital. La soutenabilité implique donc le **maintien** du stock de capital naturel, par une utilisation mesurée des ressources non renouvelables, un usage des ressources renouvelables permettant leur reproduction, et une limitation des déchets. Cela nécessite un changement radical des modes de production et de consommation.

Sujets de bac possibles

Le progrès technique permet-il la soutenabilité ?

Le progrès technique et les innovations permettent de reculer les limites écologiques auxquelles se heurte la croissance si l'on considère que le capital naturel est **substituable**. C'est l'optique du modèle standard de la régulation par le marché et de la **soutenabilité faible**. Si, au contraire, on considère le capital naturel comme spécifique et irremplaçable, tout progrès technique est vain ; c'est l'optique du modèle de l'économie écologique et de la **soutenabilité forte**.

En quoi les différents instruments utilisés face au changement climatique sont-ils complémentaires ?

Pourquoi plusieurs instruments ? Parce que chacun d'entre eux, la **réglementation**, la **fiscalité environnementale** et le **marché de quota d'émission**, a une **efficacité** relative. Démontrer leur complémentarité, c'est montrer qu'un autre instrument est nécessaire, parce que le précédent présente des limites. **Multiplier les instruments permet donc de faire face aux externalités environnementales et de limiter au mieux les effets négatifs sur le climat.**

Et dans ma copie ?

- La **croissance économique** utilise différents types de **capitaux** (physique, naturel, humain, social et institutionnel). Une croissance est **soutenable** si elle permet de satisfaire les besoins de tous, sans compromettre la capacité des générations futures à satisfaire les leurs.
- Les pays à revenu élevé, avec 16 % de la population mondiale, produisent un tiers des déchets de la planète. Le principal problème des déchets concerne les plastiques. Sans **système de collecte et de traitement**, les plastiques contaminent les eaux et les écosystèmes pour des milliers d'années. Les conséquences sanitaires et climatiques de ces pollutions sont dramatiques (effet de serre, dérèglements et catastrophes climatiques) et mettent en danger la biodiversité, la planète, voire l'espèce humaine.
- La majorité des déchets collectés sont **mis en décharge** (enfouis ou non), certains sont **recyclés** ou **compostés** et le reste est **incinéré**. La collecte et le traitement des déchets génèrent 5 % des émissions totales de gaz à effet de serre qui proviennent en grande partie du méthane dégagé par les décharges.

La BD m'a plu ?

Je lis...

L'homme aux yeux à facettes, de Wu Ming-yi, 2014.

- Un conte futuriste taïwanais dénonçant la pollution qui menace une culture et une société exposées aux risques écologiques.

Je regarde...

Expédition 7e Continent, documentaire de Vinci Sato, 2014.

- Le documentaire évoque les 10 millions de tonnes de plastiques déversées chaque année dans les océans et formant un véritable continent. D'une superficie de six fois celle de la France, il est composé de 5 kilos de plastiques par kilo de plancton, véhiculant des métaux lourds et d'autres polluants et menaçant toute la faune marine.

J'écoute...

« De cause à effets, le magazine de l'environnement », une émission de France Culture présentée par Aurélie Luneau.

- C'est une émission hebdomadaire présentant des expériences, des recherches et des solutions écologiques, en compagnie d'invités variés et impliqués.

→ Flashez cette page pour accéder aux ressources.

live!

Le BAC avec Topo

BD 4 Ça veut dire quoi, être pauvre ?

Avant de lire la BD...

Notions du programme en jeu dans la BD

- La **pauvreté** renvoie en premier lieu aux **inégalités économiques** : **inégalités de revenu** et **inégalités de patrimoine**. Cependant la pauvreté et les inégalités présentent un **caractère multiforme et cumulatif** : pauvreté économique, difficulté d'accès à un logement décent, à une nourriture suffisante, aux études supérieures, aux soins et inégalité d'espérance de vie se cumulent et se renforcent.
- Plusieurs outils de mesure des inégalités économiques existent. Le **seuil de pauvreté** peut être défini de manière relative : au sein de l'Union européenne, on considère qu'il s'établit à 60 % du **revenu médian** des habitants d'un pays. Le **taux de pauvreté** est la part de la population qui vit en dessous du seuil de pauvreté. D'autres indicateurs de la pauvreté existent comme le seuil de pauvreté absolue qui détermine le revenu nécessaire pour avoir un niveau de vie tolérable. Au-delà de ces données quantitatives, l'Insee se base également sur des **études qualitatives** pour mieux connaître et mesurer la population pauvre. Ces études portent sur les **conditions de vie** des ménages.
- Avoir un emploi ou des diplômes ne protège pas toujours de la pauvreté. Si l'emploi exercé est à temps partiel, ou que le ménage est composé de nombreuses personnes, il peut générer un revenu trop faible pour dépasser le seuil de pauvreté. Les personnes dans cette situation sont appelées des « **travailleurs pauvres** ».

Notions du programme en jeu dans la BD

- Les **pouvoirs publics** agissent pour réduire la pauvreté et augmenter la **justice sociale**. La fourniture de **services collectifs** gratuits ou peu chers, la création de centres d'hébergement d'urgence et de logements sociaux, ainsi que la **redistribution** (à travers le revenu de solidarité active ou des allocations familiales) vont dans ce sens mais cette action est parfois critiquée et elle est difficile à financer.
- La **société civile** contribue également à venir en aide aux pauvres à travers des actes individuels et collectifs par le biais d'associations (Restos du cœur, Emmaüs Solidarité, ATD Quart Monde, Secours populaire, Secours catholique, ainsi que de nombreuses églises) cependant ces associations ont besoin de dons et de bénévoles pour fonctionner.
- Les **préjugés** de la société sur les pauvres peuvent entraîner chez eux un **sentiment de culpabilité** et modifier l'image qu'ils ont d'eux-mêmes, leur donner l'impression qu'ils profitent de la société et qu'ils ne sont pas dignes d'en faire partie. C'est ce que l'on appelle la « **disqualification sociale** ».

Dans cette BD, je vais découvrir…

- Le **caractère cumulatif** des inégalités économiques et sociales.
- Que la **pauvreté** peut être appréhendée par le **revenu**, mais également par les **conditions de vie**.
- Que la pauvreté ne touche pas que les chômeurs mais également des **travailleurs pauvres**.
- Que la **lutte contre la pauvreté** est l'affaire de tous : l'État, certaines associations, certaines entreprises, mais également tous les citoyens, à travers leurs impôts, leurs dons et leur bénévolat.

À savoir

- Les **outils de mesure** des inégalités économiques sont nombreux. Au-delà du **seuil de pauvreté** et du **taux de pauvreté**, les statisticiens ont à leur disposition des outils qui mesurent ou représentent la **dispersion des revenus et des richesses** dans la population (rapports interquantiles, courbe de Lorenz et coefficient de Gini, top 1 %), et d'autres qui mesurent la **transmission des inégalités** économiques d'une génération à l'autre (corrélation de revenu parents-enfants).
- Les **pouvoirs publics** agissent pour réduire la pauvreté mais cette action est parfois critiquée car jugée **peu efficace** voire **contre-productive** (les aides sociales pourraient désinciter les pauvres à chercher à s'en sortir par eux-mêmes) si bien que certaines personnes la jugent **illégitime**. Cette critique est d'autant plus forte que l'action des pouvoirs publics en matière de **justice sociale** est coûteuse et nécessite des **transferts** importants des plus riches vers les moins riches.

LA QUESTION DU MOMENT

Ça veut dire quoi, être pauvre ?

La France figure à la septième place des pays les plus riches du monde. Pourtant, environ 8,8 millions de Français vivent en dessous du seuil de pauvreté et beaucoup d'entre eux n'ont pas accès à un emploi, à l'école, à un logement décent et aux services sociaux et financiers. Être pauvre, c'est disposer de peu. Mais que doit-on entendre par « peu » ? Existe-t-il des outils pour mesurer la pauvreté ?

Par **Isabelle Dautresme** et **Nicolas Gaignard**

* Source : Secours catholique, données 2017.

* Source : Secours catholique, rapport 2017. ** Source : Eurostat, données en 2016.

Une personne sera considérée comme pauvre si elle déclare au moins 8 restrictions parmi une liste de 27.

Pendant longtemps, les personnes âgées étaient les plus concernées par la pauvreté.
LE VISAGE DE LA PAUVRETÉ A CHANGÉ
La retraite n'existait pas encore. Quand elles arrêtaient de travailler, certaines personnes n'avaient plus de quoi vivre dignement.
Dès les années 1980, les jeunes peu ou pas diplômés sont venus grossir les effectifs des pauvres, faute de trouver un emploi.
On parle de "LA NOUVELLE PAUVRETÉ".
Quand on vivait avec mon père, on n'était pas pauvres. On n'était pas riches non plus, mais on habitait dans un vrai appartement.
Aujourd'hui, la pauvreté touche aussi beaucoup les familles monoparentales.
Avoir un travail ne protège pas toujours de la pauvreté. Les travailleurs pauvres sont même de plus en plus nombreux.
Soit parce qu'ils travaillent à temps partiel avec un très bas salaire,
soit parce qu'ils n'ont travaillé qu'une partie de l'année.
C'est le cas de la mère d'Elian. Elle travaille six heures par jour, très tôt le matin et tard le soir, à des horaires où les bureaux sont vides.

Il y a dix ans, une grave crise économique a obligé de nombreuses entreprises à fermer. Beaucoup de personnes ont perdu leur emploi.
Depuis, le taux de pauvreté a considérablement augmenté.
La mère d'Elian, elle, a toujours eu un travail, mais quand elle a quitté son mari, elle n'a pas trouvé de logement.
Parfois, il a suffi d'un "accident de la vie", un divorce ou une maladie, pour que des individus qui jusque-là vivaient correctement basculent dans la pauvreté.
Heureusement, les services sociaux nous ont vite trouvé un hôtel. Le problème, c'est qu'on est obligés d'en changer souvent et que l'on n'est jamais sûrs d'avoir une place.
Le cas de la famille d'Elian n'est pas isolé.
HÔTEL

COMMENT VIT-ON QUAND ON EST PAUVRE ?
Pour certains, être pauvre, c'est vivre dans un logement trop petit...
... mal chauffé...
... où il est impossible de s'isoler.
Difficile, dans ces conditions, d'apprendre ses leçons. Elian, lui, a fait le choix de rester au collège après les cours.
C'est l'assistante sociale qui m'a conseillé de m'installer au CDI. Ici, je suis tranquille et il y a toujours quelqu'un pour m'aider.
Être pauvre, c'est aussi souvent mal manger.
KROUIK
On mange de la viande une fois par mois, le jour des allocations familiales. Le soir, ça m'arrive de jeter un œil aux poubelles des supermarchés à côté de chez moi.
Ma mère va chercher de la nourriture aux Restos du cœur. Elle s'est toujours débrouillée pour qu'on puisse déjeuner à la cantine.
LES RESTAURANTS DU COEUR
Comme ça, elle est sûre qu'on a au moins un repas chaud par jour. Mais, elle, je sais qu'elle ne mange pas assez.

Quand on a un budget serré, soit on achète les produits les moins chers possible qui se trouvent être aussi les moins bons pour la santé, soit on saute un repas.
Sébastien Thollot, secrétaire national du Secours populaire.
Certains pauvres vivent dans la rue.
Elian a un copain qui dort dehors depuis trois semaines avec son père, faute de place dans les hébergements d'urgence.
SECOURS POPULAIRE FRANÇAIS
De temps en temps, ils vont au Secours populaire pour laver leurs affaires et prendre une douche.
Certains commerçants ouvrent leurs portes et les autorisent à accéder aux toilettes, à charger leur téléphone ou même à prendre un repas payé par un client.
On les repère grâce à un autocollant collé sur la porte : un carillon formé de trois cloches.

* ATD : Agir pour tous pour la dignité.

* Source : ATD Quart Monde, 2016.

* "Les Métamorphoses de la question sociale", éditions Fayard.

* Source : Secours catholique, données 2017.

L'essentiel de la BD

Les problématiques expliquées

Grandes tendances de l'évolution des inégalités économiques depuis le début du XXe siècle

- Si les inégalités économiques ont **diminué de 1900 aux années 1970**, elles sont **en progression depuis la fin de cette période**.
- La baisse des inégalités a été provoquée par la **destruction d'une partie du capital** lors des deux guerres mondiales, et par une **fiscalité élevée**.
- L'augmentation récente des inégalités s'explique par l'**évolution des plus hauts revenus**, mais surtout parce que **les revenus du capital augmentent plus vite** que les revenus du travail. Enfin, l'allègement de la **fiscalité** sur les hauts revenus et sur les revenus du patrimoine joue un rôle important dans ce phénomène.

L'action des pouvoirs publics en matière de justice sociale s'exerce sous contrainte de financement

- Pour réduire la pauvreté et les inégalités, les pouvoirs publics ont besoin de **se financer**. Comme les ressources de l'État ne sont pas infinies, l'État doit abandonner ou réduire certaines de ses **politiques de justice sociale** en fonction de son budget.
- Par exemple un « **droit au logement** » a été reconnu en France (il s'agit même d'un droit fondamental, à valeur constitutionnelle) mais les pouvoirs publics ne sont pas en mesure de proposer un **logement social** à toutes les familles qui y auraient droit car ils n'ont pas les moyens de construire suffisamment de logements. De nombreuses familles se retrouvent donc sans abri.

Sujets de bac possibles

La redistribution suffit-elle à assurer la justice sociale ?

A priori la redistribution permet d'assurer la justice sociale : en réduisant les inégalités économiques, elle amène une plus grande égalité des situations. Cependant, les inégalités ne sont pas qu'économiques et beaucoup d'entre elles ne se résolveront pas avec un simple transfert monétaire. La prise en compte des inégalités liées au genre, à l'origine, à l'orientation sexuelle, à un handicap suppose **une réponse plus large que le seul aspect des revenus pour atteindre une société juste.**

Comment les pouvoirs publics peuvent-ils contribuer à l'égalité ?

Avant de savoir comment contribuer à l'égalité, il convient de définir de quelle forme d'égalité on parle. S'agit-il de l'égalité des droits, des chances ou des situations ? La réponse à cette première question renvoie à celle des différentes conceptions de la justice sociale. **Selon le type d'égalité recherché par les pouvoirs publics, ceux-ci pourront mobiliser divers outils : redistribution et mise en place de services collectifs, politiques de quotas ou encore aménagements de l'espace public.**

Vocabulaire à retenir

- L'**État-providence** consiste en une prise en charge collective des conséquences des risques sociaux qui a été mise en place au lendemain de la Seconde Guerre mondiale. En France, elle combine deux logiques : la **logique d'assurance**, qui est une forme de **solidarité horizontale** destinée à protéger les personnes qui ont pu cotiser à la **Sécurité sociale**, et la **logique d'assistance**, **solidarité verticale** qui a pour but de venir en aide aux plus pauvres.
- La **redistribution** consiste à prélever des revenus aux plus riches pour les distribuer aux plus pauvres (**redistribution verticale**) ou d'utiliser les cotisations de ceux qui peuvent cotiser pour ceux qui en ont le plus besoin (**redistribution horizontale**). Elle peut se faire sous forme **monétaire** avec le versement d'aides sociales ou d'allocations, mais également **en nature** avec la **fourniture de services** (**logements sociaux** et **services collectifs** : santé, éducation, transports...).

La BD m'a plu ?

Je lis...

La Misère du monde, sous la direction de Pierre Bourdieu, Seuil, 1993.

- Il s'agit d'un recueil d'entretiens réalisés par Pierre Bourdieu et son équipe, et leur analyse au sujet des difficultés créées par les inégalités économiques et sociales.

Je regarde...

Salauds de pauvres, écrit et réalisé par douze auteurs dont Christophe Alévêque, Rémi Cotta, Jean-Claude Deret, Charles Dubois, Patrice Leconte, Sophie Forte, GiedRé et Nadia Kozlowski-Bourgade, 2019.
Durée : 1 h 46.

- C'est un film à sketches au ton décalé, destiné à faire réagir les spectateurs.

J'écoute...

« La fabrique des pauvres », une émission de France Culture (Entendez-vous l'éco ?), septembre 2018.
Durée : 58 min.

- C'est le premier épisode d'une série de quatre sur « Les visages de la pauvreté », présentée par Tiphaine de Rocquigny, qui a pour but d'étudier la pauvreté aujourd'hui : sa définition, ses représentations, les outils qui permettent de la mesurer...

→ Flashez cette page pour accéder aux ressources.

LE MAG'

TOP 10 de l'actualité en SES

1 La BD

***Un autre regard sur le climat*, Emma,**
éditions Florent Massot, 2019.

La bédéiste Emma s'attaque au problème de l'écologie et du réchauffement climatique dans sa nouvelle BD : *Un autre regard sur le climat*. Une bande dessinée instructive et bien illustrée pour comprendre la genèse du problème, son actualité et les outils disponibles pour lutter contre.

3 Le film

***Le Capital au XXIe siècle*, Justin Pemberton,** juin 2020.

Le Capital au XXIe siècle est un documentaire sorti le 22 juin 2020, qui adapte le livre éponyme de l'économiste français Thomas Piketty. Il décrit l'augmentation des inégalités depuis le XVIIIe siècle et remet en cause l'idée selon laquelle le développement économique s'accompagnerait d'une baisse des inégalités.

➜ Flashez cette page pour un résumé du livre de Thomas Piketty.

2 La crise

Pour limiter les contaminations et le nombre de morts, la crise sanitaire de la Covid-19 a nécessité un confinement des populations et la fermeture de nombreux commerces pendant environ trois mois, en France et dans le monde. Cette baisse forcée de l'activité a des conséquences économiques importantes : selon l'Insee, la croissance annuelle du PIB français pourrait connaître une dépression d'environ 9 %, faisant de la crise économique liée à la Covid-19 la plus importante depuis la création des comptes nationaux français en 1948. On se doute qu'une telle chute de l'activité va se traduire par des faillites et une augmentation du chômage, avec toutes les conséquences sociales que cela implique. Au-delà de la crise sanitaire, nous traverserons donc probablement des crises économique et sociale majeures.

➜ Informez-vous sur les impacts économiques, démographiques et sociétaux de la crise sanitaire en flashant cette page avec votre application Nathan Live.

4 La personnalité

Gabriel Zucman

Passé par les écoles normale supérieure de Cachan, d'économie de Paris, des hautes études en sciences sociales et par l'université de Berkeley, **Gabriel Zucman** enseigne dès l'âge de 28 ans à la London School of Economics, puis à l'université de Berkeley en Californie. Il a reçu le Prix du meilleur jeune économiste de France en 2018 et le prix Bernacer en 2019.
Ses travaux portent sur la répartition des richesses et la réduction des inégalités économiques. Après sa thèse intitulée « Trois essais sur la répartition mondiale des fortunes » et dirigée par Thomas Piketty, il publie *La richesse cachée des nations : enquête sur les paradis fiscaux* (2013) et *Le Triomphe de l'injustice : richesse, évasion fiscale et démocratie* (2020).
Il contribue à inspirer les milieux politiques de gauche, tant en France qu'aux États-Unis où il a conseillé les deux candidats à la primaire démocrate.
➜ Écoutez une interview de Gabriel Zucman en flashant cette page.

Pour le BAC

Quelles inégalités sont compatibles avec les différentes conceptions de la justice sociale ?
➜ Pour aller plus loin, lire l'article « La répartition du patrimoine dans le monde » sur le site de l'Observatoire des inégalités.

5 Le jeu de société

Kapital, éditions La ville brûle, 2019.

Kapital est un jeu de parcours (type « jeu de l'oie ») inspiré des inégalités économiques et sociales présentes dans notre société. Les 82 ans d'espérance de vie moyenne des Français sont symbolisés par les 82 cases riches en événements du plateau. Le problème : nous ne naissons pas tous sous la même étoile ! Comme dans la vraie vie, certains joueurs commenceront le jeu dans la catégorie des dominants, et d'autres dans celle des dominés.
Créé par Michel Pinçon et Monique Pinçon-Charlot, deux sociologues des classes sociales et de la grande bourgeoisie, ce jeu reprend le cadre d'analyse de Pierre Bourdieu avec quatre types de capitaux : financier, social, symbolique et culturel.
Un jeu qui renoue avec l'ancêtre du Monopoly, destiné à critiquer l'ultralibéralisme.
➜ Découvrez la présentation du jeu par Monique Pinçon-Charlot en flashant cette page.

Pour le BAC

Comment est structurée la société française actuelle ?
➜ Pour aller plus loin, lire l'article « Bourdieu et le capital » sur le site *La-philosophie.com.*

live!

6 Le jeu vidéo

Super Piggy Bang, Cité de l'économie.

Super Piggy Bang est un jeu qui permet de découvrir les dépenses de l'État et des collectivités territoriales. Le but de ce jeu, créé par la Cité de l'Économie, est de gérer le budget d'un État en équilibrant ses recettes et ses dépenses.

Pour le BAC

Quelles politiques économiques dans le cadre européen ?

7 La série

Parlement, Noé Debré, 2020.

La série franco-germano-belge *Parlement*, diffusée à partir du 9 avril 2020, décrit de manière humoristique le fonctionnement du Parlement européen. Dans la saison 1, Samy, jeune attaché parlementaire se retrouve chargé de faire adopter un amendement par le Parlement européen alors qu'il n'y connaît pas grand-chose.

Pour le BAC

Comment expliquer l'engagement politique dans les sociétés démocratiques ?

➜ Pour aller plus loin, lire l'étude du Cevipof (Centre de recherches politiques de Sciences Po) sur le baromètre de la confiance politique : « 2009-2019 : la crise de la confiance politique ».

8 Le prix

En 2019, Abhijit Banerjee, Esther Duflo et Michael Kremer ont reçu conjointement le prix Nobel d'économie pour leurs travaux en économie du développement, apportant de nouvelles réponses « sur la meilleure façon de réduire la pauvreté dans le monde ».
Esther Duflo, qui est française et américaine, est la deuxième femme à obtenir le prix Nobel d'économie. C'est par ailleurs la cinquième fois que les deux membres d'un couple (ici Abhijit Banerjee et Esther Duflo) obtiennent un prix Nobel ensemble.

Pour le BAC

Quels sont les sources et les défis de la croissance économique ?

➜ Pour aller plus loin, lire le dixième objectif de développement durable de l'ONU : « Réduire les inégalités dans les pays et d'un pays à l'autre ».

9 Le musée

La Cité de l'Économie

La Cité de l'Économie ou Citéco a ouvert ses portes en juin 2019 à Paris. C'est un musée moderne consacré aux notions et mécanismes de l'économie. Ludique mais très riche, il s'adapte à tous les publics et centres d'intérêt liés à l'économie. Visites et plates-formes interactives, visite du trésor, mises en situation, jeux interactifs, jeux multijoueurs... Il y en a pour tous les goûts !

Pour le BAC

Pour les lycéens, un parcours « Prépare ton Bac avec Citéco » est proposé tous les mercredis pendant les 100 jours qui précèdent le Bac.

10 Le livre

Le Triomphe de l'injustice : richesse, évasion fiscale et démocratie,
Emmanuel Saez et Gabriel Zucman,
Seuil, 2020.

Emmanuel Saez et Gabriel Zucman, deux économistes français qui enseignent aux États-Unis, ont publié en février 2020 *Le Triomphe de l'injustice : richesse, évasion fiscale et démocratie.* Il s'agit de la traduction de leur best-seller *The Triumph of Injustice : How the Rich Dodge Taxes and How to Make Them Pay* publié l'année précédente aux États-Unis. Cette étude économique, qui se base sur l'analyse de plus d'un siècle de données fiscales américaines, met en évidence les inégalités fiscales actuelles de ce pays où le taux d'imposition des plus riches est inférieur à celui des autres citoyens. Après avoir montré les désastres sociaux que cette absence de redistribution implique, les auteurs proposent de revenir, aux États-Unis comme en Europe, à un système d'imposition plus équitable.

Ce livre a inspiré les programmes d'Elizabeth Warren et de Bernie Sanders, les deux candidats démocrates à la présidentielle américaine de 2020, en particulier dans le fait d'imposer les très grandes fortunes et de mettre en place un pacte mondial pour empêcher l'évasion fiscale des multinationales.

Pour le BAC

Quelles inégalités sont compatibles avec les différentes conceptions de la justice sociale ?

➜ Pour aller plus loin, lire le résumé ou regarder la vidéo « 90 minutes pour le lire » (27 février 2020) sur le site de l'Institut de la gestion publique et du développement économiques (IGPDE).

Biographies

Penseurs d'hier

Alexis de Tocqueville
1805-1859

L'égalité entraîne une recherche de toujours plus d'égalité

Magistrat puis homme politique et écrivain français, Alexis de Tocqueville est considéré comme l'un des précurseurs de la sociologie, en particulier en raison de son ouvrage *De la démocratie en Amérique* (1835).

Il y montre comment les Américains associent liberté et égalité. Selon lui toutes les sociétés vont connaître un processus d'égalisation des conditions, qui entraîne une « passion pour l'égalité » chez les individus. En effet plus l'égalité progresse, plus les inégalités restantes deviennent visibles et insupportables.

Pour le BAC

Tocqueville montre que, à la différence des sociétés d'Ancien Régime (comme la France à l'époque), dans les sociétés démocratiques les individus connaissent une « égalité des conditions », si bien que toutes les positions sociales leur sont (en théorie) accessibles.

➜ Citation

« [Les hommes] ont pour l'égalité une passion ardente, insatiable, éternelle, invincible. »
De la démocratie en Amérique (1835)

Karl Marx
1818-1883

Accélérer la chute du système capitaliste

Karl Marx est à la fois philosophe, économiste, sociologue, historien, journaliste… et révolutionnaire. Il considère que l'élément essentiel de l'histoire de l'humanité réside dans les formes de domination de certains hommes sur les autres. Selon lui le mode de production capitaliste doit s'écrouler en raison de son fonctionnement, mais il propose de hâter sa chute en provoquant une révolution. Il est ainsi l'un des fondateurs de l'Association internationale des travailleurs et l'un des auteurs, avec Engels, du *Manifeste du parti communiste* (1848).

Pour le BAC

Selon Marx, les hommes sont répartis en classes en fonction de leur place dans les rapports de production : il s'agit des « classes en soi ». Si les membres d'une classe prennent conscience de leurs intérêts communs, alors ils forment une « classe pour soi ». À son époque, seuls les bourgeois et les prolétaires forment de véritables classes pour soi et participent à la lutte des classes.

➜ Citation

« Ce n'est pas la conscience des hommes qui détermine leur être ; c'est inversement leur être social qui détermine leur conscience. »
Contribution à la critique de l'économie politique (1859)

Max Weber

1864-1920

Comprendre les motivations des individus

Juriste, historien et économiste, Weber est surtout considéré comme l'un des fondateurs de la sociologie. Il considère que les méthodes des sciences de la nature ne peuvent pas s'appliquer aux sciences humaines car il y est impossible de reproduire une expérience en laboratoire. Selon lui il faut partir des motivations des individus, déterminées en partie par leurs valeurs, pour comprendre leur action. Celles-ci seront donc un de ses sujets principaux, ainsi que la rationalisation progressive des sociétés, les diverses formes de domination ou encore la stratification de la société.

Pour le BAC

Weber a une analyse multidimensionnelle de la société. Pour lui, trois domaines contribuent à positionner un individu dans la société : l'ordre économique (classes sociales), social (groupes de statut) et politique (partis). Contrairement à Marx, il considère que ces catégories ne sont que des outils de classement conçus par les sociologues.

→ Citation

« Ce sont les intérêts (matériels et idéels) et non les idées qui gouvernent directement l'action des hommes. »
Sociologie des religions (1996)

Arthur Cecil Pigou

1877-1959

Taxer la pollution

Pigou est un économiste anglais célèbre pour ses travaux sur l'économie du bien-être, il est l'inventeur de la notion d'externalité. Un de ses objectifs est de déterminer la répartition des richesses qui permette d'obtenir le taux de croissance du PIB le plus élevé possible. À l'inverse de Keynes, il considère que la rigidité des salaires est une cause du chômage. Enfin, avec sa taxe destinée à internaliser le coût de la pollution, Pigou est un pionnier de l'économie de l'environnement.

Pour le BAC

Pour réduire les externalités négatives, Pigou propose de mettre en place une taxe sur la pollution destinée à compenser la perte générée par celle-ci ou à payer le coût de sa réparation. Ainsi l'externalité liée à la pollution est internalisée par le pollueur, ce qui l'incite à réduire son niveau de pollution. Ce type de taxe est appelé « taxe Pigou » et est à l'origine du principe du pollueur-payeur que nous connaissons aujourd'hui.

→ Citation

« L'essence du phénomène [de l'externalité] est qu'une personne A, en même temps qu'elle fournit à une autre personne B un service déterminé pour lequel elle reçoit un paiement, procure par là même des avantages ou des inconvénients d'une nature telle qu'un paiement ne puisse être imposé à ceux qui en bénéficient ni une compensation prélevée au profit de ceux qui en souffrent. »
L'Économie du bien-être (1920)

John Maynard Keynes

1883-1946

Combattre le chômage

John Maynard Keynes est un économiste anglais à l'origine d'une nouvelle approche de l'économie. Il est favorable à une intervention de l'État et des autorités monétaires pour soutenir la demande globale et réduire le chômage. Son œuvre est à l'origine des politiques économiques de relance d'après-guerre et des politiques d'État-providence. Si ses idées sont moins en vogue des années 1980 à 2008, elles resurgissent pour limiter les crises de 2008-2009 et de 2020.

Pour le BAC

Keynes traite des sources de la croissance (variations de la demande globale) et propose de la soutenir à l'aide de politiques expansionnistes. D'autre part, il explique une partie du chômage : le « chômage keynésien », qui est involontaire et dû à une insuffisance de la demande globale.

→ Citation

« Le long terme est un mauvais guide pour les affaires courantes. À long terme nous serons tous morts. Les économistes se fixent une tâche […] peu utile s'ils peuvent seulement nous dire que lorsque l'orage sera passé, l'océan sera plat à nouveau. »
Théorie générale de l'emploi, de l'intérêt et de la monnaie (1936)

⇨ Penseurs d'aujourd'hui

Milton Friedman

1912-2006

Le contrôle de l'inflation

Économiste américain, Milton Friedman est l'un des chefs de file des économistes libéraux et est à l'origine du courant des économistes monétaristes. Ancien conseiller des présidents Nixon et Reagan, il propose de réduire au maximum le rôle économique de l'État afin d'atteindre la liberté politique et économique. Friedman est célèbre pour sa critique des politiques monétaires et sa remise en cause de la courbe de Phillips.

Pour le BAC

Selon Friedman les politiques monétaires expansionnistes sont vouées à l'échec. C'est pour correspondre à sa théorie que la Banque centrale européenne a été créée indépendante des États et que son objectif réside dans le strict contrôle de l'inflation. Friedman considère qu'il existe un taux de chômage naturel incompressible tant que le marché du travail n'est pas rendu plus flexible.

→ Citation

« L'inflation est une maladie dangereuse et parfois fatale. »
La Liberté du choix (1980)

Paul Anthony Samuelson 1915-2009

La formalisation mathématique en économie

Paul Samuelson est un économiste américain et principal représentant du courant de la synthèse néoclassique qui travaille à réunir les éléments de l'analyse keynésienne et de l'analyse néoclassique. Excellent mathématicien, il est considéré comme l'un des inventeurs de la microéconomie. Il enseigne à Harvard puis au Massachusetts Institute of Technology (MIT). Ses travaux portent sur la théorie du consommateur, du commerce international, de l'équilibre du marché et sur leurs applications en politique économique. Il sera d'ailleurs conseiller économique du président J.F. Kennedy. Il reçoit le prix Nobel d'économie en 1970 « pour le développement de la théorie économique en statique et en dynamique et pour avoir élevé le niveau d'analyse en science économique ».

Pour le BAC

Samuelson est l'un des auteurs ayant contribué à expliquer le commerce international à partir des différences de dotation factorielle des pays. On présente généralement cette thèse en la réunissant avec celles d'Eli Heckscher et Bertil Ohlin (appelée théorème HOS).

➜ Citation

« À travers l'échange de biens les pays "échangent" des facteurs de production. »
L'Économique (1948)

John Rawls 1921-2002

Une société juste est une société libre où l'on cherche à améliorer la condition des plus désavantagés

John Rawls est un philosophe américain connu pour ses travaux sur la théorie de la justice. Il a enseigné au MIT et à l'université de Harvard. Selon lui, une société juste garantit à chacun l'accès à des « biens premiers » que sont les libertés fondamentales, les biens naturels et les biens sociaux. Il considère qu'une société juste doit garantir à la fois la liberté et l'équité, ce qui revient à maximiser l'utilité des plus désavantagés.

Pour le BAC

Pour Rawls c'est au pouvoir politique de mettre en place des politiques d'équité. Le moyen pour y parvenir est que les décideurs prennent leur décision « sous un voile d'ignorance » en faisant comme s'ils ne connaissaient pas leur position sociale. Ainsi ils sont amenés à améliorer les conditions des plus défavorisés.

➜ Citation

« La justice est la première vertu des institutions sociales comme la vérité est celle des systèmes de pensée. »
Théorie de la justice (1971)

Robert Merton Solow

1924–

Ne pas séparer l'économie du social

Robert Solow est un économiste américain célèbre pour son modèle de croissance exogène. En 1942, alors qu'il est l'assistant de Leontief, il s'engage dans l'armée pour combattre le nazisme. De retour aux États-Unis il devient professeur d'économie au Massachusetts Institute of Technology où il se lie d'amitié avec Paul Samuelson. Il reçoit le prix Nobel d'économie en 1987 « pour ses contributions à la théorie de la croissance économique ».

Pour le BAC

Le modèle de croissance exogène de Solow est un modèle explicatif de la croissance incontournable. C'est lui qui montre l'importance du progrès technologique, sans toutefois en expliquer l'origine. Le « résidu » de Solow, part non expliquée de la croissance, serait en effet parfois responsable de 80 % de celle-ci.

→ Citation

« Vous pouvez voir l'ère informatique partout, sauf dans les statistiques de la productivité. »
The New York Times Book Review (1987)

Alain Touraine

1925–

L'analyse des mouvements sociaux

Ancien élève de l'École normale supérieure, Alain Touraine est un sociologue français, spécialiste de l'action sociale et des nouveaux mouvements sociaux. Sensibilisé par son expérience de mineur pendant un an, Touraine analyse l'évolution du travail ouvrier du début de l'ère industrielle à nos jours. Il étudie également l'évolution des modes de domination au sein de la société française, les nouveaux mouvements sociaux et l'action des individus.

Pour le BAC

Selon Touraine, un mouvement social se définit par un principe d'identité, un principe d'opposition et un principe de totalité. Dans les années 1970, il décrit les « nouveaux mouvements sociaux » qui se développent à cette époque et dont les enjeux dépassent la sphère professionnelle.

→ Citation

« Un mouvement social est une action conflictuelle par laquelle des orientations culturelles, un champ d'historicité, sont transformés en des formes d'organisation sociale, définies à la fois par les normes culturelles et par des rapports de domination sociale. »
Le Retour de l'acteur : essai de sociologie (1984)

Henri Mendras
1927-2003

La moyennisation de la société

Sociologue français, Henri Mendras s'impose comme le spécialiste de la paysannerie, dont il montre la transformation profonde en 1967 dans *La Fin des paysans*. Il est membre de l'Académie d'agriculture depuis 1970 et conseiller à l'Observatoire français des conjonctures économiques (OFCE) depuis 1981.
Il a élargi son analyse à l'ensemble de la société française et en particulier à la question du changement social. Son ouvrage *La Seconde Révolution française* (1988) peut être considéré comme le pendant sociologique des *Trente Glorieuses* de Jean Fourastié.

Pour le BAC

Henri Mendras questionne la validité du concept de classe sociale. Il montre en effet une « moyennisation » de la société, liée à l'élargissement du salariat et à l'homogénéisation des modes de vie. Pour lui, les individus se répartissent en plusieurs « galaxies » et « constellations » : populaire, centrale, des pauvres, des indépendants et de l'élite dirigeante.

➜ Citation

« [Le] schéma d'une constellation centrale structurée et animée par des groupes qui successivement l'entraînent dans le changement paraît mieux rendre compte des transformations de notre société que le schéma pyramidal qui veut que tout changement ou toute innovation vienne du haut. »
La Seconde Révolution française 1965-1984 (1988)

Pierre Bourdieu
1930-2002

La reproduction sociale

Philosophe, ethnologue et l'un des plus importants sociologues français, Pierre Bourdieu développe une théorie de la domination, de la reproduction et de la hiérarchie sociales qui s'inspire à la fois de Marx et de Weber. Selon lui, la position sociale dépend de la possession de quatre types de capitaux : économique, culturel, social et symbolique. Comme on peut hériter de ces capitaux ou les transmettre au sein de la famille, une reproduction sociale se met en place.
Son livre *La Distinction* est considéré comme l'un des plus importants de la sociologie du XXe siècle.

Pour le BAC

Pour Bourdieu, l'école reprend les codes culturels des classes dominantes. Les enfants issus de ces classes y sont donc plus à l'aise et y réussissent mieux que ceux des classes dominées. Par conséquent, les différences de classe se transforment en différences d'accès aux diplômes les plus valorisés et, *in fine*, en différences de métiers obtenus à l'issue de ces études.

➜ Citation

« La reproduction des inégalités sociales par l'école vient de la mise en œuvre d'un égalitarisme formel, à savoir que l'école traite comme "égaux en droits" des individus "inégaux en fait", c'est-à-dire inégalement préparés par leur culture familiale à assimiler un message pédagogique. »
Les Héritiers : les étudiants et la culture (1964)

Mancur Olson

1932-1998

Des individus rationnels peuvent choisir de ne pas participer à une action collective alors qu'ils attendent un avantage de celle-ci

Mancur Olson est un économiste et sociologue américain. Il étudie le fonctionnement des groupes et des organisations économiques en utilisant la méthode de l'individualisme méthodologique. Dans la *Logique de l'action collective* (1965), Olson énonce son paradoxe selon lequel une action collective risque d'échouer en raison de la rationalité individuelle des agents. Dans un groupe de grande taille et en l'absence d'incitations sélectives, ceux-ci seraient trop nombreux à choisir de jouer les « passagers clandestins ».

Pour le BAC

Le paradoxe d'Olson montre que des individus rationnels, qui cherchent à minimiser leurs coûts et à maximiser leurs gains, peuvent choisir de ne pas s'engager dans une action collective dont ils espèrent cependant retirer un bénéfice ; ils agissent ainsi en « passagers clandestins ». Cette situation se produit même si les individus sont en accord sur les objectifs et les moyens employés par le groupe. Cependant un grand nombre de passagers clandestins risque de faire échouer l'action collective.

➜ Citation

« Les actions de classe n'auront pas lieu dès lors que les individus qui les composent agissent rationnellement. »
Logique de l'action collective (1965)

Robert Mundell

1932-

Critères d'optimalité d'une zone monétaire

Économiste canadien et professeur à l'université de Columbia, Robert Mundell cherche à expliquer les contraintes auxquelles se confrontent les politiques de stabilisation dans le cadre d'une économie ouverte. Selon lui la politique monétaire est efficace pour réguler l'activité économique dans un système de changes flottants, mais pas dans un système de changes fixes. Il en résulte que la stabilité du taux de change, la circulation des capitaux et l'autonomie de la politique budgétaire ne peuvent être atteintes simultanément (triangle d'incompatibilité).

Pour le BAC

Selon Mundell, pour qu'une zone monétaire soit optimale elle doit être dotée de mécanismes d'ajustement en cas de chocs asymétriques. Ceux-ci résident dans la possibilité de modifier les prix relatifs du travail et des marchandises, et dans la mobilité des facteurs de production. Si la zone euro ne correspond pas parfaitement à ces critères, Mundell en est cependant un fervent défenseur.

➜ Citation

« L'avènement de l'euro peut s'avérer être le développement le plus important au sein des arrangements monétaires internationaux depuis l'émergence du dollar en tant que monnaie dominante peu après la création de la Banque centrale des États-Unis, le Système fédéral de réserve, en 1933. »

Raymond Boudon

1934-2013

La reproduction sociale

Raymond Boudon est un philosophe et l'un des plus importants sociologues français. Il a été le chef de file de l'individualisme méthodologique en France, l'école qui, à la suite de Weber, fonde ses explications sur l'analyse des actions des individus. Il s'intéresse à la fois à la sociologie du changement social, de l'école, des croyances collectives et à celle des idéologies.

Pour le BAC

Dans *L'Inégalité des chances* (1973), il montre que la faible mobilité sociale de la société française est liée aux choix scolaires et professionnels des individus. En effet, les enfants de cadres et d'ouvriers ne font pas les mêmes choix d'orientation scolaire, si bien qu'au fur et à mesure que le niveau des études augmente, la proportion d'enfants d'ouvriers diminue.

→ Citation

« L'augmentation considérable des taux de scolarisation et la démocratisation des chances scolaires qui caractérisent les sociétés industrielles libérales apparaissent comme impuissantes à modifier la structure de la mobilité. »
L'Inégalité des chances (1973)

Michel Aglietta

1938-

Utiliser la politique monétaire pour réduire les fluctuations économiques

Michel Aglietta est l'un des fondateurs de l'école de la régulation dont l'objectif « est de chercher à exprimer la manière dont se reproduit la structure déterminante d'une société dans ses lois générales ». Selon lui, le développement de la finance globalisée provoque une instabilité et un risque d'effondrement du système. Pour l'éviter, il propose de renforcer les règles prudentielles des marchés financiers et de mettre en place des politiques économiques contracycliques.

Pour le BAC

Michel Aglietta propose que la Banque centrale européenne mette en œuvre une politique contracyclique afin de contrebalancer les comportements des agents économiques. Cela permettrait de réduire la spéculation en phase d'expansion, et de réduire la baisse d'activité en cas de récession.

→ Citation

« La confiance dans la monnaie est l'alpha et l'oméga de la société. »
« L'équation de la confiance »,
deloitte.fr (2016)

Paul Romer
1955-

Les externalités positives

Paul Romer, professeur d'économie à l'université de New York, est l'un des précurseurs du courant de la Nouvelle économie keynésienne. Ce courant macroéconomique accepte certaines des critiques faites par les classiques aux économistes keynésiens, mais reste favorable aux interventions de l'État car ils considèrent que les variations de la demande globale peuvent entraîner les fluctuations économiques. Ils montrent l'origine de nombreuses imperfections du marché, comme l'asymétrie d'information, la concurrence imparfaite ou les coûts d'ajustements.
Romer reçoit le Prix Nobel d'économie en 2018 « pour avoir intégré les innovations technologiques dans l'analyse macroéconomique de long terme ».

Pour le BAC

L'œuvre de Romer est à l'origine des théories de la croissance endogène. Il y explique la croissance par l'accumulation de « capital-connaissance » et par les externalités positives liées à ce type de capital. Par conséquent, le rendement social de ce capital est supérieur à son rendement privé, ce qui justifie que l'État facilite son accumulation.

➜ Citation

« La première question que j'ai posée était : pourquoi les progrès... s'accéléraient-ils avec le temps ? Elle survient à cause de cette caractéristique particulière d'une idée, qui est que si [un million de personnes essaient] de découvrir quelque chose, si quelqu'un le trouve, tout le monde peut utiliser l'idée. »
The Wall Street Journal (2018)

Jean Tirole
1953-

Mettre en place une régulation mondiale de la pollution

Polytechnicien et ancien élève du Massachusetts Institute of Technology (MIT), Jean Tirole est un économiste français dont les contributions ont été importantes dans de nombreux domaines liés à la théorie des jeux et à la théorie de l'information. Il est directeur d'études à l'École des hautes études en sciences sociales (EHESS) et membre du Conseil d'analyse économique (CAE) depuis 1999.
Il reçoit le prix Nobel d'économie en 2014 « pour son analyse du pouvoir de marché et de la régulation ».

Pour le BAC

Jean Tirole montre que les politiques environnementales sont peu efficaces car elles ne sont pas unifiées au niveau mondial. La pratique de dumping environnemental par certains pays permet aux firmes multinationales d'y localiser leurs activités polluantes. Tirole propose la création d'une autorité supranationale chargée de mettre en place une taxe environnementale homogène pour l'ensemble des pays.

➜ Citation

« Nous réagissons tous aux incitations auxquelles nous sommes confrontés. Ces incitations – matérielles ou sociales – et nos préférences combinées définissent le comportement que nous adoptons, un comportement qui peut aller à l'encontre de l'intérêt collectif. »
Économie du bien commun (2016)

Paul Krugman

1953-

Les économies d'échelle et la différenciation des produits

Professeur d'économie et de relations internationales à l'université de Princeton, Paul Krugman appartient au courant de la Nouvelle école keynésienne, il est l'un des principaux représentants de la nouvelle théorie du commerce international. Il montre que les économies d'échelle internes accroissent leur pouvoir de marché et peuvent les transformer en monopoles locaux, tandis que les économies d'échelle externes créent des zones de compétitivité et entraînent la spécialisation de nombreuses firmes d'un même pays dans un secteur d'activité. Il reçoit le prix Nobel d'économie en 2008 pour ce travail.

Pour le BAC

Les théories de Ricardo et le théorème HOS ne permettent pas d'expliquer le commerce international entre pays similaires. Krugman montre que l'essentiel de ce commerce est un commerce intrabranche qui repose sur la différenciation des produits.

→ Citation

« Les ressources d'un pays ne déterminent pas entièrement ce qu'il produit, car le schéma détaillé des avantages reflète les cercles vertueux qui se renforcent eux-mêmes, mis en mouvement par les caprices de l'histoire. »
Peddling Prosperity (1994)

Serge Paugam

1938-

L'image de soi que provoque la pauvreté entraîne une disqualification sociale

Ancien élève de l'École des hautes études en sciences sociales (EHESS), Serge Paugam est un sociologue français spécialiste de l'exclusion, de la pauvreté et de la précarité. Il est l'inventeur du concept de disqualification sociale : en plus des difficultés liées à leur pauvreté économique, les populations pauvres ont le sentiment d'être inutiles et pesantes pour la société. Il relève trois catégories dans les populations pauvres, qui correspondent à trois phases dans le processus de disqualification sociale : les fragiles, les assistés et les marginaux.

Pour le BAC

Serge Paugam s'intéresse aux identités des populations désignées comme « pauvres » par les institutions et montre que leur statut dévalorisé (chômeur, demandeur d'aides sociales…) est stigmatisant et conduit à la « disqualification sociale ».

→ Citation

« Ce qui est sociologiquement pertinent, ce n'est pas la pauvreté en tant que telle mais les formes institutionnelles que prend ce phénomène dans une société ou un environnement donné. »
La Disqualification sociale : essai sur la nouvelle pauvreté (1991)

Thomas Piketty

1971–

L'État doit agir pour réduire les inégalités économiques

Ancien élève de l'École des hautes études en sciences sociales, Thomas Piketty est un économiste français spécialiste des inégalités économiques et professeur à l'École d'économie de Paris. Il montre que les inégalités de patrimoine en France ont baissé au cours du XXe siècle, en raison d'un fort impôt sur le revenu. Si les pays anglo-saxons ont connu la même baisse des inégalités, celles-ci reviennent progressivement depuis les années 1990.

Pour le BAC

Pour lutter contre les inégalités, Thomas Piketty est favorable à l'intervention de l'État par une taxation du patrimoine et une taxation progressive des revenus. Il propose également la mise en place d'un impôt mondial sur le capital qui permettrait d'empêcher les pratiques de dumping fiscal.

➜ Citation

« Il serait illusoire d'imaginer qu'il existe dans la structure de la croissance moderne, ou dans les lois de l'économie de marché, des forces de convergence menant naturellement à une réduction des inégalités patrimoniales ou à une harmonieuse stabilisation. »

Le Capital au XXIe siècle (2013)

Camille Peugny

1981–

L'école ne garantit plus l'égalité des chances

Camille Peugny est un sociologue français et professeur à l'université de Versailles-Saint-Quentin. Il travaille sur la stratification sociale et les inégalités sociales, en particulier les notions de déclassement, de reproduction et de mobilité sociales. Dans *Le Déclassement*, il décrit la manière dont sont vécues les trajectoires de déclassement social. En 2013, il élargit cette analyse avec *Le destin au berceau : Inégalités et reproduction sociale.* Il remet en cause l'idée d'une moyennisation de la société, nuance celle de la mobilité sociale, et invite à repenser le fonctionnement de l'institution scolaire pour qu'elle soit moins ségrégative.

Pour le BAC

Camille Peugny montre que depuis les années 1970, les enfants de cadres connaissent fréquemment une mobilité descendante, et ce d'autant plus fortement que leurs parents avaient connu une mobilité sociale ascendante pendant les Trente Glorieuses.

➜ Citation

« Faire en sorte, autant que possible, que rien ne soit définitivement joué : telle pourrait être la définition de l'égalisation des conditions dans des sociétés écartelées par la mondialisation. »

Le destin au berceau : Inégalités et reproduction sociale (2013)

HISTOIRE
des faits économiques et sociaux en France

1789-1870 : la France des révolutions

Le XVIIIe siècle marque, en France, la fin de l'Ancien Régime. Les révolutions politiques, économiques et sociales posent les bases de profondes mutations qui marqueront durablement la société française. S'ouvre alors une nouvelle ère, avec l'avènement de la République et l'accélération du processus d'industrialisation entamé depuis 1750.

Sur le plan politique, la Révolution française met fin à la monarchie. À la veille de la révolution, Louis XVI convoque les états généraux, en vue de lever de nouveaux impôts pour faire face à une dette de l'État devenue insupportable. Les événements se précipitent : révoltes populaires, prise de la Bastille, abolition des privilèges, procès et exécution du roi.

Cette période s'ouvre ainsi avec la Révolution française de 1789, la Première République et une décennie de bouleversements politiques, comprise entre 1789 et le coup d'État de Napoléon Bonaparte en 1799. Les valeurs qu'elle porte et les institutions qu'elle met en place orientent la vie politique française jusqu'à nos jours : égalité des citoyens, souveraineté nationale, limitation de l'exercice du pouvoir politique.

- **1791** Lois d'Allarde et Le Chapelier
- **1800** Création de la Banque de France
- **1803** Création du franc germinal
- **1824** Première conserverie industrielle
- **1827** Première ligne de chemin de fer
- **1831** Révolte des canuts
- **1834** Naissance de l'économie sociale et solidaire
- **1860** Traité de libre-échange franco-britannique
- **1864** Loi autorisant le droit de grève
- **1867** Commercialisation de la bicyclette

1789 — 1810 — 1830 — 1850 — 1870

L'événement

1789 : la Déclaration des droits de l'homme et du citoyen

Repris dans le préambule de la Constitution française de 1958, ce texte a aujourd'hui une valeur constitutionnelle. L'Article 1 affirme que « tous les Hommes naissent et demeurent libres et égaux en droits ». Le texte présente ensuite les grands principes s'appliquant aux individus, aux citoyens ou à la Nation : l'égalité des droits entre les citoyens, la reconnaissance des libertés de chacun (liberté d'aller et venir, liberté de pensée, liberté d'expression, etc.), la garantie du droit de propriété, la séparation des pouvoirs (exécutif, législatif et judiciaire), le principe de la représentation politique.

- Sur le plan économique, l'économie de marché se développe : le processus de mondialisation amorcé au XVIe siècle s'accentue autour de l'empire colonial et de l'esclavagisme ; le processus d'industrialisation s'enclenche sur les bases de la révolution agricole et d'une proto-industrialisation rurale, basée sur des petits ateliers dans le textile et la métallurgie. Cette révolution industrielle se fonde sur un ensemble d'innovations dans les domaines de l'énergie (charbon), des transports (chemin de fer) et des processus productifs (machine à vapeur et mécanisation).
- Sur le plan social, la période révolutionnaire a supprimé les corporations et interdit les coalitions professionnelles. Il n'y a ainsi plus de corps intermédiaire entre l'État et le citoyen, ce qui marquera durablement les futures relations sociales en France. Le Code civil (1804) voulu par Bonaparte établit des règles durables, déterminant le statut des personnes, des biens et des relations entre les personnes privées. Mais la révolution industrielle s'accompagne aussi de revendications sociales de la part des travailleurs, qui aboutiront aux premières conquêtes sociales, annonçant celles du XXe siècle.

La période en dix dates-clés

1791

Lois d'Allarde et Le Chapelier

Les révolutionnaires, influencés par les idées du libéralisme économique, décident de supprimer les corporations. Ce sont des regroupements dirigés par les maîtres-artisans régissant l'accès à la plupart des professions, fixant les salaires et les prix, et représentant les métiers vis-à-vis du pouvoir. La loi d'Allarde précise la liberté d'entreprendre. La loi Le Chapelier stipule que rien (notamment aucun corps intermédiaire) ne doit séparer les citoyens de la chose publique. Cette interdiction ne sera levée qu'en 1884 et ces lois marqueront durablement le syndicalisme salarial qui ne sera jamais vraiment reconnu comme un interlocuteur par le patronat, qui, lui, est organisé en collectif et a pris l'habitude de traiter avec des individus.

1800

Création de la Banque de France

Société privée par actions, la Banque de France est créée par Napoléon Bonaparte qui en est le premier actionnaire. Elle est administrée par un groupe de marchands et de banquiers (les « deux cents familles ») et a le monopole d'émission des billets, d'abord sur Paris, puis sur l'ensemble du territoire. Elle a pour mission de favoriser la reprise de l'activité économique. La volonté initiale est de créer une banque qui appartient à ses actionnaires et à l'État qui lui octroie le privilège de « battre monnaie ». En 1936, le Front populaire modifie ses statuts : la Banque de France est administrée par vingt membres dont la majorité est désignée par l'État, afin de mettre en avant les intérêts collectifs. C'est le prélude à sa nationalisation en 1945.

1803

Création du franc germinal

Créée par Napoléon Bonaparte, cette monnaie vivra jusqu'en 1914. La loi fixe la valeur du franc germinal ; celui-ci dépend de l'État qui frappe les pièces et de la Banque de France qui émet les billets. Elle va devenir la monnaie forte de l'Europe : adoptée par la Belgique (1832), la Suisse (1850) et l'Italie (1862), sous des noms différents, cette monnaie de même valeur facilite les échanges. Le franc germinal est le précurseur de la future monnaie européenne : l'euro.

1824

Première conserverie industrielle à Nantes

Pierre-Joseph Colin crée sa fabrique de conserves alimentaires, en améliorant le procédé technique de conservation inventé par Nicolas Appert en 1795. Le succès de cette première conserverie fera de Nantes la capitale de la conserve alimentaire : en 1880, 150 usines employant plus de 15 000 personnes sont établies dans la région. Les conserves de poissons sont au cœur de la révolution industrielle : elles font partie des rations alimentaires des ouvriers et des mineurs éloignés des côtes.

1827

Première ligne de chemin de fer

Longue de 20 km, la ligne relie Andrézieux à Saint-Étienne, premier bassin houilleux de France. Elle facilite l'évacuation du charbon vers la région parisienne, par voie fluviale. Elle est complétée, en 1832, par l'ouverture d'une ligne entre Saint-Étienne et Lyon, pour le transport des marchandises et des voyageurs.

→ 1831

Révolte des Canuts

Première d'une série de soulèvements ouvriers lyonnais entre 1831 et 1848, la révolte des canuts est le symbole des grandes insurrections sociales de l'ère industrielle. Les canuts sont des artisans qui fabriquent des tissus en soie. Rémunérés à la pièce, ils revendiquent un salaire garanti, face aux marchands qui répercutent les baisses du prix du marché, dans un contexte de libéralisation économique qui a dégradé leurs conditions de vie. La première révolte, où s'affrontent plusieurs centaines de canuts et l'armée, fait 600 victimes. Les canuts n'ont pas obtenu gain de cause, mais cette révolte servira de modèle aux organisations ouvrières dans le capitalisme naissant.

→ 1834

Naissance de l'économie sociale et solidaire

La première coopérative de production naît en 1834 de la volonté de quelques bijoutiers de trouver des alternatives au capitalisme. Son principe est basé sur l'auto-organisation, avec un fonctionnement démocratique (un homme = une voix). Les coopératives se multiplieront aux XIXe siècle : en 1910, plus de 500 sociétés coopératives ouvrières de production (SCOP) regroupent plus de 20 000 sociétaires. Cette forme s'étendra à d'autres activités : coopératives de consommation, de crédit mutuel et de secours mutuel. Ces dernières sont les premières formes de protection sociale. Cet ensemble forme « l'économie sociale et solidaire », visant à réduire les inégalités provoquées par le capitalisme libéral.

→ 1860

Traité de libre-échange franco-britannique

Ce traité vise à stimuler les échanges entre les deux pays. Côté britannique, les droits de douane sur les produits français sont réduits ; côté français, les interdictions des importations de produits britanniques sont levées et les droits de douane sont divisés par deux sur de nombreux produits. Sans aller jusqu'au libre-échange, ce traité est une révolution commerciale pour la France, habituée au protectionnisme. Cette politique d'ouverture a surtout eu pour effet de faire passer la France d'une économie de l'offre à une économie de la demande, avec l'émergence d'une société de consommation. En 1892, le nouveau gouvernement ne renouvelle pas le traité et s'engage à nouveau dans le protectionnisme : les tarifs douaniers d'avant 1860 sont rétablis.

→ 1864

Loi autorisant le droit de grève

Interdit depuis 1791, le droit de grève est une revendication de la classe ouvrière montante. Adoptée sous la pression du mouvement ouvrier, cette loi permet aux ouvriers de faire grève à certaines conditions : ne pas empêcher le travail des non-grévistes, ne pas commettre d'actes de violence. C'est la première étape vers le droit syndical. Les possibilités d'actions collectives ouvrières restent cependant limitées, le droit de réunion n'étant pas encore reconnu.

→ 1867

Commercialisation de la bicyclette

Les premiers vélocipèdes à pédales sont commercialisés par Pierre Michaux qui dépose un brevet pour sa « pédivelle » : un vélocipède auquel il a ajouté un système de freinage. Ce premier vélo a énormément de succès en France ; apparaissent alors les clubs, les journaux spécialisés et les premières courses (premier Tour de France en 1903). La bicyclette facilite la mobilité et l'émancipation des femmes. Dès les années 1890, son succès entraîne la création de vêtements adaptés, comme les jupes-pantalons, qui libèrent les femmes de certaines contraintes vestimentaires. En 1896, la militante féministe américaine Susan B. Anthony déclara : « La bicyclette a fait plus pour l'émancipation des femmes que n'importe quelle chose au monde ! »

1870-1939 : la construction d'une société républicaine

À l'issue de la défaite de Napoléon III face aux prussiens, la Troisième République est proclamée. Malgré ses débuts fragiles, elle perdurera soixante-dix ans, survivra à la Première Guerre mondiale et transformera profondément la société française. Ses institutions fondent la société républicaine actuelle, autour des valeurs et des idéaux de 1789 (liberté, égalité, fraternité) : suffrage universel, liberté d'opinion et d'expression des citoyens, égalité des droits, instruction obligatoire et gratuite.

Les progrès s'accélèrent dans tous les domaines (économiques, sociaux, scientifiques et techniques). Cette deuxième révolution industrielle s'appuie sur une nouvelle vague d'innovations majeures (maîtrise de l'électricité automobile, avion, engrais, médicaments…).

La prospérité d'une bourgeoisie insouciante et l'émergence d'une classe moyenne optimiste ne doivent cependant pas masquer les conditions de vie difficiles de la classe ouvrière et les fortes inégalités dans une France encore rurale. Certaines revendications ouvrières finiront par aboutir avec le Front populaire de 1936, à la fin d'une période marquée par les crises successives.

La période phare

La « Belle Époque »

L'année 1900 marque l'entrée dans le XXe siècle, avec l'Exposition universelle organisée à Paris. Les monuments construits pour l'occasion (le pont Alexandre III, le Grand Palais et le Petit Palais, les gares d'Orsay, des Invalides et de Lyon), l'inauguration du métro, la projection du premier film des frères Lumières sont les symboles de la prospérité et du développement économiques. Cette période se clôt avec le krach boursier de 1929 et la crise économique des années 1930 qui mènera à la Seconde Guerre mondiale.

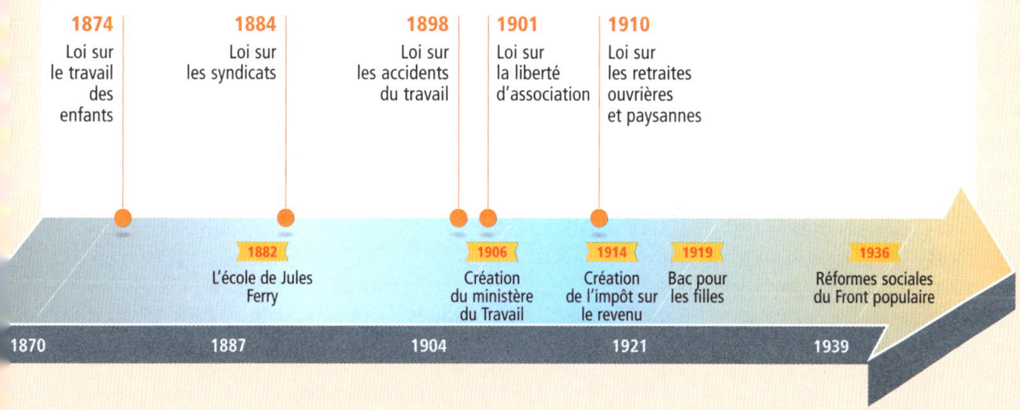

La période en dix dates-clés

→ 1874

● Loi sur le travail des enfants

Le rapport du docteur Villermé de 1840 alerte sur les conditions de vie des ouvriers. Ce rapport est à l'origine de la première loi qui limite le travail des enfants dans les usines (1841). Cette loi sera complétée par celle de 1874 qui élève l'âge minimum de l'embauche à 12 ans et limite la journée de travail à 12 heures pour les 13-16 ans. Le travail de nuit leur est interdit. Des postes d'inspecteurs du travail sont créés et rémunérés par l'État, pour faire respecter cette loi dans les usines.

→ 1881-1882

● L'école de Jules Ferry

Les lois de 1881-82 sur l'enseignement primaire obligatoire rendent l'instruction obligatoire, gratuite et laïque pour tous les enfants de 6 à 13 ans. C'est l'instruction qui est rendue obligatoire et non la scolarisation : la liberté est donc laissée aux familles de choisir une instruction à domicile ou dans des écoles publiques ou libres. La laïcisation de l'instruction passe par le remplacement des instructeurs religieux par des instituteurs et par la suppression de tout contenu religieux des programmes. Ces lois ont permis une scolarisation complète, une alphabétisation et une « francisation » de tous les enfants.

→ 1884

● Loi sur les syndicats

Pierre Waldeck-Rousseau, ministre de l'Intérieur, fait adopter la loi relative à la création des syndicats professionnels. Faisant suite à la loi Ollivier de 1864 qui supprime le délit de coalition, elle abroge la loi Le Chapelier et autorise les syndicats en France. Elle est intégrée au Code du travail actuel. Première loi relative à la liberté syndicale, elle est considérée comme l'acte de naissance du syndicalisme français qui a pour objectif de concourir à la paix sociale en rééquilibrant les relations entre ouvriers et employeurs. L'Article 3 de la loi précise que les syndicats agissent sur le terrain exclusif de « la défense des intérêts économiques, industriels, commerciaux et agricoles ».

→ 1898

● Loi sur les accidents du travail

Votée après des années de débats parlementaires, cette loi fixe les responsabilités des accidents dont les ouvriers sont victimes dans leur travail. Elle est révolutionnaire à plusieurs titres. Elle renverse la charge de la preuve : pour n'être pas tenu pour responsable, il revient désormais au patron de prouver la faute de la victime. Elle prévoit que le patron supporte les frais (médicaux et funéraires) engendrés par l'accident et verse une rente à la victime (en fonction de son incapacité) ou une pension à ses ayants-droit, en cas de décès. Enfin, elle se détache du droit du contrat, en créant la notion de « risque professionnel », davantage lié à l'exercice d'une profession qu'à l'existence d'une faute. C'est le début de l'assurance sociale obligatoire couvrant les risques sociaux.

→ 1901

● Loi sur la liberté d'association

Suite à la loi de 1884 sur la liberté syndicale, Pierre Waldeck-Rousseau souhaite renforcer la démocratisation de la société en promulguant la loi sur la liberté d'association. Régie par le Code civil, une association est définie comme un contrat entre au moins deux personnes qui mettent en commun leurs activités dans un but non lucratif. La loi de 1901 autorise la liberté d'association et précise le cadre de la constitution, du fonctionnement et de la dissolution de l'association. Les seules limites portent sur l'objet de l'association qui ne doit pas être illégal, ni porter atteinte à la sécurité ou à la République. En préservant les droits et la liberté des individus, cette loi permet les actions collectives. Aujourd'hui, la France compte 1,5 millions d'associations, regroupant plus de 20 millions de bénévoles.

→ 1906

• Création du ministère du Travail

Dans un contexte social agité (1 300 grèves d'une durée moyenne de 19 jours en 1906) et face à une montée en puissance des syndicats (notamment la CGT), le gouvernement de Georges Clémenceau entend les revendications sociales. Ce ministère permettra des avancées rapides sur la question sociale : la parité aux conseils de prud'hommes et le droit des femmes mariées de disposer de leur salaire (1907), les retraites ouvrières et paysannes et le Code du travail (1910).

→ 1910

• Loi sur les retraites ouvrières et paysannes

Cette loi prévoit un système de retraites par capitalisation de cotisations versées par les travailleurs et les employeurs et une contribution par l'État. Ce système est obligatoire pour les travailleurs percevant un salaire annuel inférieur à 3 000 francs ; il est facultatif pour les fermiers, métayers, cultivateurs et petits patrons et pour les salariés aux revenus annuels compris entre 3 000 et 5 000 francs. Certaines professions ne sont pas concernées (les agents de la fonction publique, les mineurs ou les cheminots) car elles ont déjà leur système de retraite. Les syndicats s'opposent à cette loi qui octroie une pension à partir de 65 ans, alors que l'espérance de vie des ouvriers ne dépasse pas 50 ans.

→ 1914

• Création de l'impôt sur le revenu

Après plus de 60 ans de débats sur la fiscalité, le Sénat crée l'impôt progressif sur l'ensemble des revenus. Cette loi permet également de rendre l'ensemble du système fiscal plus cohérent, basé sur un principe déclaratif et universel et s'appliquant à tous les revenus : fonciers, revenus des valeurs mobilières, bénéfices industriels et commerciaux et produits de l'exploitation de la terre. Les traitements, salaires et pensions qui échappaient auparavant à l'impôt y sont désormais assujettis.

→ 1919

• Bac pour les filles

La création du baccalauréat féminin, plus d'un siècle après celui des garçons, est une étape dans le processus d'émancipation des femmes. Il faudra attendre les années 1970 pour une égalité d'accès à l'enseignement : mixité des lycées, entrée des filles à l'École polytechnique. L'accès des filles à l'éducation est un premier pas vers une émancipation plus large, au niveau des droits civiques (droit de vote en 1944) et de la maîtrise de leur corps et donc de leur vie privée et sociale (contraception en 1967, IVG en 1975).

→ 1936

• Réformes sociales du Front populaire

Dans le contexte de la crise des années 1930, le Front populaire arrive au pouvoir en 1936, grâce à une coalition de partis de gauche. Le gouvernement de Léon Blum porte des réformes importantes qui changent radicalement le salariat (accords de Matignon) : 15 jours de congés payés, réduction du temps de travail (semaine de 40 heures), conventions collectives, allocations chômage. D'autres mesures sont prises, comme la scolarité obligatoire portée à 14 ans, un accès facilité aux lycées, le développement d'infrastructures sportives accessibles au plus grand nombre...

→ 1940-1999 : de l'État-Providence aux « crises »

Au sortir de la Seconde Guerre mondiale, la reconstruction et la mise en place d'un État-Providence permettent une croissance exceptionnelle. Cette période des Trente Glorieuses se caractérise par le développement d'une protection sociale, le plein-emploi et la hausse du niveau de vie qui font entrer l'économie dans un modèle de production et de consommation de masse.

Sur le plan politique, la période débute par la volonté de mettre en place les conditions nécessaires à la paix, avec la création d'institutions coopératives sur le plan international et européen, et d'affirmer le régime démocratique français.

Sur le plan social, la période des années 1960 est agitée de tensions sociales dont le point d'orgue sera 1968, sur un fond de critiques du fordisme et des guerres coloniales. À partir des années 1970, le modèle économique et social français entre dans une série de crises aux causes internes et externes, économiques, financières, écologiques et sanitaires. Des tensions naissent sur le plan politique, avec la montée des extrémismes et des communautarismes, sur un fond de chômage persistant et d'inégalités qui se creusent à nouveau.

L'événement

1968 : l'année des contestations

C'est une année de révoltes partout dans le monde qui voit émerger un nouvel acteur : une jeunesse qui conteste le modèle économique, social et politique et aspire au changement. Ces contestations émergent progressivement au milieu des années 1960 et portent sur des enjeux multiples : les guerres coloniales, le capitalisme et les conditions de travail, les droits civiques et les libertés, les essais nucléaires et l'écologie, la domination patriarcale et masculine. Ces contestations se poursuivent dans les années 1970 avec de nouveaux mouvements sociaux qui transformeront la société en profondeur.

1944 Loi sur l'égalité civique des femmes

1944 Accords de Bretton Woods

1945 Création de la Sécurité sociale

1950 Création du salaire minimum

1957 Traité de Rome

1971-73 Révolte des OS

1973 Premier choc pétrolier

1977 Un million de chômeurs en France

1998-2000 Lois Aubry sur les 35 heures

1999 Création de l'euro

1940 — 1955 — 1960 — 1975 — 1999

La période en dix dates-clés

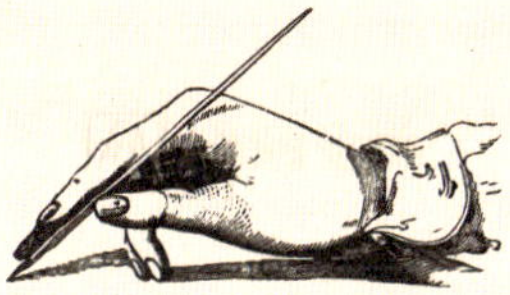

1944

Accords internationaux de Bretton Woods
Signés par 44 nations, ils visent la reconstruction, le développement économique et la stabilité monétaire et financière. Le système monétaire international est organisé autour de changes fixes, basés sur le dollar américain convertible en or. La Banque mondiale et le Fonds monétaire international (FMI) sont créés. Des cycles de négociations s'ouvrent pour développer le libre-échange (Accord général sur les tarifs douaniers et le commerce ou GATT), avant la création de l'OMC (Organisation mondiale du commerce) en 1995.

Loi sur l'égalité civique des femmes
Demandé en 1791 par Olympe de Gouges dans la *Déclaration des droits de la femme et de la citoyenne*, le droit de vote et d'éligibilité est enfin accordé aux françaises, dans les mêmes conditions que celui des hommes le 21 avril 1944.

1945

Création de la Sécurité sociale
Le projet du Conseil national de la Résistance est voté puis mis en œuvre par Pierre Laroque, directeur général des assurances sociales et de la Sécurité sociale, Alexandre Parodi et Ambroise Croizat, ministres du Travail entre 1944 et 1947. Inspiré des modèles bismarckien et beveridgien, le système français crée une couverture obligatoire et universelle des risques (santé, maladie, vieillesse), financée par des cotisations salariales et patronales et dont la gestion est autonome et démocratique.

1950

Création du salaire minimum
Paradoxalement, la création du salaire minimum interprofessionnel garanti (SMIG) s'inscrit dans une loi qui libéralise les salaires, désormais fixés par des conventions collectives de branches. Seul le SMIG, destiné à relancer la consommation et lutter contre la pauvreté, reste fixé par le gouvernement. En 1970, le SMIG devient le SMIC (« C » pour croissance), dont la progression est alignée sur celles de l'inflation et de la croissance.

1957

Traité de Rome
Signé par l'Allemagne, la France, l'Italie, la Belgique, les Pays-Bas et le Luxembourg, le Traité de Rome crée la Communauté économique européenne (CEE), visant la stabilité et la croissance en renforçant la coopération économique. Il met en place le marché commun, organise la Politique agricole commune (PAC) et une union douanière progressive. Les principales institutions européennes sont créées : le Parlement, le Conseil, la Commission, la Cour de justice, la Banque d'investissement.

1971-1973

Révolte des OS
Une série de grèves et d'actions collectives sont menées par des ouvriers spécialisés (OS) dans plusieurs villes, de Renault-Le Mans à Lyon. Les OS sont le symbole du prolétariat capitaliste ; peu qualifiés et peu syndiqués, ils sont composés d'immigrés, de jeunes et de femmes issus du monde rural. Ils dénoncent leurs salaires trop bas, leurs conditions de travail déshumanisantes qui mettent en danger leur santé physique et mentale. Au-delà, il s'agit d'une contestation de l'organisation taylorienne du travail.

→ 1973

Premier choc pétrolier

Le conflit israélo-arabe sert de prétexte à l'OPEP pour augmenter le prix du baril brut que les pays occidentaux importent massivement. Le prix du baril quadruple en quelques mois et les pays importateurs voient leur déficit commercial se creuser et leur activité économique se contracter sous l'effet d'une inflation importée. Ils consentent à des déficits budgétaires pour amortir les effets du choc. S'ouvre alors une période de « stagflation », alliant chômage et inflation : ce premier choc pétrolier met symboliquement fin aux Trente Glorieuses.

→ 1977

Un million de chômeurs en France

C'est l'entrée dans un chômage de masse durable aux multiples causes : le choc pétrolier, l'ouverture de l'économie française à la concurrence européenne puis mondiale, le ralentissement de la croissance économique, l'arrivée des baby-boomers et des femmes sur le marché du travail, la transformation des emplois qui deviennent de plus en plus qualifiés, alors que de nombreux jeunes sortent du système éducatif sans diplôme.

→ 1998-2000

Lois Aubry sur les 35 heures

Cette réforme fixe la durée légale du temps de travail à 35 heures par semaine, avec une plus grande flexibilité horaire sur l'année. S'inscrivant dans la continuité des grandes lois de 1919 (journée de travail fixée à 8 heures), de 1936 (40 heures par semaine et deux semaines de congés payés), de 1968 (4 semaines de congés payés) et de 1982 (39 heures par semaine et 5 semaines de congés payés), ces lois visent le progrès social, le partage du travail et la création d'emplois.

→ 1999

Création de l'euro

Envisagée dès 1970, la monnaie unique européenne est créée sous forme scripturale en 1999, puis sous forme fiduciaire en 2002, dans onze États. L'objectif est de favoriser les échanges commerciaux et de rendre plus cohérentes les politiques économiques des États membres. Émis et géré par la Banque centrale européenne, l'euro, en tant que devise, est soumis au régime des changes flottants. Issue de compromis, l'architecture monétaire européenne est incomplète. Sa légitimité est contestée du fait de la non prise en compte, au niveau européen, des autres piliers de la cohésion sociale que sont les impôts, la dette sociale et les services publics. Les crises qui se succèdent depuis 2008 appellent à un renforcement économique et politique de l'Union européenne, sous peine de la voir éclater.

Les notions expliquées

Science économique

La croissance économique

« Au sens strict, la croissance économique est l'augmentation du PIB sur une longue période. Au sens large, on utilise également le terme pour désigner les fluctuations économiques de long terme. On parle alors parfois de croissance négative, bien que le terme de dépression soit plus juste. »

Les auteurs importants

- **Robert Solow** (1924-) a montré que l'essentiel de la croissance ne vient pas d'une croissance extensive mais d'un facteur « inexpliqué » qu'il attribue au progrès technique.
- **William Nordhaus** (1941-) a intégré le changement climatique dans l'analyse de la croissance économique.

Pour le BAC

Le terme de « croissance » invite à s'interroger sur les fluctuations de l'activité économique. La croissance est généralement mesurée en PIB réel par habitant, éventuellement en parité de pouvoir d'achat.

L'internationalisation de la production

« L'internationalisation de la production fait référence à la division internationale des processus productifs (DIPP) qui est pratiquée par les firmes transnationales qui veulent exploiter les différences de coût de productivité entre différents pays. »

Les auteurs importants

- **Bertil Ohlin** (1899-1979) est à l'origine du théorème HOS (Heckscher-Ohlin-Samuelson) qui explique la spécialisation des nations par leur dotation factorielle.
- **Paul Krugman** (1953-) a montré que le commerce international entre pays similaires peut s'expliquer par les économies d'échelle.

Pour le BAC

Bien présenter l'internationalisation de la production, ou de la chaîne de valeur, suppose d'avoir montré que certains pays disposent d'avantages que les autres n'ont pas.

Le chômage

« Le chômage est la situation d'un individu sans emploi, qui souhaite en avoir un, et qui est disponible immédiatement. Le chiffre du chômage et le taux de chômage renvoient à la population dans cette situation. »

Les auteurs importants

• **Karl Marx** (1818-1883) est un penseur de la domination et du capitalisme. Il considérait que les chômeurs constituaient une « armée industrielle de réserve » bénéfique aux bourgeois puisque son existence permet de maintenir le faible niveau des salaires.

• **John Maynard Keynes** (1883-1946) a montré que le chômage n'est pas nécessairement volontaire mais peut être lié à une insuffisance de la demande globale.

Il/elle a dit

« Pour le Bureau international du travail (BIT), les chômeurs doivent satisfaire à des conditions strictes : rechercher effectivement un emploi, être disponibles pour l'occuper, n'exercer aucune activité professionnelle. [...] Autour de ce noyau, gravitent d'autres personnes qui forment, en quelque sorte, le halo du chômage. »

Michel Cézard

Les notions associées

Travail – Emploi – Sous-emploi – Population active – Halo du chômage

Pour le BAC

Les chômeurs font partie de la population active. On les qualifie d'actifs inoccupés, par contraste avec les inactifs qui ne cherchent pas à travailler ou ne sont pas disponibles immédiatement. La mesure du chômage diffère selon qu'elle est faite par l'Insee ou par Pôle-Emploi.

Les crises systémiques

« Une crise systémique, ou crise de système, correspond à un ensemble de faillites en chaîne. Ces faillites se propagent par contagion : la faillite d'une entreprise (ou d'une banque) met en difficulté ses partenaires économiques qui font faillite à leur tour. »

Les auteurs importants

• **Robert F. Engle** (1942-) est un statisticien et économiste américain. Il est à l'origine de plusieurs modèles de prévision du risque systémique.

• **Michel Aglietta** (1938-) est un économiste français spécialiste de la régulation économique. Il propose de renforcer le contrôle prudentiel de la finance et de pratiquer des politiques contracycliques énergiques.

Il/elle a dit

« L'histoire monétaire des quatre cents dernières années a été remplie de crises financières. »

Charles Kindleberger

Les notions associées

Surveillance prudentielle – Ratio Cooke – Accords de Bâle – Crise bancaire – Crise financière

Pour le BAC

Les crises systémiques sont particulièrement redoutées dans le cadre du système bancaire. Les États et les banques centrales mettent ainsi en place des outils pour réduire les risques de faillite des bancaires (surveillance prudentielle) et peuvent tenter de sauver les banques « trop grosses pour faire faillite » (*too big to fail*).

Une/L'Union économique et monétaire

« Une UEM est une étape d'intégration économique de plusieurs pays qui partagent des politiques économiques et une monnaie commune. L'UEM est un des noms donnés à la zone euro. »

Les auteurs importants

• **Béla Balassa** (1928-1991) a théorisé les étapes d'un processus d'intégration régionale. L'union économique et monétaire est une étape où l'intégration économique des pays est particulièrement forte.
• **Robert Mundell** (1932-) a théorisé les critères d'optimalité d'une zone monétaire, travail pour lequel il a reçu le prix Nobel d'économie.

Il/elle a dit

« L'Union monétaire européenne constitue une expérience unique de partage de souveraineté monétaire. Les autres unions monétaires existant dans le monde concernent soit des États fédérés [...], soit des pays ayant un arrangement particulier avec un pays tiers [...] ou avec une monnaie tierce. »

Agnès Bénassy-Quéré et Benoît Cœuré

Pour le BAC

Il ne faut pas confondre « une UEM », qui renvoie au concept théorique, avec « l'UEM », la zone euro. Les sujets sur l'intégration économique européenne sont complexes, il faut tenir compte de trois groupes de pays : ceux qui appartiennent à l'UEM, ceux qui n'y appartiennent pas encore, et ceux qui ont obtenu l'autorisation de ne pas y appartenir.

Sociologie et science politique

La stratification sociale

Les auteurs importants

• **Max Weber** (1864-1920) a une lecture multidimensionnelle de la société. Selon lui les individus se répartissent selon trois dimensions : l'ordre économique, l'ordre social et l'ordre politique.
• **Camille Peugny** (1981-) est spécialisé dans les questions de la stratification sociale. Il montre en particulier les mécanismes de reproduction sociale et de déclassement dans la société française actuelle.

Il/elle a dit

« La division du travail entre groupes professionnels joue un rôle important dans la répartition de la richesse, du pouvoir et du prestige, et donc dans la stratification sociale des diverses sociétés. »

Florent Champy

Pour le BAC

On oppose parfois l'analyse en termes de classes sociales à celle en termes de strates. Dans ce cas, la stratification est comprise comme multidimensionnelle et graduelle (Weber), tandis que les classes semblent davantage figées (Marx).

L'égalité des chances

« L'égalité des chances est présentée comme la meilleure manière d'être équitable : elle repose largement sur la prise en compte des handicaps et sur leur correction à travers des politiques de discrimination positive. »

Les auteurs importants

- **Robert Nozick** (1938-2002) est un philosophe américain. Il est connu pour ses réflexions sur la liberté, en particulier dans *Anarchie, État et utopie* (1974), ouvrage dans lequel il s'oppose à la théorie du philosophe John Rawls et promeut une position libertarienne.
- **Mireille Elbaum** (1958-) est une économiste française spécialisée dans les questions sociales. Elle a montré que les mêmes différences peuvent être considérées différemment selon les sociétés, ce qui remet en cause l'idée que les principes de justice sociale sont universels.

Il/elle a dit

« L'injustice est simplement constituée par les inégalités qui ne bénéficient pas à tous. »

John Rawls (biographie p. 73)

Les notions associées

Inégalité – Justice sociale – Équité – Discrimination positive

Pour le BAC

Le principe d'égalité des chances est mis en œuvre dans le système scolaire français : tant pour corriger les inégalités de revenu, avec le réseau d'éducation prioritaire et des places réservées dans certains concours (comme à Sciences Po Paris) que pour corriger des inégalités physiques ou mentales, avec des tiers-temps ou des dispositions spécifiques.

La fluidité sociale

« La fluidité sociale est la situation dans laquelle la position d'un individu dans la société ne dépend pas de sa position sociale d'origine. »

Les auteurs importants

- **John Harry Goldthorpe** (1935-) est un sociologue britannique spécialiste de la stratification sociale et de la mobilité sociale. Il est à l'origine de la distinction entre la « mobilité observée » (que l'on peut calculer directement à partir des tables de mobilité sociale) et la « fluidité sociale » (plus complexe à calculer, qui montre le degré d'indépendance entre la position sociale d'origine et celle des individus).
- **Louis-André Vallet** (1957-) est un sociologue français spécialiste de la mobilité sociale. Il a montré à plusieurs reprises que la fluidité sociale s'améliore légèrement en France, année après année, depuis 1950.

Il/elle a dit

« Les travaux les plus récents concluent à un léger accroissement de "fluidité" (Vallet, 1999), qu'on retrouve dans plusieurs pays occidentaux, mais il reste, en tout état de cause, modeste en proportion et lent à faire sentir ses effets. »

Yannick Lemel

Les notions associées

Structure sociale – Reproduction sociale – Mobilité observée – Mobilité structurelle – Mobilité nette

Pour le BAC

La fluidité sociale s'améliore légèrement mais progressivement en France depuis les années 1950. Cela signifie qu'il est de plus en plus facile d'atteindre une position socioprofessionnelle différente de celle de ses parents.

Insécurité de l'emploi

« L'insécurité de l'emploi correspond à la situation où un emploi n'est pas sécurisant pour celui qui l'exerce, soit en raison du risque de perdre cet emploi (contrats à durée limitée, travail indépendant) soit en raison de sa faible rémunération (qui peut être liée à un temps partiel non voulu). »

Les auteurs importants

• **Dale Thomas Mortensen** (1939-2014) est un économiste américain. En 2010, il reçoit le prix Nobel d'économie avec Peter Diamond et Christopher Pissarides pour leur analyse du marché du travail en situation de chômage frictionnel.

• **Robert Boyer** (1943-) travaille sur l'évolution du capitalisme et sur l'analyse du rapport salarial. Il est l'un des contributeurs essentiels de l'école de la régulation.

Il/elle a dit

« Depuis le milieu des années 1970, on observe en France une hausse globale de l'insécurité de l'emploi, entendue comme des alternances fréquentes entre situation d'emploi et de non-emploi. »

Stéphanie Moullet et Zinaïda Salibekyan

Pour le BAC

Après s'être améliorées pendant les Trente Glorieuses, les normes d'emploi se détériorent progressivement depuis trente ans. L'emploi est moins protecteur et de nombreuses situations (contrats à durée limitée, temps partiel, travail indépendant...) viennent augmenter le halo du chômage.

L'engagement politique

« L'engagement politique est un engagement effectif, d'un individu ou d'un groupe, dans le but de transformer la société. Dans ce sens il inclut toutes les formes d'engagement citoyen. »

Les auteurs importants

• **Albert Hirschman** (1915-2012) est un économiste, sociologue et politiste américain. Il a théorisé les choix possibles pour les individus mécontents : la réaction silencieuse, le renoncement à l'action et la protestation.

• **Charles Tilly** (1929-2008) a développé le « répertoire d'action collective », dont le but est de rendre compte de l'évolution des formes de mobilisations contestataires.

Il/elle a dit

« Si l'engagement militant résulte d'une prise de conscience, quelles en sont les conditions ? Pourquoi une telle prise de conscience serait avérée pour certains et pas pour d'autres ? Pourquoi certains adhèrent à une organisation quand d'autres ne le font pas ? »

Daniel Gaxie

Pour le BAC

L'engagement politique peut prendre de multiples formes. Il ne se limite pas à la participation aux événements d'un parti politique mais peut également passer par un engagement syndical, dans des associations œuvrant pour la société, par une consommation engagée et enfin par le vote.

Regards croisés

La justice sociale

« La justice sociale est un ensemble de principes qui définissent la juste répartition des ressources, des positions, des droits et des devoirs dans une société. De nombreuses conceptions philosophiques s'affrontent sur ce sujet. »

Les auteurs importants

- **Jérémie Bentham** (1748-1832) est un des créateurs de l'utilitarisme, doctrine selon laquelle la justice sociale peut être atteinte en maximisant le bien-être collectif de la société.
- **John Rawls** (1921-2002) pense que la justice sociale réside avant tout dans la poursuite simultanée de la liberté et de l'équité.

Il/elle a dit

« Si la question de la justice se pose, s'il importe de déterminer ce que chacun est en droit d'attendre et ce qu'on est en droit d'attendre de chacun, c'est d'abord parce que les ressources sont rares, parce que nous ne sommes pas en régime d'abondance. »

Philippe Van Parijs

Pour le BAC

En France, c'est l'égalité des chances qui est actuellement présentée comme la forme la plus aboutie de justice sociale. En SES l'objectif ne sera pas de discuter des principes de justice, mais de montrer quelles inégalités existent et de quels outils l'État dispose pour les corriger.

Les biens communs

« En économie, les biens communs sont des biens non excluables et rivaux : on ne peut empêcher personne de les consommer, mais ils ne peuvent être consommés qu'une fois. Leur consommation par un individu détruit le bien et empêche tous les autres d'y avoir accès. »

Les auteurs importants

- **Elinor Ostrom** (1933-2012) est une politologue et économiste américaine. Elle propose une gestion communautaire ou coopérative des ressources communes. Elle a reçu le prix Nobel d'économie en 2009 pour son travail sur les communs.
- **Dennis Meadows** (1942-) est un scientifique américain. Il est un des auteurs du rapport *Les limites à la croissance*, qui alerte sur l'impact de la croissance sur l'environnement.

Il/elle a dit

« La tragédie des communaux comme panier à provisions est évitée par la propriété privée, ou quelque chose de formellement équivalent. Mais l'air et les eaux qui nous entourent ne peuvent pas être aisément clôturés […]. »

Garett Hardin

Pour le BAC

La particularité des biens communs fait qu'ils risquent d'être surexploités et de disparaître. Par exemple les poissons risquent d'être surpêchés ; l'eau potable polluée… Les solutions proposées passent par une prise en charge commune, par des collectifs, par l'État ou par une action coordonnée de plusieurs États.

Sujets comme à l'examen

SUJET COMPLET 1 Sujet inédit — 20 pts — 4h

Vous traiterez, au choix, l'un des deux sujets suivants.

Dissertation 20 pts

corrigés p. 221

› Le protectionnisme est-il souhaitable ?

DOC. 1 Droits de douane en pourcentage du prix des produits importés (en %)

	2001	2013
Monde	6,9	4,2
Pays les moins avancés	11,7	9,0
Pays en développement	13,5	6,9
Pays développés	3,2	2,6

Source : d'après CEPII, 2018.

DOC. 2

La Russie a enregistré le nombre le plus élevé de nouveaux obstacles [au commerce international] en 2016, ce qui porte à 33 le nombre des obstacles existants pour ce pays et le place également à la première place pour ce qui est du nombre total d'obstacles au commerce enregistrés.

Les subventions […] comptaient parmi les principaux obstacles signalés pour la Russie […]. Le gouvernement a publié deux décrets prévoyant des aides à l'exportation prélevées sur le budget fédéral en faveur des entreprises des secteurs [automobile et machines agricoles] opérant en Russie.

Le gouvernement a également introduit des restrictions spécifiques à la participation d'entreprises étrangères à des projets d'investissement menés par des entreprises d'État ou des entreprises privées bénéficiant de subventions de l'État. […]

En outre, la Russie a adopté deux nouveaux obstacles liés à des certifications* concernant le secteur du ciment et le secteur pharmaceutique […]. Pour le ciment, elle a introduit des exigences de certification obligatoire tout en ne délivrant pas de certificats aux entreprises importatrices (sauf pour le ciment blanc) […].

Source : d'après Commission européenne, 2018.

* Les certifications attestent la conformité de produits à des normes techniques en vigueur dans un pays.

DOC. 3 Évolution en volume du commerce mondial des marchandises et du PIB

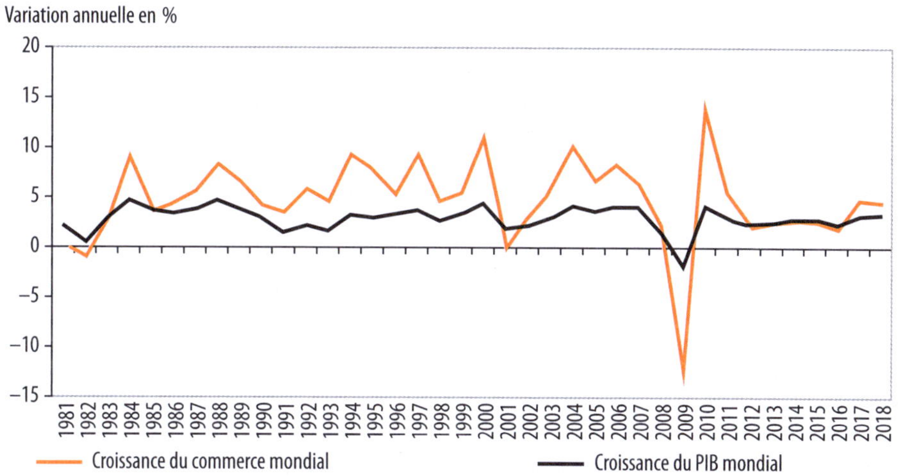

Source : OMC, 2018.

DOC. 4 Évolution de l'emploi salarié dans l'industrie manufacturière* (indice base 100 en 2000)

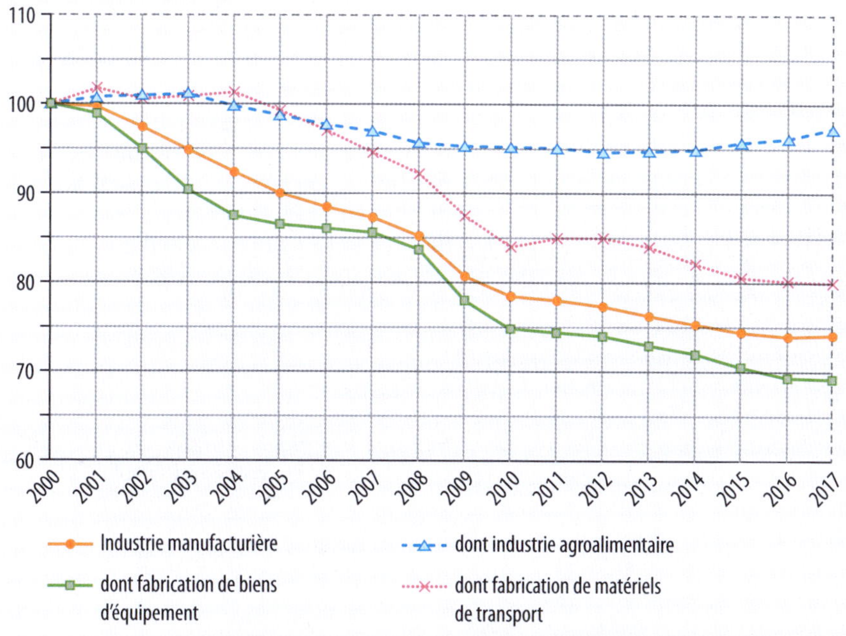

Champ : France, emploi salarié hors intérim dans l'industrie manufacturière.

Source : d'après « L'industrie manufacturière en 2017 », *Insee Première*, juillet 2018.

* Les industries manufacturières sont des industries de transformation des biens.

Épreuve composée 20 pts

corrigés p. 224

Partie 1 Mobilisation des connaissances 4 pts

› Présentez deux limites écologiques auxquelles se heurte la croissance économique.

Partie 2 Étude d'un document 6 pts

1 Présentez l'évolution des recettes fiscales environnementales entre 2000 et 2016.

2 En quoi la taxation permet-elle aux pouvoirs publics de faire face aux externalités négatives sur l'environnement ?

DOC Évolution des recettes fiscales environnementales en milliards d'euros et de leurs parts dans les prélèvements obligatoires et dans le PIB.

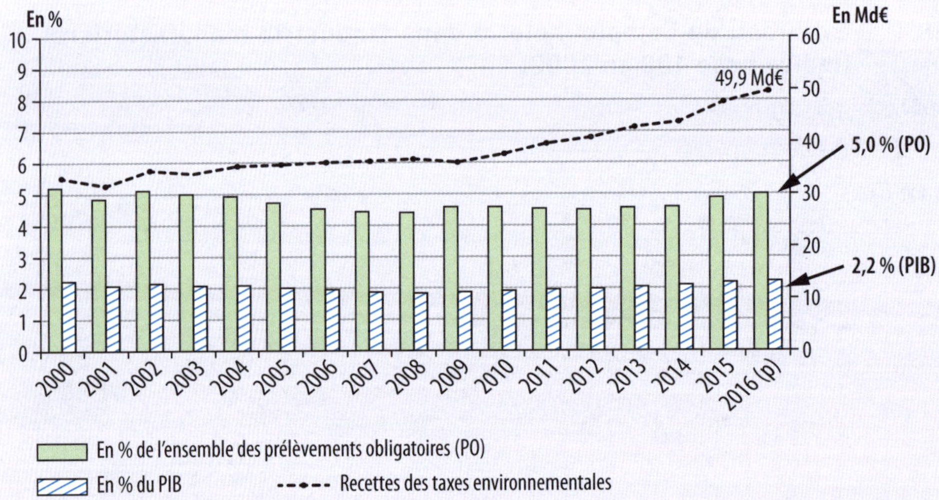

Source : *Indicateurs nationaux de suivi de la transition écologique*, Ministère de la Transition écologique et solidaire, 2017.

Note : 2016 (p) représente les prévisions de recettes de l'année 2016.

Partie 3 Raisonnement s'appuyant sur un dossier documentaire 10 pts

› À l'aide de vos connaissances et du dossier documentaire, vous montrerez que divers critères sont nécessaires pour différencier les groupes sociaux.

DOC. 1 Statut et type de contrat selon l'âge en 2015 (en %)

	15-24 ans	25-49 ans	50 ans ou plus	Ensemble des 15 ans ou plus
Non-salariés	**2,2**	**10,3**	**16,7**	**11,5**
Salariés				
– Intérimaires	**97,8**	**89,7**	**83,3**	**88,5**
– Apprentis	6,2	2,3	0,9	2,2
– Contrats à durée	16,1	0,2	0,0	1,4
déterminée	31,5	8,4	4,8	9,2
– Contrats à durée				
indéterminée	43,9	78,8	77,6	75,7
Total	**100,0**	**100,0**	**100,0**	**100,0**
Emploi total (en milliers)	2 054	16 160	7 630	25 844

Champ : France métropolitaine, population des ménages, personnes en emploi de 15 ans ou plus.

Source : Insee, 2016.

DOC. 2

Les principes de construction du code des CSP visant à classer l'ensemble des actifs dans un certain nombre de catégories selon la profession et le statut amènent inévitablement à rapprocher cette démarche de l'approche nominaliste. Rappelons que celle-ci, en matière de stratification, vise à constituer des classes […] en rassemblant des individus ayant des caractéristiques communes (revenus, diplômes, possession d'un bien quelconque) sans pour autant que les individus ainsi réunis forment un groupe réel et se sentent appartenir à ce groupe. On obtient ainsi des regroupements d'agents opérés par le statisticien mais n'ayant pas d'existence propre. […]

La prise en compte de plusieurs critères (profession, statut, qualification, importance de l'entreprise pour les non-salariés, etc.) permet de rassembler des actifs ayant un profil professionnel et social similaire. En outre, les concepteurs initiaux du code des CSP entendent rassembler les catégories « en un nombre restreint de grandes catégories (les groupes socioprofessionnels) présentant chacune une certaine homogénéité sociale ». Cette « homogénéité sociale » est expressément rapportée à la notion de groupe social.

Source : *Stratification et classes sociales – La société française en mutation*, Serge Bosc, 2013.

DOC. 3 Lecture d'un livre selon la catégorie socioprofessionnelle en 2012 (en %)

	au moins un livre	dont		aucun livre
		un livre par mois ou plus	moins d'un livre par mois	
Agriculteurs exploitants	27,9	4,6	23,3	72,1
Artisans, commerçants, chefs d'entreprise	48,8	9,9	38,9	51,2
Cadres et professions intellectuelles supérieures	80,2	28,6	51,7	19,7
Professions intermédiaires	69,1	18,5	50,6	30,8
Employés	59,6	12,1	47,6	40,2
Ouvriers (y compris ouvriers agricoles)	30,8	4,3	26,5	68,9
Retraités	55,1	17,7	37,4	44,9
Autres inactifs	56,7	14,9	41,8	42,9
Ensemble	**56,7**	**15,2**	**41,5**	**43,1**
Rapport cadres/ouvriers	2,61	6,68	1,95	0,29

Source : Insee, 2014.

CORRIGÉ SUJET COMPLET 1

Dissertation

énoncé p. 216

Introduction

La doctrine du libre-échange a été développée dès le XVIIIe siècle puis, au XIXe, par les économistes libéraux qui défendaient la liberté du commerce et de l'entreprise, comme Adam Smith (1776) puis David Ricardo (1817). Il faut attendre la deuxième moitié du XXe siècle pour que la pratique du libre-échange se généralise. La création de l'Accord général sur les tarifs douaniers et le commerce (GATT) en 1947, remplacé par l'Organisation mondiale du commerce (OMC) en 1995, permettra en effet de réduire significativement les tarifs douaniers sur les échanges de marchandises, dans la majorité des pays adhérents.

Méthode

Utilisez vos connaissances en histoire de la pensée et des faits économiques pour contextualiser le sujet.

Cependant, le libre-échange ne concerne pas tous les produits (biens ou services) et la réduction des tarifs douaniers ne doit pas masquer l'existence de pratiques protectionnistes persistantes, notamment sous la forme de barrières non tarifaires. Le protectionnisme correspond à une doctrine et à une politique économique visant à protéger les productions nationales de la concurrence étrangère, en instaurant des barrières limitant les importations. Ces pratiques sont souvent justifiées pour faire face aux limites du libre-échange. Effectivement, une politique protectionniste peut parfois s'avérer nécessaire, mais l'histoire montre que la vague de protectionnisme qui a suivi la crise de 1929 a eu des conséquences désastreuses. À quelles conditions doit-on alors prendre des mesures protectionnistes ? Comment bénéficier de ses avantages sans engendrer d'effets pervers ? Pour répondre à ces questions, nous montrerons que, face aux limites du libre-échange (partie I), le protectionnisme peut être recherché et se justifier (partie II), mais il doit être ciblé et utilisé avec modération (partie III).

I. Les limites du libre-échange…

Depuis la fin de la Seconde Guerre mondiale, le GATT puis l'OMC ont œuvré pour réduire significativement les droits de douanes, visant la généralisation du libre-échange. En 2013, les droits de douane sont ainsi en moyenne à 4,2 % sur l'ensemble des produits importés dans le monde (doc. 1). Ce libre-échange a eu des effets économiques positifs, mais il a aussi engendré des effets pervers qui peuvent expliquer la volonté de mettre en place des mesures protectionnistes.

Le libre-échange permet en effet de stimuler la concurrence entre productions nationales. Les entreprises, confrontées à la concurrence étrangère, sont incitées à accroître leur compétitivité et à réaliser des gains de productivité. Cela dynamise ainsi l'investissement, l'innovation, les activités de recherche-développement (R&D) et donc le progrès technique. Par ailleurs, certains pays en développement ont pu rattraper leur « retard » technologique, grâce aux transferts de technologie permis par les activités des firmes multinationales. Du côté des consommateurs, les gains dus au libre-échange ont aussi été significatifs : accroissement de la variété des produits à leur disposition et réduction des prix des produits, permettant des gains de pouvoir d'achat. L'élargissement des marchés à l'international permet en effet aux entreprises de réaliser des gains de productivité et des économies d'échelle qui, s'ils sont répercutés sur les prix, favorisent la demande. Au niveau mondial, le libre-échange a donc stimulé l'offre et la demande globales, facteurs de croissance et donc d'emplois. Cette corrélation entre commerce mondial et croissance économique, toutes choses égales par ailleurs, se vérifie par exemple sur la période 1981-2018 (doc. 3).

Méthode

L'expression « toutes choses égales par ailleurs » est une façon de présenter un raisonnement qui permet d'isoler une relation entre deux phénomènes, excluant tous les autres facteurs qui pourraient interférer dans cette relation.

Cependant, ce libre-échange a eu des effets néfastes qui peuvent justifier la mise en place de mesures protectionnistes. En effet, l'ouverture internationale peut provoquer des coûts économiques et sociaux importants, dus aux reconversions économiques nécessaires : destruction d'activités et d'emplois, coûts sociaux dus au chômage. Certains analystes parlent même de désindustrialisation, l'emploi industriel ayant chuté de 25 % en France, entre 2000 et 2017 (doc. 4). En outre, le libre-échange génère des contraintes extérieures (déséquilibre extérieur et instabilité de la monnaie) qui limitent les marges de manœuvre des politiques économiques nationales nécessaires au maintien de la croissance et de l'emploi. Enfin, le libre-échange a provoqué des spécialisations nationales déséquilibrées, induisant des échanges commerciaux inégaux, au détriment des économies en développement qui se sont spécialisées dans des produits peu propices au développement économique (souvent des ressources naturelles) et dont le prix est très fluctuant sur des marchés internationaux instables. De leur côté, les économies avancées ont pâti de pratiques de *dumping* social, fiscal ou environnemental impliquant des formes de concurrence déloyale de la part de certains pays émergents, comme les pays à bas salaires, avec des normes sociales et environnementales moins contraignantes.

II. ... nécessitent de mettre en œuvre des formes de protectionnisme...

Contrairement à ce que l'on pourrait penser, le libre-échange n'est pas généralisé. Derrière la volonté affichée de réduire les droits de douane et de respecter les accords internationaux de libre-échange, des formes de protectionnisme déguisé existent, comme le montre l'exemple de la Russie qui multiplie les mesures protectionnistes (doc. 2). La principale mesure protectionniste est la barrière tarifaire : le droit de douane est un impôt prélevé sur les produits importés. L'objectif est d'en augmenter le prix afin d'en décourager la consommation. Mais d'autres mesures existent : des mesures non tarifaires comme l'embargo commercial (interdiction d'importer certains produits), les quotas d'importations, les barrières réglementaires qui imposent aux produits importés de respecter certaines normes (techniques, sanitaires, environnementales) afin d'en augmenter le coût ou d'en rendre impossible l'importation. Enfin, un protectionnisme déguisé consiste à subventionner des entreprises nationales ou certains secteurs d'activité. C'est le cas, par exemple, pour le secteur aéronautique ou agricole en Europe, dans le cadre de la politique agricole commune (la PAC). De même, la Russie fournit « des aides à l'exportation prélevées sur le budget fédéral en faveur des entreprises des secteurs [automobile et machines agricoles] », faussant ainsi la concurrence avec les produits étrangers dans ces secteurs (doc. 2).

Enfin, le libre-échange ne concerne pas tous les produits et des mesures protectionnistes sont autorisées sur certaines activités qui nécessitent d'être protégées. Cela concerne par exemple, des industries stratégiques et nécessaires à la défense du pays (comme l'armement ou le nucléaire), des activités impliquant des normes environnementales ou sanitaires jugées essentielles (comme l'industrie pharmaceutique) ou des activités culturelles préservant l'identité culturelle d'une nation (comme l'industrie cinématographique).

III. … qui doit cependant être ciblé et utilisé avec modération

En période de crise, les gouvernements sont souvent tentés de protéger leur économie domestique contre la concurrence étrangère. La tentation d'un protectionnisme plus global, visant à fermer leurs frontières à tous types de produits étrangers, est grande. Cela a été le cas en Europe et aux États-Unis à la suite de la crise de 1929. Les conséquences ont été terribles. Non seulement, ce protectionnisme n'a pas eu les effets escomptés, mais en outre, il a entraîné des effets en chaîne de représailles commerciales et économiques qui n'ont pris fin qu'avec la guerre de 1939-1945. En effet, réduire les importations, avec des mesures protectionnistes, dans le but de défendre l'emploi, peut, à court terme, protéger l'économie domestique et créer des emplois dans des secteurs à l'abri de la concurrence. Mais, dans un deuxième temps, les exportations risquent de diminuer suite aux représailles des partenaires commerciaux qui réduisent eux aussi leurs importations. L'effet recherché sur l'activité et l'emploi est alors annulé. Plus généralement, le protectionnisme conduit à une guerre commerciale entre nations, à l'isolement de l'économie nationale, à de l'inflation qui nuit au pouvoir d'achat, à des retards technologiques et donc, *in fine*, au risque de récession et de chômage.

Si des mesures protectionnistes se justifient et sont à prendre, elles doivent donc être ciblées ou temporaires. Comme l'a montré Friedrich List au XIXe siècle, avec sa théorie du protectionnisme éducateur, l'adoption de mesures protectionnistes peut se justifier pour protéger certains secteurs économiques comme les industries naissantes qui ne sont pas assez compétitives pour affronter la concurrence internationale. C'est la raison pour laquelle des économies moins avancées ou en développement maintiennent des niveaux de droits de douane deux à trois fois plus élevés que la moyenne mondiale, de manière à protéger leurs activités industrielles naissantes (doc. 1). Dans le même ordre d'idée, certaines mesures protectionnistes peuvent être prises, dans des pays anciennement industrialisés, pour laisser le temps à des activités vieillissantes, soumises à la concurrence étrangère et devenues moins compétitives, de se reconvertir.

Conclusion

Pour conclure, nous avons montré que, depuis 1945, il existait une volonté affichée de développer le libre-échange et de condamner toute forme de protectionnisme, préjugeant que le libre-échange était bien plus favorable à la croissance. Certes, l'histoire a donné raison à ce raisonnement dans les années 1930. Cependant, nous avons montré que le protectionnisme pouvait être souhaitable pour contrecarrer les effets d'une concurrence internationale exacerbée. Mais ce protectionnisme doit être mesuré, en étant ciblé sur certaines activités jugées sensibles pour différentes raisons (économiques, stratégiques, politiques) et surtout, en étant temporaire. Le débat classique entre protectionnisme et libre-échange ne se pose donc pas en opposant une politique à l'autre, mais en trouvant une voie qui permette à ces deux types de politiques de coexister, en jouant sur leur complémentarité plutôt que sur leur opposition.

Épreuve composée

énoncé p. 218

Partie 1 Mobilisation de connaissances

Depuis 1945, l'économie mondiale est entrée dans une phase de croissance forte, permise par l'accélération du progrès technologique et industriel. La croissance économique se définit comme l'augmentation durable de la production de biens et services et se mesure par l'accroissement du PIB. Si cette croissance intensive et soutenue a permis une élévation significative du niveau de vie, elle se heurte cependant à certaines limites écologiques. Elle a en effet des conséquences négatives sur l'environnement, qui ont été dénoncées dès 1972, dans le rapport Meadows. Les principales sont l'épuisement des ressources naturelles et la pollution.

Méthode
Dans un paragraphe introductif, contextualisez le sujet, définissez les mots-clés et présentez l'enjeu de la question.

Tout d'abord, la production de biens et services nécessaires à la satisfaction de nos besoins implique d'exploiter des ressources naturelles. Celles-ci peuvent être renouvelables et peuvent se régénérer dans le temps (ressources halieutiques, forestières...) ; d'autres ne le sont pas, comme les énergies fossiles, les minerais et certains métaux, et constituent des stocks épuisables. Leur exploitation peut conduire à leur disparition si aucune limitation n'est imposée. Ces ressources correspondent en ce sens à des biens communs : ils sont non excluables mais leur consommation est rivale.

Ensuite, le modèle de la croissance intensive et industrielle qui se développe depuis plus d'un siècle génère des pollutions de tous ordres : de l'air, de l'eau, des terres. Prenons l'exemple, de la pollution de l'air. L'industrialisation et le développement des transports rejettent beaucoup de gaz carbonique (CO_2) dans l'air, accentuant ainsi l'effet de serre et provoquant des dérèglements climatiques importants. Les conséquences sur l'environnement sont désastreuses : montée des eaux, inondations, désertifications de zones exploitées ou habitées… Dans ce cas aussi, nous pouvons envisager l'air pur ou le climat comme un bien commun qui serait dégradé par notre modèle de croissance.

Dans les deux cas, nous avons affaire à des externalités négatives, dans la mesure où le coût de destruction de ce capital naturel n'est pas pris en compte par la régulation marchande. En tant que bien commun, le capital naturel fait donc l'objet d'une surexploitation ou d'une dégradation qui remet en cause la capacité des générations futures à satisfaire leurs besoins. En ce sens, notre modèle de croissance n'est pas soutenable.

Méthode

N'hésitez pas à utiliser des notions abordées dans d'autres chapitres qui seraient nécessaires à votre raisonnement.

Partie 2 Étude d'un document

1 Ce graphique présente l'évolution des recettes fiscales environnementales en France, entre 2000 et 2016. Deux constats s'imposent. Tout d'abord, le montant des recettes fiscales a augmenté de 50 % sur la période, montrant ainsi que la taxation a été un outil que les pouvoirs publics ont davantage utilisé. Son montant s'est particulièrement accru à partir de 2009, passant de 35 à 50 milliards d'euros. Ensuite, le poids de cette taxe environnementale est resté stable dans l'ensemble des prélèvements obligatoires ainsi que par rapport au PIB. Cela montre l'importance relative de cette taxe verte.

2 La taxation est un outil de la politique climatique à la disposition des pouvoirs publics au même titre que la réglementation ou les marchés de quotas d'émission. Elle prend la forme d'une mesure fiscale sur des produits, ou des activités, jugés polluants. Cette taxe a pour effet d'augmenter les prix des produits polluants afin de protéger l'environnement ; on parle alors d'écotaxe. En effet, les conséquences négatives de ces activités ou de ces produits sur l'environnement ne sont pas pris en compte par les agents économiques, ni par les marchés. C'est ce que l'on appelle les externalités négatives : elles diminuent le bien-être d'un ou plusieurs agents économiques sans qu'ils reçoivent de compensation monétaire.

Méthode

Rédigez une phrase d'introduction pour définir les termes du sujet.

La taxation repose sur le principe du pollueur-payeur. Il s'agit d'internaliser le coût de l'externalité négative. En augmentant le coût de production et le prix des produits polluants, elle vise à modifier les comportements des agents économiques. Les consommateurs sont incités à se détourner des produits polluants et à préférer des produits moins ou non polluants : moins ou non taxés, ils sont moins chers. De leur côté, les producteurs sont incités à trouver des technologies et des méthodes de production moins polluantes. Comme elles ne sont pas taxées, elles leur permettent de devenir ou de rester compétitives.

Enfin, la taxation permet de récolter des recettes fiscales qui peuvent servir à financer des activités productives vertes, sous forme de subventions et d'aides à la dépollution ou des activités de recherche permettant de développer des innovations vertes.

Pour conclure, la taxation permet de faire face aux externalités négatives, en agissant sur trois leviers : elle a une action incitative en modifiant le comportement des agents économiques ; elle a une action pénalisante, selon le principe du pollueur-payeur ; enfin, elle a une action compensatrice en permettant de soutenir des activités ou innovations vertes.

Partie 3 Raisonnement s'appuyant sur un dossier documentaire

Toute société organise sa propre hiérarchisation sociale, en différenciant les individus et les groupes sociaux qui la composent. Dans les sociétés traditionnelles, le critère de la naissance est à la base de cette stratification sociale (sociétés de castes ou d'ordres). Dans nos sociétés modernes, dans lesquelles l'individu s'est émancipé de ce critère d'appartenance, en vertu de l'égalité des droits, se pose la question des critères d'appartenance à un groupe social. Un groupe social se définit comme un ensemble identifiable d'individus aux caractéristiques culturelles, sociales et/ou économiques communes, ayant des liens entre eux et partageant un sentiment d'appartenance à ce groupe. Ces critères d'appartenance à un groupe sont alors aussi des critères de différenciation entre les groupes. Les différents groupes sociaux peuvent être distingués entre eux selon des critères économiques, essentiellement liés au statut professionnel ; c'est la démarche des sociologues traditionnels, avec le concept de classe sociale, et de l'Insee quand elle construit la nomenclature des PCS (partie I). Il existe cependant d'autres critères, tels que l'âge ou le sexe, qui différencient socialement les individus. Ces critères traversent les groupes socio-professionnels et créent une différenciation sociale (partie II).

I. Les critères économiques de différenciation

Un des premiers sociologues à avoir mis en avant le critère économique comme critère de différenciation des groupes sociaux est Karl Marx. Avec son approche réaliste des classes sociales, il montre comment la société tend à se polariser autour de deux grandes classes sociales : le prolétariat et la bourgeoisie. Le critère retenu pour déterminer l'appartenance à une classe sociale est la propriété des moyens de production. Les capitalistes sont propriétaires des moyens de production, alors que les prolétaires ne disposent que de leur force de travail pour survivre. Ces groupes sociaux sont ce que Karl Marx appelle des classes en soi, identifiables et opposables selon le critère objectif de leurs conditions de vie matérielles. Au-delà de leurs conditions de vie communes, les individus d'une même classe sociale partagent la même place dans le système de production. La différenciation entre ces classes sociales est renforcée, lorsque les individus prennent conscience de leurs intérêts communs et mettent en œuvre des actions pour les défendre. Les classes en soi deviennent alors des classes pour soi, soit des groupes sociaux qui sont bien mieux identifiables.

De son côté, Max Weber prend également le critère économique de la richesse pour définir une hiérarchisation entre classes sociales, dans le champ économique. Son approche, dite nominaliste, sera reprise par l'Insee, quand elle construira la nomenclature des catégories socioprofessionnelles (CSP), au début des années 1950. Devenue celle des Professions et Catégories Socio-professionnelles (PCS), en 1982, elle a pour objectif de construire des groupes sociaux socialement homogènes (doc. 2). Elle utilise plusieurs critères : le type de métier ou la profession, le statut professionnel (salarié ou non), la place dans la hiérarchie professionnelle associée à la qualification, au diplôme, à la taille de l'entreprise, à la nature de l'employeur et au secteur d'activité. Si ces groupes sociaux ne sont pas directement basés sur le critère du revenu, ce critère joue de manière importante pour différencier les catégories chez les salariés. En effet, la hiérarchie des qualifications traduit une hiérarchie des revenus. Au-delà et en lien avec le critère du revenu, ces groupes se distinguent par le niveau de vie, le mode de vie (pratiques culturelles) et une identité sociale (manière d'être, de faire et de penser).

Cela permet de constater des différences de comportements et de pratiques culturelles. Il n'est ainsi pas étonnant de constater que la lecture est une pratique socialement très marquée, liée au revenu, au diplôme et plus généralement au capital culturel. Ainsi, plus de la moitié des indépendants et des ouvriers ne lisent aucun livre ; et les cadres sont sept fois plus nombreux que les ouvriers à lire au moins un livre par mois (doc. 3). Cependant, cette homogénéité reste relative : au sein de chaque CSP, des différenciations s'observent. Au sein, d'une même profession, le type de contrat est un critère de différenciation économique entre les individus sous contrat précaire (intérimaires, apprentis et CDD) et les individus en CDI (doc. 1). La précarité, le niveau de vie ou le risque de chômage peuvent être ainsi très différents et engendre des niveaux de vie et des modes de vie très différents.

La profession et, plus généralement, les critères économiques sont des critères importants pour différencier les groupes sociaux : le classement en CSP permet de repérer les différences de revenu, les différentes pratiques sociales et donc les différentes appartenances sociales. Cependant, d'autres critères, tels que le sexe ou l'âge traversent ces groupes sociaux et génèrent d'autres possibilités d'identification pour les individus et donc d'autres sources de différenciation entre les groupes.

Méthode

Entre chaque grande partie, rédigez une transition qui permet de guider votre lecteur, en lui explicitant votre raisonnement.

II. Les critères sociaux de différenciation

Max Weber avait déjà avancé l'idée qu'une société était composée de plusieurs champs et que l'origine de la stratification sociale n'était pas qu'économique. Ainsi, à côté de l'ordre et du critère économiques dans lesquels existent des classes sociales, il existe l'ordre social dans lequel des groupes de

MÉTHODE | SUJETS PAS À PAS | SUJETS COMME À L'EXAMEN

statut se distinguent en fonction du degré de prestige social associé à la naissance, à la profession, au niveau d'instruction et surtout au style de vie. L'intérêt de cette analyse est de mettre en avant un critère symbolique, lié au prestige social associé à un groupe, et de souligner la possibilité pour les individus d'être dans des groupes électifs. En adoptant les styles de vie et les pratiques sociales d'un groupe de référence, ils peuvent ainsi opérer une socialisation anticipatrice.

Par ailleurs, il semble qu'aujourd'hui, le classement en CSP semble beaucoup moins opérant qu'au moment de sa construction. Les groupes construits sont en effet moins homogènes, dans la mesure où d'autres critères de différenciation opèrent, tels que le lieu de résidence, l'origine, l'âge, le sexe, etc. Les sociologues ont en effet montré que des groupes sociaux liés à l'âge pouvaient être distingués, parce qu'ils avaient des caractéristiques socio-économiques spécifiques. La jeunesse, par exemple, est un groupe social relativement récent qui apparaît avec l'allongement de la scolarité et une entrée dans l'âge adulte de plus en plus tardive, liée à l'accès à l'emploi et à l'autonomie. La jeunesse occupe en effet une place particulière dans l'emploi et l'insertion professionnelle : taux de chômage élevé, précarité fréquente des emplois (stages, intérim, CDD, temps partiel), chez les 15-24 ans (doc. 1). Il existe ainsi des caractéristiques communes aux jeunes à travers des pratiques culturelles spécifiques (musique, langage, codes vestimentaires...), même si celles-ci restent marquées socialement. Certains parlent ainsi plutôt « des jeunesses », c'est-à-dire de différents groupes de jeunes qui se différencient selon le sexe, l'origine sociale, le lieu de résidence... À l'autre extrémité de la pyramide des âges, d'autres groupes sociaux apparaissent, avec la mise en place de la retraite et l'allongement de l'espérance de vie. Apparaissent ainsi le troisième puis le quatrième âge, caractérisés par une consommation culturelle particulière (loisirs, pratiques sportives et culturelles) et jouant un rôle important au sein de la famille, à travers les aides intergénérationnelles qu'ils fournissent. La vieillesse est ainsi associée à un mode de vie particulier, bien que là-aussi, les séniors se distinguent entre eux, selon leurs revenus et leur situation économique.

Enfin, pour prendre un dernier exemple, le sexe est aussi devenu un critère de différenciation. Comme pour l'âge, l'émergence économique, sociale et politique des femmes est relativement récente. Les années 1960-70 voient se développer des mouvements féministes, revendiquant l'autonomie vis-à-vis des hommes dans tous les domaines : la famille, le travail, la politique. Les femmes semblent s'inscrire dans un modèle culturel distinct de celui des hommes, souvent lié à la persistance d'inégalités et discriminations liées au genre, dans la sphère familiale (répartition des tâches), dans le milieu professionnel (emplois dits « féminins ») ou dans l'accès au pouvoir économique et politique. Les femmes construisent ainsi beaucoup moins leur statut et leur identité sociale, à partir de leur statut professionnel, que les hommes.

Pour conclure, nous avons rappelé que, traditionnellement, c'est le critère économique qui permet de différencier de façon opérante les groupes sociaux, au sein de l'espace social. Néanmoins, dans nos sociétés, plus individualistes, d'autres critères sont à prendre en compte et permettent de comprendre la complexité de la formation des groupes sociaux. L'identité sociale et donc l'appartenance sociale des individus à des groupes se fait de manière beaucoup plus élective ; elle entrecroise des critères économiques, liés à la profession, au statut et au revenu, et des critères socio-démographiques, dont par exemple l'âge et le sexe, mais aussi le lieu de résidence, l'origine, etc. qui vont marquer profondément les caractéristiques et les pratiques socio-culturelles de ces groupes et sous-groupes. Les frontières entre groupes sociaux sont ainsi beaucoup moins nettes. Cela risque de modifier la manière de penser les inégalités. Les groupes sociaux étant moins visibles, les inégalités risquent d'être davantage perçues sur un mode individuel. En envisageant les inégalités d'un point de vue individuel, le risque est de mettre en avant la responsabilité des individus et d'écarter les responsabilités sociales et collectives. Et cette optique n'a pas du tout les mêmes conséquences en termes de manière de lutter contre les inégalités.

SUJET COMPLET 2 Sujet inédit

20 pts — 4h

Vous traiterez, au choix, l'un des deux sujets suivants.

Dissertation 20 pts

corrigés p. 235

› Vous vous demanderez si une croissance économique soutenable est possible.

DOC. 1 Émissions de CO_2 dans le monde entre 1990 et 2016 (en millions de tonnes de CO_2)

	1990	2016	Évolution 1990-2015 (en %)
États-Unis	4 956	5 012	+ 1,1
Chine	2 305	10 433	+ 352,5
Inde	655	2 534	+ 286,5
France	377	332	– 12
Monde	22 450	35 753	+ 59,3

Source : d'après la base de données EDGAR* (Emissions Database for Global Atmospheric Research), 2017.

DOC. 2

Les ressources en sable, longtemps considérées comme illimitées, sont en réalité de plus en plus réduites. La population mondiale a quasiment triplé en 60 ans et le sable est la deuxième ressource la plus utilisée après l'eau. [...] L'humanité extrait 50 milliards de tonnes de sable et granulats par an, pour une valeur évaluée à 70 milliards de dollars.

Si longtemps le sable n'a pas été considéré comme une matière commercialement intéressante, sa raréfaction a changé la donne. Les carrières de sable se sont épuisées sous les projets immobiliers et routiers de plus en plus importants et il est aujourd'hui difficile d'en extraire du sol dans de nombreux pays. La solution a donc été d'aller le chercher sur les plages ou dans les océans et les mers, le plus près des côtes possibles pour des raisons de coûts et d'efficacité, [...] (et) dans les pays plus regardants il faut... le dessaler. Les quantités d'eau douce nécessaires à cette opération sont énormes et accentuent encore un peu plus le problème environnemental généré par cette ressource sous-marine. L'extraction de sable dans les mers et océans est devenue une activité à très grande échelle et commence à poser de nombreux problèmes. Le principal est celui de l'érosion des côtes. Les études actuelles estiment qu'entre 75 et 90 % des plages du monde reculent. L'exemple de la Floride – où 9 plages sur 10 sont en voie de disparition – est inquiétant, mais pas autant que celui de l'Indonésie où 25 îles ont déjà disparu sous l'effet des extractions massives de sable. La technique est simple : des bateaux traînent des appareils sous-marins le long des côtes pour aspirer le sable des dunes sous-marines et le rejeter sur le pont. Au-delà de l'érosion engendrée, cette aspiration crée des remous qui assombrissent l'eau, ce qui abîme la flore sous-marine, sans compter les petits poissons tués par l'engin aspirant.

TV5MONDE-informations, 12 août 2017, mis à jour le 11 février 2020.

DOC. 3 Évolution des dépenses nationales[1] de recherche et développement (R&D) relatives à la protection de l'environnement en France

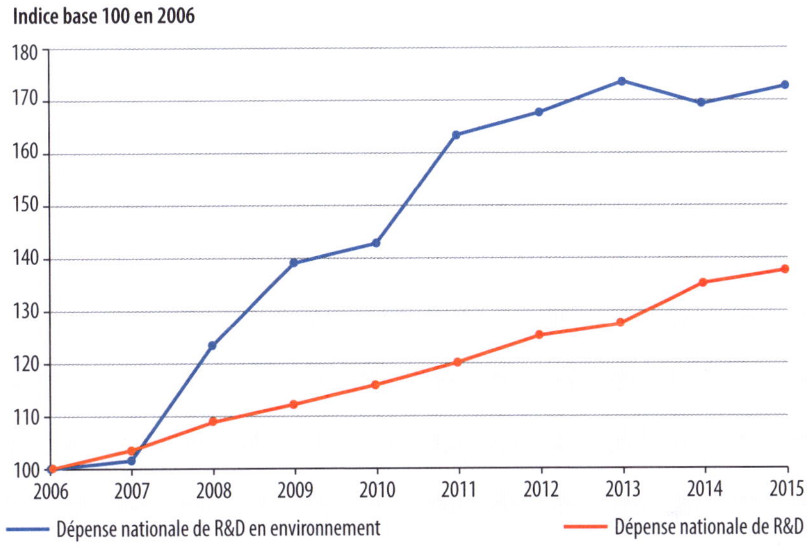

Source : statistiques.developpement-durable.gouv.fr, 2018.

1. Dépenses nationales : dépenses publiques et privées.

DOC. 4 Évolution du nombre de brevets dans les technologies vertes déposés dans le monde

	2003	2006	2010	2013
Qualité de l'eau et gestion de la rareté	9 751	9 936	16 165	22 961
Recyclage et gestion des déchets	1 604	4 109	6 425	9 551
Biocarburants	454	1 015	1 948	756
TGV du futur	288	514	1 816	2 094
Borne électrique de recharge	45	85	987	262

Source : INPI, 220.

Épreuve composée 20 pts

corrigés p. 238

Partie 1 Mobilisation des connaissances 4 pts

› Qu'est-ce qui justifie le recours au protectionnisme ?

Partie 2 Étude d'un document 6 pts

DOC Salaire mensuel net moyen des hommes et des femmes

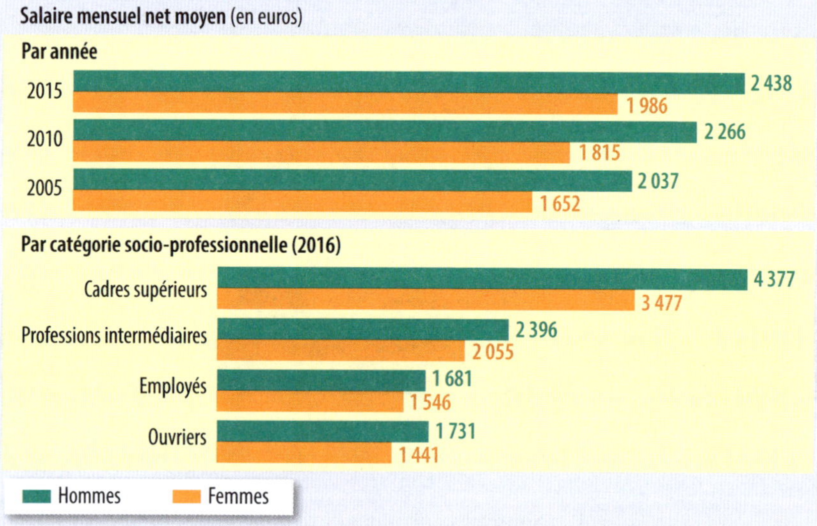

Source : Insee, Observatoire des inégalités, 2019.

1 Mesurez l'évolution des écarts salariaux hommes-femmes entre 2005 et 2015.

2 Caractérisez les inégalités de salaires par catégorie socioprofessionnelle.

Partie 3 Raisonnement s'appuyant sur un dossier documentaire 10 pts

› Vous montrerez comment a évolué la structure socioprofessionnelle en France.

DOC. 1 Évolution de l'emploi par statut entre 1982-1984 et 2012-2014

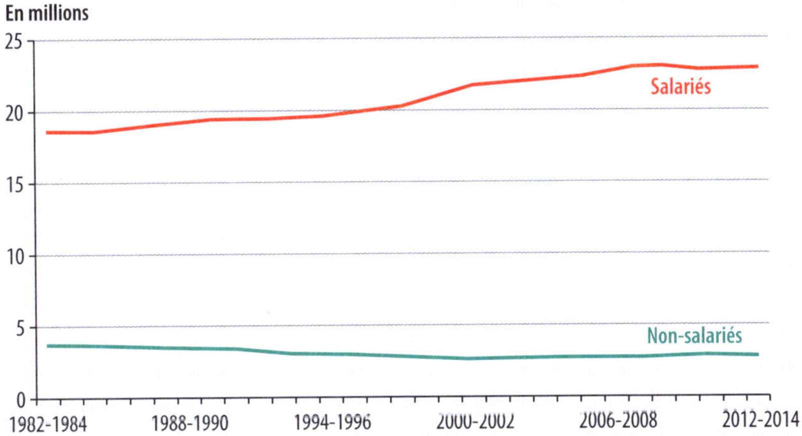

Champ : enquête Emploi, Insee, données lissées par moyenne mobile d'ordre 3 ; traitement Dares.

Source : *Dares Analyses* n° 3, janvier 2017.

DOC. 2 Évolution du nombre de personnes en emploi par niveau de diplôme entre 1982-1984 et 2012-2014

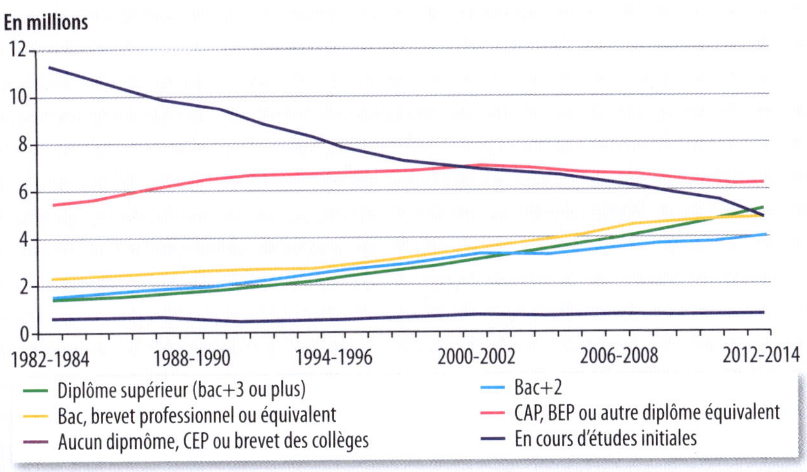

Champ : actifs occupés de France métropolitaine.

Source : *Dares Analyses* n° 3, janvier 2017.

DOC. 3

À l'horizon 2022, les femmes devraient continuer à tirer parti de leur bonne réussite scolaire et accroître leur présence dans les professions les plus qualifiées. Elles seraient ainsi plus nombreuses à être cadres, profitant du départ en retraite des générations anciennes, moins féminisées. Ce serait le cas à la fois dans les métiers où elles sont majoritaires ou à parité avec les hommes (communication, administration, médecine, professions juridiques...) et ceux où elles demeurent encore minoritaires (cadres des transports, de la logistique, du bâtiment, architectes, ingénieurs ou chercheurs dans l'industrie...).

L'emploi des femmes serait également porté par des créations d'emplois toujours dynamiques dans le secteur du soin et de l'aide à la personne, déjà très féminisé. Ces tendances devraient compenser la baisse des postes d'employés administratifs et d'ouvriers peu qualifiés, où les femmes accomplissent traditionnellement des tâches affectées par l'automatisation et les délocalisations. Ce double mouvement devrait contribuer à la poursuite de la féminisation des emplois.

La poursuite de la tertiarisation s'appuierait sur une expansion des métiers du commerce et des services à la personne, qui compenserait le recul des emplois administratifs dans la fonction publique et ceux de secrétariat. Les métiers industriels se stabiliseraient, avec une baisse moins forte que par le passé des postes d'ouvriers non qualifiés et une augmentation du personnel qualifié. Le repli des professions agricoles semblerait inéluctable, à l'exception des techniciens et cadres de l'agriculture.

Cette croissance devrait s'accompagner d'une augmentation moins marquée des emplois peu qualifiés, essentiellement soutenue par des métiers spécifiques comme les services à la personne. Entre les deux, les métiers moyennement qualifiés d'ouvriers ou d'employés régresseraient très légèrement. On observerait ainsi une relative polarisation des emplois et des qualifications, toutefois moins prononcée que dans d'autres pays européens ou de l'OCDE.

« Les métiers en 2022 (Perspectives des métiers et des qualifications) – Fiche : Féminisation des emplois », © France Stratégie, 28 avril 2015.

CORRIGÉ SUJET COMPLET 2

Dissertation

énoncé p. 230

En Floride, 9 plages sur 10 sont en voie de disparition, victimes de la surexploitation des sables marins, utilisés pour la construction des routes ou des bâtiments, et la satisfaction des besoins, sans cesse croissants, de la production. La croissance économique (augmentation durable et soutenue de la production de richesses), dans les pays développés mais aussi émergents, utilise massivement les ressources naturelles et impacte durablement l'environnement et les écosystèmes. Si elle permet de satisfaire les besoins humains présents, on peut légitiment s'interroger sur la capacité des générations futures à assurer leur propre développement, compte tenu de la rareté de certaines ressources, et de ses effets négatifs, en terme de pollution notamment. La question des conditions d'une croissance soutenable est donc posée. Les innovations « vertes » peuvent-elles aider à repousser les limites écologiques et environnementales de la croissance ?

Nous montrerons en premier lieu les impacts négatifs de la croissance sur l'environnement, avant d'envisager dans un second temps les solutions pour contourner les limites écologiques de la croissance.

I. La croissance économique soutenable se heurte à des limites écologiques.

La surexploitation des ressources naturelles, dont certaines ne sont pas renouvelables (reproductibles), et la production d'externalités négatives, comme la pollution des sols ou de l'air, constituent de sérieuses limites à une croissance soutenable.

A. La soutenabilité environnementale n'est pas assurée, car la croissance économique épuise les ressources naturelles.

Pour être **soutenable**, la croissance doit être compatible avec le maintien d'une quantité suffisante de capital naturel pour assurer le bien-être et la capacité de développement des générations futures. Or, les ressources naturelles s'épuisent et menacent de disparaître à plus ou moins long terme.

Certaines ressources naturelles sont des **biens communs**, c'est-à-dire des biens qui ne sont susceptibles d'aucune appropriation mais dont chacun peut user à sa convenance. Les ressources halieutiques et énergétiques, les nappes d'eau souterraines, la biodiversité, etc. sont des biens communs. Dans une perspective de recherche de l'intérêt individuel (satisfaction ou profit), chacun va, rationnellement, exploiter au maximum ces ressources. Le résultat est bien évidemment la disparition de la ressource, avec des conséquences économiques et sociales induites (disparition de secteurs économiques, chômage, exode de population...). Or, notre modèle croissance, dont s'inspirent désormais les pays émergents, génère des besoins sans cesse croissants. La poursuite infinie de la croissance se heurte à la réalité d'une planète « finie », c'est-à-dire au capital naturel disponible en quantité limitée.

On est confronté aujourd'hui à ce problème avec la surexploitation du sable marin, qui provoque l'érosion des côtes et la disparition des plages ou des îles, et la fragilisation des écosystèmes (la disparition des petits poissons éloigne les plus gros et donc fragilise le secteur de la pêche côtière) (doc. 2).

Conseil
Illustrez en prenant appui sur les documents, ici le document 2 qui évoque explicitement un exemple de surexploitation d'une ressource naturelle non renouvelable.

B. La pollution excessive dégrade l'environnement et augmente notre empreinte écologique.

À ce problème de l'épuisement des ressources naturelles s'ajoute celui de la dégradation de l'environnement.

En effet, en produisant, les agents économiques sont à l'origine **d'externalités négatives** et, en particulier, d'émissions polluantes et de rejets de déchets en quantité de plus en plus importante. La principale cause de rejet de CO_2 est la combustion de pétrole et de charbon. Ainsi, les pollutions et les émissions des gaz à effet de serre (GES) ont des conséquences sur le **réchauffement climatique**.

Conseil
Mobilisez des connaissances issues du cours, ici la notion d'externalités négatives.

On observe que depuis 1990, les émissions de CO_2 ont augmenté de 60 %. Les pays économiquement développés et en voie de développement sont ceux qui rejettent le plus de CO_2 (ex. : les rejets de la Chine ont été multiplié par 4,5) (doc. 1).

La dégradation de l'environnement se mesure à l'aide de **l'empreinte écologique.** L'empreinte écologique est un indicateur qui évalue toute la surface nécessaire pour produire ce que consomme un individu ou une population pour son alimentation, ses déplacements, etc. ainsi que pour absorber les déchets rejetés. La surface est mesurée en hectares, par année et par personne. Quand l'empreinte écologique (actuellement de 2,5 hectares par personne en moyenne) dépasse la biocapacité (actuellement de 1,8 hectare par personne), la Terre est en situation de « dépassement écologique ». On observe que les 10 pays à la plus forte empreinte écologique par individu sont les États d'Amérique du Nord, l'UE les pays exportateurs de pétrole.

La croissance soutenable se heurte à ces limites écologiques, car elle devrait permettre la transmission d'un capital global assurant aux générations futures un niveau de bien-être au moins identique au nôtre. On peut cependant envisager le progrès technique et les innovations qui en découlent comme une solution pour reculer les limites écologiques

II. La soutenabilité de la croissance peut être assurée par les innovations technologiques.

Si l'on admet que les différentes formes de capitaux sont **substituables** (notamment le capital naturel par le capital humain et physique), cela signifie que la destruction d'une forme de capital peut être compensée par l'utilisation d'une plus grande quantité d'un autre capital, ne compromettant pas ainsi la durabilité du développement.

A. Les capitaux peuvent être substituables

Pour certains économistes, le **capital naturel** détruit par la croissance peut être compensé par une hausse du **capital physique ou humain**, garantissant une croissance durable, c'est-à-dire permettant aux générations futures de se développer.

Pour ces économistes (courant libéral), ce qui importe c'est la transmission d'un stock de capital (naturel, humain, physique, institutionnel) équivalent, aux générations futures. Les ressources naturelles sont conçues comme une partie d'un stock de capital global qui comprend en outre le capital technique. Le capital naturel sert à produire du capital technique, ce qui accroît ou maintient le stock de capital global. L'hypothèse retenue par ce courant de pensée est qu'une quantité plus importante de connaissances et d"équipements peut se substituer au capital naturel et en compenser la perte. Ainsi, les consommations actuelles de capital naturel permettent de transmettre aux générations futures des capacités productives favorables à leur développement. Autrement dit, l'utilisation du capital naturel permet de produire du capital humain (des connaissances) et technologique qui favorisent le développement.

Les connaissances sur l'énergie solaire vont permettre de substituer l'énergie fossile (pétrole, charbon…) par l'énergie solaire, par exemple.

B. L'innovation contribue alors à une croissance soutenable

Les mécanismes du marché, et surtout, l'**innovation** vont ainsi contribuer à garantir un développement durable. De nouvelles manières de produire apparaissent, plus économes en ressources, moins polluantes etc. Et face aux pénuries de ressources naturelles, par exemple, les agents économiques sont incités à innover pour leurs trouver des substituts.

Le coût que doit supporter un agent économique pour obtenir la quantité nécessaire à la satisfaction de ses besoins s'élève. Il devient alors rentable pour lui de financer des dépenses (celles liées à la R&D en particulier) visant à lui offrir des alternatives à cette ressource. Pour préserver l'environnement, il est nécessaire d'augmenter les dépenses en recherche et développement, favorables au progrès technique et aux innovations technologiques (les dépenses de R&D liées à l'environnement ont augmenté, en France, de 70 % entre 2006 et 2015, deux fois plus que l'ensemble des dépenses de R&D). Concrètement, l'exploitation de gisements pétroliers difficiles d'accès et donc trop coûteux à exploiter ont incité à la recherche d'énergies de substitution.

À long terme, les populations qui s'enrichissent deviennent plus sensibles à la préservation de l'environnement, du capital naturel et à la préservation de la biodiversité, qu'elles considèrent alors comme un élément de leur bien-être (une fois la satisfaction des besoins matériels assurés). La hausse du niveau de vie donne les moyens et l'envie d'agir sur les conséquences environnementales de la croissance. La croissance économique se traduit par une hausse de la demande de services de protection de l'environnement : certains dommages infligés à l'environnement sont réparés en procédant à une réhabilitation des sols et des eaux ou bien en essayant de mieux gérer les déchets (doc. 4 : en matière de gestion et de recyclage des déchets, les brevets déposés ont été multiplié par 9). La croissance économique permet d'améliorer l'environnement, elle est donc soutenable.

La croissance économique occasionne des dégâts importants à l'environnement parce qu'elle épuise les ressources (renouvelables ou non) et génère de la pollution, ce qui est défavorable au bien-être actuel mais surtout futur des populations. Les innovations « vertes » peuvent repousser ces limites et contribuer à une croissance soutenable. Pour cela, il est nécessaire d'orienter et les dépenses de recherches dans des technologies qui économisent les ressources naturelles ou qui réduisent les pollutions liées à la production.

Épreuve composée

énoncé p. 232

PARTIE 1 Mobilisation de connaissances

Le **protectionnisme** désigne l'ensemble des mesures visant à protéger un pays de la concurrence étrangère. Il est le plus souvent mis en œuvre par des barrières tarifaires (exemple : droits de douanes) et non tarifaires (exemple : norme sanitaire ou technique).

Dès le XVIe siècle les mercantilistes qui considéraient l'excédent commercial comme source de richesse pour la nation préconisaient de protéger les activités nationales contre la concurrence des autres grandes puissances en limitant les importations et en favorisant les exportations.

Méthode
Il convient de mobiliser différents **arguments** (ou mécanismes selon les questions).

Au milieu du XIXe siècle, Friedrich List justifie le recours à un protectionnisme sélectif et temporaire afin de protéger les **industries naissantes**. Ce protectionnisme aussi qualifié d'**éducateur** vise à permettre aux entreprises de devenir suffisamment compétitives avant d'affronter la concurrence. Le protectionnisme permettrait alors aux entreprises de réaliser des économies d'échelles impossibles à atteindre pour les entreprises entrant sur le marché. Les entreprises peuvent grâce à ce protectionnisme temporaire se spécialiser afin de se constituer un avantage comparatif, ce qui ne serait pas possible si elles devaient directement affronter la concurrence internationale.

Le protectionnisme peut aussi avoir un objectif **défensif.**

Il peut viser à protéger **les industries vieillissantes.** Nicholas Kaldor a ainsi montré qu'il protège l'emploi et facilite la reconversion des industries vieillissantes face à la concurrence internationale.

Maurice Allais (prix Nobel en 1988) affirme que le protectionnisme est le seul moyen d'éviter le chômage ou la baisse des salaires des moins qualifiés. Il vise aussi à lutter contre les pratiques de dumping, voire de dumping social et de sous-évaluation monétaire. Ce protectionnisme défensif est à l'œuvre dans les mesures prises par l'administration de Donald Trump à l'encontre de la Chine et de l'UE.

Le protectionnisme peut être **offensif** voire **stratégique**, en instaurant notamment des zones commerciales privilégiées où règne le libre-échange, tandis que le protectionnisme s'applique envers le reste du monde. Jean-Marcel Jeanneney préconise ainsi un protectionnisme à l'échelle européenne.

En conclusion, malgré le discours globalement libre-échangiste le **protectionnisme** est aujourd'hui encore mis en pratique car différents objectifs et/ou situations le justifient.

Conseil

Rédigez une phrase de **conclusion** dans laquelle on retrouve le mot-clé du sujet.

PARTIE 2 Étude de document

1 Entre 2005 et 2015, les salaires mensuels nets moyens ont augmenté quel que soit le sexe.

En effet, en 2005, le salaire mensuel net moyen d'une femme s'élevait à 1 652 € contre 1 986 € en 2015 soit une augmentation de 334 €. Sur la période le salaire mensuel net moyen d'une femme a augmenté de 20,2 %. De la même manière, le salaire mensuel net moyen d'un homme est passé de 2 037 € à 2 438 € entre 2005 et 2015. Il a donc été multiplié 1,19 sur la période ce qui signifie que le salaire mensuel net moyen des hommes a augmenté de 19 %.

Conseil

Illustrez ce constat en lisant des données chiffrées. Puis effectuez de petits calculs afin d'interpréter les données. Ici, Variation absolue = Va – Vd et Taux de variation = ((Va – Vd)/Vd) × 100.

On peut donc affirmer que **le salaire mensuel net moyen a augmenté plus vite pour les femmes que pour les hommes.**

On peut aussi constater qu'en 2005, le salaire mensuel net moyen d'un homme était supérieur de 23,3 % à celui d'une femme et qu'en 2015 cet écart était de 22,7 % soit en baisse de 0,6 points.

Cela confirme bien **la légère réduction des écarts de salaire entre hommes et femmes.**

2 Une inégalité salariale est une différence de salaire entre individus ou groupes sociaux qui est socialement perçue comme injuste ou illégitime.

On constate qu'en 2016, quelle que soit la catégorie socio-professionnelle, les salaires mensuels nets moyens sont supérieurs pour les hommes, il y a donc des inégalités salariales hommes-femmes.

On constate ainsi que le salaire mensuel net moyen d'un ouvrier (1 731/1 441) est 1,20 fois plus élevé que celui d'une ouvrière. De la même manière on constate ainsi que le salaire mensuel net moyen d'un homme cadre supérieur (4 377/3 477) est 1,26 fois plus élevé que celui d'une femme cadre supérieur.

Conseil

Donnez une caractéristique, puis illustrez cette caractéristique en effectuant une (ou des) lecture(s) de données et/ou des petits calculs, comme ici avec les coefficients multiplicateurs.

PARTIE 3 Raisonnement s'appuyant sur un dossier documentaire

La structure socioprofessionnelle désigne la répartition de la population en groupes socioprofessionnels. Pour rendre compte de cette répartition on utilise généralement, en France, la nomenclature des professions et catégories socioprofessionnelles (PCS). Cet outil, développé par l'Insee, regroupe les actifs au sein de catégories sociales présentant chacune une certaine homogénéité sociale.

Nous montrerons comment a évolué la structure socioprofessionnelle en présentant différentes transformations sociales à l'œuvre.

Nous montrerons ainsi qu'il y a eu une salarisation de la population active. Cette salarisation s'est accompagnée d'une tertiarisation et d'une féminisation. Enfin, nous verrons qu'il y a aussi eu une hausse des qualifications.

1. La salarisation des emplois

La salarisation de la population active désigne la hausse de la part des emplois salariés (au détriment de la part des indépendants) dans la population active.

On constate en effet qu'en 1982 il y avait environ 18 millions de salariés contre 23 millions en 2012-2014 et que dans le même temps le nombre d'indépendants est passé d'environ à 3 millions (doc. 1).

Cette évolution s'explique par un déclin du nombre d'agriculteurs exploitants et d'artisans commerçants qui sont des emplois non-salariés, c'est-à-dire des indépendants. À l'inverse, les emplois salariés ont progressé dans de nombreux domaines : soin, aide à la personne, métier du commerce (doc. 3).

2. La tertiarisation des emplois

Cette salarisation s'est accompagnée d'une progression des emplois situés dans le secteur des services. On parle de tertiarisation de l'économie. Aujourd'hui, environ 75 % de la population active occupe un emploi dans le secteur des services. Cette évolution s'explique par l'es-

Conseil

Prenez ici appui sur le **Doc. 3**, dans lequel le terme « tertiarisation » figure explicitement.

sor des catégories socioprofessionnelles suivantes : cadres et professions intellectuelles supérieurs et employés et à l'inverse par le déclin de l'industrie et des effectifs ouvriers et en particulier des ouvriers peu qualifiés (doc. 3). Enfin, le secteur primaire, c'est-à-dire l'agriculture, représente désormais moins de 5 % de la population active.

3. La féminisation des emplois

Les emplois de sont aussi féminisés avec, depuis les années 1950, l'entrée massive des femmes sur le marché du travail. Aujourd'hui, les femmes représentent 48 % de la population active.

La féminisation des emplois s'observe en particulier aux deux extrêmes de la hiérarchie sociale sous l'impulsion de la tertiarisation (doc. 3).

D'une part, la PCS « employé », constituée d'emplois peu ou pas qualifiés, est majoritairement féminine. En effet, l'expansion des métiers du commerce et des services à la personne a contribué à la féminisation des emplois (doc. 3).

D'autre part et à l'opposé, la bonne réussite scolaire des filles (doc. 3) a contribué à donner un accès de plus en plus ouvert aux emplois les plus qualifiés situés dans la PCS « Cadres et professions intellectuelles supérieures ».

4. L'élévation du niveau de qualification

Enfin, et de manière plus large que ce qui concerne l'emploi féminin, on assiste aussi à une hausse des qualifications.

L'élévation de la durée des études et leur accès à l'ensemble des catégories sociales est appelé processus de démocratisation scolaire.

Il a permis d'accroître le nombre de personnes en emplois diplômées et à l'inverse de diminuer le nombre de personnes en emplois peu ou pas diplômées. Ainsi en 1982-1984 environ 11 millions d'actifs occupés n'avaient aucun diplôme (ou le CEP ou le brevet des collèges), contre environ 5 millions (soit plus de deux fois moins) en 2012-2014 (doc. 2). De la même manière, on constate que sur cette période de 30 ans, le nombre d'actifs titulaires d'un diplôme supérieur (Bac + 3 au plus) a été multiplié par environ 5 (doc. 2).

En conclusion, la structure professionnelle française a connu et connaît encore de nombreuses évolutions qui interagissent entre elles. Les emplois, de plus en plus féminisés et dans les secteurs des services sont aussi plus qualifiés et majoritairement salariés.

SUJET COMPLET 3 Sujet inédit

20 pts — 4h

Vous traiterez, au choix, l'un des deux sujets suivants.

Dissertation 20 pts

corrigés p. 248

› Dans quelle mesure les chocs de demande peuvent-ils expliquer les fluctuations économiques ?

DOC. 1 Variations du PIB en volume (en % par rapport à l'année précédente)

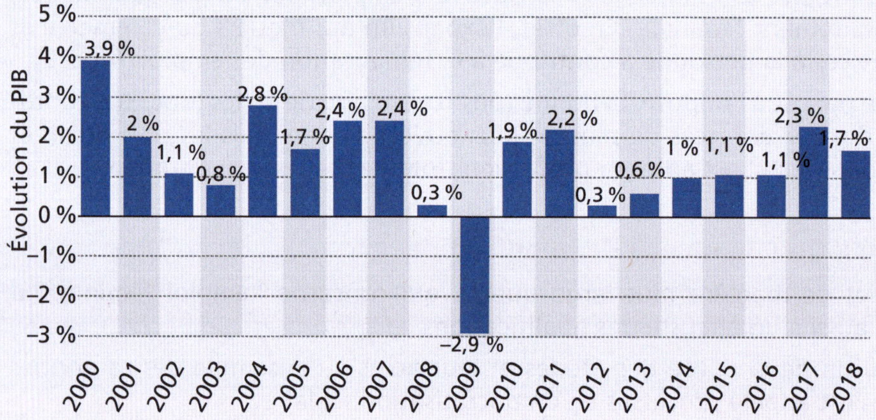

Source : Statista, 2020.

DOC. 2 Crédits accordés aux entreprises non financières[1] résidentes, flux cumulés sur 12 mois en millions d'euros

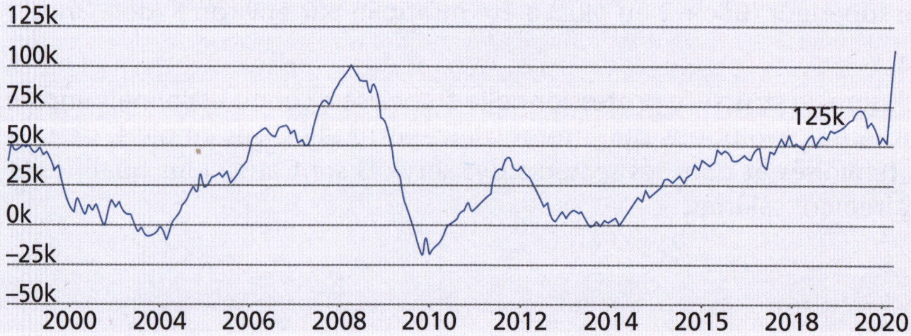

1. Entreprises non financières : entreprises hors secteur banques et assurances.

Source : Banque de France, http://webstat.banque-france.fr, 2020.

DOC. 3

En fixant le taux des appels d'offres (ou, en cas de taux variable, le taux minimum) et les taux des facilités de prêt et de dépôt, la BCE influence l'ensemble des taux de marché, et c'est la raison pour laquelle on appelle taux directeurs ces trois taux. […]

Les taux directeurs de la BCE influencent aussi indirectement les taux d'intérêt à plus long terme de la zone. Cette transmission repose sur l'arbitrage des marchés entre actifs (ou emprunts) à différentes échéances et sur la manière dont la BCE oriente les anticipations par sa politique de communication. Par exemple, l'anticipation d'une hausse des taux directeurs le mois suivant fera immédiatement augmenter le taux d'intérêt à un mois de manière à égaliser le rendement d'un placement à un mois et celui d'un placement plus court renouvelé plusieurs fois au cours du mois […].

Source : Agnès Bénassy-Quéré, *Économie de l'euro*, 2014.

DOC. 4 PIB réel et composantes du PIB réel (variations annuelles en %)

	Consommation privée	Investissement privé	Demande publique[1]	Solde des échanges extérieurs	Variation de stocks[2]	Produit intérieur brut (PIB)
2016	1,1	0,6	0,4	– 0,5	– 0,4	1,2
2017	0,5	0,9	0,4	0,1	0,2	2,2

1. Demande des institutions sans but lucratif au service des ménages.
2. Variation de stocks : acquisitions moins cessions d'objets de valeur.

Source : Insee, *Comptes nationaux*, *Insee Références*, 26 mars 2019.

Épreuve composée 20 pts

corrigés p. 251

Partie 1 Mobilisation des connaissances 4 pts

› Qu'est-ce qu'une crise systémique ?

Partie 2 Étude d'un document 6 pts

1 Que signifie la donnée soulignée et en gras ?

2 Quel lien ce document permet-il d'établir entre origine sociale et position sociale ?

DOC. Origine de l'enquêté-e selon sa catégorie socioprofessionnelle actuelle d'appartenance (%)

PCS du père \ PCS de l'enquêté-e	Agriculteurs	ACCE[1]	CPIS[2]	PI[3]	Employés	Ouvriers	Ensemble
Agriculteurs	72	8	5	7	8	10	9
ACCE[1]	5	27	15	13	12	10	13
CPIS[2]	4	12	30	15	8	4	13
PI[3]	3	12	**<u>21</u>**	20	12	9	14
Employés	3	8	9	11	12	9	10
Ouvriers	13	33	19	34	48	58	41
Total	100	100	100	100	100	100	100

1. Artisan, commerçant et chef d'entreprise.
2. Cadre et profession intellectuelle supérieure.
3. Profession intermédiaire.

Champ : actifs nés entre 1955 et 1979.

Lecture : au moment de l'enquête, 13 % des agriculteurs exploitants sont fils ou filles d'ouvriers.

Source : D'après Cédric Hugrée et Anne Châteauneuf-Malclès « La mobilité intergénérationnelle des actifs au début des années 2010 » (2016) à partir des données des *Enquêtes emploi* 2010 et 2014, Insee.

Partie 3 Raisonnement s'appuyant sur un dossier documentaire 10 pts

› À l'aide de vos connaissances et du dossier documentaire, vous montrerez que les inégalités ont un caractère multiforme.

DOC. 1

Nous savons bien depuis Max Weber que la stratification est multidimensionnelle. Aujourd'hui, la notion d'intersectionnalité, qui nous vient du féminisme américain, nous enseigne la nécessité de penser ensemble les inégalités de classe, de race* et de sexe. Le travail de déconstruction statistique [...] l'illustre parfaitement dans le cas des employés. En descendant à un niveau fin, on repère différentes catégories de salariés. Des catégories, d'abord, où les salariés sont d'âge moyen voire relativement âgés, plus diplômés que la moyenne des employés et où les immigrés sont peu nombreux : il s'agit essentiellement des employés administratifs du privé et de leurs homologues stables du public. Des catégories massivement féminines ensuite, peu diplômées et où les immigrées et étrangères sont nombreuses : il s'agit des services à la personne, et singulièrement des activités de ménage et de nettoyage. Ces salariées sont par ailleurs plutôt âgées. Les agents de service du public présentent un profil similaire du point de vue de l'âge et des diplômes, mais les salariés immigrés sont peu nombreux. On repère aussi des catégories masculines dans lesquelles les immigrés sont nombreux : les agents civils de sécurité et les employés de l'hôtellerie-restauration. Cette dernière catégorie est jeune et assez polarisée du point de vue des diplômes, mais les immigrés appartiennent clairement à la fraction moins diplômée de ces métiers. Les employés de la vente, quant à eux, sont aujourd'hui une catégorie jeune et plutôt diplômée.

Au-delà de cet exemple, nous savons aujourd'hui à quel point les inégalités font système et se renforcent mutuellement.

Source : Anne Châteauneuf-Malclès, Camille Peugny, « Entretien avec Camille Peugny : Le nouveau visage des classes sociales », http://ses.ens-lyon.fr/, 2017.

* Les progrès de la génétique des populations remettent en cause la plupart des critères qui ont servi depuis le début du XXe siècle à l'élaboration des classifications raciales (pigmentation, angle facial, etc.). Le terme *ethnie* tend à remplacer *race* quand il s'agit de personnes. (D'après Le Robert – *Dictionnaire pratique de la langue française*, 2004)

DOC. 2 Salaires mensuels moyens nets dans le secteur privé selon le sexe et la catégorie socioprofessionnelle en 2016

Catégorie socioprofessionnelle	Montants mensuels nets[1]			Différence de salaires (F-H)/H (en %)
	Femmes	Hommes	Ensemble	
Cadres[2]	3 477	4 377	4 060	– 20,6
Professions intermédiaires	2 055	2 396	2 241	– 14,2
Employés	1 549	1 681	1 590	– 7,9
Ouvriers	1 441	1 731	1 681	– 16,8
Ensemble	1 969	2 431	2 238	– 19

1. en euros constants.
2. y compris chefs d'entreprise salariés.
Note : salaires en équivalent temps plein (EQTP).
Champ : France hors Mayotte, salariés en EQTP du secteur privé et des entreprises publiques, y compris bénéficiaires de contrats aidés et de contrats de professionnalisation depuis 2011. Sont exclus les apprentis, les stagiaires, les salariés agricoles et les salariés des particuliers employeurs.

Source : Insee, *Déclarations annuelles de données sociales* (DADS), 2019.

DOC. 3 Origine sociale des nouveaux bacheliers s'inscrivant dans les principales filières de l'enseignement supérieur en 2012 (en %)

	Université						
Catégorie socio-professionnelle des parents	Droit, Économie, Lettres, Sciences et STAPS[1]	Santé	IUT[2]	Total université	CPGE[3]	STS[4]	Principales filières du supérieur
Agriculteurs, artisans, commerçants, chefs d'entreprise	9,9	10,4	11,7	10,3	10,4	10,4	10,4
Professions libérales, cadres, enseignants	28,1	40,0	27,5	29,7	49,3	13,0	27,2
Professions intermédiaires	13,8	14,1	17,3	14,5	12,2	12,5	13,7
Employés	16,0	13,0	16,3	15,6	9,4	15,4	14,9
Ouvriers	14,2	10,7	15,8	14,0	6,5	22,1	15,4
Retraités, inactifs	11,8	7,9	7,8	10,5	6,0	11,4	10,3
Indéterminé	6,1	3,9	3,5	5,3	6,2	15,1	8,1
Total	100	100	100	100	100	100	100

1. STAPS : Sciences et techniques des activités physiques et sportives.
2. IUT : Instituts universitaires de technologie.
3. CPGE : Classes préparatoires aux grandes écoles.
4. STS : Sections de techniciens supérieurs.

Source : Ministère de l'Enseignement supérieur et de la Recherche, 2014.

CORRIGÉ SUJET COMPLET 3

Dissertation

énoncé p. 242

Au sein des indicateurs économiques, nous allons focaliser notre réflexion sur la production. De ce point de vue, les fluctuations économiques correspondent aux variations du PIB ou aux variations de la croissance du PIB (doc. 1).

Méthode

Les fluctuations économiques sont très nombreuses. Compte tenu de leur importance, on peut restreindre notre analyse aux fluctuations du PIB.

Pour étudier les variations du PIB, il faut prendre en compte tous les marchés. L'offre globale correspond à la totalité des biens et services offerts dans l'économie, tandis que la demande globale correspond à la totalité des biens et services demandés. La rencontre de l'offre globale et de la demande globale détermine simultanément le niveau général des prix et le niveau de biens et services échangés dans le pays, lequel est déterminant dans le niveau du PIB (compte tenu de la balance commerciale et des variations de stocks).

On peut comprendre la demande globale comme la somme des offres de chaque marché (même chose pour l'offre globale). Lorsqu'un événement fait varier brutalement l'offre globale ou la demande globale, on dit qu'il y a eu un choc (d'offre ou de demande). Ce choc est positif si les quantités offertes ou demandées augmentent pour chaque niveau de prix, négatif si elles diminuent pour chaque niveau de prix. Ces variations modifient l'équilibre global, et donc le niveau de production dans le pays. Ainsi les variations du PIB, et donc les fluctuations de sa croissance, dépendent largement des variations de l'équilibre global, donc des chocs d'offre globale et des chocs de demande globale.

Le sujet nous invite à nous concentrer sur les fluctuations provoquées par des chocs de demande globale. Il s'agit d'évènements qui modifient brutalement la quantité demandée de l'ensemble des biens et services par les demandeurs. Les chocs de demande globale peuvent être liés à différents facteurs : une modification des anticipations des acteurs (partie 1), une variation de la richesse des consommateurs ou une variation du stock de capital physique (partie 2), une modification de la politique budgétaire ou de la politique monétaire (partie 3).

À chaque fois ces chocs peuvent être positifs (entraîner une augmentation de la demande) ou négatifs (entraîner une baisse de la demande).

I. Les modifications des anticipations

A. Des consommateurs

Le document 4 montre que la consommation est une des composantes de la croissance économique. Si les consommateurs deviennent plus optimistes, ils peuvent augmenter leur consommation finale : la demande globale augmente donc pour chaque niveau de prix.

Méthode

L'analyse du document 4 est déterminante : elle nous rappelle les différents éléments constitutifs de l'offre globale et de la demande globale.

Inversement si les consommateurs deviennent plus pessimistes, ils peuvent réduire leur consommation finale (pour faire une épargne de précaution par exemple) : la demande globale diminue donc pour chaque niveau de prix. C'est peut-être pour cette raison que la consommation privée a moins participé à la croissance en 2017 (0,5 point de croissance) qu'en 2016 (1,1 point ; doc. 4).

B. Des producteurs

De même, l'investissement est une composante de la croissance économique (doc. 4). Si les producteurs deviennent plus optimistes, ils peuvent augmenter leurs dépenses d'investissement : la demande globale augmente pour chaque niveau de prix. Ceci a peut-être eu lieu entre 2016 et 2017 puisque la participation de l'investissement privé à la croissance est passée de 0,6 à 0,9 point (doc. 4).

Inversement si les producteurs deviennent plus pessimistes, ils peuvent réduire leurs dépenses d'investissement : la demande globale diminue pour chaque niveau de prix.

II. Les variations de la richesse des consommateurs ou le stock de capital physique des entreprises

A. Les variations de richesse des consommateurs

Si la valeur réelle des actifs des ménages (les biens qu'ils possèdent) augmente : ils vont se sentir riches. Ils ne vont pas ressentir le besoin d'épargner pour l'avenir et vont peut-être augmenter leur consommation. Cela augmenterait la demande globale pour chaque niveau de prix.

Inversement si la valeur réelle des actifs des ménages diminue : ils vont se sentir pauvres. Il est probable qu'ils vont se mettre à épargner pour l'avenir. Cette épargne va réduire la consommation, donc la demande globale diminuera pour chaque niveau de prix.

C'est une autre explication possible de la variation de la participation de la consommation à la croissance entre 2016 et 2017 (doc. 4).

B. La variation de la taille du stock de capital physique des entreprises

Si le stock de capital physique des entreprises est relativement faible, elles peuvent avoir besoin d'investir : cela augmentera la demande globale pour chaque niveau de prix.

Inversement si le stock de capital physique des entreprises est très important, il est probable qu'elles ne vont pas se lancer dans de nouvelles dépenses d'investissement : la demande globale va donc soit stagner, soit diminuer pour chaque niveau de prix. C'est une autre explication possible de la variation de la participation de l'investissement privé à la croissance entre 2016 et 2017 (doc. 4).

III. Les modifications des politiques conjoncturelles

A. La politique budgétaire

Le document 4 ne montre pas de variation de la contribution de la demande publique à la croissance, entre 2016 et 2017, celle-ci étant dans les deux cas de 0,4 point de croissance. Cependant si l'État pratique une politique expansionniste, il va augmenter ses dépenses et\ou diminuer ses impôts : l'augmentation des dépenses publiques augmente directement la demande globale pour chaque niveau de prix ; la baisse des impôts permet aux ménages de consommer plus et aux entreprises d'investir plus, si ils ou elles le désirent : cela peut augmenter la demande globale pour chaque niveau de prix.

Inversement si l'État pratique une politique restrictive et réduit ses dépenses et\ou augmente ses impôts : la demande globale diminue pour chaque niveau de prix (en raison de la baisse des dépenses publiques, et de la baisse probable de la consommation et de l'investissement).

B. La politique monétaire

Si la Banque centrale pratique une politique expansionniste : elle baisse son taux directeur dans le but d'augmenter la quantité de monnaie en circulation. Cela va faciliter les dépenses (de consommation ou d'investissement) à crédit (doc. 2). Donc la demande globale va probablement augmenter pour chaque niveau de prix.

Inversement si la Banque centrale pratique une politique restrictive : elle augmente son taux directeur dans le but de diminuer la quantité de monnaie en circulation. L'accès au crédit étant plus difficile, la consommation et l'investissement (doc. 2 et doc. 4) vont diminuer : la demande globale diminue pour chaque niveau de prix.

On observe dans le document 2 d'importantes variations dans les crédits accordés aux entreprises non financières. Ces variations peuvent être liées aux anticipations ou au besoin de capital physique des entreprises, mais sont également en partie dictées par le niveau des taux d'intérêt (doc. 3).

Ainsi les variations des anticipations des acteurs économiques, de la richesse des consommateurs, le niveau du capital des entreprises, et les décisions de politique conjoncturelle du gouvernement et de la Banque centrale peuvent provoquer des chocs de demande globale.

Ces mouvements de l'offre globale et de la demande globale modifient l'équilibre global de l'économie, et influent donc sur le niveau de la production nationale, ce qui entraîne les fluctuations économiques les plus importantes.

Si la croissance du PIB a indéniablement des effets positifs, il ne faut cependant pas oublier que celle-ci se heurte souvent à des limites écologiques.

Épreuve composée

énoncé p. 244

Partie 1 Mobilisation de connaissances

Une crise systémique, ou crise de système, est une crise économique qui se propage d'un agent économique à l'autre car la faillite du premier fragilise le second et le pousse à son tour à la faillite. Ce type de faillite en chaîne est particulièrement redouté en ce qui concerne le système bancaire.

Partie 2 Étude d'un document

1 La donnée soulignée et en gras indique qu'au moment de l'enquête, 21 % des hommes et femmes situés dans la PCS « Cadre et profession intellectuelle supérieure » étaient fils ou filles d'un homme situé dans la PCS « Profession intermédiaire ».

2 En étudiant ce document, on constate que les données les plus importantes de chaque colonne se situent toutes sur la diagonale ou dans la ligne « ouvriers ».

Dans la plupart des professions et catégories socioprofessionnelles (PCS), un fort taux d'« enquêté-e » a un père ouvrier. Cela peut s'expliquer par le fait que la PCS ouvriers a été très importante numériquement jusque dans les années 1960 (elle représentait plus de 40 % de la population active). Comme la proportion d'emplois ouvriers a diminué dans l'emploi total, il est logique qu'une partie de ces nombreux fils d'ouvriers ait changé de PCS. Il s'agit d'une mobilité structurelle.

Si on met à part cet effet c'est à présent toujours le nombre de la diagonale qui est le plus fort. Cela signifie que les fils et filles exercent très majoritairement la même profession que leur père. Il y a donc une forte reproduction sociale dans la société française.

Partie 3 Raisonnement s'appuyant sur un dossier documentaire

Les inégalités sociales se situent dans les différences d'accès aux ressources socialement valorisées. Dans la mesure où ces ressources sont nombreuses, les inégalités sociales peuvent prendre de nombreuses formes. En effet s'il existe différents types de ressources valorisées pour lesquelles il y a des différences d'accès alors il existe différents types d'inégalités.

Nous allons nous concentrer sur deux types de ressources inégalement réparties : l'accès aux positions sociales (partie 1) et l'accès aux ressources économiques (partie 2).

I. Différences d'accès aux positions sociales

A. Inégalités des chances à l'école (selon la PCS d'origine – Document 3)

La position sociale de leurs parents a une forte influence sur la réussite scolaire des individus. Le document 3 montre ainsi la corrélation entre PCS d'origine et orientation scolaire (par exemple les enfants de Professions libérales, cadres et enseignants sont surreprésentés dans les classes préparatoires aux grandes écoles dont ils représentent presque la moitié des effectifs alors qu'ils ne sont que 27,2 % de la population étudiante totale, tandis que les enfants d'ouvriers qui font des études supérieures sont majoritaires dans les sections de techniciens supérieurs).

Ceci peut s'expliquer conjointement par la théorie de Pierre Bourdieu montrant que les différents capitaux hérités (économique, culturel, social et symbolique) déterminent largement la réussite scolaire, et par la théorie de Raymond Boudon selon laquelle les familles font des choix d'orientation scolaire stratégiques qui tiennent compte de leur niveau de revenus.

B. Différences dans l'accès aux différentes PCS

Dans un contexte où les titres scolaires sont déterminants sur le marché du travail et pour accéder aux différents échelons de la hiérarchie, cette inégalité scolaire se prolonge en inégalité dans les statuts acquis par le travail.

La PCS d'origine, dans la mesure où elle conditionne largement le niveau de diplôme, conditionne la PCS des individus. Ceci est particulièrement visible dans les tables de mobilité sociale qui montrent une forte reproduction sociale de la société française actuelle (bien que celle-ci évolue très progressivement vers davantage de mobilité sociale). Cela peut expliquer que certaines professions dévalorisées soient majoritairement exercées par des personnes peu diplômées, immigrées ou étrangères (doc. 1)

II. Différences d'accès aux ressources économiques

A. Différences d'accès à l'emploi

Plus grave encore que les différences de statuts, de nombreux éléments rendent l'accès à l'emploi plus ou moins facile selon différents critères sociaux (doc. 1) : l'âge (les jeunes et les seniors ont des taux de chômage plus élevés), le sexe (si le taux de chômage des femmes est, depuis peu, inférieur à celui des hommes, elles sont beaucoup plus souvent que les hommes à temps partiel non voulu), l'origine ethnique (les personnes immigrées ou issues de l'immigration ont des difficultés d'intégration au marché du travail importantes) et le niveau de diplôme (les moins diplômés sont aussi ceux qui connaissent le plus fort taux de chômage).

B. Différences de revenu et de patrimoine

Ces différences d'accès à l'emploi, et d'accès aux différents types d'emploi, se traduisent mécaniquement par des différences de revenu (doc. 2) et, par suite, de patrimoine. On constate, en effet que le salaire moyen des cadres est deux fois et demie supérieur au salaire moyen des employés et ouvriers. Cette différence de revenu a des conséquences sur l'accès à de nombreuses ressources : logement décent, loisirs, culture, soins médicaux (et donc espérance de vie), qui renforcent et multiplient les formes d'inégalité entre les individus.

Les femmes ne sont pas épargnées par cette inégalité : à position socioprofessionnelle équivalente, on calcule qu'elles gagnent entre 80 % et 90 % du salaire d'un homme. Cette différence salariale est, avec la difficulté à accéder aux plus hauts échelons de la hiérarchie, un des éléments du « plafond de verre ».

Nous avons montré que de nombreuses ressources valorisées présentent des différences d'accès : réussite scolaire, accès à l'emploi et accès aux emplois les plus valorisés et les plus rémunérateurs, et enfin rémunération, accès aux loisirs, à la culture ou à la santé. Pour reprendre les mots de Camille Peugny nous pouvons dire que « les inégalités font système et se renforcent mutuellement. »

Ces nombreuses inégalités ont tendance à se transmettre aux générations futures puisque la plupart des éléments qui les déterminent sont hérités. C'est pour tenter de les réduire, et de limiter leur hérédité, que l'État met en place des politiques d'équité.

SUJET COMPLET 4 Sujet inédit 20 pts 4h

Vous traiterez, au choix, l'un des deux sujets suivants.

Dissertation 20 pts

corrigés p. 260

› Comment peut-on expliquer les échanges intra-branche ?

DOC. 1 Échanges manufacturiers intra-branche en pourcentage des échanges manufacturiers totaux (1996-2000)

Échanges intra-branche importants et croissants	République tchèque	77,4
	République slovaque	76,0
	Mexique	73,4
	Hongrie	72,1
	Allemagne	72,0
	États-Unis	68,5
	Pologne	62,6
	Portugal	61,3
Échanges intra-branche importants et stables	France	77,5
	Canada	76,2
	Autriche	74,2
	Royaume-Uni	73,7
	Suisse	72,0
	Belgique/Luxembourg	71,4
	Espagne	71,2
	Pays-Bas	68,9
	Suède	66,6
	Danemark	64,8
	Italie	64,7
	Irlande	54,6
	Finlande	53,9

Échanges intra-branche faibles et croissants	Corée	57,5
	Japon	47,6
Échanges intra-branche faibles et stables	Nouvelle-Zélande	40,6
	Turquie	40,0
	Norvège	37,1
	Grèce	36,9
	Australie	29,8
	Islande	20,1

Source : D'après OCDE, *Perspectives économiques de l'OCDE*, 2002.

DOC. 2 Synthèse annuelle du commerce extérieur de la France en 2019

	Export[3]	Part[4]	Import[3]	Part[4]	Solde
Ensemble CAF[1]/FAB[2] hors matériel militaire et données sous le seuil	497 658	100	574 996	100	– 77 338
Produits agricoles, sylvicoles, de la pêche et de l'aquaculture	15 616	3,1	13 738	2,4	1 878
Produits des industries agroalimentaires (IAA)	48 841	9,8	42 887	7,5	5 954
Produits pétroliers raffinés et coke	8 201	1,6	23 694	4,1	– 15 493
Équipements mécaniques, matériel électrique, électronique et informatique	92 021	18,5	124 537	21,7	– 32 516
Matériels de transport	118 700	23,9	103 091	17,9	15 609
Autres produits industriels	200 958	40,4	224 762	39,1	– 23 804
Hydrocarbures naturels, autres produits des industries extractives, électricité, déchets	9 936	2	39 132	6,8	– 29 196

	Export[3]	Part[4]	Import[3]	Part[4]	Solde
Produits de l'édition et de la communication, plans et dessins techniques ; plaques et films photographiques exposés, objets d'art, d'antiquité et de collection	3 389	0,7	3 151	0,5	238

1. CAF : Coût, Assurance, Fret ; signifie qu'au prix du produit lui-même sont ajoutés les frais de transport et d'assurance nécessaires à son acheminement sur le territoire.
2. FAB : Franco à Bord ; signifie que les droits de douane ont été payés par le vendeur.
3. Données brutes estimées (millions d'euros).
4. La part (%) est calculée par rapport à l'ensemble CAF-FAB.

Source : D'après ministère de l'Action et des Comptes publics, https://lekiosque.finances.gouv.fr/, 2020.

DOC. 3

[Les firmes multinationales] pratiquent une stratégie verticale, en décomposant le produit dans différents stades localisés dans des filiales implantées dans plusieurs pays.

Cette stratégie s'explique par la recherche, pour chacun des stades, de la localisation optimale, par exemple en fonction des capacités de la main-d'œuvre, de l'accès à des capacités de R&D… Ces FM deviennent donc des firmes globales, qui organisent une circulation de biens et de services entre filiales : les composants d'un produit convergent vers la filiale qui assure le montage du produit, les filiales versent à la maison mère des redevances pour rémunérer des services (royalties, services de gestion…).

La conséquence de cette stratégie est l'existence d'un commerce international intrafirme : les produits ne sont pas vendus sur le marché, mais circulent à l'intérieur de l'espace de la firme. Il est difficile d'obtenir des données globales sur l'importance de ce type de commerce international, mais on considère qu'il représente environ un tiers des échanges internationaux des pays développés [Crozet et Koenig, 2005].

Source : Michel Rainelli, *Le Commerce international*, 2015.

Épreuve composée 20 pts corrigés p. 261

Partie 1 Mobilisation des connaissances 4 pts

› À quoi correspondent les nouveaux mouvements sociaux ?

Partie 2 Étude d'un document 6 pts

1 Qu'est-ce qu'un salaire plancher ? Donnez un élément pouvant l'entraîner.

2 Quelles sont les conséquences de la mise en place d'un salaire plancher sur le marché du travail ?

DOC Marché du travail en présence d'un salaire plancher

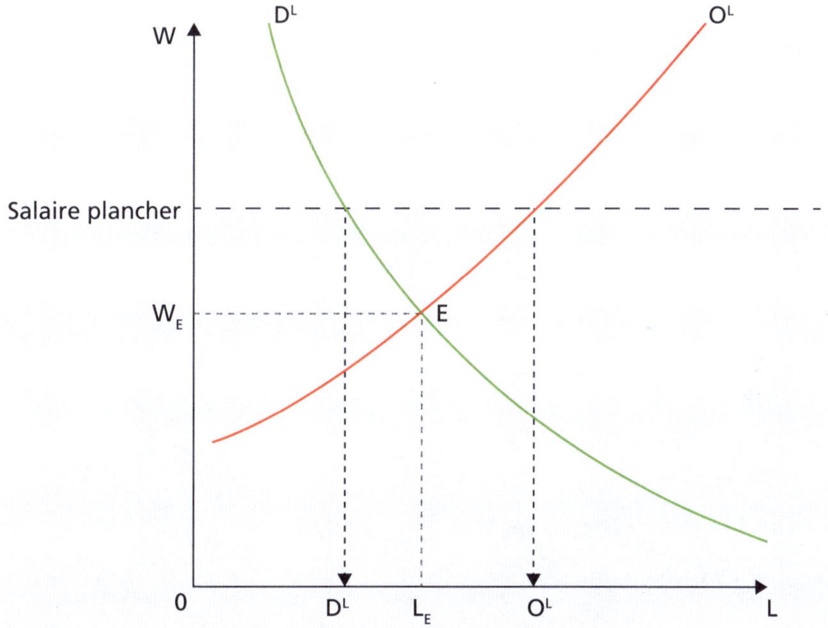

Note : par convention, la quantité de travail est notée L (labour), la demande de travail D^L et l'offre de travail O^L, le salaire est noté W (wage).

Source : Étienne Scharr, Éditions Nathan, 2020.

Partie 3 Raisonnement s'appuyant sur un dossier documentaire 10 pts

› À l'aide de vos connaissances et du dossier documentaire, vous montrerez comment la famille et l'école agissent sur la mobilité sociale des individus.

DOC. 1

Les enquêtes Programme international pour le suivi des acquis des élèves (PISA) relèvent combien dans notre pays une part importante du destin scolaire est liée à l'origine sociale. Les élèves arrivent inégaux à l'école, en termes de bagage culturel et de niveau de langue par exemple, et l'école ne parvient pas à le corriger.

À l'occasion de son audition, Agnès Van Zanten a insisté sur l'importance dans les parcours scolaires des dispositions acquises assez tôt grâce à la socialisation familiale et sur l'importance des ressources économiques, culturelles et sociales des familles, très inégalement réparties entre les groupes sociaux. Au CE2, le quart des élèves les moins favorisés obtient une note de 58 sur 100 en maîtrise du français et de 57 en mathématiques, contre 87 et 85 pour le quart issu du milieu social le plus favorisé.

Source : Danielle Dubrac et Djamal Teskouk, *Générations nouvelles : construire les solidarités de demain*, Conseil économique, social et environnemental, 2020.

DOC. 2 Origine sociale des étudiants français dans les universités par sexe et par cursus LMD en 2009-2010

	Licence	Master[1]	Doctorat
Agriculteurs	1,9	1,6	1,4
Artisans, commerçants, chefs d'entreprise	7,8	6,2	4,7
Professions libérales, cadres sup.	28,0	32,7	31,4
Professions intermédiaires	13,1	11,2	8,0
Employés	13,5	9,0	6,2
Ouvriers	11,6	6,4	3,6
Retraités, inactifs	12,8	14,0	20,6
Non renseigné	11,4	18,9	24,2
Ensemble	**100,0**	**100,0**	**100,0**
Effectifs	**851 646**	**469 429**	**64 990**

1. Ne comprend pas les IUFM.

Source : Ministère de l'Enseignement supérieur et de la Recherche, 2014.

DOC. 3 Origine de l'enquêté-e selon sa catégorie socioprofessionnelle actuelle d'appartenance (%)

PCS de l'enquêté-e / PCS du père	Agriculteurs	ACCE[1]	CPIS[2]	PI[3]	Employés	Ouvriers	Ensemble
Agriculteurs	72	8	5	7	8	10	9
ACCE[1]	5	27	15	13	12	10	13
CPIS[2]	4	12	30	15	8	4	13
PI[3]	3	12	21	20	12	9	14
Employés	3	8	9	11	12	9	10
Ouvriers	13	33	19	34	48	58	41
Total	100	100	100	100	100	100	100

1. Artisan, commerçant et chef d'entreprise.
2. Cadre et profession intellectuelle supérieure.
3. Profession intermédiaire.

Champ : Actifs nés entre 1955 et 1979.
Lecture : au moment de l'enquête, 13 % des agriculteurs exploitants sont fils ou filles d'ouvriers.

Source : D'après Cédric Hugrée et Anne Châteauneuf-Malclès, « La mobilité intergénérationnelle des actifs au début des années 2010 » (2016) à partir des données Insee, *Enquête Emploi 2010* et *2014*.

CORRIGÉ SUJET COMPLET 4

Dissertation

énoncé p. 254

Méthode

Le sujet ne porte que sur les échanges intra-branche. Les théories expliquant les échanges de biens et services différents n'ont donc pas à être traitées.

Les échanges intra-branche sont des échanges de biens et services correspondant à la même branche d'activité de l'économie. Si les approches traditionnelles d'Adam Smith et David Ricardo, puis le théorème HOS ont permis d'expliquer les échanges de biens différents, elles sont insuffisantes pour expliquer les échanges de biens entre pays capables de produire des biens ou des services équivalents. Pourtant l'essentiel du commerce international a lieu entre pays similaires et est composé d'échanges intra-branche. Comment peut-on expliquer ce type d'échanges ?

Nous montrerons d'abord que les échanges intra-branche peuvent trouver leur explication du côté de la demande, en raison de la préférence pour la diversité des individus (I), puis nous étudierons les explications du côté de l'offre (II), avec les stratégies d'exportation et d'internationalisation des chaînes de valeur de la part des producteurs.

I. Explication du côté de la demande

Comme on peut le voir dans le document 1, les échanges intra-branche représentent une part considérable des échanges manufacturiers de nombreux pays et en représentent plus de 70 % dans les cas les plus forts. Par exemple, en ce qui concerne la France, la part des échanges intra-branche dans les échanges manufacturiers est de 77,5 %.

Si l'on considère l'ensemble des branches d'activité, l'essentiel du commerce extérieur de la France apparaît en situation de commerce intra-branche puisqu'elle importe et exporte simultanément des produits issus des mêmes branches d'activité économique, et généralement dans des proportions équivalentes (doc. 2 : l'exception des produits pétroliers raffinés et des hydrocarbures naturels s'explique facilement par les faibles ressources en hydrocarbures du pays ; celle des équipements mécaniques, électriques, électroniques et informatiques par la moindre spécialisation dans ces domaines que celle des pays d'Asie).

Ces échanges ont été expliqués par Paul Krugman par la présence d'une concurrence imparfaite et la préférence des consommateurs pour la diversité. Ainsi par exemple, les voitures françaises et allemandes n'étant pas parfaitement identiques, un consommateur français peut désirer consommer une voiture allemande, tandis qu'un consommateur allemand peut désirer consommer une voiture française.

II. Explications du côté de l'offre

Le commerce international intra-branche peut également être lié à la volonté de certains industriels d'élargir leur marché à des marchés à la demande similaire à la leur, marchés vers lesquels ils vont exporter leur surplus de production

(Staffan Burenstam Linder). Selon cette théorie, les entreprises commenceraient par produire des biens et services répondant à une demande nationale, et exporteraient ensuite leur surplus de production vers des consommateurs ayant le même type de demande. Dans la mesure où ces consommateurs se trouvent dans des pays similaires, ce type de stratégie contribue à développer les échanges intra-branche.

Enfin une grande partie du commerce intra-branche s'explique par le commerce intra-firme dû à l'internationalisation des chaînes de valeur (doc. 3). Les firmes multinationales cherchent à tirer parti des moindres avantages offerts par différents territoires. Elles vont donc échanger des produits liés à la même branche d'activité (l'automobile, par exemple) mais situé à des degrés divers dans le processus de production (des pièces détachées ou des voitures totalement assemblées, par exemple).

Le commerce intra-branche trouve donc des explications tant du côté de la demande, avec la préférence des consommateurs pour la diversité, que du côté de l'offre, avec deux stratégies distinctes : celle de producteurs nationaux qui exportent leur surplus de production vers des pays à la demande similaire à la leur, et celle de firmes multinationales qui organisent un commerce international intra-firme et donc intra-branche.

Épreuve composée

énoncé p. 257

Partie 1 Mobilisation des connaissances

Les nouveaux mouvements sociaux ont été décrits par Alain Touraine à partir des années 1960. Ils correspondent à des revendications liées à l'identité culturelle et à la défense des valeurs. D'après Ronald Inglehart ils correspondent à l'émergence de nouveaux besoins caractéristiques des sociétés post-industrielles et à l'émergence de valeurs post-matérialistes.

Partie 2 Étude d'un document

1 Un salaire plancher est le niveau de salaire minimum que doit verser un employeur à ses salariés.

L'instauration d'un salaire plancher peut venir d'une décision gouvernementale de créer un salaire minimum, comme par exemple, en France, le SMIC.

2 La mise en place d'un salaire plancher interdit aux employeurs de verser un salaire inférieur à leurs salariés. Lorsque le salaire plancher est inférieur au salaire d'équilibre, il n'y a aucun changement. La quantité de travail et le salaire s'établiront au niveau de la quantité de travail d'équilibre et du salaire d'équilibre). Par contre lorsque le salaire plancher est supérieur au salaire d'équilibre, les travailleurs sont mieux payés, mais ils sont moins nombreux car les employeurs réduisent leur demande de travail. Dans ce cas on se trouve en présence de chômage du fait de la différence entre l'offre de travail (O^L) et la demande de travail (D^L) au niveau du salaire plancher.

Partie 3 Raisonnement s'appuyant sur un dossier documentaire

> **Méthode**
> Dans la mesure où l'ensemble des documents fait référence à l'origine sociale ou à la profession et catégorie socioprofessionnelle (PCS) des parents, nous concentrerons notre analyse sur la mobilité sociale intergénérationnelle.

La mobilité sociale des individus correspond à leur évolution entre des positions sociales différentes. Étudier la mobilité sociale intergénérationnelle revient à étudier les chances d'accéder à telle ou telle position sociale, à tel ou tel métier, en fonction de la position sociale (ou de la PCS) des parents.

On peut imaginer que l'école, prise au sens large d'institution chargée de donner un enseignement collectif aux enfants et aux jeunes adultes (nous incluons les écoles post-bac dans notre définition de l'école), joue un rôle dans la mobilité sociale des individus puisque celle-ci transmet le savoir et distribue les diplômes, éléments essentiels dans l'accès à l'emploi et donc l'accès aux diverses positions sociales offertes par ceux-ci. Mais il est possible que la position sociale des parents, donc celle de leur famille (la famille pouvant être définie comme la partie d'un ménage comprenant plusieurs personnes et composée d'un adulte ou d'un couple et de leur(s) enfant(s)), joue également un rôle dans la mobilité sociale. Ainsi nous nous demandons quelle influence ont ces deux institutions sur la mobilité sociale des individus.

Nous verrons que les familles pèsent lourdement sur la réussite scolaire et sur la mobilité sociale en raison des stratégies familiales et des divers capitaux et habitudes qu'elles transmettent à leurs enfants. En effet d'une part les enfants issus des diverses PCS n'ont pas tous les mêmes chances à l'école (I) ; d'autre part, à niveau scolaire égal, les choix d'études peuvent être influencés par la PCS des parents (II) ; enfin le fait d'être issu des PCS dominantes facilite l'accès aux métiers les plus valorisés (III).

I. Les enfants issus des diverses PCS n'ont pas tous les mêmes chances de réussite à l'école

Pierre Bourdieu a mis en évidence le fait que l'école valorise la culture des classes dominantes. Ainsi il est plus facile de réussir à l'école pour les enfants issus des PCS dominantes. P. Bourdieu considère donc que l'école reproduit les inégalités sociales. On voit ainsi dans le document 1 que les enfants les plus favorisés obtiennent de meilleurs résultats scolaires (en l'occurrence, estimés à travers le test PISA) que les enfants issus de milieux défavorisés.

Parce qu'ils réussissent mieux à l'école, ces enfants vont dans l'ensemble atteindre des niveaux scolaires élevés, intégrer de grandes écoles, et réussir des concours de recrutement supérieurs aux autres, et vont donc pouvoir atteindre les positions sociales les plus valorisées. Ainsi la PCS d'origine est déterminante dans la réussite scolaire et donc dans la mobilité sociale ou la reproduction sociale.

II. Les choix d'études sont parfois influencés par la PCS d'origine

Raymond Boudon a montré, pour sa part, que certaines familles font des choix stratégiques en ce qui concerne les études de leurs enfants.

À niveau de réussite scolaire égal, les familles modestes vont souvent préférer des études courtes (donc moins coûteuses, ne serait-ce qu'en logement, nourriture, et absence de salaire durant la période des études) et dont les débouchés en termes d'emploi sont relativement élevés, comme des CAP, BEP ou BTS. Par exemple les enfants d'ouvriers et d'inactifs sont surreprésentés dans les filières professionnelles qui débouchent habituellement sur un emploi et non sur des études supérieures. Ceci peut expliquer que les enfants d'ouvriers qui choisissent l'université la quittent massivement après la licence (de 11,6 % des effectifs en licence, ils passent à 6,4 % des effectifs en master), tandis que les enfants de cadres et professions libérales représentent une part croissante des étudiants, au fur et à mesure que la durée des études s'allonge (doc. 2). Ce type de stratégie conduit les enfants vers des métiers similaires à ceux de leurs parents.

Inversement les familles des PCS les mieux rémunérées pourront prendre le risque financier d'offrir à leurs enfants des études longues (et même éventuellement payantes), qui une fois terminées leur donneront plus facilement accès à des postes comportant davantage de responsabilités.

III. Selon la PCS, un même diplôme ne donne pas un accès égal aux différents métiers

Enfin Raymond Boudon a également montré que le rendement des diplômes est différent sur le marché du travail selon la PCS d'origine des individus.

En effet, à niveau de diplôme égal, les fils de cadres trouvent plus facilement du travail que les fils d'ouvriers. Cela est probablement lié à l'éducation et aux différents capitaux que les familles transmettent à leurs enfants. Le capital culturel, les habitudes de comportement ou langagières (Pierre Bourdieu parlait d'habitus de classe et d'hexis corporelle) peuvent aider à correspondre aux qualités recherchées par les entreprises. De même le fait de bénéficier d'un solide réseau de relations (le capital social de P. Bourdieu) facilite la recherche d'emploi.

Les PCS les plus valorisées sont les plus dotées en capital culturel et social, et les enfants qui en sont issus ont (habituellement) déjà intégré les habitudes de celles-ci. Il n'est donc pas étonnant que ceux-ci soient avantagés lors des recrutements. Ceci peut contribuer à expliquer la forte reproduction sociale visible dans le document 3 : les enquêtés se trouvent majoritairement dans la même PCS agrégée que celle de leur père.

Ainsi la famille, par la socialisation qu'elle opère, à travers la transmission de multiples capitaux, et en raison de choix stratégiques liés à la PCS d'origine, contribue à la réussite scolaire des enfants et à leurs choix d'orientation, ce qui a pour conséquence de renforcer la reproduction sociale.

SUJET COMPLET 5 Sujet inédit

20 pts — 4h

Vous traiterez, au choix, l'un des deux sujets suivants.

Dissertation 20 pts

corrigés p. 271

› Les classes sociales permettent-elles de rendre compte de la structure sociale actuelle en France ?

DOC. 1 Part des personnes à la recherche d'un emploi en France de 2006 à 2018, selon la catégorie socioprofessionnelle

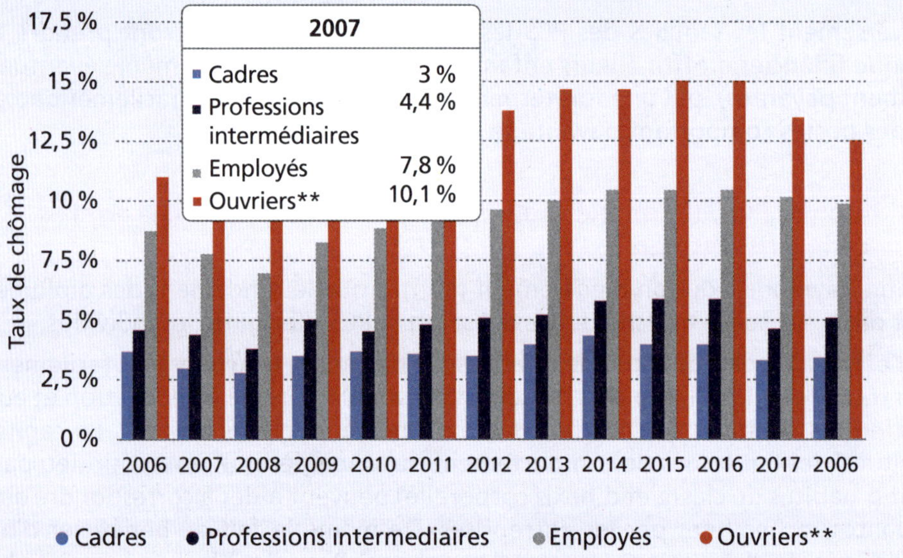

Source : Statista, 2020.

DOC. 2 Niveau de vie[1] et indicateur d'inégalité

Indicateur	2013	2014	2015	2016	2017
Seuils de niveau de vie annuels (en euros 2017 constants)					
1er décile de niveau de vie (D1)	11 000	10 970	10 990	11 150	11 190
Niveau de vie médian (D5)	20 420	20 470	20 540	20 730	20 820
9e décile de niveau de vie (D9)	37 730	37 470	37 960	37 950	38 210

Indicateur	2013	2014	2015	2016	2017
Niveau de vie annuel moyen (en euros 2017 constants)	23 550	23 550	23 720	23 820	23 920
Rapports interdéciles					
D9/D1	3,43	3,42	3,45	3,4	3,41

1. Le niveau de vie correspond au revenu disponible du ménage en tenant compte de sa taille.

Champ : France métropolitaine, individus vivant dans un ménage dont le revenu déclaré est positif ou nul et dont la personne de référence n'est pas étudiante.

Source : Insee-DGFiP-Cnaf-Cnav-CCMSA, enquêtes *Revenus fiscaux et sociaux 2013 à 2017.*

DOC. 3 Taux d'équipement[1] des ménages en biens durables en 2018

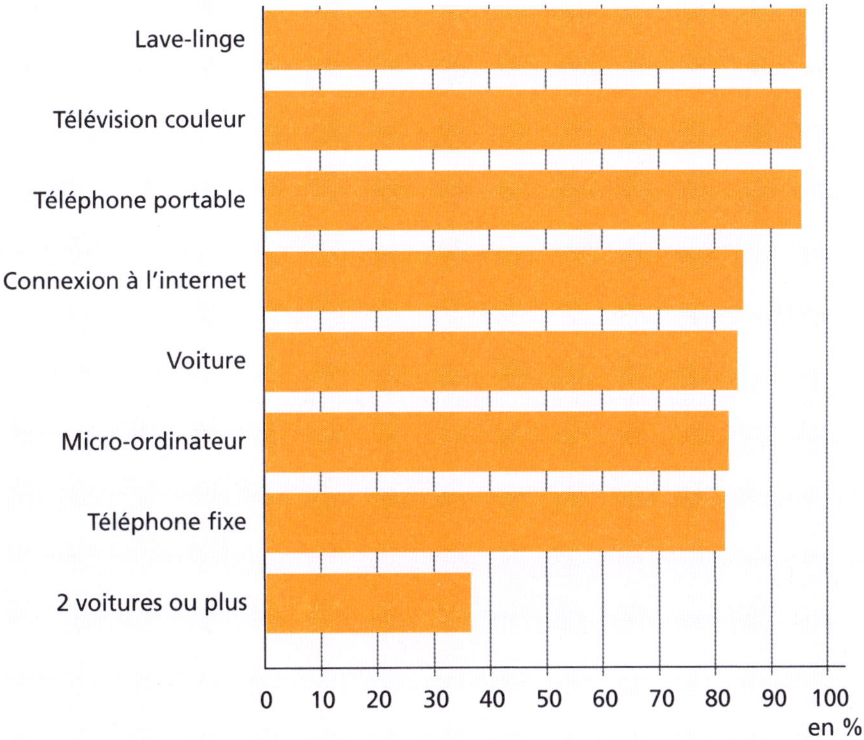

1. Le taux d'équipement des ménages mesure la proportion des ménages possédant au moins un exemplaire d'un bien donné.

Champ : France métropolitaine, ensemble des ménages dont la personne de référence a 16 ans ou plus.

Note : données provisoires.

Source : Insee, SRCV-SILC, *Tableaux de l'économie française*, 2020.

DOC. 4 Sentiment d'appartenance à une classe sociale (en %)

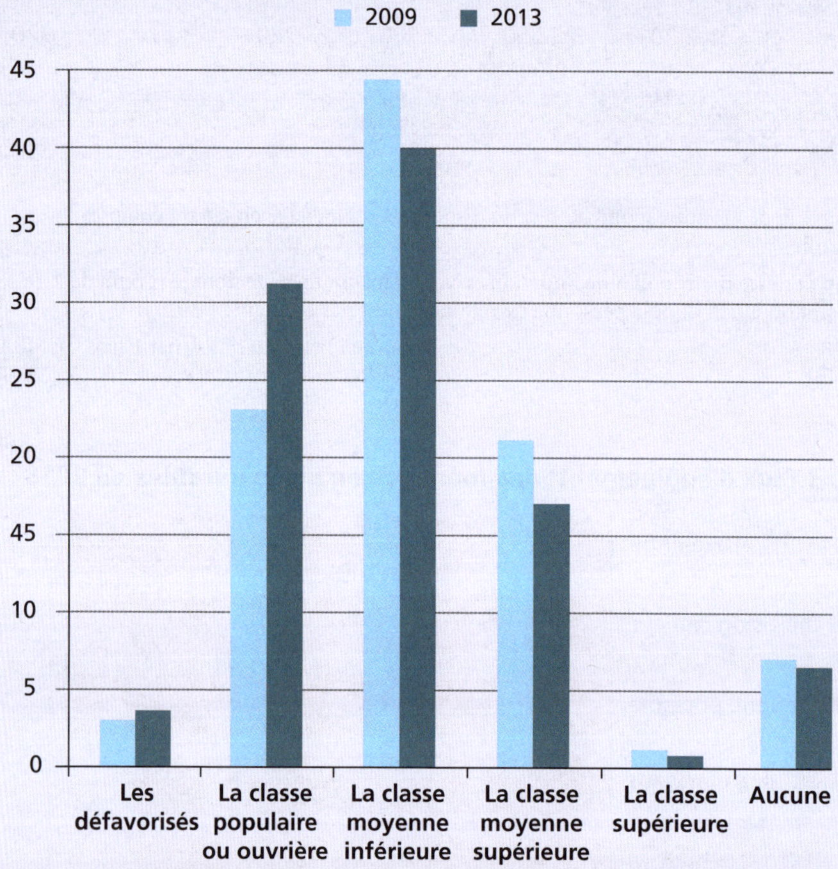

Source : Thomas Amadieu, Nicolas Framont, « La montée du sentiment d'appartenance de classe et de la perception des antagonismes sociaux », *Les Focus de DYNEGAL*, 2014.

Épreuve composée 20 pts

corrigés p. 273

Partie 1 Mobilisation des connaissances 4 pts

› Qu'est-ce que le halo du chômage ?

Partie 2 Étude d'un document 6 pts

1 Qu'est-ce qu'un marché carbone (ou système d'échange de quotas d'émissions) ?

2 Quel a été l'impact de la mise en place d'un marché carbone en Europe ?

DOC Variation des émissions des secteurs soumis au marché carbone par pays entre 2016 et 2005

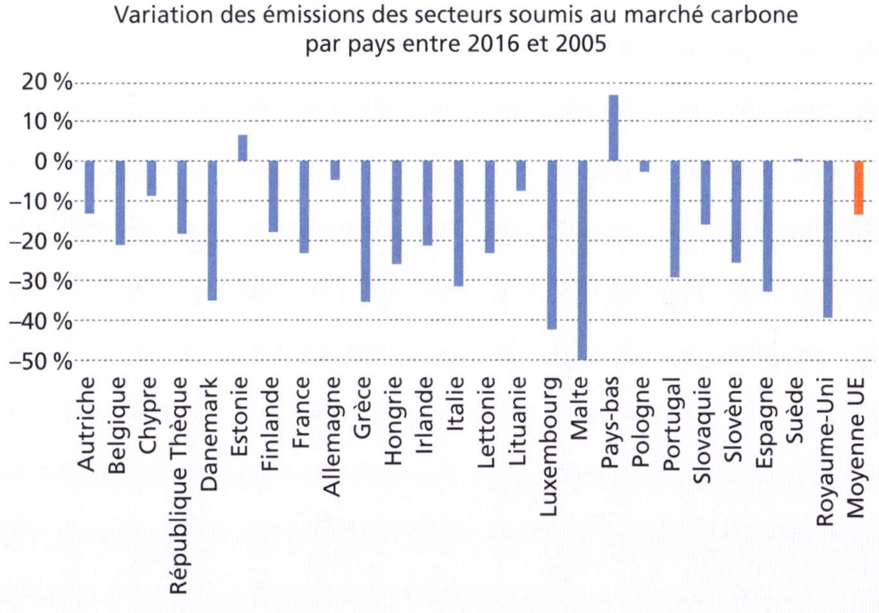

Source : Ministère de la Transition écologique, « Marchés du carbone », 15 juin 2020.

Partie 3 Raisonnement s'appuyant sur un dossier documentaire 10 pts

› À l'aide de vos connaissances et du dossier documentaire, vous montrerez que les pays de l'Union européenne connaissent des difficultés à coordonner leurs politiques économiques.

DOC. 1 Situation économique des pays membres de l'Union européenne au premier trimestre 2020

	Croissance 2019	Inflation (avril 2020)	Chômage (avril 2020)
Union européenne à 27 (depuis 2020)	1,5	0,6	6,6
Allemagne	0,6	0,8	3,8
Autriche	1,6	1,5	5,2
Belgique	1,4	0,0	5,3
Bulgarie	3,4 (p)	1,3	4,8
Chypre	3,2 (p)	– 1,2	8,9
Croatie	2,9 (p)	– 0,1	8,1
Danemark	2,3	– 0,1	4,9
Espagne	2,0 (p)	– 0,7	14,6
Estonie	4,3	– 0,9	6,0
Finlande	1,1	– 0,3	6,9
France	1,5 (p)	0,4	8,7
Grèce	1,9 (p)	– 0,9	15,5
Hongrie	4,9 (p)	2,5	4,1
Irlande	5,5	– 0,3	5,4
Italie	0,3	0,1	6,6
Lettonie	2,2	– 0,1	9,0
Lituanie	3,9	0,9	8,6
Luxembourg	2,3	– 0,8	7,5
Malte	4,7	1,1	4,1
Pays-Bas	1,7 (p)	1,0	3,4
Pologne	4,1	2,9	2,9

	Croissance 2019	Inflation (avril 2020)	Chômage (avril 2020)
Portugal	2,2 (e)	– 0,1	6,3
République tchèque	2,6	3,3	2,2
Roumanie	4,1 (p)	2,3	4,8
Slovaquie	2,4	2,1	6,4
Slovénie	2,4	– 1,3	4,8
Suède	1,2	– 0,2	7,9

(e) : estimé.
(p) : provisoire.

Source : D'après Eurostat, 2020.

DOC. 2 Dette publique[1] des pays de l'Union européenne à 27[2] en % de leur PIB en 2019

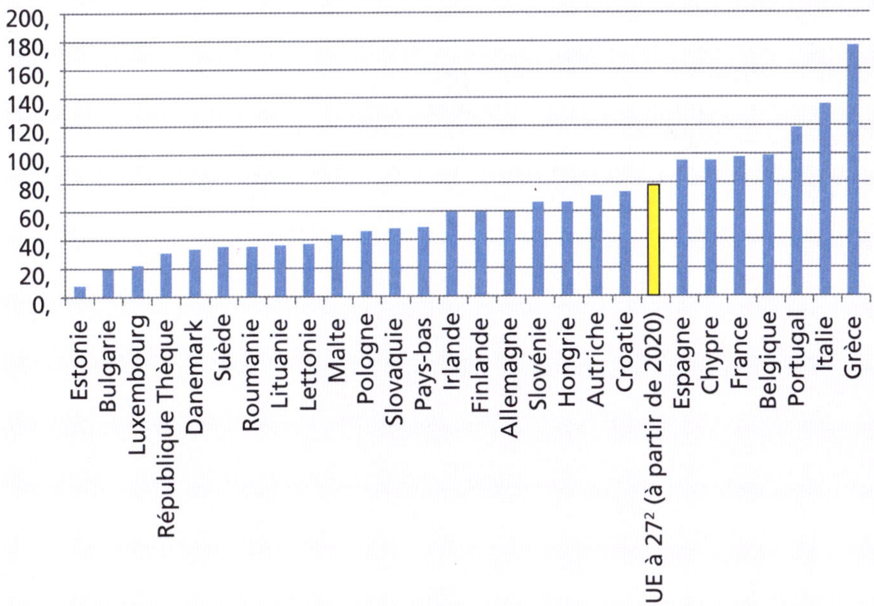

1. Dette publique : dette de l'ensemble des administrations publiques (État, collectivités locales, administrations de Sécurité sociale…).
2. Union européenne à 27 : depuis 2020 l'UE ne compte plus que 27 États membres.

Source : Eurostat, 2020.

DOC. 3

Dans la zone euro, la BCE pourrait cependant être contrainte par des facteurs institutionnels qui peuvent entraver le potentiel expansionniste de la politique monétaire en zone euro. En l'absence d'un marché unifié pour les obligations souveraines, la BCE s'est imposé des critères – respectant la part des pays dans le capital – pour déterminer la quantité de titres nationaux achetés. Or, avec la baisse de la dette allemande, la possibilité d'acquérir des obligations serait fortement limitée. Surtout, l'existence de marges de manœuvre ne va pas forcément de pair avec l'efficacité des mesures prises. Même si on ne sait pas quel aurait été le niveau de l'inflation en l'absence d'une politique d'assouplissement quantitatif, force est de constater que les mesures prises ne sont pas parvenues à ramener l'inflation vers la valeur ciblée par les banques centrales.

[...]

Du point de vue budgétaire, l'évolution récente des taux d'intérêt reflète l'effet de la politique de la BCE mais également l'appétit des investisseurs pour les dettes publiques [...], ce qui suggère qu'une politique budgétaire plus expansionniste ne se traduirait pas nécessairement par une remontée des tensions compromettant le financement de mesures supplémentaires. L'Italie pourrait être une exception puisqu'on a vu au printemps 2018 que les mesures annoncées par la coalition avaient provoqué une hausse des taux.

Dans le cas européen, il faut néanmoins tenir compte des règles budgétaires en vigueur. Les pays s'engagent effectivement non seulement à avoir un déficit inférieur à 3 % du PIB mais aussi à réduire le déficit structurel et faire converger leur dette vers 60 % du PIB en vingt ans, ce qui suppose des efforts pour de nombreux pays. La France, l'Italie et l'Espagne ont déjà réduit les efforts relativement à leurs engagements initiaux. La baisse des taux donnerait cependant des marges de manœuvre en 2020 sans nécessairement compromettre le respect des règles en vigueur.

Source : OFCE, *L'Économie européenne 2020*, 2020.

CORRIGÉ SUJET COMPLET 5

Dissertation

énoncé p. 264

Les classes sociales renvoient à une structuration de la société en termes de positionnement économique et de mode de vie. Cette représentation de la société s'inspire de l'analyse de Karl Marx selon lequel les classes dépendent de place de l'individu dans le rapport de production. La structure sociale fait plus largement référence à la répartition des membres d'une population en groupes sociaux différents. On y associe souvent le nom de Max Weber qui ajoutait à la dimension économique (les classes) une dimension sociale (les statuts) et une dimension politique (les partis).

Quels éléments sont déterminants pour dresser un portrait fidèle de la société française contemporaine ?

Dans un premier temps (I) nous montrerons que si les professions et catégories socioprofessionnelles sont un bon outil explicatif de la société (A), les classes sociales ne semblent plus être un élément suffisant pour rendre compte de la structure sociale française, tant du fait de la baisse du sentiment d'appartenance à des groupes définis par leur place dans le processus de production (B) que du fait de l'évolution et de l'homogénéisation des modes de vie (C).

Dans un second temps (II) nous montrerons que d'autres éléments sont à prendre en compte pour représenter cette structure sociale : éléments liés à la persistance et au développement des inégalités économiques (A) et au développement d'inégalités provenant de sources extérieures aux classes sociales (B).

I. Une disparition des classes au profit d'une vaste classe moyenne

A. Les PCS sont marquées par leurs différences sociales

Inspirées de l'analyse wébérienne, les professions et catégories socioprofessionnelles (PCS) répartissent les individus en groupes sociaux entre lesquels on a observé des différences de choix et de modes de vie. Les conditions d'exercice du travail, en premier lieu, mais également le salaire moyen, les loisirs ou les choix politiques semblent liés. Le document 1 montre d'ailleurs que le chômage ne frappe pas de manière identique les différentes PCS. Enfin on sait que la société française est une société ou la mobilité sociale intergénérationnelle est encore très faible.

B. La place de l'individu dans le rapport de production détermine peu le sentiment d'appartenance de classe

Au début du XXIe siècle le sentiment d'appartenance à une classe déterminée par sa position dans le processus de production diminue : presque personne ne s'identifie à la « classe supérieure » (environ 1 %), et seulement 20 à 30 % des individus considèrent qu'ils appartiennent à la classe populaire ou ouvrière (doc. 4). Les deux classes chères à K. Marx, et supposées selon lui être les acteurs de la lutte des classes, ont donc largement perdu de leur importance numérique depuis son époque.

Par contre la majorité des individus s'identifie aux « classes moyennes » (entre 65 et 55 %), inférieure ou supérieure. On remarque cependant une légère baisse du sentiment d'appartenance aux classes moyennes et une hausse de celui d'appartenance à la classe populaire ou ouvrière entre 2009 et 2013.

C. Une moyennisation de la société

Le développement du sentiment d'appartenance à une classe moyenne (ou aux classes moyennes) est justifié par les faits : la moyennisation de la société (Henri Mendras) est réelle.

Les différences de taux d'équipement des ménages ont fondu en quelques années. Des équipements comme le four à micro-ondes, le téléphone portable ou l'ordinateur personnel, qui étaient encore très clivants à la fin des années 1990 ne le sont plus du tout actuellement. En 2018 environ 95 % de la population est équipée avec un lave-linge, un téléviseur couleur ou un téléphone portable (doc. 3).

Le mode de vie des populations est de plus en plus proche, d'où la possibilité de penser qu'il n'y a plus qu'une vaste classe moyenne. (Finalement ce sont les classes en soi de K. Marx qui semblent avoir – pratiquement – disparu.) Cependant on sait que les individus membres ou issus des classes sociales populaires ont une très faible consommation de biens culturels, même lorsque celle-ci est gratuite, contrairement à ceux des classes supérieures.

II. Mais de nouveaux clivages prennent de l'ampleur.

A. On constate une persistance des inégalités économiques.

Malgré le système français de redistribution (à travers les prélèvements obligatoires et les prestations sociales), on constate une persistance voire une aggravation des inégalités économiques. Si les pauvres comme les riches semblent s'être légèrement enrichis, le rapport interdécile montre une stagnation des inégalités de revenu de 2013 à 2018 (doc. 2). Ces différences de revenu ont évidemment des conséquences sur le mode de vie des individus.

En effet les différences de revenu, tout comme celles de patrimoine, déterminent des modes de vie différents et un accès différencié aux autres ressources sociales (soins de santé, logement confortable, études des enfants, culture...) et sont donc essentielles dans l'analyse de la structure des sociétés modernes. Cet élément est déterminant dans la structuration des sociétés contemporaines. Aux États-Unis, il s'agit d'ailleurs d'un des éléments principaux de celle-ci.

B. D'autre part les groupes sociaux sont traversés par de nouvelles inégalités, qu'on peut qualifier de fractales.

Au sein de chaque Profession et catégorie socioprofessionnelle, quoique dans des proportions différentes, on constate la présence persistante de chômeurs (doc. 1). Cela montre que chaque catégorie est traversée par de nouvelles inégalités qui les fracturent sans pour autant les faire disparaître (Jean-Paul Fitoussi et Pierre Rosanvallon). Ces inégalités touchent en particulier à la situation face à l'emploi : un chômeur ou une personne subissant un temps partiel non-voulu va se trouver, quelle que soit sa PCS, dans une situation spécifique (difficultés économiques, moindre inclusion dans la société...) liée à son statut et à la précarité de sa situation.

Par ailleurs d'autres particularités peuvent entraîner des inégalités, comme l'origine ethnique, la religion, l'orientation sexuelle, le fait d'être porteur d'un handicap, l'âge ou le sexe. Elles influencent les conditions de vie et peuvent, par exemple, influencer la capacité à accéder à l'espace politique, à l'espace public, et enfin à l'emploi ou à un statut du travail protecteur.

Ainsi il nous semble que pour dresser un portrait fidèle de la société française contemporaine il faut prendre en compte la PCS mais également les différences de répartition du patrimoine et du revenu, l'origine ethnique, la religion, l'orientation sexuelle, le fait d'être porteur d'un handicap, l'âge ou le sexe, et enfin les caractéristiques de l'emploi, plus ou moins protecteur et plus ou moins inclusif dans la société.

Épreuve composée

énoncé p. 267

Partie 1 Mobilisation des connaissances

Le halo du chômage décrit la situation incertaine d'individus, situés entre emploi, chômage et inactivité, et qui ne sont pas comptabilisés dans les statistiques du chômage car ils ne correspondent pas à la définition du Bureau international du travail (BIT).

Le halo du chômage englobe des personnes qui se situent à la limite entre le chômage et l'emploi (temps réduit involontaire, CDD et intérim) et d'autres qui se situent à la limite entre chômage et inactivité (Chômeurs découragés, personnes en formation, personnes ayant cessé leur activité de manière anticipée...).

Partie 2 Étude d'un document

1 Un marché carbone, ou système d'échange de quotas d'émissions, est un marché organisé par les pouvoirs publics sur lequel les entreprises peuvent acheter ou vendre des autorisations à émettre des gaz à effet de serre. Le but de ces marchés est de contrôler (et réduire) l'émission de gaz à effet de serre tout en prenant en compte les capacités des entreprises à réduire leur pollution. Ainsi les entreprises qui sont capables de réduire leurs émissions peuvent vendre une partie de leurs droits aux entreprises qui n'en sont pas capables.

2 L'Union européenne s'est dotée d'un système d'échange de quotas d'émissions de gaz à effet de serre en 2005 (le SCEQE), dans le but de réduire l'émission de ces gaz. L'impact de la mise en place de ce marché a été très positif puisqu'en onze ans les émissions de gaz à effet de serre ont diminué de plus de 10 % en moyenne en Europe. On constate cependant de larges disparités entre pays, avec de très bons élèves, comme Malte qui à réduit ses émissions de plus de 50 %, et de très mauvais, comme les Pays-Bas dont les émissions ont augmenté de plus de 10 %.

Partie 3 Raisonnement s'appuyant sur un dossier documentaire

L'Union européenne est une organisation internationale rassemblant actuellement vingt-sept États européens.

L'adhésion à l'Union européenne suppose de respecter les critères de convergence prévus par le traité de Maastricht (et précisés pour les États membres de la zone euro par le Pacte de stabilité et de croissance et le Pacte budgétaire européen). Ces traités encadrent l'action de l'État, tant du point de vue monétaire que budgétaire.

> **Méthode**
> En utilisant la liste de pays du document 2, repérez ceux qui font partie de la zone euro et ceux qui n'en font pas partie. Il faudra les traiter à part en ce qui concerne la politique monétaire.

Du côté de la politique budgétaire, tous les États membres de l'Union européenne doivent donc satisfaire aux critères de stabilité de leur dette publique et de leur endettement public.

En ce qui concerne la politique monétaire, tout dépend de leur adhésion ou non à la zone euro : Les dix-neuf États membres de la zone euro ont fusionné leurs monnaies au sein de l'euro et ont dans le même temps délégué leur politique monétaire à la Banque centrale européenne. Leur politique monétaire est donc décidée par celle-ci. Par contre les États membres de l'UE mais non membres de la zone euro sont libres de pratiquer la politique monétaire de leur choix, dans le cadre fixé par les critères de convergence, ce qui va contraindre leurs taux d'inflation, taux d'intérêt et stabilité du taux de change.

La politique budgétaire de tous les États membres de l'UE étant encadrée par les traités européens et la politique monétaire étant déléguée à un organisme unique (pour les deux-tiers d'entre eux) ou encadrée par le traité de Maastricht (pour le tiers restant), dans quelle mesure peut-on dire que les États européens connaissent des difficultés à coordonner leurs politiques économiques ?

Nous traiterons dans une première partie (I) de la politique monétaire, en particulier des difficultés de faire correspondre la politique de la Banque centrale à des situations différentes (A), et à la difficulté de coordonner avec elle les politiques monétaires des États membres de l'UE, mais non membres de la zone euro (B).

Dans une seconde partie (II) nous traiterons des difficultés de coordonner les politiques budgétaires des États membres de l'UE, d'une part parce qu'ils doivent répondre à des situations macroéconomiques parfois très différentes (A), d'autre part parce que leurs gouvernements sont largement autonomes dans l'orientation de cette politique (B).

I. Les difficultés liées à la politique monétaire au sein de l'Union européenne

A. Zone euro : une politique monétaire unique mais mal ajustée aux besoins de chaque État

Méthode

Attention à ce que les pays cités dans cette partie soient bien des États membres de la zone euro.

Pour les dix-neuf pays membres de la zone euro la politique monétaire est unique, donc identique pour tous. La question de la coordination semble à priori résolue. Cependant ces pays connaissent parfois des situations macroéconomiques très différentes (doc. 1), qui justifieraient des politiques monétaires opposées.

Par exemple les taux d'inflation des différents États sont très divergents (allant de –1,3 % en Slovénie, à 3,3 % en République tchèque). Tandis que certains États pourraient nécessiter une politique monétaire expansionniste pour s'écarter du risque de la déflation (ceux dont le taux d'inflation est très faible, comme la Slovénie), la politique monétaire adaptée à d'autres pays, comme la République tchèque, serait au contraire une politique restrictive, afin de limiter l'inflation (doc. 1).

D'autre part la croissance du PIB de certains États est très faible (en particulier l'Italie et l'Allemagne, doc. 1) ou encore leur taux de chômage est parfois très élevé (15,5 % en Grèce ; 14,6 % en Espagne, doc. 1), deux éléments qui justifieraient une politique monétaire expansionniste (doc. 3) ; tandis que d'autres États nécessitent moins de voir leur croissance stimulée par une création monétaire.

Face à cette hétérogénéité la BCE se trouve donc dans l'impossibilité de choisir une politique monétaire adaptée à la situation de tous les États. Ceux-ci devront donc souvent résoudre leurs difficultés par d'autres moyens.

B. Pays non membres de la zone euro : des politiques monétaires coordonnées en théorie mais pas toujours en pratique

Méthode

Repérez les éléments qui peuvent justifier une politique monétaire expansionniste ou une politique monétaire de rigueur.

Pour les huit pays membres de l'UE mais non membres de la zone euro (à l'exception du Danemark qui a choisi de ne pas rejoindre l'euro), les critères de convergence du traité de Maastricht imposent de respecter un taux d'inflation, un taux d'intérêt et une grande stabilité du taux de change vis-à-vis des pays membres de la zone euro, s'ils veulent pouvoir l'intégrer un jour. Ces contraintes se répercutent sur la politique monétaire de ces États qui doit s'ajuster aux décisions de la BCE à la manière d'un régime de changes fixes : c'est-à-dire en prenant systématiquement une position opposée à celle du marché monétaire.

Ici aussi la coordination des politiques monétaires semble très forte, mais celle-ci peut éclater face à des impératifs économiques spécifiques de lutte contre l'inflation ou contre le chômage (les deux objectifs habituellement visés par les politiques monétaires), si bien que les besoins d'une politique monétaire expansive ou restrictive peuvent diverger d'un État à l'autre.

Ainsi la République tchèque qui connaît une période de forte inflation (doc. 1) pourrait souhaiter remonter largement son taux directeur, tandis que d'autres pays comme la Suède ou la Croatie, qui sont au contraire en déflation, pourraient souhaiter maintenir celui-ci bas afin de relancer l'économie et réduire leur taux de chômage (doc. 1). Logiquement les Banques centrales de ces différents États vont adopter des politiques monétaires divergentes pour venir en aide au mieux à leur économie nationale, et reporteront à plus tard l'objectif de convergence des taux d'inflation, d'intérêt ou de stabilité du taux de change.

II. La difficile coordination des politiques budgétaires

A. La politique budgétaire : seule variable d'ajustement macroéconomique pour les pays membres de la zone euro

La politique budgétaire de chaque État est laissée à l'appréciation de chaque Gouvernement, mais est encadrée par les traités européens qui limitent le déficit public à 3 % du PIB et la dette publique à 60 % du PIB (doc. 3 ; hors situation de crise exceptionnelle). Une procédure de sanction est prévue par le Pacte budgétaire européen en cas d'endettement excessif non justifié par une crise.

Cependant malgré ces règles strictes de stabilité budgétaire, le ratio d'endettement public des États diverge fortement d'un pays à l'autre. On constate en effet la variation de l'endettement des États, allant de situations très maîtrisées avec un endettement largement inférieur à 60 % du PIB à des situations d'endettements très importants (environ 100 % du PIB pour plusieurs pays, et presque 180 % pour la Grèce, doc. 2) qui peuvent faire craindre l'insolvabilité de ces États.

Cela peut s'expliquer par des situations macroéconomiques différentes, certains États devant faire face à un taux de chômage très important (15,5 % pour la Grèce, doc. 1) tandis que d'autres connaissent de faibles taux de chômage (3,4 % aux Pays-Bas par exemple). La politique monétaire étant la même pour ces deux pays (du fait de leur appartenance à la zone euro) la régulation de l'activité économique ne peut passer que par une politique budgétaire spécifique à leur situation, ce qui participe à expliquer les différences dans l'endettement des États.

C'est pour cette raison que le Pacte de stabilité et de croissance a été assoupli en 2009 en cas de récession grave (les États pouvant dans ce cas s'endetter au-delà de la limite de 60 % du PIB).

B. Des politiques budgétaires encore peu coordonnées

D'autre part, au-delà du respect des critères de convergence, les politiques budgétaires des États apparaissent très désorganisées au niveau international.

La relance budgétaire de 2008 a ainsi été menée par les États sans grande coordination, certains menant des politiques de réduction fiscale (Royaume-Uni), d'autres des politiques de dépenses publiques (France), d'autres enfin des politiques structurelles d'assouplissement du marché du travail (Allemagne).

La coordination des politiques budgétaires nationales a depuis été renforcée avec la mise en place du « Semestre européen », à travers lequel les gouvernements demandent à la Commission européenne de valider préalablement leurs projets de budget.

Ainsi, en ce qui concerne les États membres de la zone euro, la politique monétaire unique de la BCE est par nature mal ajustée aux besoins de chaque État ; et en ce qui concerne les États non membres de la zone euro, ils peuvent choisir de pratiquer une politique monétaire correspondant à leur situation économique, sans chercher à la coordonner avec celle des autres États européens, cet objectif étant relégué au second plan.

Bien qu'elles soient encadrées par les traités européens et un contrôle du Commissariat européen, les politiques budgétaires connaissent, elles aussi, de profondes divergences, tant dans le choix de pratiquer une politique de relance ou de rigueur, que dans les modalités de ces politiques.

Il apparaît donc que les difficultés de coordination des politiques économiques des États membres de l'Union européenne sont liées à leurs situations macroéconomiques divergentes et à l'absence d'un mécanisme de transfert budgétaire entre États (hormis celui, embryonnaire, de la Politique agricole commune). C'est pour pallier ce problème qu'Angela Merkel et Emmanuel Macron ont proposé en 2020 la création d'une dette commune à l'ensemble des États européens.

Cahier SPÉCIAL GRAND ORAL

L'épreuve

Au cours de l'année

Préparer ses questions

Vous devez choisir deux questions portant sur les enseignements de spécialité soit pris isolément, soit abordés de manière transversale. Toute l'année, vous préparez ces questions avec les professeurs de spécialité et éventuellement d'autres élèves.

S'entraîner aux techniques de l'oral

Vous devez travailler la prise de parole en public grâce à des exercices d'élocution, de débit de la parole, de votre rythme à l'oral… Vous pouvez également travailler votre posture : gestes expressifs, regards, sourires…

Le jour J

1er TEMPS

Présentation d'une question

Vous proposez vos deux questions au jury

Le jury en choisit une seule, que vous devrez présenter

TEMPS DE PRÉPARATION 20 min

- Vous préparez votre présentation en fonction de la question choisie par le jury. Il est possible de préparer un support sur une feuille que vous remettrez au jury : le support ne fait pas l'objet d'une évaluation, il est facultatif !

PRÉSENTATION 5 min

- Présentation orale de votre travail, en réponse à la question choisie.

NOTATION — 20 pts — coef. 10

Les 5 critères d'évaluation :

- Qualité de l'épreuve orale
- Qualité de la prise de parole en continu
- Qualité des connaissances
- Qualité de l'interaction
- Qualité de l'argumentation

2e TEMPS — Échange avec le candidat

10 min

- Il s'agit d'approfondir votre travail. Le **jury** peut vous poser des questions sur toutes les parties du programme du cycle terminal.

Jury de 2 professeurs

- Un professeur d'une spécialité
- Un professeur de l'autre spécialité ou d'un enseignement commun ou un professeur documentaliste

3e TEMPS — Échange sur le projet d'orientation

5 min

- Réflexion autour de vos choix de spécialités et de votre projet d'orientation. Il s'agit de partager l'évolution de votre cheminement, à la fois dans le cadre scolaire et le cadre personnel (vos activités, vos centres d'intérêt) !

Sujets type

SUJET 1 — 20 pts — 1 heure

Question

› **Quel est l'impact du coronavirus sur l'économie mondiale ?**

▶ Présentation de la question — 25 min

• Introduction

« Le coronavirus met l'économie mondiale en danger. » C'est ainsi que l'OCDE a décrit les conséquences de l'épidémie, en révisant ses prévisions de croissance mondiale à la baisse pour 2020.

La mondialisation a provoqué une fragmentation des chaînes de valeur. Cela signifie que les diverses opérations de conception, de logistique, de production et de services nécessaires à la fabrication d'un produit final peuvent être réparties dans un très grand nombre de pays. En 20 ans, la Chine est devenue le centre névralgique de la mondialisation, dont dépend très fortement l'économie mondiale. Aujourd'hui, elle réalise 20 % de la production mondiale.

Quelles fragilités de la mondialisation l'épidémie a-t-elle révélées ? Par quels canaux l'épidémie, apparue dans une région chinoise, a-t-elle pu affecter l'ensemble de l'économie mondiale ?

Nous verrons que si la pandémie de coronavirus a d'abord constitué un choc d'offre pour l'économie mondiale par le ralentissement de l'activité productive qu'elle a entraîné, elle s'est rapidement transformée en choc de demande lors de sa généralisation.

• Développement

I. Le coronavirus a d'abord constitué un choc d'offre…

La mondialisation s'est traduite par une extension et une délocalisation des chaînes d'approvisionnement. La Chine est encore « l'atelier du monde » : des entreprises dans tous les pays dépendent des composants « made in China » pour leur production. C'est particulièrement important pour les secteurs de la chimie, du transport, du textile et de l'électronique. Or, le coronavirus a conduit à l'arrêt de certaines usines, ou du moins au ralentissement de la production de ces usines, dans les zones de confinement. Cela s'est traduit par des ruptures d'approvisionnement. Ainsi Apple, dont les téléphones sont assemblés en Chine, a été confronté à des goulots d'étranglements. Au Japon, Honda et Nissan, qui ont délocalisé une bonne partie de leur production dans la province chinoise du Hubei, ont subi des ruptures d'approvisionnement. Certaines usines automobiles situées en Europe ont été confrontées à des pénuries de pièces détachées. Sur toute la planète, les chaînes de production mondiales ont dû se réorganiser dans l'urgence.

Dans certains secteurs stratégiques (production d'appareils médicaux par exemple), les autorités chinoises ont interdit à certains fournisseurs d'exporter, ce qui là encore a entraîné des ruptures d'approvisionnements dans les pays partenaires.

L'extension des mesures de confinement dans la plupart des grands pays industriels a conduit à mettre à l'arrêt un certain nombre d'unités de production ou en tout cas à réduire fortement l'activité : ainsi, les compagnies aériennes ont supprimé jusqu'à 80 % de leurs vols.

II. … qui s'est rapidement transformé en choc de demande.

Le marché intérieur chinois est l'un des principaux moteurs de la croissance mondiale.

L'industrie allemande, en particulier, fortement dépendante des acheteurs d'automobiles chinois, a été fortement impactée. L'Europe a vu le secteur du tourisme subir une baisse de la fréquentation des touristes chinois.

En Asie, les pays sous-traitants de l'industrie chinoise, comme la Corée du Sud, le Vietnam et la Malaisie, ont été contraints de réduire leur production, du fait de l'arrêt de la production chinoise.

Les exportateurs de matières premières vers la Chine ont aussi vu la demande qui s'adresse à eux diminuer : baisse des exportations de produits agricoles américains et européens vers la Chine, baisse de la demande mondiale de pétrole du fait du ralentissement de l'activité économique mondiale. De la même façon, la Chine qui est le plus gros acheteur de cuivre a annulé ou reporté une grande partie de ses achats.

D'une façon plus générale, l'extension des mesures de confinement a limité les possibilités de consommation : moins de déplacement signifie une demande de carburant en baisse ; la fermeture des magasins et des lieux de loisirs se traduit par une baisse de la consommation, qui est un des moteurs fondamentaux de la croissance.

• Conclusion

La pandémie de Covid-19 est un phénomène exceptionnel qui n'a peut-être pas altéré profondément et durablement les données de base de la mondialisation. Cependant, en mettant en évidence les interdépendances et les fragilités qui découlent de la mondialisation, elle a influencé durablement les choix des entreprises et des États. La crise sanitaire a été de grande ampleur : à différents égards, elle a été aussi une crise de la mondialisation.

▶ Échange avec le candidat — 10 min

Quelques questions que le jury pourrait vous poser.

- Définissez un choc d'offre, un choc de demande.
- Illustrez le phénomène de la division internationale du processus de production (DIPP).
- Pourquoi les entreprises occidentales ont-elles choisi de délocaliser tout ou partie de la production en Chine (ou en Asie)?
- Distinguez compétitivité-prix et compétitivité hors-prix (ou structurelle).
- Présentez les différentes stratégies des firmes multinationales.
- Expliquez pourquoi certaines entreprises choisissent de relocaliser leurs productions.

▶ Échange sur le projet d'orientation — 5 min

Quelques questions que le jury pourrait vous poser.

- Précisez-nous les liens entre la question que vous avez traitée et votre orientation ?
- Vous envisagez des études dans le commerce international. Qu'est-ce qui vous intéresse dans ce métier ?
- Vous avez pu en discuter ou rencontrer des gens qui le pratiquent déjà ?
- Quelles sont les qualités que vous pensez avoir pour exercer ce métier ?
- Vous avez dû faire plusieurs vœux sur Parcoursup. Citez-nous-en un ou deux autres ? Vers quels métiers mènent-ils ?
- Pouvez-vous nous dire ce que vous savez de ces études pour les trois prochaines années ?
- Quelle activités extrascolaires pratiquez-vous ? (C'est pour mieux vous connaître.)

GRAND ORAL

SUJET 2

20 pts 1 heure

Question

Toutes les études le montrent : ces dernières décennies, les inégalités progressent et la richesse créée profite pour l'essentiel à une minorité d'ultra-riches. La cohésion sociale a longtemps reposé sur le rôle redistributif des politiques publiques, mais la montée des idées néolibérales dans un contexte de libéralisation des flux de capitaux a remis au centre du débat public la question de la justice sociale et de son outil principal : la fiscalité.

Doit-on réformer le système fiscal français pour plus de justice sociale ?

Présentation de la question (25 min)

• Introduction

Les succès de librairie des ouvrages *Le Capital au XXIe siècle* de Thomas Piketty ou *Le Triomphe de l'injustice* d'Emmanuel Saez et Gabriel Zucman montrent que les économistes, mais aussi l'opinion publique et les hommes politiques, se ré-emparent de la question de la justice sociale et en particulier de la justice fiscale. Par justice sociale, nous comprenons l'ensemble des principes qui participent de la répartition des différentes ressources dans un idéal d'équité. Nous montrerons que la fiscalité est un outil majeur dans la correction des inégalités mais qu'en fonction des options choisies, elle fait l'objet de vifs débats quant à son efficacité et à sa légitimité.

> Reprendre les termes de la question pour poser le problème.

> N'oubliez pas les mots-clés !

1. La fiscalité permet de réduire les inégalités

La fiscalité correspond à l'ensemble des prélèvements obligatoires dont les agents économiques, comme les ménages ou les entreprises, doivent s'acquitter. Ces prélèvements ne servent pas seulement à financer les dépenses publiques, ils contribuent également à réduire les inégalités. La progressivité de l'impôt sur le revenu des personnes physiques répond à cette volonté de demander un effort plus important aux ménages les plus riches.

L'impôt de solidarité sur la fortune (ISF), réduit aujourd'hui à l'impôt sur la fortune immobilière (IFI), a pour but de réduire les inégalités de patrimoine qui, sous l'effet de l'héritage, de l'épargne et du mariage, sont nettement plus importantes que les inégalités de revenus.

Pour certains économistes, comme Thomas Piketty, la transmission à travers les donations et l'héritage permet aux plus riches de concentrer une grande partie des richesses (les 10 % les plus riches détiennent 60 % du patrimoine selon l'Insee). Il prône une taxation plus forte des patrimoines et une progressivité plus importante de l'impôt, afin de réduire de façon sensible les inégalités.

> Montrez que vous connaissez le système fiscal français actuel et son histoire récente (depuis l'après-guerre) ainsi que l'évolution des inégalités.

2. La fiscalité est source de clivages importants aux niveaux économique, social et politique

Les libéraux rejettent une fiscalité trop contraignante, la jugeant dissuasive pour l'investissement et la libre entreprise. Les plus riches risquent de s'exiler ou de pratiquer l'optimisation voire l'évasion fiscale, limitant de fait les effets escomptés d'une hausse des impôts. Philosophiquement attachés au mérite individuel, ils considèrent que les hauts revenus et les gros patrimoines jouent un rôle stimulant pour l'économie (effet de ruissellement) et permettent une certaine émulation sociale (désir de s'enrichir). Alexis de Tocqueville avait d'ailleurs souligné, dans *De la démocratie en Amérique*, le risque de glissement vers le despotisme d'un peuple trop préoccupé par le désir d'égalité. Les plus radicaux, comme les libertariens, voient dans la redistribution une atteinte aux libertés individuelles qui prive l'homme du droit fondamental de profiter de ce qu'il possède.

En revanche, pour les keynésiens ou les socio-démocrates, en plus d'être injustes, les inégalités sont inefficaces économiquement. En effet, la propension marginale à consommer des plus riches est plus faible que celle des foyers les plus modestes. Si la richesse n'est pas redistribuée, elle s'oriente vers l'épargne et la spéculation, quittant de ce fait les circuits les plus dynamiques de l'économie comme la consommation et l'investissement. Par ailleurs, une société qui n'offre pas d'équité entre les citoyens, réduit la capabilité des plus faibles, gâchant ainsi du capital humain et limitant la croissance potentielle. Politiquement, il devient difficile de faire société avec des individus trop inégaux.

> Montrez au jury que ce n'est pas simplement une question économique ou sociale mais un enjeu de société, une vision de la démocratie. Le conflit des « gilets jaunes » en est l'illustration.

- **Conclusion**

La fiscalité reste l'instrument principal des politiques publiques en matière de justice sociale. Ses effets sont mesurables et rapidement perceptibles par la population, mais, dans un monde de plus en plus ouvert où les capitaux circulent librement, il est de plus en plus difficile pour les États de mener des politiques indépendantes des autres nations. C'est pourquoi de nombreux économistes et hommes politiques plaident pour une coordination et même une harmonisation à l'échelle internationale (au moins au niveau de l'Union européenne) des politiques fiscales.

▶ Échange avec le candidat — 10 min

Les questions possibles pour prolonger l'exposé

Comment mesurer les inégalités ?
Les inégalités sont-elles forcément injustes ?
Comment réguler la finance internationale ?
Quels liens entre réduction des inégalités et déficits publics ?

Le jury va tester votre motivation et vérifier la cohérence de votre projet

▶ Échange sur le projet d'orientation — 5 min

Devenir conseiller(ère) fiscal(e), avocat(e) fiscaliste, expert(e)-comptable ou économiste.

Les motivations personnelles

- Se mettre au service des entreprises ou des particuliers pour améliorer leur gestion de patrimoine, accompagner les agents économiques dans leurs choix et leur déclaration fiscale.
- Éclairer les choix des citoyens et des responsables politiques en matière de réduction des inégalités. Offrir son expertise au débat public pour améliorer le rendement économique mais aussi social de l'impôt, et œuvrer de ce fait pour la solidarité et la cohésion sociale.

Les qualités requises

En plus d'un niveau solide en économie, il est souhaitable d'être armé en mathématiques. La dimension politique de cette question nécessite également une réflexion philosophique et des connaissances en droit.

Les éventuelles questions du jury

- Quelles études envisagez-vous de poursuivre pour atteindre ces objectifs ?
- Carrières dans le secteur privé au service d'intérêts particuliers ou dans la recherche et le service public pour travailler à l'intérêt général ? Quelle différence ?

- Donnez des exemples d'économistes et de leurs travaux. Si vous deviez vous identifier à l'un d'entre eux, lequel choisiriez-vous ?
- Que pensez-vous de telle ou telle politique fiscale menée par tel ou tel gouvernement ?
- Y-a-t-il des expériences menées dans d'autres pays qui pourraient nous inspirer ?

Lors de l'échange, il y a des stratégies à adopter : n'emmenez pas le jury vers des questions que vous ne maîtrisez pas bien, tendez les bonnes perches, celles où vous vous sentez solide et armé.

Ne vous laissez pas déstabiliser par les questions ! Le jury teste votre culture scientifique. Vous pouvez évidemment placer ce sujet dans votre engagement citoyen en tant que militant associatif sur les questions de pauvreté ou d'exclusion, voire dans un engagement politique plus large.

Annexes

Enjeux et débats autour de douze notions-clés

CROISSANCE

- *Comment expliquer la croissance économique et ses variations ?*
- *Les facteurs de la croissance sont-ils exogènes ou endogènes ?*

La **croissance extensive** résulte d'un processus d'**accumulation** : la production croît au même rythme que les quantités de **facteurs de production** (**capital** et **travail**). Pour expliquer une **croissance intensive**, il faut introduire l'effet du **progrès technique** : l'accroissement de la production devient plus que proportionnel à celui des quantités de facteurs, grâce aux **gains de productivité** générés par l'amélioration de la qualité du travail et du capital. Bien que facteur de fluctuations économiques, le progrès technique assure un ***trend* de croissance** sur le long terme. Enfin, la **croissance endogène** s'explique par l'accumulation d'un capital composite, regroupant les différents types de capitaux (technique, technologique, humain et public), sources d'**économies d'échelle**, de gains de productivité et d'**externalités positives**. Cela permet d'expliquer le caractère auto-entretenu de la croissance ainsi que les écarts de niveau de développement constatés entre les différentes économies nationales.

COMMERCE INTERNATIONAL

- *Sur quels principes les échanges internationaux s'organisent-ils ?*
- *Le libre-échange bénéficie-t-il à tous ?*

Pour les libéraux, les nations se spécialisent dans les productions pour lesquelles elles disposent d'un **avantage absolu** ou **relatif**. Cette spécialisation organise l'ancienne **division internationale du travail (DIT)**. Dans les années 1960-70, l'insertion de nouveaux pays industrialisés dans le commerce mondial fait naître une nouvelle DIT, fondée sur les **dotations factorielles** nationales. Enfin, dans les années 1980, sous l'effet de la libéralisation financière et d'une concurrence accrue, les firmes transnationales développent des stratégies productives et commerciales menant à une **division internationale du processus productif (DIPP)**. Elles décomposent leur **chaîne de valeur**, selon les avantages nationaux. Les effets du libre-échange n'ont pas que des effets positifs : les spécialisations ne se valent pas ; certains pays restent exclus des échanges ; les États sont mis en concurrence et les systèmes de protection sociale sont mis à mal ; les risques environnementaux et sanitaires liés à cette mondialisation sont de plus en plus violents et irréversibles.

CHÔMAGE

• *Comment expliquer la persistance d'un chômage de masse ?*

Pour les libéraux, le travail est une marchandise comme une autre qui s'échange sur un marché, en fonction d'un **salaire d'équilibre**. Le chômage est alors **volontaire**, les travailleurs refusant de vendre leur force de travail à ce prix-là. Il existe également un **chômage structurel** dû aux entraves empêchant le libre jeu du marché : salaire minimum, allocations chômage, charges sociales qui renchérissent le coût du travail… autant d'obstacles qui empêchent le marché de s'ajuster par les prix. Pour les keynésiens, le **chômage conjoncturel** provient du ralentissement de l'activité économique : le volume de l'emploi dépend en effet de la **demande globale** (consommation, investissement, dépenses publiques, exportations) anticipée par les entrepreneurs. Enfin, un **chômage d'inadéquation** s'explique par l'inadaptation des **qualifications** offertes par les travailleurs et demandées par les employeurs. La multiplication des causes et des formes du chômage explique sa persistance et les difficultés à le résorber. Chaque type de chômage implique en effet des mesures différentes aux effets parfois contradictoires.

CRISES FINANCIÈRES

• *Comment expliquer les crises financières ? Comment les éviter ?*

Deux crises financières majeures (1929 et 2008) présentent des caractéristiques identiques : éclatement de **bulles spéculatives** immobilières ou financières, formées dans une période d'euphorie économique, basée sur l'endettement et la croyance partagée en une croissance infinie. L'éclatement des bulles, suite au retournement des **anticipations**, entraîne une crise bancaire et financière qui se transmet à l'économie réelle par l'**effet de richesse** négatif qu'elle provoque, par la baisse du prix des actifs, la contraction du crédit et la **déflation** généralisée. Seule la **régulation** du système financier et bancaire peut éviter ce type de crises : la supervision de la Banque centrale réduit l'**aléa moral** des banques et les **ratios de solvabilité** imposés par des accords internationaux limitent les faillites bancaires. Il reste encore cependant des pans entiers de la finance qui ne sont pas régulés : les paradis fiscaux, les marchés de gré à gré, les investisseurs institutionnels et les agences de notation dont les comportements déséquilibrent les marchés financiers.

POLITIQUES ÉCONOMIQUES

- *Quel cadre pour les politiques économiques en Europe ?*

L'**intégration européenne**, construite sur la libéralisation des échanges de marchandises, des hommes et des capitaux, a nécessité une **politique de la concurrence**. La monnaie unique a impliqué une **politique monétaire** menée par une Banque centrale indépendante. En limitant l'inflation et en garantissant la valeur de l'euro, les autorités monétaires ont créé un espace financier stable attirant les capitaux étrangers et obligeant les entreprises à gagner en compétitivité. Cependant, les **politiques budgétaires**, entre les mains des États membres, nécessitent une **coordination** et un cadre contraignant. Non seulement ils ont perdu leur souveraineté monétaire, mais en outre, leurs politiques budgétaires sont encadrées par le **Pacte de stabilité et de croissance** limitant leurs marges de manœuvre en matière de déficit et d'endettement publics. Seuls l'approfondissement vers une **intégration politique** et un véritable budget européen permettraient de redonner à l'Europe sa capacité à surmonter les chocs et les crises économiques et financières auxquelles elle est confrontée ces dernières années.

STRUCTURE SOCIALE

- *Comment expliquer la hiérarchisation de l'espace social ?*
- *L'analyse en termes de classes sociales est-elle encore pertinente ?*

Les **sociétés démocratiques** définies par une égalité des droits et des chances entre tous les citoyens, n'échappent pas, comme toute société, à une inégale répartition des ressources valorisées : richesses, pouvoir, prestige... De multiples critères structurent l'**espace social** et forment différentes échelles de hiérarchisation : le capital économique déterminé par le revenu et le patrimoine, le capital culturel sanctionné par un diplôme, le capital social, la profession, le statut, le genre, la position dans le **cycle de vie**, le lieu de résidence ou encore la composition du ménage. La multiplicité de ces critères et les transformations de la **structure socioprofessionnelle** sur ces quatre dernières décennies pourraient laisser penser que l'analyse en termes de **classes sociales** a perdu de sa pertinence. Pourtant, l'individualisation des parcours et la **moyennisation** apparentes ne doivent pas masquer une tendance à la **polarisation** de la société, dans un contexte de recrudescence des inégalités.

ÉCOLE

• *L'École remplit-elle le rôle qui lui est assigné ?*

Dans nos société démocratiques, l'**École**, au sens de système scolaire, s'est historiquement dotée de plusieurs fonctions. Elle permet d'abord l'unification républicaine, en diffusant une culture commune et en développant le sentiment d'appartenance à la nation. Elle permet ensuite l'**intégration** et la promotion sociales, en délivrant des diplômes et en permettant la **mobilité sociale**. Les valeurs qu'elle porte (**égalité des chances** et **méritocratie**) sont cependant remises en cause depuis la fin des années 1960, le système scolaire ayant connu davantage une **massification** qu'une véritable **démocratisation**. L'accès à l'École offert à un public de plus en plus large, permis par le collège unique et la diversification des filières, ne doit pas masquer la persistance d'inégalités de réussite scolaire et sociale. Ces **inégalités de réussite** restent en effet très marquées par l'origine sociale, sous l'effet d'une inégale répartition des **capitaux** (économiques, culturels, sociaux et symboliques) entre milieux sociaux. Ces inégalités sont accentuées par les **stratégies familiales** mises en œuvre pour accroître le rendement des diplômes, creusant les écarts entre milieux favorisés et milieux défavorisés.

MOBILITÉ SOCIALE

• *Nos sociétés démocratiques connaissent-elles une véritable « fluidité » sociale, au sens où les positions sociales sont accessibles à tous, indépendamment de l'origine sociale ?*

Certes, la **mobilité sociale intergénérationnelle**, observée et mesurée par les **tables de mobilité**, s'est significativement accrue depuis les années 1950. Certaines générations ont connu davantage de **mobilité ascendante** que les générations précédentes. Cependant, cette mobilité s'explique plus par les transformations structurelles de l'économie et de la société (salarisation, tertiarisation, féminisation des emplois, hausse des qualifications...) que par le développement de l'**égalité des chances**. Il est alors question d'une **mobilité structurelle**. En outre, cette mobilité apparente ne doit pas masquer une forte tendance à la **reproduction sociale** aux deux extrémités de l'échelle sociale. Plusieurs raisons à cela : l'École joue de moins en moins son rôle d'ascenseur social ; l'inflation des diplômes contribue à leur dévalorisation ; le rôle des familles (capitaux possédés, origine sociale et tendance à l'homogamie) joue un poids non négligeable dans les destins individuels.

TRAVAIL ET EMPLOI

- *Les transformations actuelles du travail remettent-elles en cause sa fonction intégratrice ?*

Notre économie, caractérisée par le **salariat** auquel est adossé un système de **protection sociale**, a radicalement transformé la relation de travail. Plus qu'une simple activité productive permettant de percevoir un revenu, le travail est inscrit dans un cadre social et juridique ; il fait l'objet d'un **contrat** définissant un **statut** assorti de droits et de devoirs, dépassant le cadre de l'entreprise. Le travail participe ainsi à l'**intégration sociale** : pourvoyeur de revenu, il permet d'accéder à la société de consommation ; en fournissant un statut, il permet de s'inscrire dans l'espace social ; lié à la protection sociale, il unit les individus dans une solidarité collective. Aujourd'hui, le **chômage**, la **précarisation** des emplois et les transformations de l'**organisation du travail** créent une tendance à la **polarisation** des emplois, accentuant les différences entre des emplois qualifiés et protégés et des emplois précaires occupés par des catégories de populations fragilisées qui peinent à s'intégrer : les jeunes, les femmes, les non-diplômés, les immigrés.

ENGAGEMENT POLITIQUE

- *Quelles formes l'engagement politique prend-il ? Comment l'expliquer ?*

À la base des **démocraties représentatives**, le **vote** est la forme traditionnelle et institutionnalisée de l'**engagement électoral**. Selon l'enjeu électoral, il est lié à une conviction partisane ou signe d'appartenance à une communauté. Dans une société marquée par la montée de l'individualisme, la hausse de l'**abstention**, comme la diminution du **militantisme** politique et syndical peuvent être perçues comme un amoindrissement de l'engagement politique. Cela masque cependant le développement d'autres formes d'engagement : **engagement associatif**, **consommation engagée**, **actions collectives**. Dans nos sociétés post-industrielles, les actions collectives ont également vu leurs formes, leurs acteurs et leurs enjeux traditionnels s'estomper, au profit de **nouveaux mouvements sociaux** autour de valeurs post-matérialistes, portées par de nouveaux acteurs et prenant de nouvelles formes, plus médiatisées. Le **répertoire des actions politiques** s'est ainsi enrichi et les individus l'utilisent de façon plus variée, en fonction de leur socialisation, de leur statut social, de leur capital culturel et des bénéfices qu'ils espèrent en tirer.

JUSTICE SOCIALE

- *Les débats sur la justice sociale sont liés à la question des inégalités : faut-il les réduire ? Comment ?*
- *Les conceptions de la* ***justice sociale*** *sont liées à la définition de l'****égalité*** *: de quelle égalité s'agit-il ?*

Pour le **libertarisme**, la garantie de la liberté et de l'égalité des droits légitime les inégalités de situations. L'**égalitarisme libéral** considère que les inégalités sont tolérables si le principe d'**équité** est respecté, quitte à mettre en œuvre des mesures de **discrimination positive**. Pour l'**égalitarisme strict**, une société juste assure l'égalité des situations et des conditions matérielles d'existence, seule condition à l'exercice de la liberté. Concrètement, les inégalités sont variées et font système : **inégalités économiques** et **inégalités sociales** se renforcent mutuellement. Les pouvoirs publics ont plusieurs instruments à leur disposition pour lutter contre les inégalités, au-delà de la législation. L'État-providence opère en effet une **redistribution** horizontale et verticale des richesses par la **protection sociale**, la **fiscalité** et la production de **services collectifs**. Cependant, il subit aujourd'hui une crise financière, d'efficacité et de légitimité.

ENVIRONNEMENT

- *Quelles solutions pour protéger l'environnement ?*

La dynamique démographique et notre modèle de croissance, basé sur une consommation de masse, exerce une pression insoutenable sur l'**environnement** : pollutions, dérèglements climatiques, épuisement des ressources naturelles, destruction de la biodiversité. De multiples acteurs se mobilisent pour alerter et pousser les **pouvoirs publics** à agir : **ONG**, entreprises, **mouvements de citoyens, partis politiques**. Les instruments utilisés par les pouvoirs publics pour lutter contre les **externalités négatives** environnementales sont complémentaires : **marché de quotas** d'émission de CO_2, **taxation**, **subventions** et **règlementations**. Si la combinaison de ces instruments montre une relative efficacité au niveau national ou régional, elle est insuffisante. En effet, l'environnement, et surtout le climat, ont les caractéristiques d'un **bien commun** mondial qui nécessite des accords internationaux dont l'application se heurte aux différences de niveau de développement économique et aux stratégies de **passager clandestin** de la part de certains pays qui veulent bénéficier des actions de défense environnementale, sans en supporter les coûts.

Lexique

NOTIONS EXIGIBLES EN TERMINALE

- **Accumulation des facteurs** : processus d'augmentation de la quantité des facteurs de production (capital et travail), due aux investissements nets en capital productif et à la hausse du nombre de travailleurs.
- **Actif** : créance ou avoir (actif financier) et bien (actif non financier) formant le patrimoine d'un individu ou d'une entreprise et qui génèrent des revenus.
- **Action collective** : action commune et concertée des membres d'un groupe, portant des revendications communes et visant des objectifs communs.
- **Action publique** : mise en œuvre des politiques publiques par les pouvoirs publics et ses administrations.
- **Agenda politique** : ordre du jour des sujets ou des problèmes jugés prioritaires par les pouvoirs publics et qui sont à traiter sur une période donnée.
- **Aléa moral** : changement de comportement d'un agent économique qui, une fois assuré contre un risque, peut agir de manière plus risquée qu'auparavant.
- **Association** : regroupement volontaire d'individus partageant des objectifs communs et dont le statut juridique est défini, en France, par la loi de 1901.
- **Asymétrie d'information** : situation d'échange dans laquelle les offreurs et les demandeurs ne disposent pas des mêmes informations.
- **Avantage comparatif** : selon David Ricardo, un pays a intérêt à se spécialiser dans la production pour laquelle il dispose de coûts de production relativement plus faibles que ses concurrents.
- **Banque centrale** : institution chargée d'émettre la monnaie fiduciaire, de réguler la création monétaire, de réguler le système bancaire et de mettre en œuvre la politique monétaire.
- **Barrière douanière** : mesure destinée à limiter les importations de marchandises. Elle est tarifaire (droits de douane) ou non tarifaire (quotas, normes techniques ou sanitaires).
- **Bien commun** : bien non excluable (impossibilité d'empêcher sa consommation) et rival (bien limité en quantité dont la consommation par un agent économique réduit celle des autres).
- **Bourse** : compartiment du marché financier sur lequel s'échangent des valeurs mobilières (actions et obligations) qui ont été auparavant émises sur le marché primaire.
- **Bulle spéculative** : hausse excessive des prix sur un marché, due aux anticipations et aux comportements spéculatifs et mimétiques des acteurs.
- **Capital culturel** : ensemble des biens culturels, des dispositions culturelles et des connaissances, parfois objectivées par des titres ou diplômes, qu'un individu peut rentabiliser dans la sphère économique et sociale.
- **Capital humain** : capacités physiques (santé, aptitudes) et intellectuelles (compétences, qualifications) d'un individu.
- **Capital institutionnel** : ensemble des institutions sociales, économiques, juridiques et culturelles qui organisent et régulent les comportements et qui contribuent à la croissance économique.
- **Capital naturel** : voir **Environnement**
- **Capital physique ou technique** : ensemble des biens ou services utilisés pour la production.
- **Capital public** : ensemble des infrastructures financées par les pouvoirs publics, mises à la disposition de l'ensemble des agents économiques et générant des externalités positives favorables à la croissance économique.
- **Capital technique ou physique** : ensemble des moyens de production durables destiné à produire des richesses. C'est un stock alimenté par les flux d'investissement.
- **Capital technologique** : ensemble des connaissances et des innovations résultant de

l'activité de R&D et incorporées dans le système productif, permettant des gains en termes de productivité ou de compétitivité.

- **Catégories socioprofessionnelles (CSP)** : groupes présentant une certaine homogénéité sociale ; ces catégories sont construites par l'Insee sur les critères de la profession, du statut, de la qualification, de la position hiérarchique.
- **Chaîne de valeur** : outil d'analyse des étapes du processus productif afin d'évaluer les coûts et la valeur créée de chaque activité productive (principale et secondaire) afin d'améliorer la rentabilité de chacune.
- **Choc asymétrique** : modification brutale, au sein d'une zone monétaire, du niveau de la demande (choc de demande) ou de l'offre (choc d'offre), qui n'affecte qu'un pays ou qu'une région, sans toucher le reste de la zone.
- **Chômage** : situation d'un individu en âge de travailler privé d'emploi et en recherchant un.
- **Chômage conjoncturel** : chômage causé par un ralentissement de l'activité économique provoquant une réduction des besoins en main d'œuvre.
- **Chômage structurel** : chômage lié à des changements structurels (structure des qualifications, institutions).
- **Classe sociale** : groupe social de grande taille rassemblant des individus qui occupent la même place dans le système de production et qui ont donc des conditions de vie, des comportements et des valeurs proches.
- **Coefficient de Gini** : outil de mesure des disparités, à partir d'une courbe de Lorenz. Utilisé comme indicateur de mesure des inégalités de revenu, de patrimoine ou de niveau de vie, il est compris entre 0 (distribution parfaitement égalitaire des richesses) et 1 (concentration totale des richesses).
- **Collatéral** : ensemble des actifs financiers ou non, remis en garantie par le débiteur à son créancier. En cas de défaut de paiement, le créancier conserve les actifs collatéraux pour compenser la perte subie.
- **Commerce international** : ensemble des flux de biens et services entre des économies nationales.
- **Compétitivité** : capacité pour une firme ou un pays à s'imposer face à la concurrence. La compétitivité-prix s'appuie sur des coûts de production et donc des prix plus faibles ; la compétitivité structurelle ou hors-prix s'appuie sur d'autres avantages : la qualité, l'innovation, le service après-vente, le design…
- **Comportement mimétique** : comportement moutonnier, impliquant l'imitation des prises de position (achats et ventes) de certains acteurs financiers, par les autres acteurs.
- **Conflit** : opposition déclarée entre deux individus ou groupes dont les valeurs ou les intérêts divergent.
- **Conflit du travail** : conflit opposant travailleurs et employeurs, portant sur les salaires ou les conditions de travail ; son mode d'action est surtout la grève.
- **Conjoncture** : ensemble des éléments qui caractérisent l'état d'une économie à un moment donné (niveau de l'activité, du chômage, de l'inflation…).
- **Consentement à l'impôt** : principe selon lequel un prélèvement obligatoire (direct ou indirect) opéré sur les individus et les entreprises, doit être accepté et perçu comme légitime par les contribuables *via* leurs représentants.
- **Consommation engagée** : comportement raisonné d'achat, basé sur des principes éthiques, sociaux ou politiques et impliquant des choix orientés par des intérêts collectifs.
- **Coopération** : collaboration entre acteurs économiques afin de réaliser une action commune.
- **Coordination des politiques économiques** : accord entre États membres d'une zone monétaire sur des règles de politiques économiques, afin d'éviter les effets contradictoires des politiques nationales sur les partenaires et sur la politique monétaire unique.
- **Courbe de Lorenz** : graphique permettant de visualiser l'ampleur des inégalités économiques ; les quantiles de la population du plus pauvre au plus riche sont portés en abscisse ; le pourcentage cumulé de la variable retenue (revenu, patrimoine ou niveau de vie) est porté en ordonnée. Plus la courbe est éloignée de la

diagonale (distribution égalitaire), plus les inégalités sont fortes.

- **Coût du travail** : ensemble des dépenses de l'entreprise liées à l'utilisation de la main d'œuvre (salaires bruts versés aux salariés et cotisations sociales versées par l'employeur).
- **Crédit** : opération bancaire consistant à créer de la monnaie scripturale destinée à financer une activité économique.
- **Crise financière** : déstabilisation du système bancaire et financier, se manifestant par un retournement brutal des valeurs sur les marchés financiers (taux d'intérêt, taux de change, cours des actions) dû à un changement de comportement des acteurs face au risque lié à l'endettement (risque crédit) ou lié à la perte de confiance dans le système bancaire (panique bancaire).
- **Croissance économique** : augmentation durable de la quantité de richesses produites par une économie, mesurée par l'accroissement du PIB.
- **Croissance soutenable** : croissance durable qui permet de satisfaire les besoins de tous, sans compromettre la capacité des générations futures à satisfaire les leurs. La soutenabilité repose ainsi sur le caractère cumulatif et substituable des capitaux physique, naturel, humain, social et institutionnel.
- **Cycle de vie** : schéma représentant les différentes étapes de la vie d'un produit, d'une entreprise ou d'un individu : cinq phases pour un produit ou une entreprise (amorçage, création, croissance, maturité, déclin); trois phases pour un individu (enfance/jeunesse, adulte en activité, retraite).
- **Déclassement** : perte d'une position sociale, celle de son milieu d'origine (mobilité sociale intergénérationnelle descendante), celle que l'individu avait atteint (mobilité professionnelle descendante) ou celle que laissait espérer son diplôme.
- **Demande globale** : agrégat composé de tous les biens et services achetés dans une économie nationale (consommation finale, FBCF et exportations).
- **Démocratie** : régime politique dans lequel les citoyens possèdent à l'égard du pouvoir un droit de participation (le vote), de représentation (élection) et de contestation (liberté d'opposition); il repose aussi sur la séparation des pouvoirs, le pluralisme politique et la garantie des libertés fondamentales.
- **Démocratisation scolaire** : affaiblissement du lien entre l'origine sociale d'un individu et son parcours scolaire. Elle se traduit par un nombre plus élevé de diplômés (démocratisation quantitative ou massification) et par une diminution des différences de réussite et de parcours entre jeunes d'origine sociale différente (démocratisation qualitative).
- **Désincitation** : effet pervers d'une mesure prise qui modifie les comportements des individus, et qui entre en contradiction avec l'objectif visé initialement.
- **Destruction créatrice** : processus décrit par Joseph Aloïs Schumpeter, caractérisant la dynamique cyclique du capitalisme : les innovations créent de nouvelles activités et font disparaitre des activités devenues obsolètes.
- **Développement économique** : ensemble des transformations qualitatives et structurelles d'un pays. Le niveau de développement se mesure par l'IDH.
- **Différenciation des produits** : stratégie d'entreprise basée sur l'élaboration de caractéristiques objectives (apparence, emballage) ou subjectives (publicité, image de marque) sur ses produits, pour tendre vers une situation de monopole.
- **Discrimination** : inégalité de traitement subie par un individu en raisons de caractéristiques non légitimes (âge, sexe, religion, handicaps…).
- **Division du travail horizontale** : voir Organisation taylorienne du travail.
- **Dotation factorielle** : ensemble des facteurs de production dont dispose un pays; leur abondance relative et leur coût relatif justifient l'insertion et la spécialisation internationales.
- **Droit à polluer** : titre émis par une entreprise « propre » (qui émet moins de pollutions que le quota autorisé par l'État) et vendu à une autre entreprise qui pollue davantage que son quota.
- **Droit de propriété** : règle juridique déterminant la liberté d'usage d'un actif, dans le cadre du respect de la loi : droit d'utiliser un bien (*usus*), d'en retirer un revenu (*fructus*) et de le modifier ou de s'en séparer (*abusus*).

- **Dumping** (*fiscal ou social*) : stratégie d'entreprise consistant à produire dans des pays où elle trouve des avantages fiscaux ou sociaux.
- **Économie réelle** : sphère de l'activité économique (production, emploi) par opposition à la sphère financière (marchés financiers).
- **Effet de richesse** : variation des dépenses relativement plus importante que la variation de la valeur du patrimoine. Cet effet à la hausse (effet de richesse positif) ou à la baisse (effet de richesse négatif) est d'autant plus fort que la part financière du patrimoine est importante.
- **Effondrement boursier** : chute brutale du cours des actions. Un effondrement peut concerner les prix sur d'autres marchés.
- **Égalité** : principe selon lequel tous les individus, au sein d'une société, doivent être traités de la même manière, sans discrimination.
- **Égalitarisme libéral** : idéologie politique qui considère que les inégalités sont tolérables si le principe d'équité est respecté. Celui-ci combine le principe de liberté (la plus grande liberté individuelle compatible avec celle de tous) et le principe de différence (une égalité des chances et des inégalités qui permettent d'améliorer la situation des plus désavantagés).
- **Égalitarisme strict** : idéologie politique qui considère qu'une société juste assure l'égalité des situations et des conditions matérielles d'existence, condition de l'exercice de la liberté.
- **Égalité des chances** : droit de chacun d'accéder à n'importe quelle position sociale, sans distinction ethnique, religieuse ou sociale. L'existence de ce droit peut justifier des mesures de discriminations positives, dans un objectif d'équité.
- **Emploi** : exercice d'une activité professionnelle rémunérée qu'elle que soit sa forme (salarié ou non, atypique, typique, précaire).
- **Engagement politique** : attitude qui consiste à intervenir dans la vie de la société, à prendre parti sur les problèmes politiques et sociaux et qui peut prendre différentes formes : vote, militantisme, engagement associatif, consommation engagée.
- **Enjeux de mobilisation** : raisons qui poussent des individus à mener une action collective. L'enjeu traditionnel porte sur le travail (conflits du travail) ; les nouveaux enjeux portent sur des questions sociales, culturelles ou sociétales (conflits et mouvements sociaux).
- **Environnement** : ensemble des ressources naturelles, renouvelables ou non, qui peuvent être engagées dans la production ou qui peuvent offrir des services gratuits nécessaires à la satisfaction des besoins humains.
- **Équité** : principe de justice sociale fondant la discrimination positive, selon lequel les individus sont traités différemment, selon leur situation.
- **Espace social** : selon Pierre Bourdieu, répartition structurée des individus dont les positions sociales dépendent de leur dotation en capitaux (économique, culturel, social, symbolique).
- **Externalité** : action économique qui influe positivement (externalité positive) ou négativement (externalité négative) sur l'utilité d'un autre agent, sans que cette influence ne se traduise par une compensation monétaire.
- **Facteurs de production** : ensemble des moyens humains (facteur travail) et matériels (facteur capital) utilisés et combinés pour produire.
- **Féminisation des emplois** : tendance à l'augmentation de la part des femmes dans la population active.
- **Fiscalité** : ensemble des impôts directs et indirects versés aux administrations publiques et permettant de financer les dépenses publiques.
- **Flexibilisation** : ensemble des mesures prises en matière de gestion de l'emploi, visant à introduire davantage de flexibilité. Sur le marché du travail, elle consiste à supprimer les obstacles à l'ajustement rapide des offres et des demandes d'emplois.
- **Flexibilité du travail** : capacité pour une entreprise à ajuster le volume, les qualifications ou les salaires, en fonction des variations conjoncturelles de son activité.
- **Fluctuation économique** : mouvements de l'activité économique autour d'un *trend* de croissance, alternant des phases de ralentissement (récession) et d'accélération (expansion).
- **Fluidité sociale** : mobilité sociale indépendante de l'origine sociale. Sa mesure par les *odds ratio* cherche à mesurer l'égalité des

chances dans l'accès aux diverses positions sociales, quelle que soit l'origine sociale.

- **Groupe social** : ensemble identifiable d'individus aux caractéristiques culturelles, sociales et/ou économiques communes, ayant des liens entre eux et partageant un sentiment d'appartenance à ce groupe.

- **Groupement** : acteur collectif plus ou moins formel (parti politique, syndicat, association ou groupe de pression, mouvement collectif) menant des actions collectives visant à défendre des intérêts ou porter des revendications auprès des décideurs.

- **Incitation** : mesure visant à modifier le comportement des individus, de manière à ce que leur intérêt personnel corresponde à l'objectif recherché. Elle est **sélective** lorsque la mesure entraîne un avantage réservé aux individus qui participent à une action collective.

- **Inégalités** : différences dans l'accès aux ressources valorisées par une société; elles se traduisent par des avantages ou des désavantages qui participent à la hiérarchisation des individus ou des groupes sociaux.

- **Innovation** : mise en œuvre économique (production et commercialisation) d'une invention (nouveau produit ou procédé).

- **Innovation verte** : innovation visant à réduire l'impact de l'activité économique sur l'environnement, *via* des produits ou des procédés moins polluants et plus économes en ressources naturelles et en énergie.

- **Institution** : organisation juridique (administrative, économique ou sociale) au sein de laquelle sont définies des règles, des normes et des pratiques plus ou moins contraignantes.

- **Intégration économique** : selon Bela Belassa, processus en cinq stades permettant à plusieurs pays de former un espace économique : **zone de libre-échange** (suppressions des tarifs douaniers), **union douanière** (tarif douanier commun), **marché commun** (libre circulation des marchandises, hommes et capitaux), **union économique** (harmonisation des politiques économiques) et **union économique et monétaire** (monnaie commune ou unique).

- **Intégration sociale** : processus par lequel un individu s'insère dans un groupe social, en partageant ses valeurs et ses buts.

- **Internationalisation de la production** : stratégie de développement des activités commerciales et productives d'une entreprise à l'international, basée sur les spécialisations et les avantages comparatifs nationaux, visant une plus grande compétitivité et renforçant la division internationale du travail et du processus productif.

- **Justice sociale** : idéal se traduisant par une forme de répartition équitable (juste) des ressources matérielles ou symboliques (revenus, biens et services…) au sein d'une société.

- **Libertarisme** : idéologie politique qui considère que la liberté et l'égalité des droits soient respectées. Les inégalités sont légitimes car elles proviennent des libres choix des individus.

- **Libre-échange** : doctrine économique prônant la libre circulation internationale des marchandises. Il se réalise concrètement par la libéralisation progressive des échanges *via* notamment l'abaissement des droits de douane.

- **Lutte minoritaire** : action collective menée par un groupe lié par des caractéristiques différentes de celles de la majorité (origine géographique ou ethnique, culture, religion, mode de vie, orientation sexuelle…), portant des revendications liées aux discriminations qu'il subit ou croit subir.

- **Management participatif** : mode de gestion d'entreprise visant l'engagement et la prise d'initiative des salariés, en leur donnant davantage de responsabilités et en les intégrant à la prise des décisions

- **Marché de quotas d'émission** : lieu de rencontre entre offres et demandes de droits à polluer qui sont des titres émis par une entreprise « propre » (qui pollue moins que le quota autorisé par l'État) et vendus à une autre entreprise qui pollue davantage que son quota.

- **Marché unique** : union douanière entre les États membres de l'Union européenne, établissant la libre circulation des biens et des services, des capitaux et des personnes.

- **Militantisme** : forme d'engagement politique, syndical ou associatif, visant à défendre activement une cause pour la faire entendre ou pour l'imposer aux autres.

- **Mobilité ascendante :** changement de position sociale vers le haut de la hiérarchie sociale.
- **Mobilité observée :** proportion d'individus qui ont une position sociale différente de celle de leur père.
- **Mobilité professionnelle :** trajectoire professionnelle d'un individu impliquant un changement de profession mais pas forcément une mobilité sociale.
- **Mobilité sociale :** changement de la position sociale d'un individu au cours de sa vie active (**mobilité intragénérationnelle**) ou par rapport à la position sociale de son père (**mobilité intergénérationnelle**).
- **Mobilité structurelle :** proportion d'individus qui connaissent une mobilité sociale intergénérationnelle due à l'évolution de la structure sociale entre les deux générations.
- **Mouvement citoyen :** action collective et organisée, plus ou moins formelle, visant à promouvoir des questions éthiques ou des causes d'intérêt général, autour de projets communs.
- **ONG (organisation non gouvernementale) :** association internationale indépendante des pouvoirs politiques, autonome sur des actions humanitaires d'intérêt public et financée par des subventions ou des dons.
- **Organisation du travail :** ensemble des méthodes permettant une coordination efficace des activités et des fonctions au sein des entreprises.
- **Organisation post-taylorienne du travail :** organisation de travail qui introduit des formes de participation des travailleurs : rotation des postes, élargissement des tâches, enrichissement des tâches, groupes semi-autonomes et cercles de qualité.
- **Organisation taylorienne du travail :** organisation scientifique du travail (OST), mise au point par Frederick Taylor, basée sur une double division du travail : une division horizontale entre les ouvriers, qui exécutent des tâches simples et parcellisées, et une division verticale du travail entre les tâches d'exécution des ouvriers (les « cols bleus ») et les tâches de conception des cadres et ingénieurs (les « cols blancs »). Elle a été approfondie par l'industriel américain Henry Ford qui a ajouté le travail à la chaîne et la standardisation des produits.
- **Panique bancaire :** mouvement de masse dû aux comportements mimétiques des clients d'une banque qui, craignant son insolvabilité, retirent leurs dépôts. C'est une prophétie auto-réalisatrice : la banque n'ayant pas les liquidités correspondantes à ces retraits massifs, devient insolvable.
- **Paradoxe de l'action collective :** selon Mancur Olson, la rationalité des acteurs doit aboutir à l'inexistence d'une action collective, du fait de leur comportement en passager clandestin; si elle a lieu, c'est que d'autres motifs existent (liens identitaires, loyauté, bénéfices secondaires, incitations, rétributions symboliques).
- **Parti politique :** institution regroupant un ensemble de personnes autour d'un projet ou d'idées politiques, avec pour objectif la conquête et l'exercice du pouvoir.
- **Passager clandestin (*free-rider*) :** comportement d'un individu rationnel qui souhaite bénéficier d'un bien, d'un service ou des avantages d'une action collective, sans en supporter les coûts directs ou indirects.
- **Polarisation des emplois :** tendance à l'accroissement simultané de la proportion des emplois très qualifiés, stables, bien rémunérés et protégés et de celle des moins qualifiés, plus précaires, moins bien rémunérés et moins bien protégés.
- **Politique budgétaire :** politique économique conjoncturelle dont l'outil est le montant et la répartition des ressources et des dépenses inscrites au budget de l'État.
- **Politique conjoncturelle :** politique économique visant à réguler l'activité économique à court terme.
- **Politique de la concurrence :** ensemble des règles mises en place par les pouvoirs publics, destinées à maintenir des situations de marché concurrentiel.
- **Politique de la demande :** politique conjoncturelle d'inspiration keynésienne, visant à favoriser la croissance en stimulant la demande.
- **Politique économique :** ensemble des interventions économiques des pouvoirs publics, consistant à déterminer les outils à utiliser pour atteindre les objectifs fixés en matière de

régulation économique, d'allocation et de répartition des ressources.

• **Politique monétaire** : ensemble des mesures prises par un État ou une autorité monétaire visant à agir sur l'activité économique par la régulation de sa monnaie. Dans la zone euro, la politique monétaire est décidée et mise en œuvre par le Système européen des Banques centrale (SEBC) dont l'objectif premier est la stabilité des prix.

• **Pouvoirs publics** : ensemble des institutions et autorités qui déterminent et mettent en œuvre l'action publique.

• **Précarisation de l'emploi** : tendance à l'augmentation de la part des emplois précaires dans la population active occupée.

• **Productivité** : mesure de l'efficacité de la combinaison productive, en rapportant la production aux facteurs de production utilisés pour l'obtenir.

• **Productivité globale des facteurs** : mesure de l'efficacité de la combinaison productive et notamment de la part de la croissance économique qui n'est pas expliquée par l'augmentation du volume du capital et du volume du travail.

• **Progrès technique** : ensemble des innovations qui entraînent une transformation des méthodes de production, de l'organisation du travail et des structures économiques.

• **Progrès technique endogène** : progrès technique envisagé comme résultat de l'accumulation des capitaux et d'activités économiques rémunérées, telles que la R&D.

• **Prophétie auto-réalisatrice** : croyance non rationnelle en un phénomène, induisant des comportements qui finissent par la valider; le phénomène anticipé se réalise du fait même de ces comportements.

• **Protection sociale** : système de prise en charge collective d'un certain nombre de risques sociaux (santé, emploi, vieillesse, famille) et assurant certaines prestations compensatrices.

• **Protectionnisme** : politique visant à protéger les productions nationales de la concurrence étrangère. Ces mesures peuvent être tarifaires (droits de douane) ou non tarifaires (quotas, normes, subventions, dévaluation monétaire...).

• **Qualification** : ensemble des savoirs et compétences acquises par un individu ou demandées par un employeur à un individu pour occuper un emploi.

• **Quota d'émission** : quantité maximale d'émission de gaz à effet de serre (GES) autorisée pour chaque entreprise, afin de limiter les émissions globales de GES. Les quotas inutilisés deviennent des droits à polluer.

• **Ratio de solvabilité** : règle prudentielle internationale imposant aux banques de détenir 8% de ses engagements (crédits octroyés et placements) sous forme de fonds propres (capital des actionnaires et profits), de façon à garantir sa solvabilité et sa capacité à faire face aux risques liés à ses activités (défauts de remboursement, risque crédit, perte de valeur de ses actifs).

• **Recherche-développement (R&D)** : processus reliant les activités de la recherche fondamentale (découvertes scientifiques), de la recherche appliquée (inventions) et du développement (réalisation de prototypes).

• **Réglementation** : ensemble des règles juridiques qui organisent et encadrent une activité économique ou un marché.

• **Régulation** : ensemble des mécanismes permettant d'obtenir et de maintenir la stabilité relative d'un système social, économique ou financier, assurant ainsi son fonctionnement.

• **Relation hiérarchique** : lien vertical, au sein d'une institution, impliquant un subordonné qui reçoit des ordres de son supérieur hiérarchique.

• **Répertoire d'actions politiques** : ensemble des moyens d'action dont disposent les citoyens pour porter leurs revendications et défendre leurs intérêts.

• **Reproduction sociale** : transmission des positions sociales, d'une génération à une autre.

• **Rétribution symbolique** : ensemble des bénéfices subjectifs et sociaux que les individus retirent de leur engagement politique (satisfactions morales, estime de soi, rôles sociaux gratifiants, acquisition de compétences, sociabilité, capital social, intégration, notoriété...).

• **Revenu** : ensemble des sommes perçues par un individu ou un ménage, provenant directement ou indirectement de l'activité économique.

• **Rigidités du marché du travail** : ensemble des réglementations faisant obstacle à la libre détermination des salaires par le jeu de l'offre et de la demande (salaire minimum, allocations chômage, autorisation administrative de licenciements...).

- **Salaire d'efficience** : théorie selon laquelle le salaire se fixerait à un niveau supérieur au salaire d'équilibre sur un marché du travail concurrentiel, de manière à inciter les travailleurs à être plus productifs et à les fidéliser.

- **Salaire minimum** : salaire horaire en dessous duquel aucun salarié ne peut être légalement rémunéré.

- **Salarisation** : processus caractérisé par la croissance de la part des salariés dans la population active.

- **Service collectif** : service qui peut être consommé par plusieurs personnes à la fois. Il est non-rival : la présence d'un consommateur supplémentaire ne prive pas les autres consommateurs et n'engendre pas de coût supplémentaire.

- **Socialisation** : processus par lequel un individu fait l'apprentissage des rapports sociaux en intériorisant les croyances, représentations, normes et valeurs de son groupe d'appartenance.

- **Société démocratique (en sciences politiques)** : voir **Démocratie**

- **Société démocratique (en sociologie)** : société reposant sur le principe d'égalité (des droits et des chances) qui permet aux individus d'accéder à n'importe quelle position sociale (mobilité sociale).

- **Sous-emploi** : situation des actifs occupés travaillant à temps partiel, souhaitant travailler davantage et étant disponibles, qu'ils cherchent activement un emploi ou non.

- **Spécialisation internationale** : concentration de l'activité productive d'un pays dans certaines activités compétitives, résultant de la dotation factorielle ou des avantages comparatifs.

- **Spéculation** : opération ou série d'opérations consistant à échanger des actifs financiers ou non, dans l'objectif d'en tirer une plus-value grâce à la variation de leurs cours, tout en prenant le risque d'une perte.

- **Stratification sociale** : organisation sociale basée sur un système de différenciation et de hiérarchisation des positions sociales des individus et des groupes, impliquant un accès inégal aux ressources (droits, richesses, pouvoir, prestige, savoir, etc.).

- **Structure des opportunités politiques** : environnement politique (état et évolution conjoncturelle du système politique) qui détermine l'émergence, la réception et l'influence d'une action protestataire issue d'un mouvement social, indépendamment de la capacité mobilisatrice de l'action.

- **Structure sociale** : répartition des individus en groupes sociaux.

- **Subvention** : aide financière accordée sans contrepartie par les administrations publiques à des producteurs dans le but d'influencer leurs niveaux de production, leurs prix ou la rémunération des facteurs de production.

- **Syndicat** : association ayant pour objet la défense ou la gestion des intérêts de ses membres (salariés / employeurs / indépendants / fonctionnaires / etc.).

- **Système financier** : ensemble des institutions et des marchés qui permettent le financement de l'économie, en mettant en relation les agents économiques à capacité de financement et les agents à besoin de financement.

- **Table de mobilité** : tableau statistique à double entrée croisant la catégorie socioprofessionnelle (CSP) de deux individus issus de deux générations (père et fils par exemple). Ils permettent l'analyse de la mobilité intergénérationnelle. Les **tables de destinée** montrent ce que deviennent les fils par rapport à la CSP de leur père. Les **tables de recrutement** montrent d'où viennent les fils d'une même CSP.

- **Taux d'activité** : proportion (en %) d'actifs parmi la population en âge de travailler (15 à 64 ans). Il mesure le comportement d'activité.

- **Taux d'emploi** : proportion (en %) d'actifs occupés parmi la population en âge de travailler (15 à 64 ans). Il reflète la capacité d'une économie à utiliser ses ressources en main-d'œuvre.

- **Taux de chômage** : proportion (en %) de chômeurs parmi la population active.

- **Taux de scolarisation** : proportion (en %) d'élèves, étudiants et apprentis en formation initiale d'un âge déterminé, inscrits dans un établissement de formation, parmi les jeunes de cet âge.

- **Taxation** : procédé par lequel les pouvoirs publics fixent un prélèvement obligatoire sur une activité économique.
- **Télétravail** : forme d'organisation du travail, impliquant pour un salarié de réaliser volontairement un travail hors des locaux de l'entreprise, en utilisant les technologies de l'information et de la communication.
- **Tertiarisation** : processus de transformation du système productif caractérisée par l'expansion du secteur tertiaire, mesuré par le poids relatif des services dans la production et dans la population active occupée.
- **Trajectoire individuelle** : ensemble des liens entre les formations, diplômes et positions sociales successives d'un individu, au cours de sa vie.
- **Travail** : ensemble des activités humaines mises en œuvre dans la production. En tant que facteur de production, il procure un revenu en contrepartie de la richesse créée.
- **Utilitarisme** : idéologie politique, fondée sur l'hypothèse de la recherche individuelle de la satisfaction maximale, qui considère que la justice sociale est réalisée lorsqu'est attribué à chacun ce qui lui est dû en fonction de ses efforts et mérites ; le bien-être social obtenu est un optimum.
- **Valeur de vente forcée** : prix d'un actif financier ou non, lorsqu'il est vendu sur un marché à la baisse, du fait d'une contrainte pesant sur le vendeur ; le prix est inférieur à la valeur de l'actif dans des conditions normales de marché.
- **Zone euro** : zone monétaire qui regroupe les dix-neuf États membres de l'Union européenne qui ont adopté l'euro comme monnaie unique.

NOTIONS DE PREMIÈRE À MAÎTRISER

- **Abstention** : fait, pour un électeur inscrit, de ne pas participer à un scrutin. Sa mesure est le **taux d'abstention** qui rapporte le nombre d'abstentionnistes au nombre d'inscrits (en %).
- **Abus de position dominante** : pratique commerciale d'entreprises (prix excessifs ou distorsion de marché) qui diminue ou empêche la concurrence, en vue d'en tirer un surprofit.
- **Barrière à l'entrée** : obstacle juridique, économique ou stratégique, ayant pour but de limiter, voire d'empêcher, l'entrée de concurrents sur un marché.
- **Bien collectif** : bien non excluable (impossibilité d'empêcher sa consommation) et non-rival (sa consommation par un agent économique supplémentaire ne réduit pas celle des autres).
- **Conflit social** : affrontement ouvert entre acteurs sociaux aux idées, valeurs et/ou intérêts antagonistes, sur des enjeux sociétaux ; ses modes d'action sont variés (manifestations, *sit-in*...).
- **Entente** : accord implicite ou explicite entre entreprises sur les prix, les quantités offertes ou la répartition du marché, en vue de réaliser un surprofit ou d'éliminer la concurrence.
- **Entente illicite** : forme d'entente prohibée et sanctionnée par les autorités de la concurrence, du fait qu'elle restreint, empêche ou fausse la concurrence.
- **Lien social** : ensemble des relations, affiliations et appartenances qui unissent les individus ou les groupes sociaux entre eux et qui les amènent à se sentir membres d'un même groupe.
- **Logique d'assistance** : principe de la protection sociale, fondé sur la solidarité nationale, visant à fournir une prestation sociale minimale aux individus les plus démunis.
- **Logique d'assurance** : principe de la protection sociale, fondé sur les cotisations sociales, visant à fournir une prestation sociale aux individus victimes de l'un des quatre risques sociaux.
- **Marché des capitaux** : lieu de rencontre entre offres et demandes de capitaux prêtés à court terme (sur le « marché monétaire ») ou à long terme (sur le « marché financier »).
- **Marché financier** : lieu de rencontre entre les offreurs et les demandeurs de capitaux à long terme, sur lequel s'échangent essentiellement des valeurs mobilières (actions et obligations).
- **Marché monétaire** : lieu de rencontre entre les offreurs et les demandeurs de capitaux à court terme (moins d'un an).
- **Marchés financiers** : ensemble composé du marché monétaire, du marché des valeurs mobi-

lières et du marché des changes, permettant les échanges de monnaie, capitaux, titres financiers et devises.

- **Monopole** : situation de marché sur lequel il y a de nombreux demandeurs face à un seul offreur qui, sans concurrents, est libre de fixer ses prix.
- **Monopole d'innovation** : situation d'une entreprise qui crée un nouveau produit ou procédé lui permettant de bénéficier temporairement d'une situation de monopole sur son marché.
- **Monopole institutionnel** : monopole fixé par la loi ou la règlementation, visant à restreindre la concurrence pour des raisons d'intérêt général ou dans des domaines jugés sensibles.
- **Monopole naturel** : monopole dû à l'existence d'économies d'échelle et de rendements croissants et permettant des prix plus faibles que sur un marché concurrentiel.
- **Offre électorale** : ensemble des choix fournis à un électeur lors d'un vote.
- **Opinion publique** : ensemble des idées et jugements émis par une majorité sur un sujet, à un moment donné.
- **Participation électorale** : fait, pour un électeur inscrit, de participer à un scrutin. Sa mesure est le **taux de participation** qui rapporte le nombre de votants au nombre d'inscrits (en %).
- **Relance** : politique conjoncturelle d'inspiration keynésienne visant la croissance et la baisse du chômage par la stimulation de la demande globale.
- **Risques sociaux** : événements pouvant provoquer des dépenses supplémentaires (maternité, famille, maladie) ou une diminution des revenus d'un individu (invalidité, vieillesse, accident du travail, chômage) et nécessitant une prise en charge collective.
- **Sélection adverse ou antisélection** : dysfonctionnement d'un marché dû à l'asymétrie d'information qui conduit les agents économiques à sélectionner et échanger les produits de mauvaise qualité, le prix n'étant pas fiable.
- **Solidarité collective** : principe de base d'un système de protection sociale, assurant la prise en charge collective des individus ne pouvant subvenir à leurs besoins ou victimes de risques sociaux.
- ***Trend*** : terme d'origine anglo-saxonne, désignant la tendance à long terme d'un phénomène économique.

NOTIONS CONNEXES

- **Capital** (*en économie*) : ensemble des formes de capital susceptibles de favoriser la croissance (capital technique, technologique, humain, naturel et institutionnel).
- **Capital** (*en sociologie*) : ensemble des ressources qu'un acteur utilise, valorise, et rentabilise pour se positionner dans l'espace social. Pierre Bourdieu distingue quatre types de capitaux : économique, social, culturel et symbolique.
- **Commerce intra firme** : flux de biens ou de services entre unités de production d'une même firme, considérés comme marchands bien que les prix pratiqués ne soient pas des prix de marché.
- **Croissance endogène** : croissance basée sur l'accumulation des capitaux et des caractéristiques économiques internes qui sont des sources de gains de productivité et d'externalités positives.
- **Déflation** : baisse générale des prix, des salaires et de la masse monétaire, accompagnée d'une baisse de l'activité et d'une hausse du chômage.
- **Délocalisation** : déplacement d'une activité productive vers l'étranger.
- **Demande anticipée ou effective** : demande globale prévue par les entreprises et déterminant le niveau de la production et de l'emploi.
- **Emploi atypique** : forme d'emploi regroupant les emplois précaires et les emplois à temps partiel.
- **Emploi précaire** : forme d'emploi assorti d'un contrat à durée déterminée (CDD, contrat intérimaire, apprenti, stagiaire et contrats aidés).
- **Emploi typique** : forme d'emploi assorti d'un contrat à durée indéterminée (CDI) et à temps plein.

- **Équilibre de sous-emploi** : selon John Maynard Keynes, situation économique dans laquelle l'équilibre des marchés des biens et services, des capitaux et de la monnaie n'assurent pas forcément le plein-emploi sur le marché du travail (chômage involontaire).
- **Firme multinationale (FMN)** : entreprise déployant ses activités dans plusieurs pays.
- **Groupe de pression ou *lobby*** : groupe plus ou moins formel qui cherche à influencer les décideurs, dans l'intérêt des acteurs économiques et sociaux qu'ils représentent.
- **Inflation** : hausse du niveau général des prix, mesurée par l'indice des prix et ayant pour effet de dévaloriser la monnaie qui perd de son pouvoir d'achat.
- **Institutions de marché** : ensemble des instances, normes et règles assurant l'existence, le fonctionnement et la régulation des marchés.
- **Marché du travail** : lieu de rencontre entre les travailleurs qui offrent leur travail et les entreprises qui demandent du travail ; le prix fixé est le salaire.
- **Marché des changes** : lieu de rencontre entre offres et demandes de monnaies convertibles (devises), permettant la fixation de leur taux de change.
- **Mondialisation** : processus de croissance du commerce international, associée à l'internationalisation de la production, rendant les économies nationales plus interdépendantes.
- **Mouvement social** : action collective et organisée, plus ou moins formelle, visant à agir sur l'ordre social et à le transformer.
- **Parité des pouvoirs d'achat (PPA)** : principe selon lequel le taux de change entre deux monnaies doit refléter leur pouvoir d'achat respectif. Il indique le nombre de Dollars PPA nécessaires à l'achat d'une même quantité de biens dans deux pays.
- **Prix constant** : prix exprimé en monnaie constante, par rapport à une année de référence. L'évolution d'une valeur à prix constants correspond à une évolution en volume.
- **Produit intérieur brut (PIB)** : agrégat mesurant la valeur des biens et services produits par les producteurs résidents dans un pays, sur une année.
- **Risque de crédit** : risque de défaut de paiement de la part d'un débiteur dans le cadre d'un endettement.
- **Risque systémique** : risque qu'une instabilité ou un effondrement sur un compartiment des marchés financiers se propage par réactions en chaîne, à l'ensemble du système financier puis à l'économie réelle. Ce risque est inhérent au système financier du fait de ses interrelations avec l'économie réelle.
- **Unité de consommation** : unité utilisée pour comparer le niveau de vie de ménages en tenant compte de leur taille et de leur composition. Le système de pondération utilisé est le suivant : 1 UC pour le premier adulte du ménage, 0,5UC pour les plus de 14 ans et 0,3UC pour les enfants de moins de 14 ans.

FICHE MÉTHODE 1

Indices, taux de croissance et coefficient multiplicateur

1- Comprendre

Il s'agit ici de chiffrer des écarts ou de mesurer des évolutions.

Mise en indice

- Mettre en indice présente l'avantage de **rendre comparables deux phénomènes**, et de faire apparaître par simple lecture le taux de croissance.
- **Pour transformer une série statistique en série en indice,** rapporter l'ensemble des données de la série à une donnée de base prise comme unité, et multiplier le tout par 100.
- Si In est l'indice de l'année n, V_0 la valeur prise par le phénomène l'année de base, et V_n sa valeur l'année n, l'opération est :

$$I_n = \frac{V_n}{V_0} \times 100$$

Taux de croissance (ou taux de variation)

- **Il mesure le pourcentage d'accroissement** d'un phénomène entre deux dates, de combien un phénomène a augmenté entre une date de départ et une date d'arrivée.

C'est le rapport : $$\frac{\text{(v. finale} - \text{v. initiale)}}{\text{v. initiale}} \times 100$$

Comme les pourcentages, un taux de croissance n'a pas de signification en soi et il faut toujours dire quel phénomène a augmenté, et de quand à quand.

Coefficient multiplicateur

- **Il permet de savoir par combien a été multipliée une valeur** entre deux périodes, ou de mesurer un écart entre deux grandeurs au même moment.
- Il se calcule ainsi :

Pour une évolution : $$\frac{\text{Valeur finale}}{\text{Valeur initiale}}$$

Pour un écart : $$\frac{\text{Valeur donnée A}}{\text{Valeur donnée B}}$$

- Si un document présente une série d'augmentations successives en pourcentages, se rappeler qu'elles ne peuvent pas s'ajouter. Mais les coefficients multiplicateurs, eux, peuvent être multipliés les uns par les autres.

On calculera une hausse successive de 3 %, 5 % et 7 % en transformant ces taux de variation en coefficient multiplicateur ainsi :

$$\left(1+\frac{3}{100}\right)\times\left(1+\frac{5}{100}\right)\times\left(1+\frac{7}{100}\right)$$

2- Exercices corrigés

Doc. 1 PIB/hab. dans l'Union européenne

Indice 100 : Union à 28	2018
Allemagne	122
France	107
Luxembourg	261
Pologne	70
Union européenne à 28 pays	100

Eurostat (extraction 2019).

Questions

1. Faire la lecture de la donnée en rouge.

2. Chiffrez de façon appropriée l'écart entre la France et l'Allemagne en 2018, celui de la Pologne et du Luxembourg par rapport à l'Union à 28.

Corrigé

1. Selon Eurostat, le PIB par habitant de la France en 2018 est supérieur de 7 % au PIB par habitant moyen des 28 pays constituant l'Union européenne.

2. Selon Eurostat, en 2018, le PIB/habitant de l'Allemagne est de 15 points supérieur à celui de la France.

Le PIB/habitant de la Pologne en 2018 est inférieur de 30 % (100 – 70) à celui de la moyenne de l'Europe à 28.

Le PIB/habitant du Luxembourg est 2,61 fois (261/100) plus élevé que le PIB/habitant moyen de l'Europe à 28.

Ne dites pas 11 %, puisque la lecture en % ne s'applique que pour une comparaison avec la valeur de référence (base 100).

Ici, le coefficient multiplicateur s'avère plus parlant que les pourcentages.

Doc. 2 Taux de chômage depuis 1975

	Taux de chômage (en %)
1975	3,4
1981	6,3
1987	9,1
1999	10,0
2001	7,7
2008	7,4
2010	9,4

Insee, *Enquête emploi.*

Questions

1. Mesurez l'évolution du taux de chômage en France de la façon la plus appropriée entre 1975 et 1981, entre 1981 et 1987 et entre 1999 et 2001.

2. Faites une phrase avec les résultats trouvés.

Corrigé

1. Évolution 1975/1981 :

$$\frac{6,3}{3,4} = 1,85.$$

– Taux de variation 1981/1987 : $\frac{9,1-6,3}{6,3} \times 100 = 44,4\%.$

– Taux de variation 1999/2001 : $\frac{7,7-10}{10} \times 100 = -23\%.$

2. Selon l'Insee, entre 1975 et 1981, le taux de chômage a été multiplié par 1,85 en France.

Entre 1981 et 1987, le taux de chômage a augmenté de 44,4 %.

Entre 1999 et 2001 le taux de chômage a baissé de 23 %.

En points de pourcentage, l'évolution de 1975 à 1981 est similaire à celle de 1981 à 1987, alors que, en évolution relative, la première évolution est près de deux fois supérieure à la seconde.

FICHE MÉTHODE 2

Croissance cumulée, tcam et graphique semi-logarithmique

1- Comprendre

Croissance cumulée

• Additionner des taux de croissance pour déterminer un accroissement global est impossible. Il faut les multiplier.

• On remplacera alors le taux de variation par un coefficient multiplicateur :

$1 + (\frac{\text{taux de variation}}{100})$ en cas de hausse ;

$1 + (\frac{\text{taux de variation}}{100})$ en cas de baisse.

• Exemple : supposons par exemple qu'un pays ait connu une croissance de 5 % une année, puis de 4 % la suivante. Quel sera son taux de croissance global sur deux ans ?

$(1 + \frac{5}{100}) \times (1 + \frac{4}{100})$ soit $1{,}05 \times 1{,}04 = 1{,}092$

soit **+ 9,2 %**.

• **Dans le cas particulier où les taux sont constants,** la formule est celle des intérêts composés. Une somme S_0 placée durant (n) années devient :

$$S_n = (1 + i)^n$$

Attention : une hausse n'efface pas une baisse. Un taux de croissance mesure un accroissement entre deux points. Si on part du haut pour aller vers le bas (d'une valeur supérieure pour aller vers une valeur inférieure), on n'aura pas le même taux que si l'on fait l'inverse, car la base de calcul aura changé.

Taux de croissance annuel moyen

• **Lorsqu'une série statistique connait plusieurs accroissements,** il est possible de calculer le taux d'accroissement global, et de calculer le taux d'accroissement qu'aurait connu la série chaque année si elle avait progressé au même rythme. Ce taux s'appelle le taux de croissance annuel moyen, TCAM.

• **On ne demande pas aux élèves de calculer un TCAM au bac** mais ils doivent en comprendre le principe. Exemple : un pays a connu un taux de croissance de 5 %, puis de 4 %, puis de 3 %, de nouveau de 4 % et enfin de 5 %, déterminer son taux de croissance annuel moyen sur ces cinq années. Il n'est pas possible de faire la moyenne arithmétique des taux pour trouver le taux moyen. Si on appelle (r) le taux d'accroissement annuel moyen recherché, on peut écrire que :

$r = [(1 + 0{,}05)(1 + 0{,}04)(1 + 0{,}03)(1 + 0{,}04)(1 + 0{,}05)]^{\frac{1}{5}}$

$r = 0{,}0419731$ soit $r = 4{,}2$ %

Représentation graphique de l'évolution des variations relatives

• **Un graphique logarithmique** (plus souvent, semi-logarithmique) transforme les coordonnées en coordonnées logarithmiques. Au lieu de représenter des écarts arithmétiques, il représente des évolutions relatives.

• **Plus la pente d'un segment est verticale,** plus le taux de croissance de la grandeur correspondante est élevé. On en déduit que deux segments de droites parallèles correspondent à des taux de croissance identiques. Enfin, lorsqu'une grandeur croît selon un taux de croissance constant (un même taux de croissance plusieurs années successives), cela se traduit par une droite sur un graphique semi-logarithmique.

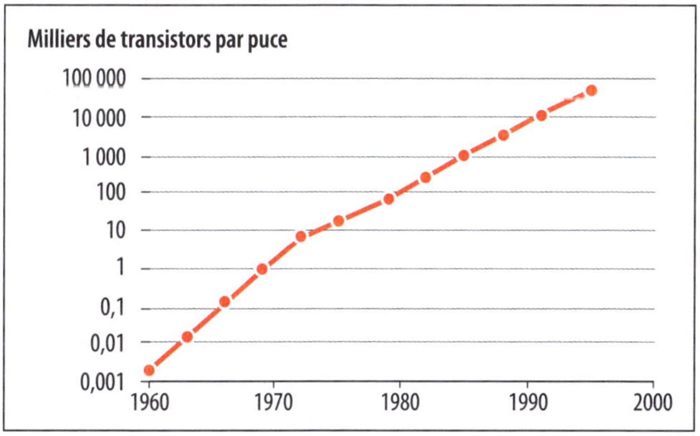

• On remarque bien sur l'échelle des ordonnées que l'écart entre 0,001 et 1 est équivalent à celui entre 1 et 1 000 (tous les deux correspondent à × 1 000). La pente de la courbe reste dans l'ensemble constante car le rythme de progression est semblable sur toute la période, notamment 1975-1995, où le nombre de transistors sur une puce est multiplié par 10 tous les 5 ans. Avec une échelle arithméthique on aurait une progression « exponentielle ».

Exemple : sur une échelle logarithmique, une variation qui passe de 1 à 2 % aura la même représentation graphique qu'une variation passant de 10 à 20 % : même si la première ne gagne qu'un point de croissance et la seconde 19 points, les deux valeurs doublent.

Ne confondez pas ralentissement et baisse. Si le graphique représente des taux de croissance, une baisse signifie que le phénomène croît moins vite… mais qu'il continue à progresser.

Ce graphique illustre la loi de Moore (PDG d'Intell dans les années 1980) selon laquelle la puissance des processeurs informatiques doublait tous les ans. Elle vous servira à illustrer l'accélération du cycle de l'innovation (chapitre 1) à l'échelle de l'Histoire.

2- Exercices corrigés

Doc. 1 Taux de croissance annuels moyens du PIB et de la productivité horaire du travail en France (en %)

	1913-1950	1950-1973	1973-1980	1980-2007
PIB (en %)	**0,9**	5,3	2,9	2,1
Productivité horaire du travail (en %)	1,8	5,2	3,4	**2,2**

Insee, 2010

Questions

1. Faites la lecture des données en gras.

2. Quelle a été la croissance totale du PIB entre 1913 et 1950 ? Entre 1980 et 2007 ?

Corrigé

1. Selon l'Insee, entre 1913 et 1950, le PIB de la France a augmenté de 0,9 % en moyenne par an. La productivité horaire du travail a augmenté de 2,2 % en moyenne par an de 1980 à 2007.

2. Croissance du PIB.

- Croissance totale du PIB entre 1913 et 1950. Transformer le taux de croissance en coefficient multiplicateur : 0,9 % devient 1+(0,9/100) soit 1,009. Cette hausse a duré 37 ans donc 1,00937 = 1,393 ; soit 39,3 %.
- Faites une phrase avec le résultat trouvé : selon l'Insee, entre 1913 et 1950, le PIB de la France a augmenté de 39,3 %.
- Croissance totale du PIB entre 1980 et 2007. Transformer les taux de croissance en coefficient multiplicateur : 2,1 % devient 1,021. Cette croissance a duré 27 ans donc 1,02127 = 1,752 soit 75,2 %. Faites une phrase avec le résultat trouvé : selon l'Insee, entre 1980 et 2007, le PIB de la France a progressé de 75,2 %.

FICHE MÉTHODE 3

Déflater une série – évolutions En valeur et en volume

1- Comprendre

Évolution en valeur et en volume

• **Une série non transformée est donnée dans la monnaie du moment.** Les séries du PIB aux prix de chaque année sont appelées des séries **en valeur**. Si le PIB a été déflaté, cela signifie que la variation du PIB ne doit plus rien à la hausse des prix. C'est le volume de biens produits qui a alors augmenté et il faut parler d'évolution en volume.

• **L'expression « en valeur » est synonyme de** « en monnaie courante », « en valeur nominale » ou encore « en euros de telle année ». L'expression en volume est synonyme de « en monnaie constante » ou « en valeur réelle ».

• Contrairement à ce que les mots pourraient laisser croire, en volume ne signifie pas en volume physique (en tonnes de blé, en sacs de ciment, en kilomètres d'autoroutes...). Les données sont toujours exprimées en argent.

Le bon candidat montrera sa compréhension de l'expression par une phrase du type : « En euros constants, c'est-à-dire hors inflation, les exportations ont crû (ou baissé) de x % ».

Remarque : en période d'inflation, tout ce qui n'augmente pas... baisse ! Quand tous les prix augmentent, le produit qui n'a pas subi d'augmentation a baissé en réalité.

Déflater une série

• **Pour obtenir la valeur actuelle d'une somme du passé,** il faut lui appliquer le pourcentage de hausse des prix intervenu entre les deux dates. Il faut appliquer la formule des intérêts composés, en remplaçant le taux d'intérêt par le taux annuel moyen d'inflation (r). L'équivalent actuel d'une somme S_0 du passé est S_n tel que :

$$S_n = S_0(1 + r)^n$$

• **Pour exprimer une valeur actuelle en monnaie du passé** (en monnaie constante ou en volume), on utilise la formule suivante :

$$\text{Donnée en volume} = \frac{\text{donnée en valeur actuelle}}{\text{Indice des prix}} \times 100$$

• L'inflation n'explique pas tout ! Il ne faut cependant pas négliger les évolutions de prix. Les prix relatifs se modifient, certains produits bénéficient de gains de productivité et leur prix diminue par rapport aux autres. Le prix des matières premières (pétrole, café, etc.) subit de fortes variations, indépendamment de l'inflation.

2- Exercices corrigés

Doc. Évolution du PIB, des prix et du Smic horaire brut en France

	1980	1990	2000	2015
PIB (en milliards d'euros)	439	1 010	1 405	2 400
Smic horaire brut (en euros)	2,25	4,87	6,41	9,56
Indice des prix	100	184	218	250

Insee

Questions

1. Calculez le PIB en volume pour l'année 2015.

2. Faites une phrase avec le résultat trouvé.

3. Quelle est l'évolution du pouvoir d'achat du Smic horaire entre 1980 et 2015 ?

4. Que déduire de l'évolution réelle du PIB et du Smic horaire ?

Corrigé

1. Le PIB en euros courants en 2015 est de 2 400 milliards. Entre 1980 et 2015, l'indice des prix est passé de 100 à 250, soit une hausse de 150 % (les prix ont été multipliés par 2,5). J'applique la formule en posant :

$$\textbf{PIB 2015 en monnaie de 1980} = \frac{2400 \text{ milliards}}{250} \times \mathbf{100 = 960 \text{ milliards d'€}}.$$

2. D'après l'Insee, en 2015, le PIB de la France s'élevait à 960 milliards d'euros en monnaie de 1980.

3. Pour connaître l'évolution réelle du pouvoir d'achat du Smic horaire, je dois le déflater, c'est-à-dire exprimer sa valeur de 2015 en monnaie de 1980. Je pose donc :

$$\text{Smic horaire de 2015 en monnaie de 1980} = \frac{9,56}{250} \times 100 = 3,82 \text{ €}.$$

Pour mesurer l'évolution réelle, je peux choisir un taux de variation :

$$\frac{(3{,}82 - 2{,}25)}{2{,}25} \times 100 = 69{,}7\%.$$

Le pouvoir d'achat du Smic horaire a donc progressé de 69,7 % entre 1980 et 2015.

4. Pour connaître l'évolution réelle du PIB, je calcule le taux de variation entre le PIB 2015 en monnaie de 1980 et le PIB de 1980 : $\frac{(960 - 439)}{439} \times 100 = 118\ \%$

Je compare cette progression de 118 % du PIB à l'augmentation de 69,7 % du pouvoir d'achat du Smic et j'en déduis que le pouvoir d'achat du Smic n'a pas progressé autant que la richesse nationale (écart de plus de 48 points).

FICHE MÉTHODE 4

Mesurer et interpréter Des écarts et des dispersions

1- Comprendre

Mode, moyenne et médiane

- **Le mode d'une série** (ou la **valeur modale**) est la valeur de la variable que l'on rencontre le plus souvent, celle dont la fréquence est la plus élevée. Il se détermine par simple lecture en regardant l'observation la plus fréquente.

- **La moyenne arithmétique** correspond à la valeur que prendrait la variable si chaque individu avait des caractéristiques identiques. Il faut faire la somme des valeurs et diviser par le nombre d'individus.

- **La médiane** est la valeur qui partage la population en deux ensembles égaux. En classant la série de la plus petite valeur à la plus grande, 50 % des individus se rangent au-dessus de la médiane et 50 % en dessous.

Attention : la moyenne peut s'élever sans élever l'ensemble car elle est modifiée par de très hauts (ou très bas) revenus. Si Einstein arrive dans la classe, la moyenne s'élève, mais l'élève ordinaire n'aura pas de meilleures notes. Elle ne révèle pas les écarts ou inégalités.

Remarque : si le salaire moyen est une notion habituelle, le salaire médian est plus parlant et doit être privilégié ; en effet, il ne dépend pas des très hauts revenus. S'il est inférieur au salaire moyen, cela signifie que ceux qui gagnent plus que le salaire médian, gagnent nettement plus. La médiane signale donc la présence d'écarts.

Déciles et centiles

- **Les déciles et les centiles** sont les bornes (les limites supérieures ou inférieures) d'une division de la population en 10 ou 100 parties égales. On note D_1 pour les 10 % les plus bas (les plus faibles revenus par exemple), puis D_2 pour les 10 % au-delà, et ainsi de suite jusque D_9. Le décile D_5 correspond à la médiane.

- Sur le même modèle, on peut établir des centiles. Ainsi, les grandes fortunes sont données par C_{99}, le dernier centile plutôt que par D_9.

Rapport interdécile

- **Le rapport interdécile** établit le rapport entre D_9 et D_1. Il se calcule toujours dans le sens $\frac{D_9}{D_1}$ et jamais l'inverse. Il n'a donc pas d'unité. S'il est égal à 3 cela signifie que le revenu le plus bas des 10 % les plus riches est 3 fois supérieur au revenu le plus haut des 10 % les moins riches.

Ne dites pas : le revenu des 10 % les plus riches (ou les moins riches) mais bien le revenu le plus bas (pour les plus riches) et le plus haut (pour les moins riches) car les déciles sont des bornes.

Courbe de Lorenz et indice de Gini

• **La courbe de Lorenz représente la distribution des revenus ou patrimoine.** Elle trace dans un même cadre la répartition de la population (de 0 à 100 %, en abscisse) et la répartition de la masse à distribuer, comme des revenus ou patrimoine (de 0 à 100 % également, en ordonnée).

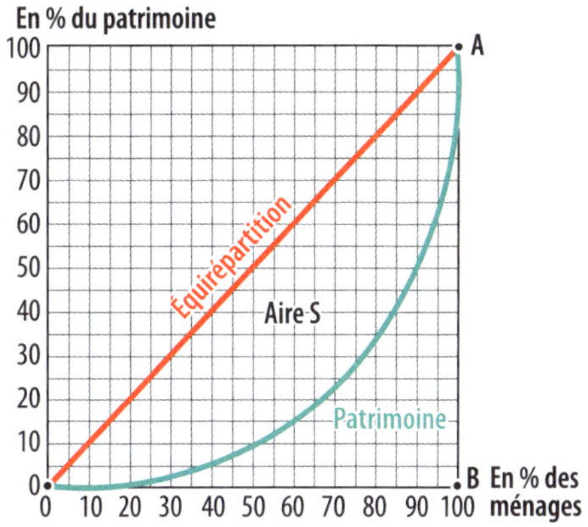

• **La diagonale** correspond aux points de coordonnées égales (*droite d'équirépartition*) : le point (10, 10) signifie que 10 % de la population a eu droit à 10 % du revenu, le point (20, 20) signifie que 20 % de la population s'est partagé 20 % du revenu. La courbe présente la distribution réelle des richesses.

• *Exemple de lecture :* 50 % de la population possède 10 % de l'ensemble du patrimoine. Les 50 % les plus fortunés disposent donc de 90 % du patrimoine.

• **L'indice de Gini** correspond au rapport entre l'aire délimitée par la droite d'équirépartition et la courbe de Lorenz ; sur la figure « Aire S » et l'aire du triangle OAB.

• **L'indice de Gini est un coefficient.** Il est toujours compris entre 0 et 1 (il peut cependant être mesuré en %). Plus il est proche de 0, plus la situation est égalitaire, plus il est proche de l'unité, plus la situation est inégalitaire. L'indice de Gini permet de comparer un même pays à des époques données, ou deux pays différents.

Plus la courbe de Lorenz est proche de la diagonale plus la situation est égalitaire et plus l'indice de Gini est faible.

On ne demande pas au niveau du bac d'établir l'indice de Gini, mais de dire qu'une distribution est plus inégalitaire qu'une autre, ou que les inégalités sont plus marquées dans tel groupe que dans tel autre.

2- Exercices corrigés

Doc. 1 Distribution des niveaux de vie avant et après redistribution en 2014

Déciles	Avant redistribution	Après redistribution
D_1	**7 612**	**10 920**
D_5	18 525	19 042
D_9	40 221	38 527
Rapport interdécile $\frac{D_9}{D_1}$	5,28	**3,52**

Insee

Champ : France métropolitaine.

Questions

1. Faire la lecture des données en gras.

2. Que montre ce tableau ?

Corrigé

1. Selon l'Insee, en France, en 2014, 10 % des Français avaient un niveau de vie avant redistribution inférieur à 7 612 €. Après redistribution, le niveau de vie des 10 % les plus pauvres était inférieur à 10 920 €. Le niveau de vie le plus bas des 10 % les plus riches était 3,52 fois plus élevé que le niveau de vie le plus élevé des 10 % les plus pauvres après redistribution.

2. Ce tableau montre que la redistribution réduit sensiblement les inégalités de départ en matière de niveau de vie. En effet, l'augmentation de 43 % du niveau de vie du premier décile permet de passer d'un rapport interdécile D9/D1 de 5,28 avant redistribution à 3,52 après redistribution soit une baisse de 33 % de ce rapport.

Doc. 2 Évolution de l'indice de Gini des revenus des ménages avant impôt

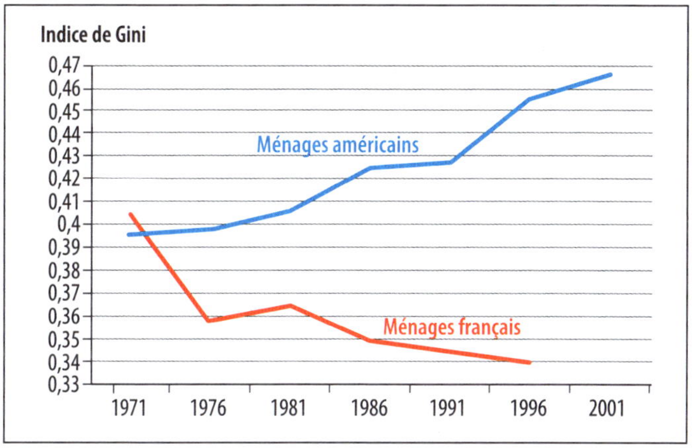

Question

Que montre l'évolution de l'indice de Gini des revenus avant impôts aux États-Unis et en France ?

Corrigé

En 30 ans, de 1971 à 2001, les États-Unis et la France ont connu une évolution opposée des inégalités de revenus. Partant d'une situation similaire avec un indice proche de 0,4, les États-Unis ont vu les inégalités progresser de façon constante pour atteindre un indice de 0,47, tandis que la France, après une forte baisse dans les années 70, connaît ensuite une baisse plus modérée pour arriver à un indice proche de 0,34, soit des inégalités 30 % inférieures à celles des États-Unis en matière de revenus.

FICHE MÉTHODE 5

Calcul à la marge et élasticité

1- Comprendre

Calcul à la marge

- **Le calcul à la marge** repose sur un raisonnement sur des quantités additionnelles et non sur des quantités globales.

- **Coût marginal :** c'est le coût de la production d'une unité supplémentaire, connaissant les niveaux de production déjà atteints. Pour la majorité des économistes, la décision de produire davantage repose sur le fait que le prix de vente doit être au moins égal à ce coût, et la recette supplémentaire générée par la dernière unité vendue devrait couvrir les frais générés par la production de celle-ci.

- **Productivité marginale :** c'est la base du calcul théorique des économistes, bien que la méthode ne soit pas réellement utilisée par les industriels. Quel est le supplément de production apporté par le dernier salarié embauché, connaissant la production déjà réalisée par les précédents ? L'entreprise embauchera tant que la productivité marginale du salarié sera supérieure au salaire versé.

- **Propension marginale** à consommer ou à épargner : elle mesure la part de la variation du revenu consacrée à la consommation ou à l'épargne.

Propension marginale à consommer :

$$c' = \frac{\text{variation de la consommation}}{\text{variation de revenu}}$$

Ordinairement, le coût moyen baisse avec l'augmentation de la production car les coûts fixes (bâtiments, équipements collectifs indispensables, frais d'administration) se répartissent mieux sur une production à grande échelle, ce que les économistes appellent des économies d'échelle. Ce phénomène explique que dans un premier temps le coût marginal est décroissant.

La théorie économique postule que ce supplément est d'abord croissant, pour décroître ensuite, et le concept sert de base aux théories libérales du marché du travail. La productivité du travail subit la loi des rendements décroissants.

Propension marginale à épargner $s' = 1 - c'$ puisque, par définition, le revenu est soit consommé, soit épargné.

L'élasticité

- Calculer l'élasticité, c'est mettre en rapport l'augmentation relative de deux phénomènes liés l'un à l'autre.

• **L'élasticité de la demande par rapport au prix** mesure la variation relative de consommation d'un bien lorsque le prix de ce bien augmente. En général, la variation est négative, la consommation baisse lorsque le prix monte :

$$e\frac{d}{p} = \frac{\text{taux de variation de la demande}}{\text{taux de variation du prix}}$$

• **L'élasticité de la consommation par rapport au revenu** mesure la variation relative de consommation d'un bien lorsque le revenu augmente. En général, la variation est positive, la consommation augmente lorsque le revenu monte.

Demande très élastique (e > 1)	Demande rigide (e proche ou égale à 0)
Une toute petite variation du prix d'un bien entraîne une grande variation de sa consommation, ce qui est fréquent pour des biens jugés superflus, ou des biens de luxe qui peuvent être remplacés par des substituts.	Si à l'inverse la consommation est peu sensible aux variations de prix, elle est inélastique ou rigide, ce qui est le cas pour des biens tellement bon marché qu'on ne prête guère attention à leur prix, ou des biens ressentis comme indispensables : le pain ou, pour d'autres raisons, le tabac.

• Il est possible de calculer une élasticité croisée, variation relative de consommation d'un bien lorsque le prix d'un autre bien (complémentaire ou substituable) augmente. Ainsi, les recettes de péages d'autoroutes baissent lorsque le prix de l'essence augmente. Les recettes de la SNCF peuvent augmenter lorsque l'avion est plus cher, les voyageurs passant d'un mode de transport à l'autre.

Ayez le bon réflexe : il existe de nombreux documents qui, sans calculer directement l'élasticité, mettent en parallèle des augmentations de prix et des variations de consommation. Le recours à la notion d'élasticité dans vos réponses sera valorisé.

2- Exercices corrigés

Doc. 1 Évolution de la consommation et du revenu sur deux périodes

	Période 1	Période 2
Revenu	1 500 €	2 000 €
Consommation	1 200 €	1 600 €

Questions

1. Calculer la propension marginale à consommer. En déduire la propension marginale à épargner.

2. Commenter le résultat.

Corrigé

1. $c' = \frac{1\,600 - 1\,200}{2\,000 - 1\,500} = 0,8$ donc $s' = 1 - 0,8 = \mathbf{0,2}$.

2. Une propension marginale à consommer de 0,8 signifie que 80 % du surcroît de revenu est consommé, et donc 20 % épargné.

On observe généralement que plus le revenu augmente, plus la propension à consommer diminue au profit de l'épargne. Les politiques de relance par la consommation ont donc intérêt à cibler les ménages aux revenus modestes.

Doc. 2 Quantités consommées par mois en fonction du prix

Prix au litre	Consommation de gasoil
1,10 € le litre	120 litres
1,40 € le litre	115 litres

Prix au litre	Consommation de chocolat
30 € le kg	0,7 kg
20 € le kg	1,2 kg

Questions

1. Calculer l'élasticité de la demande par rapport au prix du gasoil et du chocolat.

2. Interpréter ces deux résultats.

Corrigé

1. $e\frac{d}{p}$ du gasoil $= \frac{\frac{115 - 120}{120}}{\frac{1,4 - 1,1}{1,1}} = -0,15.$

$e\frac{d}{p}$ du chocolat $= \frac{\frac{1,2 - 0,7}{0,7}}{\frac{20 - 30}{30}} = -2,16.$

2. L'élasticité de la consommation de gasoil est proche de 0. La consommation de gasoil ne baisse que de 4 % quand le prix augmente de 27 %. C'est un bien indispensable et difficilement substituable, la consommation ne réagit que très peu à la hausse du prix à court terme.

L'élasticité de la consommation de chocolat est supérieure à 2. La variation de la consommation est donc plus de deux fois supérieure à celle du prix. Le chocolat est un bien élastique, car il peut être considéré comme une consommation superflue liée au plaisir et non à la nécessité. Par ailleurs, son coût est relativement élevé.

Notes

Crédits iconographiques

Annales

56 ht d GETTY IMAGES France/Corbis/Ralf-Finn Hestoft ; 56 ht g BRIDGEMAN IMAGES/Granger ; 56 bas d GETTY IMAGES France/Bloomnerg/Michael Short ; 56 bas g Droits Réservés ; 56 bas m Institute for new Economic Thinking ; 70 g CHRISTOPHE L COLLECTION/The Granger Collection, NY ; 70 d BRIDGEMAN IMAGES ; 70 m AKG-Images ; 116 ht BIS/Ph. L. Charmet, Archives Larbor ; 116 bas AKG-Images

Cahier Culture +

17 ht g EDITIONS LA DECOUVERTE ; 17 bas g © K.G.Productions-Wild Bunch - Elle Driver-France 2 Cinema-Odeon ; 33 g © Rouge productions/collection Chistophe L ; 49 g Editions Stock ; 65 ht g EDITIONS DU SEUIL ; 65 bas g © 18 jours/collection Christophe L ; 67 © Simon Lambert/Haytham-REA ; 68 PARLEMENT 2020 serie TV crée par Noé Debré saison 1 avec William Nadylam, Liz Kingsman, Xavier Lacaille et Philippe Duquesne.COLLECTION CHRISTOPHEL © France TV visuel ; 69 ht © Bruno Levesque/IP3 ; 69 bas EDITIONS DU SEUIL ; 70 d BIS/Ph. J.L. Charmet © Archives Larbor ; 70 g BIS/Ph. Hubert Josse © Archives Larbor ; 71 ht AKG-Images ; 71 bas BRIDGEMAN IMAGES ; 72 ht BRIDGEMAN IMAGES ; 72 bas © Everett/CSU/BRIDGEMAN IMAGES ; 73 ht © Bachrach/GETTY IMAGES France ; 73 bas © Frederic Reglain/GAMMA RAPHO ; 74 ht SHUTTERSTOCK/Rob Crandall ; 74 bas © Baltel/SIPA PRESS ; 75 g © Gallimard via Opale/Leemage ; 75 d © Louis Monier/BRIDGEMAN IMAGES ; 76 g © University of Maryland/DR ; 76 d © Daniel Acker/Bloomberg via GETTY IMAGES France ; 77 ht © DRFP/Leemage ; 77 bas © Ambroise Tezenas Dumontcel/Opale/Leemage ; 78 g © Michael Short/Bloomberg via Getty Images ; 78 d © Lydie Lecarpentier/REA ; 79 bas © Jean-Luc Vallet/Opale/Leemage ; 79 ht Aristidis Vafeiadakis/ZUMA/REA ; 80 ht © Julien Faure/Leextra via Leemage ; 80 bas Droits Réservés ; 82 SHUTTERSTOCK/Everett Collection ; 83 SHUTTERSTOCK/Marzolino ; 84 SHUTTERSTOCK/Babich Alexander ; 87 SHUTTERSTOCK/Kseniakrop ; 89 Adobe Stock ; 90 g SHUTTERSTOCK/YuRomanovitch ; 90 d SHUTTERSTOCK/Bodor Tinadar.

MIXTE
Papier issu de sources responsables
FSC® C022030

Nathan est un éditeur qui s'engage pour la préservation de son environnement et qui utilise du papier composé de fibres naturelles, renouvelables, fabriquées à partir de bois provenant de forêts gérées de manière responsable et contrôlée.

N° éditeur: 10259829 - Dépot légal: Aout 2020 - Imprimé en Italie en Aout par Elcograf